Häfele • Oed • Sabel

ALT HAUS ERNEUERUNG

Instandsetzen • Renovieren • Modernisieren
Eine Anleitung zur Selbsthilfe

Ökologische Baupraxis

ökobuch
Staufen bei Freiburg

Unseren Bauleuten, speziell allen LehrerInnen gewidmet

Die Arbeitsanleitungen und Anwendungsempfehlungen in diesem Buch wurden nach bestem Wissen zusammengestellt. Für die praktische Umsetzung lassen sich daraus jedoch keine Haftungsansprüche gegenüber Autoren oder Verlag ableiten.

Die Deutsche Bibliothek - CIP-Einheitsaufnahme

Häfele, Gottfried:
Althauserneuerung : Instandsetzen, Renovieren, Modernisieren ; eine Anleitung zur Selbsthilfe ; ökologische Baupraxis / Häfele ; Oed ; Sabel. [Zeichn.: Markus Haug]. - 4. Aufl. - Staufen bei Freiburg : ökobuch, 1993

ISBN 3-922964-43-5
NE: Oed, Wolfgang:; Sabel, Ludwig:

ISBN 3-922964-43-5

1. Auflage 1988
3. durchgesehene und verbesserte Auflage 1992
4. Auflage 1993

Titelfoto: Robert Borsch-Laaks, Eldagsen
Zeichnungen: Markus Haug, Tübingen
Druck: Grafische Werkstatt GmbH, Kassel

Inhalt

Vorwort

Wer a Geld hot
und isch saudomm,
kauft a alts Haus
und bauts om.

Wahr an dieser schwäbischen Weisheit ist sicher die Erfahrung vieler Menschen, daß beim Um- und Ausbau alter Häuser schon zu viel Arbeit, Zeit und Geld falsch investiert wurde und wird.
Wahr aber ist auch die Tatsache, daß ein enormes Kapital an wirtschaftlichen, kulturellen und ökologischen Werten in alten Häusern steckt. Diese Werte zu entdecken und zu aktivieren, dazu soll die vorliegende Anleitung anregen.

Heute, in einer Zeit verminderten Wirtschaftswachstums und angesichts unübersehbarer und tiefgreifender Schäden an unseren Ökosystemen ist die Forderung nach gesundheitsverträglichen Baustoffen und ökologischen Bautechniken fast schon die Regel im Wohnungsbau, und die Erhaltung und Erneuerung bestehender Bausubstanz ist sicher die zentrale Bauaufgabe der kommenden Jahre.

Altbauten - seien es die Fachwerkhäuser des Mittelalters oder die Mehrfamilienhäuser aus der Jahrhundertwende - haben alle ihre typischen Probleme. Auch die Eigenheime in den ehemaligen "Neubaugebieten" der 50 er und 60 er Jahre entsprechen häufig nicht mehr den heutigen Wünschen in bezug auf Sanitärausstattung, Grundrißzuschnitt, Raumgröße und rationelle Energienutzung.

Daß dies typische Probleme der Althauserneuerung sind, zeigt sich in unserer Alltagsarbeit als Architekten auch durch die immer wiederkehrenden Fragen der Bauwilligen. Wir haben deshalb versucht, unsere Antworten auf diese Fragen für Selbstbauende verständlich und überschaubar darzustellen.

Nebenbei: Besonderes Kopfzerbrechen hat uns die Frage bereitet, ob man/frau Architekt und Architektin oder Handwerker und Handwerkerin schreiben kann, soll, darf oder muß. Wir sehen's nicht so eng und meinen in jedem Fall immer auch die oder den andere/n.

Mai 1988

Gottfried Häfele
Wolfgang Oed
Ludwig Sabel

1. Grundfragen

1.1 Der Altbau

Ein altes Haus zu modernisieren oder umzubauen kann eine spannende und lohnende Sache sein. Das Wohnen in einem gut renovierten Altbau ist häufig angenehmer und reizvoller als in einem lieblos errichteten Neubau. In vielen alten Häusern ist zu spüren, daß sie ihrem Zweck schon lange gedient haben und ihren Bewohnern ein wohnliches und gemütliches Zuhause waren. Ähnliches gilt für die Umgebung alter Häuser. So vermitteln historisch gewachsene Ortsteile immer auch ein Gefühl von Tradition und Geborgenheit.

Wer ein nach alter Handwerkskunst errichtetes Gebäude bewohnt, kann weitgehend sicher sein, daß die verwendeten Grundbaustoffe Naturstein, Holz, Lehm, Ziegel, gesundheitlich unbedenklich sind - sofern sie nicht nachträglich mit den Errungenschaften moderner Technik "veredelt" wurden.

Die Erhaltung, Erneuerung und Nutzung alter Bausubstanz hat darüber hinaus eine ganze Reihe "materieller" Vorteile: Altbaugebiete liegen meist in der Nähe der Stadt- oder Dorfzentren, so daß viele Wege zu Fuß oder mit dem Fahrrad zurückgelegt werden können. Ein Altbau samt Grundstück ist in der Regel preiswerter als ein entsprechender Neubau. Ein altes Haus kann oft sofort nach dem Erwerb bezogen und dann schrittweise verbessert werden. Die Wiederverwertung alter Bausubstanz entspricht den ökologischen Forderungen nach Nutzung vorhandener Werte und sparsamem Umgang mit Energie und Rohstoffen. Werden die eigenen Anforderungen an einen "zeitgemäßen Komfort" auf die echten Bedürfnisse reduziert und ist die Bausubstanz gut erhalten, wird der Aufwand für Erneuerungsmaßnahmen oft auch nicht groß sein.

Es gibt jedoch Fälle, in denen Planung und Durchführung von Erneuerungsarbeiten am Altbau aufwendig und schwierig sind, insbesondere, wenn die Bausubstanz in einem schlechten Zustand ist, oder wenn umfangreiche Baumaßnahmen im bewohnten Haus erfolgen müssen. Manche Probleme alter Häuser lassen sich nur mit großem Aufwand oder gar nicht beheben. Häuser in den dicht bebauten Dorf- und Stadtkernen erhalten häufig wenig Licht und Sonne, ein Hauptgrund für staatlich geförderte Sanierungsprogramme. Wenn die tragende Bausubstanz des Hauses wesentliche Mängel aufweist, wie z.B. Schäden im Fundamentbereich, nasse, ausgelaugte Grundmauern oder morsche Holzbalken, so können die Sanierungskosten leicht eine unvertretbare Höhe erreichen. Werden solche Mängel gar erst während der Bauzeit erkannt, gerät das Vorhaben zum berühmten Faß ohne Boden.

Wer ein denkmalgeschütztes Gebäude besitzt, sollte außerdem damit rechnen, daß sich manche planerische Absichten möglicherweise nicht problemlos mit den Zielen einer kulturhistorischen Erhaltung und Gestaltung vereinbaren lassen. Leider stehen staatliche Finanzierungshilfen für Baudenkmale nur in geringem Umfang zur Verfügung.

1.2 Hausbau und Ökologie

Beim Erwerb und Umbau eines alten Hauses sind neben zahlreichen Aspekten auch ökologische Belange zu berücksichtigen. Dabei geht es nicht nur darum, der eigenen Gesundheit zuträgliche Materialien und Bauweisen auszuwählen, sondern auch die Umweltverträglichkeit von Baustoffen, Baumaßnahmen und -planungen immer wieder zu hinterfragen. Darüber hinaus setzt umweltbewußtes Bauen auch einen ökologisch verantwortbaren Wohn- und Lebensstil voraus.

In der Praxis läßt sich ökologisches Bauen durch folgende Stichworte grob umreißen: Energie-, rohstoff-, flächen- und kostensparendes Bauen und Wohnen mit schadstoffreien bzw. -armen Materialien und einer möglichst naturnahen Ver- und Entsorgung (z.B. Abwässer und Haushaltsabfällen).

Beim gesundheitsverträglichen Bauen geht es im wesentlichen um den Einsatz möglichst schadstoffreier und naturnaher Baustoffe sowie um eine Berücksichtigung natürlicher und künstlicher Strahlungen und Felder. So geben einige industriell hergestellte Baustoffe z.B. schädliche Gase ab. Sie sollen daher nicht mit der Raumluft in Verbindung stehen. Das gilt für manche Kunststoffprodukte ebenso wie für einige Blähkorkprodukte.

Die "Baubiologie" beschäftigt sich intensiv mit solchen Fragen der Wohngesundheit und hat in den letzten Jahren durch ihre Arbeit in Vereinen und Verbänden sowie durch gezielte Öffentlichkeitsarbeit zu einer allgemeinen Schärfung des Bewußtseins in dieser Richtung beigetragen. Sie hat aber leider auch erhebliche Mißverständnisse ausgelöst. Einige Aussagen aus baubiologischen Kreisen sind mit bauphysikalischem Grundwissen nicht vereinbar. So ist beispielsweise die Behauptung falsch, eine (in bestimmten Fällen einfach notwendige) Dampfbremse würde das Raumklima negativ beeinflussen und sei deshalb unangebracht. Allerdings kann das Weglassen zu erheblichen Feuchteschäden im Haus und zur Zerstörung von Bauteilen führen.

Einerseits beschäftigen sich viele Untersuchungen und Mutmaßungen von Baubiologen mit sinnlich schwer erfaßbaren Erscheinungen wie Auswirkungen des "Strahlungsklimas" und der "Erdstrahlen" auf die menschliche Gesundheit, was viele Menschen mit einem zweifelnden "kann sein" zur Kenntnis nehmen. Andererseits erscheint es da fast unverantwortlich, daß sich ihr Anspruch dann oft im individuellen Wohlergehen (Motto: für mich nur das Beste) erschöpft und sie bei allem Sinn für feinstoffliche Wirkungen beispielsweise die drastischen Auswirkungen der Luftverschmutzung durch mangelnde Wärmedämmung unserer Häuser anscheinend ignorieren. Jedenfalls verfehlt die Auseinandersetzung um "Wärmedämmung oder Wärmespeicherung" ihr Ziel, solange nicht von baubiologischer Seite nachprüfbare Erfahrungen und Empfehlungen darüber vorliegen, wie der Heizenergieverbrauch von Alt- und Neubauten im globalen Maßstab drastisch (d.h. etwa um 50%) reduziert werden kann.

Dabei sind Maßnahmen zur Energieeinsparung ein sehr wichtiger Bereich der Modernisierung, denn gerade Altbauten haben oft einen besonders hohen Energieverbrauch. Solche Maßnahmen sind in jedem Fall wirtschaftlich, sowohl langfristig - im ökologischen Sinn - als auch mittelfristig, in der hauswirtschaftlichen Kostenrechnung. Ein sparsamer Umgang mit den Brennstoffen Kohle, Öl, Gas und Atomkraft trägt zu einem verlangsamten Abbau der begrenzten Energievorräte bei und begrenzt die Luftverschmutzung bzw. die Risiken der Atomtechnologie.

1.3 Altbau-Typen

Den Altbau als solchen gibt es nicht. Das ländliche Bauernhaus unterscheidet sich in vielerlei Hinsicht vom städtischen Mietshaus der Gründerzeit oder vom vorstädtischen Einfamilienhaus der 50 er Jahre. Entsprechend vielfältig sind die Erneuerungsmaßnahmen. Nachfolgend werden drei typische Arten von Altbauten beschrieben, die einen großen Teil des Gebäudebestandes repräsentieren. Diese Darstellung soll die Beurteilung alter Häuser erleichtern und verallgemeinerbare Hinweise für Sanierungsmaßnahmen geben.

ÖKOLOGISCHE PRINZIPIEN BEIM BAUEN

- Anpassung an die örtlichen Gegebenheiten
- Nutzung des natürlichen Energie- und Materialangebots
- Kreislaufbildung
- Vielfalt, Vernetzung, Selbsterneuerung
- Dichte und Größe nach menschlichem Maß
- Offenhalten von Entwicklungsmöglichkeiten im Bauprozeß

1. AUSSENWÄNDE

- Risse und undichte Fugen, durch die Wasser dringen kann
- Risse in tragenden Teilen
- Rostende Stahlträger, Risse oder Betonabplatzungen vorwiegend bei Loggien und Balkonen
- Betonabplatzungen an Sichtbetonflächen und rostende Stahleinlagen
- Feuchte Kellerwände bei fehlender Abdichtung nach außen
- Aufsteigende Feuchtigkeit durch fehlende Horizontalabdichtung der Wände
- Wärmeschutz der Außenwände zum Teil nicht den heutigen Anforderungen entsprechend
- Kondensatprobleme innen durch in die Außenwand einbindende Bauteile und an Gebäudeecken
- Wärmebrücken durch zu dünne Fensterbrüstungen

2. INNENWÄNDE

- Zu dünne Innenwände aus Bauplatten bzw. dünne, tragende Holz- oder Stahlfachwerkwände mit Ziegelausmauerung
- Mangelhafter Schall- und Wärmeschutz durch dünne Wohnungstrennwände
- Mangelhafter Brandschutz durch dünne Treppenhauswände
- Schadhafter Wandputz mit Ablösung größerer Putzflächen

3. AUSSENWANDBEKLEIDUNGEN

- Gerissener oder hohlliegender Wandputz, Abplatzungen im Sockelbereich durch Feuchtigkeit
- Beschädigte, gerissene und abplatzende Stuckteile
- Schadhafte Blei- und Zinkabdeckungen von vorstehenden Teilen
- Ausgewaschene, aussandende Fugen von Ziegel-Sichtmauerwerk
- Schadhafte vorgehängte Plattenbekleidungen mit unzureichender Unterkonstruktion, Verankerung und Wärmedämmung
- Unzureichend entwickelte Wärmedämm-Putzsysteme mit Ablösungen und Rißbildung

4. FENSTER UND AUSSENTÜREN

- Undichte, verzogene Holzfensterrahmen und Wandanschlüsse
- Verfaulte Holzteile an Fensterflügeln und Fenster-Blendrahmen
- Schadhafte Fensterbeschläge und Schließteile
- Schadhafte Rolläden und Klappläden, Fensterbankabdeckungen
- Einfachverglasung mit unzureichendem Wärme- und Schallschutz
- Undichte, verzogene Außentüren mit defekten Beschlägen/Schloß
- Ungedämmte Metallfensterrahmen mit Kondensatproblemen innen
- Unzureichend entwickelte Isolierverglasungen mit geringer Dauerhaftigkeit
- Versprödete, in den Haftungsflanken gelöste, dauerelastische Fugenabdichtungen mit eindringender Feuchtigkeit

5. DACH

- Unterdimensionierte Dachstühle mit gelösten Holzverbindungen
- Schädlingsbefall durch Hausbock an freiliegenden Holzteilen
- Morsche Dachgesimse unter auskragenden Dachüberständen außen
- Schadhafte Dachdeckung, fehlende Unterspannbahn unter der Deckung
- Fehlende oder ungenügende Wärmedämmung der Decken im Dachraum und der Dachflächen gegen die Außenluft
- Baufällige Kaminköpfe über Dach, Versottung der Kaminzüge
- Schadhafte Dachaufbauten wie Gauben, Ziergiebel ohne Dämmung
- Unbrauchbarer Verputz unter schrägen Dachflächen
- Schadhafte Dachrinnen, Fallrohre und Dachanschlüsse

6. GESCHOSSDECKEN

- Unterdimensionierte, durchgebogene Holzbalkendecken
- Abgefaulte Holzbalkenköpfe am Auflager im Mauerwerk
- Gering dimensionierte Stahlträger/Betondecken oder Stahlbetondecken
- Abplatzungen bei Betondecken, vorwiegend im Kellerbereich
- Schadhafter Spalierlatten-Deckenputz mit größeren Ablösungen
- Schwammbefall am Holz der Decken bei eindringender Feuchtigkeit
- Durchrostende Stahlträger der Kappendecken im Keller
- Zum Teil Wärmebrücken an auskragenden Betonplatten (Balkonen) mit Kondensatanfall
- Auffrierende Fliesen- und Plattenbeläge auf Balkonen und Loggien

7. FUSSBÖDEN, INNENTÜREN

- Durchgetretene Holzdielen mit großer Fugenbreite
- Schadhafte Holzfußleisten
- Schadhafte Verbundestriche auf Massivdecken mit Rissen oder Löchern
- Schadhafte Fliesen-, Platten- und Linoleum- bzw. Teppichbeläge
- Mangelhafter Trittschallschutz durch Verbundestriche
- Durchfeuchtetes, schadhaftes Ziegelpflaster des Kellerbodens
- Verzogene, undichte Füllungstüren mit defekten Beschlägen/Schloß

8. GESCHOSSTREPPEN

- Durchgetretene, an der Vorderkante abgenutzte Holztreppenstufen
- Angefaulte Treppenteile nach eingedrungener Feuchtigkeit
- Schadhafte und fehlende Teile von Holztreppengeländern
- Befall der Holzteile durch tierische oder pflanzliche Schädlinge
- Mangelhafter Brandschutz durch fehlenden unterseitigen Verputz bei Holztreppen
- Mangelhafter Brand- und Schallschutz durch verglaste Wohnungseingänge
- Schadhafte Platten- und Kunststeinbeläge auf Massivtreppenstufen
- Zu große Stababstände horizontaler Stahltreppengeländer

9. SANITÄRINSTALLATION

- Unbrauchbare oder schadhafte Wasser- und Entwässerungsleitungen
- Verstopfte Abwasser-Grundleitungen im Kellerboden
- Unterdimensionierter Wasser- und Kanalanschluß
- Unbrauchbare oder erneuerungsbedürftige Einrichtungsgegenstände für Bad, WC und Küche
- Fehlende Warmwasserbereitung für Badezimmer

10. HEIZUNG

- Einzelofenheizung an zahlreichen Kaminzügen für Kohle, Öl und Gas
- Unterdimensionierte Hausanschlüsse für Gas
- Überdimensionierte, gemauerte Kaminzüge mit Versottungsgefahr
- Zentralheizungen mit erneuerungsbedürftigen Wärmeerzeugern und Heizflächen
- Heiz-Rohrleitungen überdimensioniert für Schwerkraftheizung
- Fehlende neuzeitliche Regeleinrichtungen für die Heizanlagen

11. ELEKTROINSTALLATION

- Unbrauchbare oder erneuerungsbedürftige Elektroleitungen, Dosen, Schalter und Brennstellen
- Unbrauchbare oder erneuerungsbedürftige Absicherungen, Verteilungen und Unterverteilungen
- Unterdimensionierter Elektro-Hausanschluß

Tabelle 1
Typische Schadenspunkte an Einzelbauteilen

Quelle: Bauministerium NRW

Das Eigenheim der 50er Jahre

Die jüngsten modernisierungsbedürftigen Altbauten sind die Eigenheime der 50 er und 60 er Jahre. Als freistehende Einfamilien- oder Reihenhäuser liegen sie in der Regel in den alten Neubaugebieten der "Wiederaufbauzeit". Sie wurden fast ausschließlich in Massivbauweise mit gemauerten Wänden und betonierten Decken errichtet. Ein typischer Nachteil besteht aus heutiger Sicht in der kleinteiligen Grundrißgestaltung. Durch Entfernen oder Umsetzen einzelner Wände können diese Häuser großzügiger gestaltet werden.

Ein weiterer, typischer Nachteil dieser Häuser ist der hohe Heizenergieverbrauch. Zur Zeit ihrer Errichtung waren Umwelt- und Energiefragen noch kein öffentliches Thema und wärmedämmende Maßnahmen zur Energieeinsparung praktisch unbekannt.

Die Bausubstanz solcher Häuser weist im allgemeinen keine gravierenden Mängel auf. Feuchtigkeitsprobleme (z.B. mit Schimmelbildung) auf der Innenseite der Außenwände, insbesondere im Bereich der Gebäudeecken, Fenster und Decken, sind häufig auf neue, dichtschließende Fenster und ungenügende Lüftung zurückzuführen und verschwinden beim Anbringen einer Wärmedämmung. Erneuerungsbedürftig sind zumeist auch die Heizungsanlage, die Elektroinstallationen, die Wasserleitungen und die Sanitärräume.

Das städtische Wohnhaus

Ein zweiter Haustyp ist das städtische, mehrgeschossige Wohnhaus aus der Zeit vor und nach dem 1. Weltkrieg. Es ist in der Regel in Massivbauweise oder als Fachwerkhaus errichtet, hat Holzbalkendecken und häufig eine dekorative Fassade, z.B. mit Sichtfachwerk, Natur- oder Backsteinornamenten. Das steile Dach ist nicht ausgebaut. Die Modernisierung und der Umbau solcher Häuser erfolgt meist in Zusammenhang mit der Umwandlung zu Eigentumswohnungen oder im Rahmen von städtebaulichen Sanierungsmaßnahmen.

Diese Häuser weisen häufig städtebauliche Mängel auf, also solche, die die unmittelbare Umgebung des Hauses betreffen und die auf die dichte Bebauung zurückzuführen sind: schlechte Besonnung und Belichtung, Verkehrs- oder Gewerbeemissionen, Einsehbarkeit, unzureichende Freiflächen. Diese Probleme lassen sich durch Privatinitiative kaum oder gar nicht beheben. Sie können eigentlich nur im Zuge einer öffentlichen städtebaulichen Sanierungsmaßnahme angegangen werden.

Die Bausubstanz der Häuser kann in sehr unterschiedlichem Zustand sein. Häufige Mängel sind: feuchtes Keller- und Sockelmauerwerk in Verbindung mit Mauerwerksausblühungen, verfaulte Holzbalken am Übergang zwischen Mauerwerk und Holzwerk, schadhafte Dacheindeckung, schadhafte Fenster, Verwitterungserscheinungen an den Fassadenelementen.

Zuschnitt und Größe der Wohnungen entsprechen oft nicht den heutigen Vorstellungen. Die Räume sind zu groß, zu hoch oder zu klein. Sie sind in ihrer möglichen Funktion einander nicht richtig zuzuordnen, ein Nachteil, der bei gefangenen Räumen besonders deutlich wird. Häufig sind die Wohnungen noch in einen Dienstbotenbereich und den Bereich der Hauptwohnung unterteilt. Da gibt es dann zwar eine große Küche, aber nur ein kleines oder gar kein Badezimmer. Diese Mängel lassen sich oft nur durch eine neue Grundrißgestaltung beheben. Umbaumaßnahmen mit Veränderungen von Wänden und die Verlagerung oder Schaffung von Sanitärräumen werden schnell zu einer kostspieligen Angelegenheit, so daß es sich

lohnt, ausgiebig über eine sinnvolle und wirtschaftliche Neuaufteilung nachzudenken und mehrere Entwürfe durchzuspielen.
Auch die Haustechnik und die Innenausstattung der Häuser sind häufig erneuerungsbedürftig. Alte Geschoßdecken und dünne Innenwände, die einzelne Wohnungen voneinander trennen, sind in der Regel schall- und wärmetechnisch verbesserungsbedürftig. Bleiben Reparatur- und Änderungsmaßnahmen auf das Wesentliche beschränkt, besteht die Chance, kostengünstig an eine eigene Wohnung zu kommen.

Das Bauernhaus

Ein dritter Haustyp ist das Bauernhaus, bei dem Wohn- und Scheunenteil nebeneinander unter einem Dach liegen. Die Wohnung befindet sich im ersten Stock über dem gemauerten Sockelgeschoß, das Abstellräume, Stall und Gewölbekeller umfaßt. Der hohe Dachraum dient als Getreidespeicher und Abstellraum. Raumgrößen, Geschoßhöhen und Fenstergrössen sind vergleichsweise gering. Die Wohnebene wurde als Fachwerk errichtet, die Scheune besteht meist ganz aus Holz. Raumform und Tragstruktur der Scheune sind geprägt von dem hohen Tennenraum mit Toreinfahrt und dem seitlichen Heu- und Strohlager.
Die Modernisierung eines alten Bauernhauses ist in vielen Fällen mit einem grösseren Aufwand verbunden als die eines Stadthauses oder eines Hauses aus den 50 er Jahren. Die Bausubstanz und die haustechnische Ausstattung solcher Häuser sind durchweg einfacher und in schlechterem Zustand. Risse in den Aussenwänden können ihre Ursache in Verschiebungen des Kellergewölbes oder nicht ausreichend tiefen Fundamenten haben. Im Mauerwerk aufsteigende Feuchtigkeit, oft in Verbindung mit Salzausblühungen, führt zur Zerstörung des Mauermörtels und der darüber liegenden Konstruktionshölzer, die zudem oft zu schwach dimensioniert und von Holzschädlingen befallen sind.
Die Ausfachungen aus Feldsteinen, Lehmgeflecht oder Ziegelsteinen können so instabil geworden sein, daß ein teilweiser oder vollständiger Austausch unumgänglich ist. Häufig sind die Fugen zwischen Holzwerk und Ausfachung so undicht, daß Schlagregen die Wand durchnäßt und der Wind durchs Haus zieht. Der schwach dimensionierte Dachstuhl läßt einen Austausch der einfachen, wenig regendichten Dachziegel gegen eine schwere und dichtere Dacheindeckung häufig nur in Verbindung mit einer Verstärkung des Holztragwerks zu, abgesehen von solchen Balken, die wegen Schädlingsbefall ohnehin ausgetauscht werden müssen. Wegen der guten Durchlüftung ist das hölzerne Tragwerk der Scheune häufig besser erhalten als das des Wohnhauses.
Um die tragenden Konstruktionen des Wohnhauses zu verstärken, kann es erforderlich sein, zwischen dem gemauerten Sockelgeschoß und dem aufgehenden Fachwerk einen Betongurt einzubauen und einzelne Fachwerkbalken durch neue zu ersetzen. Das Ausräumen sämtlicher Gefache und gar zusätzlich das Ausrichten eines schiefen Fachwerkes wird nur in wenigen Fällen wirklich notwendig sein und ist wegen der hohen Kosten wohl auch nur in Ausnahmefällen gerechtfertigt.
Der Umfang vorhandener Installationen ist in alten Bauernhäusern in der Regel sehr gering, oft gibt es nicht einmal Bad und WC, häufig noch keinen Anschluß an den inzwischen vorhandenen öffentlichen Abwasserkanal. Da kann es notwendig sein, erst einmal Grundleitungen im Haus zu verlegen und den Anschluß zum Kanal herzustellen oder eine neue Hauskläranlage zu bauen.
Für die Haustechnik, den Innenausbau und sonstige Umbau- und Modernisierungsmaßnahmen gelten darüber hinaus die beim Stadthaus und beim Eigenheim der 50 er Jahre angesprochenen Aspekte.
Bauernhäuser bieten meist viel Platz für einen Ausbau. Bei der Ausbauplanung ist auf ein gestalterisch gutes Einfügen neuer Fenster und Dachgaupen großer Wert zu legen, weil sonst das Erscheinungsbild des Hauses erheblich beeinträchtigt werden kann. Ein großer Scheunenraum läßt sich möglicherweise zur zweiten Haushälfte umbauen. Wenig sinnvoll ist dagegen im allgemeinen der Ausbau ehemaliger Stall- und Kellerräume zu Wohnzwecken. Eine dauerhafte Lösung der Feuchtigkeitsprobleme ist hier zumeist nur durch einen Teilabriß mit anschließendem Neubau zu erreichen.
Sicherlich tauchen nicht alle hier genannten Probleme gleichzeitig bei einem Haus auf. Wer sich nicht auf Abenteuer einlassen will, sollte die angesprochenen Fragen und Probleme *vor* dem Erwerb eines alten Bauernhauses prüfen und in erste konzeptionelle und finanzielle Überlegungen einbeziehen.

1.4 Selbst planen - selbst bauen

Je nach Fähigkeit und verfügbarer Zeit können bei der Altbauerneuerung zahlreiche Handwerkerarbeiten (Bauleistungen) selbst ausgeführt werden. Das gilt auch für einzelne planerische Leistungen, soweit sie überwiegend bautechnischer oder organisatorischer Art sind. Gestalterisch wichtige Fragen sollten jedoch besser gemeinsam mit einem Architekten gelöst werden. Bei jeder Arbeitsteilung sollten Verantwortlichkeit und Haftung für Fehler klar abgegrenzt werden. Grundsätzlich gilt: Wer bei der Planung spart, baut teurer.

Zu den Aufgaben des Architekten gehört im wesentlichen der Entwurf und die Planung eines Bauvorhabens, das Einholen von Handwerkerangeboten und das Überwachen der ordnungsgemäßen Durchführung. Die Vergütung dafür ist einheitlich geregelt und ermittelt sich nach der "Honorarordnung für Architekten und Ingenieure (HOAI)". Bei Modernisierung und Umbau normaler Wohnhäuser beträgt das Honorar (für Planung, Bauleitung und Abrechnung) etwa 12 - 15% der Baukosten.

In Absprache mit einem aufgeschlossenen Architekten ist es gegebenenfalls durchaus möglich, auch bei bestimmten Verwaltungs- und Organisationstätigkeiten mitzuwirken, bei der Vorbereitung der Auftragsvergabe an die Baufirmen oder bei der Terminüberwachung. Sind zeichnerische Fähigkeiten vorhanden, ist die Mitarbeit bei der Anfertigung von Bestandsplänen denkbar. Der Wert einer solchen Mitarbeit liegt vor allem auch in der persönlichen Einarbeitung, der Identifikation mit dem Haus und der Vorbereitung auf die kommenden Arbeiten. Bei kleinen Bauvorhaben ist es in einigen Bundesländern erlaubt, das Baugesuch selbst anzufertigen und einzureichen. Die Bauleitung darf jedoch nur von einer Fachkraft durchgeführt werden. Das ist gewöhnlich der Architekt, es kann aber auch ein Statiker, Maurer- oder Zimmermeister sein.

Mehr als beim Planen läßt sich beim Selbstbauen Geld sparen - oder richtiger gesagt, das Eigenkapital erhöhen. Wer selbst baut, kann außerdem leichter einmal neue Wege durch das Ausprobieren unüblicher Bautechniken einschlagen.

In welcher Höhe Eigenleistungen erbracht werden können, hängt unter anderem von der Hausform, von den gewählten Konstruktionen und Ausbauarten und nicht zuletzt von den eigenen Fähigkeiten und der verfügbaren Zeit ab. Wer beispielsweise mit 38 Wochenstunden beruflich beschäftigt ist, kann durch Eigenleistungen bei einer umfassenden Erneuerungsmaßnahme etwa 10 - 20% der Baukosten erwirtschaften. Je nach körperlicher Leistungsfähigkeit, Geschicklichkeit, familiärer Beanspruchung und Dauer der Bauzeit können es jedoch "nur" 5% oder auch bis zu 30% sein.

Wer z.B. bei Baukosten von 200.000 DM einen Satz von 10% erreichen will, muß je nach handwerklichem Können etwa 1300 - 2000 Stunden aufbringen. Ein Berufstätiger arbeitet im Jahr ca. 1600 Stunden. Zusätzlich 1000 Stunden Selbsthilfe am Bau bedeuten z.B. 1 Jahr lang jeden Werktag 3 und samstags 10 Stunden zusätzliche Arbeit. Pro Jahr sollten nicht mehr als 40 Arbeitswochen veranschlagt werden, wobei die eigene Arbeitsleistung einschließlich Arbeitsvorbereitung mit etwa 15 DM/h anzusetzen ist. Der Lohnanteil bei Bauleistungen liegt im allgemeinen bei 40 bis 50% der Baukosten.

Bei hohem Selbsthilfeanteil beträgt die Bauzeit das 2- bis 3-fache der sonst üblichen Bauzeit. Zur Vermeidung von Problemen sollten Eigenleistungen möglichst gut mit den Handwerkerleistungen abgestimmt sein. Es ist unangenehm, wenn Eigenleistungen nicht zum vorgesehenen Termin fertiggestellt werden können und die nachfolgenden Handwerker dadurch ihren Arbeitsbeginn verschieben müssen. Darüber hinaus sollte die eigenen Arbeit auch möglichst fachgerecht ausgeführt werden, damit Handwerker diese Vorarbeiten nicht als unsachgemäß bemängeln und zum Anlaß nehmen, ihre Gewährleistung einzuschränken. Für Eigenleistungen können natürlich keine Gewährleistungsansprüche geltend gemacht werden.

Übrigens:
Genehmigungspflichtige Abbrucharbeiten dürfen nach dem Gesetz nicht in Eigenleistung ausgeführt werden!

Wer vorhat, viel Eigenleistung zu erbringen, sollte nach Möglichkeit solche Bauweisen und Konstruktionen wählen, die für den Selbstbau besonders geeignet sind. Nichttragende, gemauerte Innenwände sind unter Umständen auch nicht schwieriger herzustellen als Leichtbauwände in Ständerbauweise. Wer sich das Anbringen eines Innenputzes nicht zutraut, kann Wände und Decken - sofern sie weitgehend eben sind - mit Gipskarton-Platten verkleiden. Auch eine Holzschalung ist zur Wand- und Deckenbekleidung gut geeignet. Diese Art der "Trockenbauweise" bietet sich besonders in Verbindung mit dem Verlegen von Wärmedämmstoffen an. "Schwimmende" Zwischenböden können nicht nur aus Estrichplatten hergestellt werden, die an Ort und Stelle gegossen werden; für den Selbstbau geeigneter sind sicherlich sogenannte Trockenestriche aus Gipsfaser-, Gipskarton- oder Zementspanplatten.

Bauherren-Pflichten (nach der Landesbauordnung Baden-Württemberg):

- Bei genehmigungspflichtigen Bauvorhaben ist der Baubehörde der Baubeginn anzuzeigen. Bei der Baurechtsbehörde und beim Schornsteinfeger sind die Rohbau- und die Schlußabnahme zu beantragen.
- Für die Überwachung der Arbeiten ist ein fachkundiger Bauleiter zu bestellen.
- Mit der Bauausführung sind nur geeignete Unternehmer zu beauftragen, bei Eigenleistungen genügt die Mitwirkung qualifizierter Facharbeiter.

Bauleistung	Das kann oder darf in der Regel			Hinweise		
	fast jeder	ein begabter Laie	nur der Handwerker	Genehmigung o. Abnahme erforderlich	Architekt einschalten	Erhöhte Unfallgefahr
ABBRUCH						
▪ Tragende Wände, Treppen			X	(X)	X	X
▪ Nichttragende Wände		X			(X)	X
▪ Deckenkonstruktionen (tragend)		X	(X)	X	X	
DURCHBRÜCHE, ÖFFNUNGEN						
▪ Tragende Innenwände			X	(X)	X	X
▪ Decken		(X)	X	(X)	X	X
▪ Nichttragende Wände		(X)	X			
ENTFERNEN, AUSBAUEN						
▪ Fenster, Türen	X					
▪ Heizung, Sanitär-Installation	(X)	X		(X)		
▪ Elektro-Installation		(X)	X	X	(X)	X
▪ Fußboden		X			(X)	(X)
▪ Wand- und Deckenbekleidung	X				(X)	(X)
▪ Bodenplatte (auf Erdreich)		X		(X)	X	(X)
MAURERARBEITEN						
▪ Erdarbeiten	X				X	(X)
▪ Tragende und nichttragende Wände		X		(X)	(X)	(X)
▪ Betondecken u. -böden		X		(X)	(X)	X
▪ Wände unterfangen		(X)	X	X	X	X
▪ Hohlkörperdecken verlegen		X		(X)	X	(X)
▪ Treppen bauen		X		(X)	(X)	
▪ Mauerwerk ausbessern		X				
FEUCHTIGKEITSSCHUTZ						
▪ Erdarbeiten	X				X	(X)
▪ Isolierputz		X				
▪ Drainage		X			X	(X)
▪ Innenwände, Böden		(X)	X		X	
INSTALLATIONEN						
▪ Sanitär, Wasser, Abwasser		(X)	X		X	
▪ Gasversorgung			X	X	(X)	
▪ Heizung und Lüftung		(X)	X	(X)	(X)	
▪ Elektro-Installation		(X)	X	X	(X)	X

(X) Die Klammer symbolisiert eine Einschränkung; die Aussage gilt unter Umständen nur bedingt, im Einzelfall wird eine genaue Prüfung empfohlen.

Tabelle 2 a
Welche Bauleistungen sind für's Selbermachen geeignet?

Bauleistung	Das kann oder darf in der Regel: fast jeder	ein begabter Laie	nur der Handwerker	Hinweise: Genehmigung o. Abnahme erforderlich	Architekt einschalten	Erhöhte Unfallgefahr
OBERFLÄCHEN						
▪ Außenputz, -anstrich		X				(X)
▪ Innenputz, Wandfliesen		X				(X)
▪ Innenanstrich, Tapezieren	X					
▪ Türen, Fenster		X				
▪ Abgehängte Decken		X				(X)
▪ Holzböden erneuern		X				
ZIMMERARBEITEN						
▪ Holzbalken reparieren, austauschen		(X)	X	(X)	(X)	(X)
▪ Holztreppe reparieren, austauschen		(X)	X	(X)	(X)	
▪ Fachwerk wieder ausrichten			X	X	X	X
▪ Dachaufbauten		(X)	X	X	X	X
SONSTIGE ARBEITEN						
▪ Fenster und Türen instandsetzen		(X)	X		(X)	
▪ Dielenboden, Parkett erneuern		X				
▪ Rolläden, Klappläden,						
▪ Markisen einbauen		(X)	X			
▪ Schlosserarbeiten		(X)	X		(X)	
▪ Dacheindeckung erneuern		(X)	X	(X)	(X)	X
▪ Bodenfliesen, Teppich verlegen	X					
▪ Wärmedämmung Kellerdecke	X					
▪ Wärmedämmung Dachboden		X				
▪ Wärmed.: Wände u. Dach innen		X			(X)	
▪ Wärmedämmung Fassaden		(X)		(X)	X	X
▪ Wasser- o. Kompostbehälter aufstellen		X				
▪ Brunnen bohren			X	X	X	(X)
GERÜSTBAU						
▪ bis 2 m Höhe		X				
▪ 2 bis 7 m Höhe			X			X
▪ über 7 m Höhe			X	X		X
AUSSENANLAGEN						
▪ Erdarbeiten	X					
▪ Garten, Pflanzung	X					
▪ Wege, Treppen, Terrassenbelag		(X)	X			
▪ Einfriedungen	X			(X)		
▪ Wasser- u. Versickerungsflächen		X		X	(X)	
▪ Pergola, Rankgerüst	X			(X)		

Tabelle 2 b
Welche Bauleistungen sind für's Selbermachen geeignet?

1.5 Staatliche Förderung von Modernisierungsmaßnahmen

Eigenleistungen und Einsparungen bei den Baukosten können eine vernünftige Finanzierung nicht ersetzen.
Als Faustregel kann davon ausgegangen werden, daß bei mittlerem Einkommen etwa 1/4 bis 1/3 der Bauwerkskosten bzw. Gesamtkosten als Eigenkapital zur Verfügung stehen sollte, z.B. in Form eines zuteilungsreifen Bausparvertrages, als Sparguthaben, Wertpapiere oder Sachwerte. Der notwendige Fremdkapitalbedarf kann wie beim Neubau aus Bauspardarlehen, Hypothekendarlehen und/oder Personaldarlehen gedeckt werden.
Ein Verfahren zur überschlägigen Abschätzung der Baukosten ist in Kapitel 2.1.5 dargestellt. In den vergangenen Jahren hat sich verstärkt gezeigt, daß im Umgang mit unverbindlichen Finanzierungsplänen Vorsicht geboten ist, auch wenn sie von Beratern der Hausbank oder der Bausparkasse ausgearbeitet wurden.

Modernisierungsmaßnahmen werden öffentlich gefördert. Die wichtigsten Förderungsarten sind

- die direkte staatliche Förderung durch Zuschüsse oder Darlehen,
- die Abschreibungen bei der Einkommenssteuer.

Da die staatlichen Förderprogramme und das Einkommenssteuerrecht immer wieder Änderungen unterliegen, ist es sinnvoll, sich über den jeweils aktuellen Stand zu informieren. Staatlich besonders gefördert werden derzeit Maßnahmen zur Energieeinsparung, sowie Modernisierungsmaßnahmen

- in förmlich festgelegten Sanierungsgebieten (alte Stadtkerne);
- in förmlich festgelegten städtebaulichen Entwicklungsbereichen, z.B. Modernisierungsgebieten (meist Innenstadt-Randgebiete);
- in förmlich festgelegten Gebieten der Dorfentwicklung.

Steuerliche Abschreibungsmöglichkeiten bestehen

- für die laufende Instandhaltung und Instandsetzung nach § 82 b EStDV,
- für Herstellungskosten (bzw. Modernisierungskosten) nach § 10 e EStG und § 82 a EStDV,
- für neue Energietechnologien, wie z.B. Solaranlagen und Wärmerückgewinnungsanlagen.

Es ist in jedem Fall empfehlenswert, sich bei Geldinstituten und Gemeindeverwaltungen schon während der Haussuche über die aktuellen und ortsspezifischen Fördermöglichkeiten zu informieren.

2. Entwurf, Planung, Baudurchführung

2.1 Entwurf und Planung

Eine gründliche Planung ist Grundvoraussetzung für das Gelingen einer Althauserneuerung. Wer schlecht oder unzureichend plant, handelt sich beim Bauen oft viel Ärger, hohe Kosten und unbefriedigende Ergebnisse ein. Planung ist ein komplexer Vorgang, geht es doch darum, nicht nur handwerklich-technische und konstruktive, sondern auch gestalterische, ökologische, wirtschaftliche und rechtliche Gesichtspunkte zu berücksichtigen und aufeinander abzustimmen. Bei kleinen Baumaßnahmen kann die planerische Vorbereitung in Eigenleistung, oder in Zusammenarbeit mit einem Handwerker erfolgen. Bei umfangreichen und bei genehmigungspflichtigen Vorhaben empfiehlt es sich grundsätzlich, einen Architekten oder eine Architektin einzuschalten.

2.1.1 Bauwünsche und Planungsziele

Die ersten Planungsschritte bestehen darin, die eigenen Wünsche mit den Möglichkeiten, die das vorhandene Haus bietet, und mit den baurechtlichen und finanziellen Vorgaben in Einklang zu bringen. Die eigenen Wünsche lassen sich z.B. darstellen in Form eines Raumprogramms, eines Zielkatalogs oder auch anhand von Skizzen.

2.1.2 Baurecht

Die für ein Grundstück geltenden Bauvorschriften sind durch das Baugesetzbuch (BauGB, ein Bundesgesetz) in Verbindung mit der Baunutzungsverordnung und durch die Landesbauordnung (LBO, Landesrecht) geregelt. Örtliche Vorschriften, Auflagen des Denkmalschutzes und Förderrichtlinien können dazukommen.

Das Baugesetzbuch überträgt den Gemeinden die Aufgabe, festzulegen, was wo und wie gebaut werden darf. Diese Bestimmungen werden in den Bebauungsplänen festgesetzt (§ 1, 2, 8 und 9 BauGB). In Bestandsgebieten, für die kein Bebauungsplan existiert, gilt der Grundsatz, daß sich das Vorhaben in die Eigenart der näheren Umgebung einfügt, und daß die Erschliessung gesichert sein muß (§ 34 BauGB).

Maßgebend für die Zulässigkeit eines Bauvorhabens ist die Art und das Maß der Grundstücksnutzung. Die zulässige Art der Nutzung wird nach der Baunutzungsverordnung im Bebauungsplan mit zwei Großbuchstaben gekennzeichnet.

Danach bedeutet z.B.

- WR "Reines Wohngebiet"
- WA "Allgemeines Wohngebiet"
- MD "Dorfgebiet"
- MI "Mischgebiet"

In der Baunutzungsverordnung ist festgelegt, welche Nutzungen außer dem Wohnen zulässig sind oder ausnahmsweise zugelassen werden können.

Das Maß der baulichen Nutzung beschreibt die zulässige Größe eines Baukörpers auf dem jeweiligen Grundstück:

- Die Grundflächenzahl GRZ gibt an, wieviel Quadratmeter des Grundstücks überbaut werden dürfen. GRZ 0,4 z.B. bedeutet, daß 40% der Grundstücksfläche überbaut werden darf.
- Die Geschoßflächenzahl GFZ gibt an, wieviel Quadratmeter Geschoßfläche (Summe der Flächen der einzelnen Geschosse) je Quadratmeter Grundstücksfläche zulässig sind. GFZ = 0,8 bedeutet, daß die Geschoßfläche 80% der Grundstücksfläche betragen darf.

1. ERMITTLUNG DER GRUNDLAGEN (ca 3%)

- Baubeschreibung
- Klären der Aufgabenstellung
- Aufnahme und Beschreibung der Bausubstanz mit zeichnerischer Darstellung des Ist-Zustands
- Beratung zum gesamten Leistungsbedarf
- Vorprüfung der baurechtlichen Zulässigkeit

2. VORPLANUNG (ca. 7%)

- Analyse und Bewertung der Bausubstanz
- Abstimmung der Planungsziele
- Anfertigen von Entwurfsskizzen (Vorentwurf)
- Vorverhandlung über die Genehmigungsfähigkeit
- Schätzung der voraussichtlichen Baukosten ("Kostenschätzung")

3. ENTWURFSPLANUNG (ca. 11%)

- Anfertigen der Entwurfszeichnungen: Grundrisse, Ansichten, Schnitte; in der Regel im Maßstab 1:100
- Festlegen der endgültigen baulichen Lösung
- Abstimmen mit Statiker und anderen Fachingenieuren
- Verhandlungen über die Genehmigungsfähigkeit
- Beschreibung der Bauteile und der Haustechnik ("Baubeschreibung")
- Berechnung der voraussichtlichen Baukosten ("Kostenberechnung")

4. GENEHMIGUNGSPLANUNG (ca. 6%)

- Anfertigen, Zusammenstellen und Einreichen der Genehmigungsunterlagen in der vorgeschriebenen Form
- Vervollständigen und Anpassen der Planungsunterlagen

5. AUSFÜHRUNGSLANUNG (ca. 25%)

- Anfertigen der Bauzeichnungen für die Handwerker, Werkpläne im Maßstab 1:50; Detailspläne im Maßstab 1:20 bis 1:1
- Einarbeiten der Tragwerksplanung und anderer Fachingenieurleistungen

6. VORBEREITUNG DER VERGABE (ca. 10%)

- Aufstellen der Leistungsverzeichnisse für die einzelnen Gewerke
- Massenermittlung

7. MITWIRKUNG BEI DER VERGABE (ca. 4%)

- Zusammenstellen der Vergabeunterlagen
- Einholen und Auswerten der Angebote
- Verhandeln mit den Bietern
- Zusammenstellen der Kosten nach den Angebotspreisen ("Kostenanschlag")
- Vorbereiten der Bauverträge

8. BAULEITUNG ("OBJEKTÜBERWACHUNG", ca. 31%)

- Überwachen und Koordinieren der Bauausführung
- Erstellen eines Zeitplanes
- Vorbereiten von Anträgen und Herbeiführen von behördlichen Abnahmen (Anträge an Versorgungsunternehmen, Abnahmen durch Baurechtsbehörde und Bezirksschornsteinfeger)
- Aufmaß und Abnahmen mit den Unternehmern
- Rechnungsprüfung
- Kostenkontrolle und "Kostenfeststellung"
- Überwachung der Mängelbeseitigung bis zur Abnahme

9. OBJEKTBETREUUNG (nach Fertigstellung, ca. 3%)

- Feststellen von Mängeln und Überwachen der Mängelbeseitigung im Gewährleistungszeitraum
- Zusammenstellen der zeichnerischen, schriftlichen und rechnerischen Unterlagen

BESONDERE LEISTUNGEN (nach Bedarf), z.B.:

- Detaillierte Bestandsaufnahme
- Gutachten zur Schadenssanierung
- Prüfen der Umweltverträglichkeit
- Alternativplanungen nach grundsätzlich unterschiedlichen Anforderungen
- Wirtschaftlichkeits- und Kostenuntersuchungen
- Finanzierungsplanung
- Anfertigen eines Modells
- Planungen für Freianlagen

Die in Klammern gesetzten Prozentzahlen geben den Anteil am Gesamtaufwand der Planungsleistung an. Das Architektenhonorar beträgt bei 100% Planungsleistung je nach Umfang und Schwierigkeitsgrad der Bauaufgabe zwischen 10 und 20% der Bausumme.

Tabelle 3
Architektenleistungen
in Anlehnung an die Honorarordnung für Architekten und Ingenieuere HOAI

- Bei der zulässigen Zahl der Vollgeschosse ist zu beachten, daß ein ausgebautes Dach- oder ein Hanggeschoß in Abhängigkeit vom Einzelfall als Vollgeschoß gelten kann.

Durch Baugrenzen oder Baulinien ist die Lage des Gebäudes auf dem Grundstück bestimmt. Darüber hinaus gibt es viele weitere Einschränkungen, die im zeichnerischen Teil oder im Textteil eines Bebauungsplanes festgelegt sind oder als Maßstab für das "Einfügen" gelten, z.B. hinsichtlich Dachform, Dachneigung, Bepflanzungen. Außerhalb einer Ortslage sind nur bestimmte Bauvorhaben zulässig, z.B. forst- und landwirtschaftliche Betriebe mit den dazugehörigen Wohnungen.
Wer einen An-, Um- oder Ausbau plant, sollte zunächst mit einem Architekten oder einer Architektin bzw. mit der zuständigen Baurechtsbehörde klären, ob das Vorhaben grundsätzlich genehmigungsfähig ist. Unter Umständen ist das Grundstück bereits so intensiv bebaut, daß eine noch so geringe Vergrößerung der Wohn- und/oder Nutzfläche nicht mehr möglich ist.

Die Landesbauordnungen regeln in vielen Paragraphen Einzelheiten des Gebäudes und seiner Teile, z.B.

- Abstandsflächen zwischen Gebäude und Grundstücksgrenzen;
- Abmessungen und Bauarten von Treppen, Treppenräumen, Wohnräumen, Garagen, Toiletten, Bädern;
- Bauarten von Decken, Wänden, Dächern.

Darüber hinaus wird bestimmt, welche Bauvorhaben genehmigungspflichtig sind. Nicht genehmigungsbedürftig sind im allgemeinen nur reine Instandsetzungs- und Unterhaltungsmaßnahmen, z.B. die Erneuerung von Fenstern und Türen sowie Schönheitsreparaturen. Steht ein Gebäude allerdings unter Denkmalschutz, in der Nähe eines denkmalgeschützten Gebäudes oder im Geltungsbereich einer Ortsbausatzung, können auch solche Maßnahmen genehmigungspflichtig sein. Für Einschränkungen, die der Besitz eines denkmalgeschützten Gebäudes mit sich bringt, gewährt der Staat dem Eigentümer einen erheblichen Steuernachlaß.

Uneinheitlich ist in den Bundesländern geregelt, welcher Personenkreis als "Planverfasser" anerkannt wird. Normalerweise müssen die Planzeichnungen von einem Architekten gefertigt und unterzeichnet sein. In bestimmten Fällen können sie auch von einem Ingenieur, Bauzeichner, Maurermeister, Zimmermeister und eingeschränkt von jeder Person gefertigt sein, "die für diese Aufgabe nach Sachkunde und Erfahrung geeignet ist". Im Zweifelsfall empfiehlt sich eine Rücksprache bei der zuständigen Baurechtsbehörde.

Wenn die Genehmigungsfähigkeit eines Vorhabens im Vorfeld des Baugenehmigungsverfahrens nicht ausreichend geklärt werden kann, ist ein "Antrag auf Bauvor-

MÖGLICHE ZIELE BEI DER ALTBAUMODERNISIERUNG

- Dachausbau und Innenausbau in Eigenleistung mit gesundheits- und umweltverträglichen Baustoffen
- Südliche Dachhälfte ausbauen (Leichtbauweise, im Selbstbau)
- Fensterläden wiederherstellen
- Wärmedämmung der Gebäudehüllflächen
- Erneuerung der Heizungsanlage
- Ausbau einer Werkstatt im Untergeschoß (Trockenlegung)
- Anbau eines eingeschossigen Anlehngewächshauses mit Einfachverglasung, ohne Heizung
- Ergänzungen der Haustechnik, z.B. Zisterne oder Regenwassernutzung für WC-Spülung, Waschmaschine, Gartenbewässerung

Beispiel für einen Zielkatalog

Tabelle 4
Raumprogramm

Raum	Mindestgröße nach DIN 18011	Mittlere Größe
Wohnraum (ohne Eßplatz)	18,5 m^2	20 - 30 m^2
Wohnraum mit Eßplatz		25 - 35 m^2
Eßplatz	5,9 m^2	8 m^2
Küche	9,8 m^2	12 m^2
Küche mit Eßplatz		16 m^2
Elternschlafzimmer	14,5 m^2	16 m^2
Kinderzimmer für 1 Kind	(7,1 m^2)	10 - 15 m^2
Kinderzimmer für 2 Kinder	14,6 m^2	16 - 20 m^2
Bad mit WC	4,5 m^2	6,5 - 8 m^2
Balkon, Terrasse	(1,7 m^2)	4 - 20 m^2

CHECKLISTE:
Planerische Rahmenbedingungen

- Gibt es einen Bebauungsplan?
- Muß der Denkmalschutz berücksichtigt werden?
- Gibt es eine Ortssatzung für die Bebauung?
- Liegt das Grundstück in einem Sanierungsgebiet?
- Hat das Gebäude die vorgeschriebenen Grenzabstände?
- Ist die Erschließung rechtlich gesichert?
- Ist die Ver- und Entsorgung vollständig und ausreichend: Wasser, Abwasser, Gas, elektrischer Strom, Fernwärme?
- Soll Art oder Umfang der Nutzung geändert werden?
- Ist die erforderliche Zahl an Stellplätzen vorhanden?

Tabelle 5
Welche Baumaßnahmen müssen genehmigt werden?
Quelle:
Landesbauordnung Baden-Württemberg

WELCHE BAUMASSNAHMEN MÜSSEN GENEHMIGT WERDEN?

GENEHMIGUNGSFREI sind:

- Reine Instandsetzungs- oder Unterhaltungsarbeiten
- Schönheitsreparaturen (auch an Außenfassaden)
- Neueindeckung des Daches (sofern Farb- und Materialcharakter nicht verändert werden)
- Erneuerung von Fenstern und Türen in nichttragenden Wänden
- Abbruch von Terrassen- und Stützmauern bis 1 m Höhe
- Änderungen innerhalb von Wohnungen und in Gebäuden, die ausschließlich dem Wohnen dienen.
- Ausbau von Keller- und Dachräumen für nur vorübergenenden Aufenthalt, z.B. für Hobbyräume
- Änderung der Beheizung (teilweise nur bis zu einer festgelegten Größe der Heizungsanlage)
- Erneuerung der Versorgungsleitungen (Strom, Gas, Wasser, usw.; hier macht jedoch das zuständige Versorgungsunternehmen eine Bauabnahme)

GENEHMIGUNGSPFLICHTIG sind:

- Renovierung der Fassade, wenn Farbe oder Gestaltung wesentlich verändert werden
- Änderung der Dachneigung
- Dachausbau (Dachgauben, Dachterrassen, Veränderung der Dachfenster)
- Herstellung von Fenster- und Türöffnungen in der Fassade
- Abfangung tragender Wände
- Anbauten (Windfänge, Balkone, usw.)
- Abbruch größerer Gebäudeteile
- Veränderung der Nutzung (z.B. gewerbliche Nutzung von Wohnräumen)
- Ausbau von Dach oder Keller für nicht nur vorübergehenden Aufenthalt
- Einbau von Heizräumen
- Einrichtung von Öllagerstätten (teilweise besteht nur eine Meldepflicht bei kleineren Öltanks)
- Veränderungen an der Abwasseranlage
- Änderungen an Schornsteinen

bescheid" zweckmäßig. Eine solche Voranfrage ist weniger aufwendig als ein Baugesuch. Die Antwort der Genehmigungsbehörde ist nicht verbindlich, d.h. es entsteht kein Rechtsanspruch gegenüber der Genehmigungsbehörde. Der Bauvorbescheid ist eine für die spätere Baugenehmigung maßgebende Vorabentscheidung, er gibt jedoch das Vorhaben nicht zur Ausführung frei. Ein Antrag auf Bauvorbescheid ist üblich, wenn von einem vorhandenen Bebauungsplan abgewichen wird oder wenn für das Grundstück kein Bebauungsplan existiert.
Die Entscheidungen der Baubehörden sind gerade bei Vorhaben an bestehenden Gebäuden oft eine Ermessensfrage. Auch wenn die Behörden nein sagen, muß eine Bauidee nicht sofort verworfen werden. Oft kann über Ausnahmen und Befreiungen das gewünschte Ziel erreicht werden. Darüber hinaus besteht auch die Möglichkeit des Widerspruchverfahrens.
Besondere Bedeutung hat in diesem Zusammenhang der "Bestandsschutz". Das Baurecht respektiert den Bestand. Die heute geltenden Vorschriften müssen nicht berücksichtigt werden, solange der Bestand erhalten wird. Wird dagegen ein Teil des Gebäudes verändert oder abgebrochen, so gelten für diesen Teil die heutigen Vorschriften. Soll z.B. ein Haus oder Hausteil, das bisher auf der Grundstücksgrenze stand, abgebrochen und durch ein neues ersetzt werden, so muß beispielsweise ein vorgeschriebener Grenzabstand von mindestens 2,5 m eingehalten werden. Fenster und Türen, die in einer Brandwand liegen, müssen bei einer Veränderung zugemauert oder mit teuren feuerbeständigen Fenstern bzw. Türen ausgestattet werden.

2.1.3 Bestandsaufnahme

Grundlage für eine solide Planung ist die genaue Erfassung des vorhandenen Bestands. Bei einer umfassenden Umbau-, Ausbau- oder Modernisierungsmaßnahme gliedert sich die Bestandsaufnahme in vier Bereiche:

- die Lage des Gebäudes auf dem Grundstück und seine Erschließung (Anbindung an öffentliche Straße),
- die Anschlüsse an das öffentliche Ver- und Entsorgungsnetz,
- das Gebäude und seine Räume mit allen wichtigen Abmessungen ("maßliche Bestandsaufnahme"),
- der Zustand der Bausubstanz ("technische Bestandsaufnahme").

Eine Zeichnung des Grundstücks (Maßstab 1:500) kann bei kommunalen oder staatlichen Vermessungsämtern beschafft oder von einem privaten Vermessungsbüro angefertigt werden. Im Lageplan werden dargestellt: die Grundstücksgrenzen, die baulichen Anlagen, Nachbarbebauungen, Straßen, Wege, Zufahrten, Stellplätze usw.. In einer größeren Darstellung (Maßstab 1:200 oder 1:100) lassen sich auch weitere Dinge eintragen, z.B. Höhenlinien, vorhandener Bewuchs, Kanalschächte, Anschlußleitungen, Terrassen, Dachüberstände.
Unter Umständen ist es erforderlich, neue Anschlußleitungen herzustellen. Auskünfte über die Abwasserentsorgung können beim Tiefbauamt eingeholt werden. Wo und wie tief liegt der Straßenkanal? Wo kann angeschlossen werden? Gibt es ein Mischsystem oder ein Trennsystem? Beim Mischsystem wird das Schmutz- und das Regenwasser in einen einzigen Kanal geleitet, beim Trennsystem gibt es zwei parallel verlaufende Kanäle, einen für Schmutz- und einen für Regenwasser. Die Anschlußbedingungen für Trinkwasser, Strom, Gas und Fernwärme können bei den örtlichen Versorgungsunternehmen erfragt werden. Für Telefon- und Fernsehkabel ist die Post bzw. das Fernmeldeamt zuständig.
Die zeichnerische Darstellung des Gebäudes umfaßt die Grundrisse sämtlicher Geschosse, alle Ansichten und mindestens einen Querschnitt. Solche Bauaufnahmen werden in der Regel vom Architekten gefertigt, bei stark gegliederten oder schiefwinkligen Gebäuden auch vom Vermessungsingenieur. Bei stark gegliederten Fassaden könnte eine fotogrametrische Aufnahme sinnvoll sein. Mit Hilfe einer thermographischen Aufnahme kann z.B. Fachwerk unter Putz erkennbar gemacht werden.
In eine Kopie der nun vorliegenden Bestandspläne werden alle wesentlichen Baumaterialien und alle erkennbaren Schäden eingetragen.

2.1.4 Entwurf und Baubeschreibung

Wenn die Bestandspläne vorliegen und wenn die baurechtlichen Rahmenbedingungen sowie die Planungsziele geklärt sind, kann mit dem Entwerfen begonnen werden. Die spannenden Fragen: Läßt sich das Raumprogramm unterbringen? Wieviel muß verändert werden? Welche alternativen Lösungsmöglichkeiten gibt es? Welche ist die beste? Diese erste Phase des Planens nennt der Architekt "Vorentwurf". Beim Vorentwurf sind noch viele Fragen offen. Jetzt klärt sich, ob und in welcher Form die Wünsche und Erwartungen verwirklicht werden können, was sie kosten und ob sie genehmigungsfähig sind. Die Genehmigungsfähigkeit kann, wie bereits erwähnt, durch Vorgespräche und durch einen Antrag auf Bauvorbescheid geklärt werden. Die Kostenschätzung erfolgt nach dem gleichen Verfahren wie die nachfolgend beschriebene Kostenberechnung (Kap. 2.1.5).
Mit den Vorentwurfsskizzen werden die wichtigsten Weichen für den Zuschnitt und die Qualität einer Wohnung gestellt. Einige maßgebliche Gesichtspunkte und Prinzipien sind z.B.:

- Besonnung und Belichtung: Himmelsrichtung und Sonnenbahnen berücksichtigen; auf Verschattung durch benachbarte Gebäude und große Bäume achten; Wohn- und Aufenthaltsräume nach Süden oder Südwesten orientieren, Schlafräume nach Osten.
- Bezug zur Umgebung: Wohnzimmer mit Blick in die Ferne oder in den Garten orientieren, die Küche mit Blick zum Eingang oder zum Kinderspielbereich, Schlaf- und Arbeitszimmer im ruhigen Gebäudeteil unterbringen.
- Haustechnik und Kosten: Räume mit Installationen nebeneinander bzw. untereinander anordnen, keine oder möglichst wenig Eingriffe in tragende Bauteile vorsehen.
- Wärmehierarchie: unbeheizte oder wenig beheizte Räume (z.B. Garage, Abstellraum, Treppe, Diele) auf die Gebäudenordseite legen, als thermischer Puffer zwischen beheizten Räumen und dem Außenbereich.

Hat sich aus der Vielfalt der Möglichkeiten eine Lösung herauskristallisiert, so kann der Entwurf ausgearbeitet werden. Dazu gehört:

- die exakte zeichnerische Darstellung, in der Regel im Maßstab 1:100, mit allen Grundrissen, Ansichten und Schnitten;
- die Baubeschreibung, in der die geplanten Materialien und haustechnischen Einrichtungen festgelegt werden

(damit wird zugleich der geplante Komfort bzw. Standard bestimmt);

- die Kostenberechnung, gemäß dem nachfolgend beschriebenen Verfahren.

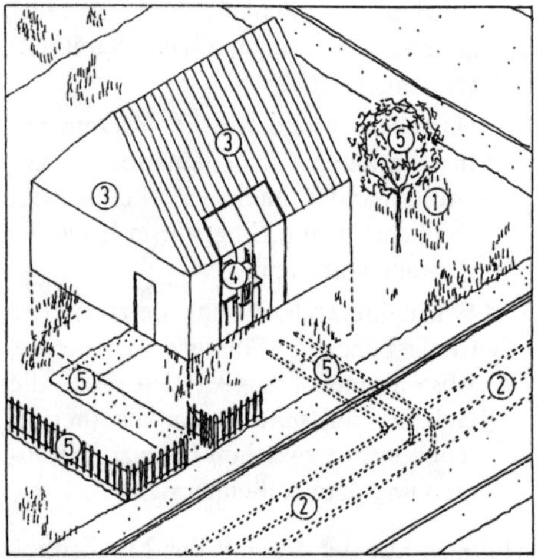

Abb. 1
Kostengliederung zur Kostenberechnung nach DIN 276

1 Grundstück - Kostengruppe 1
2 Erschließung - Kostengruppe 2
3 Bauwerk - Kostengruppe 3
4 Geräte - Kostengruppe 4
5 Außenanlagen - Kostengruppe 5
6 Zusätzliche Maßnahmen - Kostengruppe 6
7 Baunebenkosten - Kostengruppe 7

2.1.5 Kostenberechnung nach Brutto-Rauminhalt

Auf der Grundlage des Entwurfs und der Baubeschreibung können die zu erwartenden Baukosten mit einer gewissen Genauigkeit (± 20%, gerechnet von einem erfahrenen Architekten) vorausberechnet werden. Bezugsgröße für die Berechnung der "Kosten des Bauwerks" ist der Brutto-Rauminhalt (umbauter Raum), der nach DIN 277 definiert ist. Er wird in Kubikmeter angegeben und errechnet sich aus den äußeren Abmessungen des von der Baumaßnahme betroffenen Gebäudes oder Gebäudeteils. Bei der Altbauerneuerung ist es für die Entwurfs-, Kosten- und Finanzierungsplanung sinnvoll, zwischen Instandsetzung, Modernisierung und Um-, An- oder Ausbau zu unterscheiden.

Instandsetzung bedeutet die Behebung baulicher Mängel, die infolge von Alterung und Abnutzung entstanden sind. Instandsetzungsmaßnahmen verhindern den weiteren Verfall des Gebäudes. Die Kosten einer Instandsetzung werden vom Zustand der Bausubstanz bzw. von Art und Umfang der Mängel bestimmt. Als Mittelwert gilt ein Betrag von 120 - 180 DM/m³ umbauter Raum. Umfangreiche Instandsetzungsmaßnahmen, z.B. die Trockenlegung von Kellermauerwerk oder die vollständige Erneuerung eines Dachstuhls sind gesondert zu berechnen.
Die Nutzungsdauer (Lebensdauer) der einzelnen Bauteile ist sehr unterschiedlich. Einen Überblick über die Nutzungsdauer verschiedener Bauteile von Wohnhäusern bei durchschnittlicher Abnutzung gibt Tab. 6. Diese Übersicht kann jedoch eine Untersuchung der Bauteile im konkreten Einzelfall nicht ersetzen. Es empfiehlt sich, Instandsetzungsarbeiten, die das Wohnen erheblich beeinträchtigen, als Maßnahmebündel oder im Zusammenhang mit Modernisierungsarbeiten durchzuführen.

Als *Modernisierung* werden bauliche Maßnahmen bezeichnet, die den Gebrauchswert von Wohnungen und Gebäuden erhöhen und die Wohnverhältnisse auf Dauer verbessern. Insbesondere sind dies Maßnahmen, die den Zuschnitt der Wohnungen, die Belichtung und Belüftung, den Wärme- und Schallschutz, die Energie- und Wasserversorgung, die Entwässerung, die sanitären Einrichtungen, die Beheizung und die Funktionsabläufe betreffen. Als Mittelwert gilt ein Betrag von 240 - 290 DM/m³ umbauter Raum.

An-, Um- und Ausbauten sind Maßnahmen, durch die neuer Wohnraum hergestellt wird, z.B. durch Aufstocken, Erweiterungsbauten, Dachausbau. Als Mittelwert für Aus- und Umbaukosten gilt ein Betrag von 360 DM/m³, für Anbauten von 480 DM je Kubikmeter umbauter Raum.
Die genannten Beträge können in konjunkturschwachen Regionen bis zu etwa 20% niedriger, in wirtschaftlich starken Regionen um diesen Prozentsatz höher liegen. Darüber hinaus sind die Werte zeitlichen Schwankungen und anderen Einflußfaktoren unterworfen.
Desweiteren nimmt der Austattungsstandard einen ganz wesentlichen Einfluß auf die Baukosten. Bei einfachem Standard können die genannten Mittelwerte mit einem Faktor zwischen 0,8 und 0,9 multipliziert werden, bei gehobenem Standard mit einem Faktor zwischen 1,1 und 1,3. Nach oben sind natürlich keine Grenzen gesetzt.
Als "einfacher Standard" wird eine bescheidene Ausstattung mit geringen Qualitätsanforderungen an Materialien, Schall- und Wärmeschutz, Haltbarkeit und "repräsentatives" Aussehen verstanden. Beachtet

werden sollte, daß der Arbeitsaufwand einer Maßnahme für die Kosten meist bestimmender ist als die Materialqualitäten; außerdem erfordert kostengünstiges Bauen einen höheren Planungsaufwand.

Als "gehobener Standard" werden Lösungen verstanden, die sich durch hohen Komfort und luxuriöse Ausstattung auszeichnen. Lösungen dieser Art sind in diesem Buch nur dargestellt, wenn sie ökologisch begründet sind.

Welche anderen Kosten neben den "Kosten des Bauwerks" (Kostengruppe 3) noch anfallen, zeigen Tab. 8 und Abb. 1. Erst die Summe all dieser Beträge ergibt die Gesamtkosten einer Baumaßnahme. Gerade die "Baunebenkosten" (Kostengruppe 7) werden häufig unterschätzt.

Welcher Betrag durch Eigenleistung erarbeitet werden kann, läßt sich im Entwurfsstadium besser über die zur Verfügung stehende Zeit ermitteln als über die einzelnen Bauleistungen (vgl. Kap. 1.4).

Bauteile, die durchschnittlich zu erneuern sind nach 5 bis 15 Jahren	15 bis 30 Jahren	30 bis 50 Jahren
Tapeten und Anstriche innen	Dachrinnen und Fallrohre aus Zinkblech	Dacheindeckungen und Dachanschlüsse
Fußbodenoberbeläge Textil	Dachanschlüsse aus Zinkblech	Kaminköpfe über Dach
Elektro-Warmwasserbereiter	Plattenbekleidungen außen	Fenster und Außentüren
Außenanstriche an Fassaden, Fenstern und Außentüren	Abdichtungen von Außenbauteilen mit Fugenmassen	Außenwandputz und -bekleidungen
Dacheindeckungen bei bei Flachdächern	Außenverglasungen	Teile des Wand- und Deckenputzes innen
	Kunststoffbeläge innen	Fliesen- u. Plattenbodenbeläge innen
	Heizkessel u. -thermen	Sanitärleitungsnetz für Bäder und Küchen
	Stahl-Heizradiatoren	Ausstattung von Bädern und Küchen
	Elektronische Regeleinrichtungen	Elektroinstallationsnetz mit Dosen und Schaltern Heizungsrohrnetz
	Die Bauteile der 1. Erneuerungsgruppe zum 2. Mal	Die Bauteile der 1. und 2. Erneuerungsgruppe zum 3. bzw. 2. Mal

	Richtwert DM/m³ umb. Raum			Kosten der Kostengruppe 3
Instandsetzung	120 - 180 DM/m³			
einfacher Standard	400 m³	x	120 DM/m³	DM 48.000
mittlerer Standard	400 m³	x	150 DM/m³	DM 60.000
gehobener Standard	400 m³	x	180 DM/m³	DM 72.000
Modernisierung	240 - 300 DM/m³			
einfacher Standard	400 m³	x	240 DM/m³	DM 96.000
mittlerer Standard	400 m³	x	270 DM/m³	DM 108.000
gehobener Standard	400 m³	x	300 DM/m³	DM 120.000
Umbau + Ausbau	360 - 420 DM/m³			
einfacher Standard	400 m³	x	360 DM/m³	DM 144.000
mittlerer Standard	400 m³	x	390 DM/m³	DM 156.000
gehobener Standard	400 m³	x	420 DM/m³	DM 168.000
Erweiterung	420 - 480 DM/m³			
einfacher Standard	400 m³	x	420 DM/m³	DM 168.000
mittlerer Standard	400 m³	x	450 DM/m³	DM 180.000
gehobener Standard	400 m³	x	480 DM/m³	DM 192.000

Tabelle 6 (oben)
Instandsetzungsrhythmen
Quelle:
Bauministerium NRW; zitiert in DAB 9/87

Tabelle 7 (unten)
Beispiel für eine Kostenberechnung nach m³ umbautem Raum für die Kostengruppe 3 (Bauwerk) bei Instandsetzung, Modernisierung, Umbau - Ausbau sowie Erweiterung
Kostenstand: Nov. 1991,
Index = 139,7 (vgl. Seite 206)

Kostengruppe	Beschreibung	Gesamtpreis DM
1. BAUGRUNDSTÜCK		
1.1 Wert	(einschließlich Altbau)	200.000
1.2 Erwerb	(Steuer, Makler, Notar, ca. 6%) 12.000	
1.3 Freimachen		
1.4 Herrichten		
2. ERSCHLIESSUNG		
2.1 Öffentl.Erschließung	Erschließungsbeiträge	—
2.2 Nichtöffentl. Erschließung		
2.3 Andere einmalige Abgaben		
3. BAUWERK	400 m³ x 270 DM/m³ = 108.000 DM	
3.1 Baukonstruktion	Rohbau 45%	48.600
	Ausbau 28%	30.240
3.2 Installationen	27%	29.160
3.3 Zentrale Betriebstechnik		
3.4 Betriebliche Einbauten		
3.5 Besondere Bauausführungen		
4. GERÄT		
4.1 Allgemeines Gerät		10.000
4.2 Möbel		
4.3 Textilien		
4.4 Arbeitsgerät		
4.5 Beleuchtung		
5. AUSSENANLAGEN		
5.1 Einfriedungen		4.000
5.2 Geländebearbeitung, -gestaltung		4.500
5.3 Abwasser-, Versorgungsanlagen		5.000
5.4 Wirtschaftsgegenstände		
5.5 Kunstwerke		
5.6 Anlagen für Sonderzwecke		
5.7 Verkehrsanlagen		
5.8 Grünflächen		
6. ZUSÄTZLICHE MASSNAHMEN		—
6.1 bei der Erschließung		
6.2 beim Bauwerk		
6.3 bei Außenanlagen		
7. BAUNEBENKOSTEN		
7.1 Vorbereitung Bauvorhaben		
7.2 Planung Baumaßnahmen	18% von Ziffer 3	19.440
7.3 Durchführung Baumaßnahmen		
7.4 Finanzierung		10.000
7.5 Allgemeine Baunebenkosten		
GESAMTKOSTEN in DM		360.940

Tabelle 8
Beispiel einer Kostenberechnung für eine Modernisierung mit mittlerem Standard bei 400 m³ umbautem Raum (nach DIN 276)

2.1.6 Antrag auf Baugenehmigung

Auf der Grundlage des Entwurfs und der Baubeschreibung werden die Unterlagen für das Baugesuch nach den jeweils gültigen Landesvorschriften gefertigt und in mindestens zweifacher Ausfertigung eingereicht. Zu den Unterlagen gehören:

- der Lageplan, bestehend aus einem zeichnerischen Teil im Maßstab 1:500 und einem Textteil
- die Entwurfszeichnungen im Maßstab 1:100, mit Darstellung der abzubrechenden Bauteile (gelb) und der Neubauteile (rot)
- der Bauantrag mit Baubeschreibung (als vorgeschriebenes Formblatt)
- der Standsicherheitsnachweis (Statikerunterlagen, ggf. mit Prüfstatik)
- der Wärmeschutznachweis
- ggf. auch ein Statistik-Erfassungsbogen

Die Bearbeitung des Bauantrags dauert bei den Behörden meist 2 bis 3 Monate. Wichtiger Bestandteil des Verfahrens ist die Benachrichtigung der Angrenzer und der betroffenen Fachbehörden. Die Gebühr für die Baugenehmigung beträgt in Baden-Württemberg 0,4% der Rohbausumme. Wenn das Baugesuch genehmigt ist und alle Unterlagen vollständig vorliegen, erteilt das Baurechtsamt die "Baufreigabe". Die Bauarbeiten dürfen beginnen. Eine Baugenehmigung erlischt, wenn innerhalb von 3 Jahren nicht mit der Bauausführung begonnen oder wenn sie 2 Jahre unterbrochen worden ist; sie kann jedoch auf schriftlichen Antrag verlängert werden (so in Baden-Württemberg).

2.1.7 Ausführungsplanung und Vorbereitung der Vergabe

Die Zeit bis zur Baugenehmigung reicht gerade aus, um die Ausführungszeichnungen und die Leistungsverzeichnisse zu erarbeiten.
Die Ausführungszeichnungen werden im Maßstab 1:50, Detailzeichnungen im Maßstab 1:20 bis 1:1 gefertigt. Nach diesen Plänen arbeitet der Handwerker. Auch der Selbstbauer sollte nach solchen Plänen arbeiten, denn die Maße und baulichen Zusammenhänge sind auf dem Papier leichter zu überschauen. Die Pläne im Maßstab 1:50 werden aus den Entwurfsplänen (1:100) entwickelt, sie sollen sämtliche Maße enthalten. Die Aussagegenauigkeit der Detailpläne entspricht den Bauteilzeichnungen in diesem Buch (Kap. 6 - 14). Bei den Detailplänen geht es insbesondere um eine Darstellung der einzelnen Bauteilschichten und der Anschlüsse, z.B. Fassade/Dach, Fassade/Fenster, Balkongeländer, Haustüre.
Das Leistungsverzeichnis beschreibt für jedes Gewerk alle vorkommenden Arbeiten nach Art und Umfang. Es wird ebenso wie die Ausführungspläne Grundlage für die Bauverträge. Das Leistungsverzeichnis dient außerdem dazu, für die Arbeiten, die nicht selbst ausgeführt werden, von verschiedenen Firmen Angebote einzuholen.
In den Leistungsverzeichnissen sollen alle Leistungen, die von Handwerkern durchzuführen sind, eindeutig und vollständig beschrieben werden, um spätere Nachforderungen, d.h. ungeplante Mehrkosten, zu vermeiden. Standardisierte Leistungsverzeichnisse in Formularform sind für alle Gewerke im Fachbuchhandel erhältlich.
Das Einholen von Angeboten wird als Ausschreibung bezeichnet. Rechtliche Grundlage für die Leistungsverzeichnisse, Ausschreibungsverfahren und Bauverträge ist die VOB (Verdingungsordnung für Bauleistungen). Sie ist jedoch nur wirksam, wenn sie im Bauvertrag vereinbart wird, sonst gelten die Bestimmungen des BGB.
Die VOB gliedert sich in drei Teile:

- Teil A: Allgemeine Bestimmungen für die Vergabe von Bauleistungen,
- Teil B: Allgemeine Vertragsbedingungen für die Ausführung von Bauleistungen,
- Teil C: Allgemeine Technische Vorschriften für Bauleistungen.

Teil B und C ergänzen das Werksvertragsrecht des BGB durch besondere, auf die Bedingungen des Bauens abgestellte Regelungen. Es empfiehlt sich, die Teile B und C immer zu vereinbaren. Teil A wird in der Regel nur bei Ausschreibungsverfahren der öffentlichen Hand angewendet.

2.1.8 Kostenberechnung nach Bauteilen oder Gewerken

Die Kostenberechnung nach umbautem Raum (Kap. 2.1.5) ist ein schnelles, aber relativ grobes Verfahren. Eine genauere Kostenaussage wird meist erst dann möglich sein, wenn die Angebote für sämtliche Gewerke geprüft vorliegen - vorausgesetzt die Leistungsverzeichnisse sind vollständig und die Mengenangaben richtig.
Es kommt jedoch häufig vor, daß eine genaue bzw. differenzierte Kostenaussage ohne Durchführung des relativ aufwendigen Ausschreibungsverfahrens gewünscht wird, z.B. um die Kosten für solche Arbeiten zu ermitteln, die in Eigenleistung ausgeführt werden. Dann bietet sich eine Kostenberechnung nach Bauteilen und Gewerken an. Die dazu erforderlichen Kostendaten sind im Anhang zu finden. Eine Untersuchung der Baukosten nach Bauteilen und/oder Gewerken ist besonders geeignet, um die Kosten zwischen alternativen Konstruktions- und Ausführungsarten

zu vergleichen, oder wenn es darum geht, eine Abstimmung zwischen wünschenswerten Einzelmaßnahmen und finanziellen Möglichkeiten zu erreichen.

2.2 Baudurchführung

2.2.1 Bauvertrag

Für alle Arbeiten, die nicht in Eigenleistung ausgeführt werden, sollten schriftliche Bauverträge auf der Grundlage von Planzeichnungen und Angeboten (Leistungsverzeichnissen mit Preisangaben) abgeschlossen werden. Damit nichts Wichtiges übersehen wird, empfiehlt sich die Verwendung von Formverträgen nach VOB Teil B und C, die als Formulare im Buchhandel erhältlich sind.
Darin wird u.a. vereinbart:

- die Vertragssumme mit/ohne Mehrwertsteuer,
- die Vertragsart: Einheitspreis-, Stundenlohn- oder Pauschalpreisvertrag,
- die Vertragsgrundlage: Pläne vom ..., das Angebot des Handwerkers vom ...,
- die Ausführungsfrist,
- die Gewährleistungsfrist.

Bei der Althauserneuerung wird häufig ein Stundenlohnvertrag vereinbart, besonders wenn es sich um schwer kalkulierbare Arbeiten handelt. Die Preise für Material und Lohn werden getrennt vereinbart, rapportiert (in täglichen Aufzeichnungen festgehalten) und abgerechnet.
Bei Aus- und Erweiterungsarbeiten ist ebenso wie für Neubauten der Einheitspreisvertrag üblich. Hier wird ein Preis je Leistungseinheit, der sogenannte Einheitspreis vereinbart, z.B. 30 DM/m² Dämmstoff ... liefern und einbauen. Abgerechnet wird die tatsächlich gelieferte und eingebaute Menge, die nach einem gemeinsamen Aufmaß an der Baustelle ermittelt wird.
Beim Pauschalpreisvertrag wird eine grössere Einheit, z.B. das Einrichten eines Bades oder die Herstellung einer neuen Heizungsanlage komplett mit allen Nebenarbeiten angeboten und abgerechnet. Pauschalpreisverträge sind die schnellste und bequemste Art der Abrechnung, die Rechnungssumme ist allerdings oft vergleichsweise höher als bei einer Abrechnung nach Einheitspreisen oder nach Stundenlohn.

2.2.2 Bauleitung

Für genehmigungspflichtige Bauvorhaben verlangen die Behörden grundsätzlich die Benennung eines verantwortlichen Bauleiters, meist eines Architekten. Unter Umständen kann auch ein erfahrener Maurermeister oder Zimmermann diese Aufgabe übernehmen. Die Aufgaben und Verantwortlichkeiten sind in den Bauordnungen der Länder geregelt (vgl. Abb. 2).

Aufgabenbereiche des Bauleiters:

- Überwachen der Materialien und Bauteile,
- Regeln und Überwachen der Arbeitsdurchführung,
- Überwachen der Sicherheit am Bau,
- Einhaltung der Baugenehmigung.

Um die Sicherheit zu überwachen, muß er die Sicherheitsbestimmungen und Unfallverhütungsvorschriften der Bauberufsgenossenschaft und die Gerüstordnung nicht nur kennen, sondern auch durchsetzen. Bauleiter sollten gegen Personenschaden versichert sein. Die weit verbreitete Praxis der Gefälligkeitsunterschrift ist ein unverantwortliches und nicht zumutbares Risiko für den Bauleitungsberechtigten!
Die Baurechtsbehörde überprüft während der Bauzeit die Einhaltung der genehmigten Pläne und der Vorschriften. Die Bauberufgenossenschaft kontrolliert die Einhaltung der Sicherheitsvorschriften und die ordnungsgemäße Anmeldung der gewerblichen und nicht gewerblichen Arbeitskräfte. Den Beginn der Arbeiten und die Fertigstellung bestimmter Arbeiten hat der Bauherr den Baurechtsbehörden mit den dazu ausgehändigten Vordrucken mitzuteilen.
Zu den Aufgaben des Bauleiters gegenüber der Baufamilie gehört auch die Mitwirkung bei der Abnahme von Bauleistungen. Die Abnahme ist juristisch die Entgegennahme der Leistung als vertragsgerecht. Wenn eine Leistung wesentliche Mängel aufweist, sollte die Abnahme bis zur Mängelbeseitigung ausdrücklich und

Abb 2:
Aufgaben und Verantwortung des Bauleiters

AUFGABEN UND VERANTWORTUNG DES BAULEITERS

(1) Der Bauleiter hat die ordnungsgemäße, den allgemein anerkannten Regeln der Technik und den Einzelzeichnungen, Einzelberechnungen und Anweisungen des Planverfassers oder, soweit diese nicht notwendig sind, den genehmigten Bauvorlagen entsprechende Ausführung des Bauvorhabens zu überwachen; er hat die dafür erforderlichen Weisungen zu erteilen. Verstöße, denen nicht abgeholfen wird, hat er der Baurechtsbehörde unverzüglich mitzuteilen. Er hat im Rahmen dieser Aufgabe auf den sicheren bautechnischen Betrieb der Baustelle, insbesondere auf das gefahrlose Ineinandergreifen der Arbeiten der Unternehmer zu achten. Die Verantwortlichkeit der Unternehmer bleibt unberührt.

Auszug aus § 47 Landesbauordnung Baden-Württemberg

beweiskräftig verweigert werden. Auf Wunsch eines Vertragspartners muß die Abnahme förmlich vorgenommen werden (bei VOB-Vertrag), von der Abnahme wird dann eine Niederschrift angefertigt und von beiden Vertragspartnern unterschrieben. Mit dem Datum der Abnahme beginnt die Gewährleistungsfrist.
Wird keine förmliche Abnahme durchgeführt, so gilt die Leistung nach VOB als abgenommen:

- 12 Werktage nach schriftlicher Mitteilung über die Fertigstellung der Leistung oder 12 Werktage nach Zugang der Schlußrechnung,
- 6 Werktage nach Inbenutzungsnahme der Leistung.

2.2.3 Versicherungen

Bauen ist immer mit besonderen Risiken verbunden, besonders wenn fachlich Unerfahrene auf der Baustelle arbeiten. Zur wirtschaftlichen Absicherung der durch Personen- oder Sachschäden bestehenden Risiken gibt es Versicherungen, die teils freiwillig und teils gesetzlich vorgeschrieben sind.

Unfallversicherung:
Für die Ausführung von Eigenleistungen und Nachbarschaftshilfe am Bau ist eine Unfallversicherung gesetzlich vorgeschrieben. Alle Personen, die in ihrer Freizeit an einem Bauvorhaben nichtgewerblich mitarbeiten, müssen von der Baufamilie bei der örtlichen Bauberufsgenossenschaft oder beim Unfallversicherungsverband der Gemeinde versichert werden. Mitarbeitende Bauherren und Baudamen können sich gegen einen gesonderten Betrag mitversichern. Entprechende Anmeldeformulare werden meist mit der Baugenehmigung zugestellt.

Berufshaftpflichtversicherung:
Die Baufamilie sollte darauf bestehen, daß der beauftragte Architekt bzw. Bauleiter eine Versicherung abgeschlosen hat, die die Folgen von Unachtsamkeit bei der Ausübung der beruflichen Tätigkeiten abdeckt. Eine gesetzliche Versicherungspflicht gibt es in diesem Bereich nicht. Im Architektenvertrag sollte jedoch der Nachweis über eine solche Versicherung vereinbart werden. Der Versicherungsschutz des Architekten und des Bauleiters umfaßt Personen- und Sachschäden. Die übliche Deckungssumme beträgt 1 Million DM für Personenschäden und 100000 DM für Sachschäden. Schäden, die durch falsch ermittelte Kosten und Massen entstehen, können nicht versichert werden.

Gebäudebrandversicherung:
Alle Gebäude sind gegen Brand- und Elementarschäden (Blitz, Sturm, Hagel, Hochwasser) pflichtversichert (zumindest in Baden-Württemberg). Der jährliche Versicherungsbetrag ergibt sich aus dem Einschätzungsbescheid. Bei Umbaumaßnahmen kann der Versicherungsschutz vorübergehend erlöschen, wenn Bauteile, die normalerweise dem Schutz des Gebäudes dienen, entfernt werden. Wenn z.B. das Dach abgedeckt ist, besteht kein Versicherungsschutz mehr bei Sturm- und Wasserschäden. Eine Bauwesenversicherung würde hier nur dann helfen, wenn der Schaden durch ungewöhnliche Witterungsverhältnisse entsteht, mit denen aufgrund der Jahreszeit und der örtlichen Verhältnisse normalerweise nicht gerechnet werden muß.

Bauwesenversicherung:
Durch eine freiwillige Bauwesenversicherung kann das Risiko abgedeckt werden, daß in der Bauphase Schäden und Verluste eintreten, die zu einer unvorhergesehenen Zerstörung oder Beseitigung von Bauleistungen oder Baumaterial führen, unabhängig davon, wer diese Schäden verursacht. Zu den versicherten Risiken gehören je nach vereinbarten Vertragsbedingungen: Einwirkung höherer Gewalt (Erdbeben, Erdrutsch, Hochwasser, ungewöhnliche Witterungseinflüsse) und Diebstahl von eingebauten Materialien und Bauteilen, mutwillige und vorsätzliche Zerstörung durch Unbekannte, Fahrlässigkeit oder Böswilligkeit der Erfüllungsgehilfen. Diese sehr umfangreiche Risikoversicherung kann auch in Kombination mit einer Bauherren-Haftpflichtversicherung abgeschlossen werden. Noch nicht eingebaute Materialien und Schäden, die durch normale Witterungseinflüsse, mit denen gerechnet werden muß, entstehen, sind nicht versichert. Die Bauwesenversicherung endet mit der Bezugsfertigstellung des Gebäudes.

2.2.4 Gewährleistung

Jeder Unternehmer haftet gesetzlich für die Mängelfreiheit der von ihm erbrachten Leistungen auch noch nach Fertigstellung der Leistung. Nach BGB beträgt die Gewährleistungsfrist 5 Jahre, bei Abschluß eines VOB-Vertrages beträgt sie 2 Jahre. Die Gewährleistungsfrist beginnt mit der Abnahme (vgl. Kap. 2.2.2). Kommt ein Auftragnehmer der schriftlichen Aufforderung zur Mängelbeseitigung in einer vom Auftraggeber gesetzten, angemessenen Frist nicht nach, so kann der Auftraggeber die Mängel auf Kosten des Auftragnehmers beseitigen lassen. Ist die Beseitigung unmöglich oder würde sie einen unverhältnismäßig hohen Aufwand erfordern, so kann der Auftraggeber eine Minderung (Geldleistung) verlangen. Um die Durchsetzung von Gewährleistungsansprüchen zu sichern, kann der Auftraggeber einen sogenannten Sicherheits-Ein-

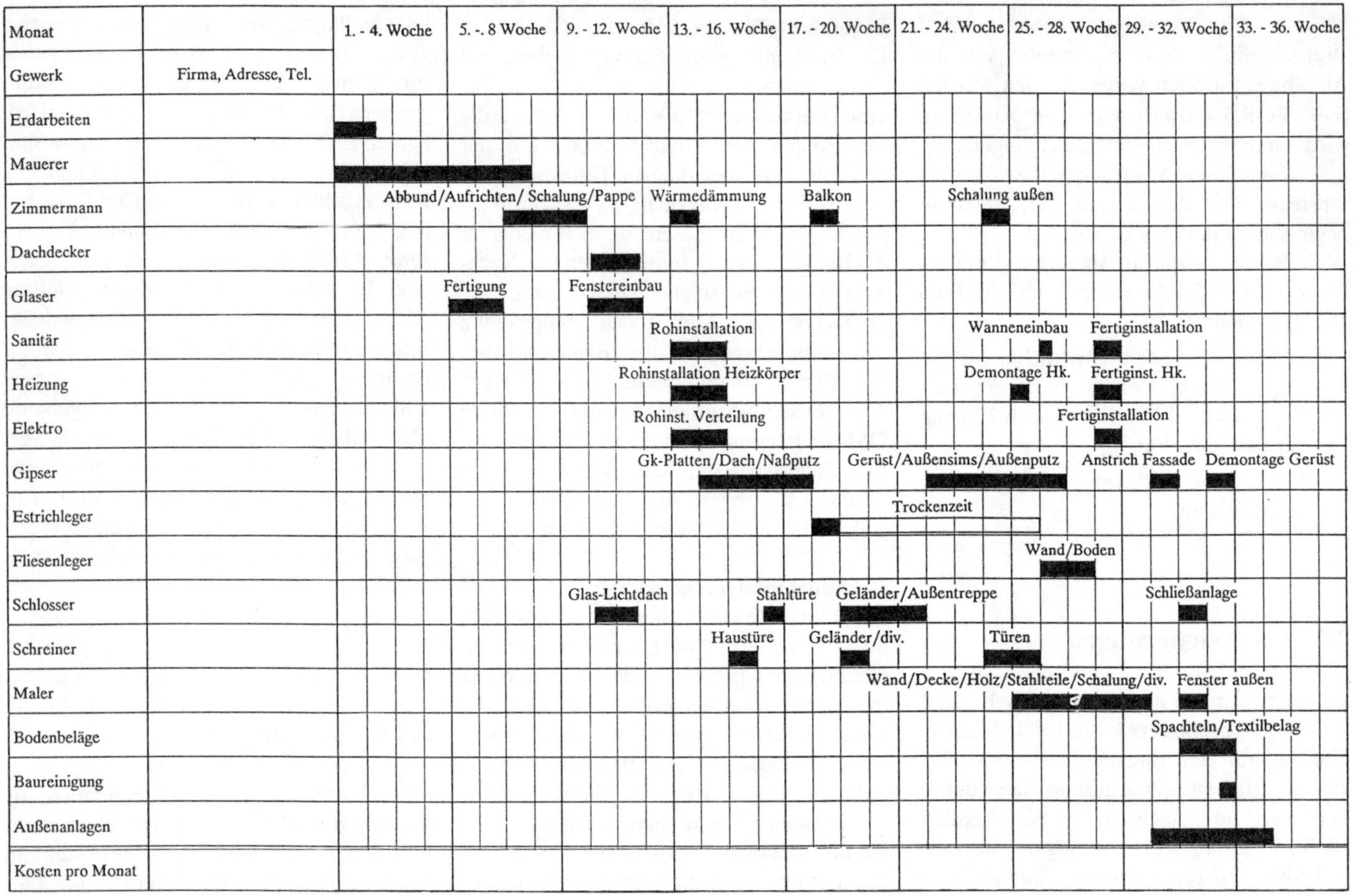

Abb. 3
Bauzeiten- und Zahlungsplan (Beispiel)

behalt oder die Vorlage einer Bankbürgschaft bis zum Ende der Gewährleistungsfrist im Bauvertrag vereinbaren, in der Regel in Höhe von 5% des Rechnungsbetrages. Von der Gewährleistung ausgeschlossen sind Mängel, die dem Auftraggeber bei der Abnahme bekannt waren und nicht beanstandet wurden. Ist ein Architekt mit der Planung und Bauleitung beauftragt, so sollte er auch die Überwachung der Mängelbeseitigung während der Gewährleistungsfrist übernehmen.

2.2.5 Ausführungsfristen und Zahlungsplan

Ein Termin- und Ablaufplan ist eine wertvolle Arbeitshilfe für die Koordinierung der Arbeiten bei der Althauserneuerung. Vor der Bauausführung sollte festgelegt sein, welcher Handwerker in welchem Zeitraum womit beschäftigt ist. Die einzelnen Ausführungsfristen werden in einem Balkenterminplan eingetragen und in den Bauverträgen vereinbart. In den Ablaufplan können auch die Kosten und Zahlungsverpflichtungen eingetragen werden, um die finanziellen Mittel rechtzeitig bereitzustellen.

Wer z.B. nur eine neue Heizung einbauen will, muß mit etwa 7 Gewerken rechnen: Maurer (für Kaminbau/Kaminsanierung), Flaschner, Dachdecker, Gerüstbau, Heizungsbau, Elektriker, Gipser (Stukkateur), Maler. Beim Ausbau eines Dachgeschosses kommen alle Gewerke vor, die auch beim Neubau anfallen.

3. Raumklima

Die Schaffung eines guten Raumklimas ist eine grundlegende Voraussetzung für das Wohlbefinden und die Gesundheit der Bewohner. Nun bedeutet Gesundheit (nach Festlegung durch die Weltgesundheitsorganisation) mehr als nur das Freisein von Krankheit; sie schließt das körperliche, geistige, seelische und soziale Wohlbefinden mit ein und kann daher von Person zu Person durchaus unterschiedlich erlebt werden. Bei der Planung und Modernisierung eines alten Hauses gilt es deshalb, die verschiedenen, unmittelbar und deutlich wahrnehmbaren Umweltbedingungen (Raumtemperatur, Luftfeuchte, Schall usw.) ebenso zu berücksichtigen wie solche, die sich erst langfristig und zunächst unmerklich auswirken (z.B. Spurengifte in der Raumluft, schlechte Belichtung, standortbedingte Krankheiten).

3.1 Behaglichkeit

Unter dem Begriff "Behaglichkeit" werden hier die unmittelbar wahrgenommenen Klimabedingungen in einem Raum verstanden: Raumtemperatur, Luftfeuchte und Luftbewegung.

Das was vom Menschen als Raumtemperatur wahrgenommen wird, setzt sich zusammen aus der Lufttemperatur und der Temperatur der Umfassungsflächen (Wände, Boden, Decke). Die Raumtemperatur wird dann als angenehm empfunden, wenn der menschliche Körper durch Wärmestrahlung und Konvektion gerade soviel Wärme an die Umgebung abgeben kann, wie er je nach Tätigkeit produziert; darüber hinaus sollten die Temperaturen aller raumumschließenden Flächen nicht mehr als 3 K (Kelvin bzw. Grad Celsius) von der Lufttemperatur abweichen.
In Wohnräumen wird eine Lufttemperatur von 20°C und eine Temperatur der Umschließungsflächen von 17 - 18°C in der Regel als behaglich empfunden. Im Altbau liegen die Oberflächentemperaturen der Umfassungsflächen ohne nachträgliche Wärmedämmung meist jedoch wesentlich niedriger, so daß als Ausgleich deutlich höhere Lufttemperaturen für ein behagliches Raumklima erforderlich sind. Allzu niedrige Oberflächentemperaturen (infolge schlechter Wärmedämmung) führen selbst bei hohen Raumlufttemperaturen dazu, daß der Mensch friert. Darüber hinaus entstehen an kalten Wandoberflächen fallende Luftströme, die als Zug empfunden werden. Aus diesem Grunde bergen Schlafstätten an kalten Außenwänden ein erhöhtes Risiko für Erkältungen und rheumatische Erkrankungen.
Eine ausreichende Oberflächentemperatur (mindestens 17°C) läßt sich entweder durch die Wärmestrahlung einer Heizquelle oder - sinnvoller - durch Verbessern der Wärmedämmung der Umschließungsbauteile erreichen.
Bei Fußböden, die mit nacktem Fuß betreten werden oder auf denen sich Kleinkinder aufhalten, ist darüber hinaus die Wärmeableitung von Bedeutung. Fußwarm sind solche Beläge, die einen hohen Wärmedurchlaßwiderstand und einen niedrigen Wärmeeindringkoeffizienten haben: Teppich, Kork, Holz, Linoleum.

Der zweite wichtige Einflußfaktor für die Behaglichkeit ist die relative Luftfeuchtigkeit. Je nach Tätigkeit bzw. Raumfunktion wird eine relative Luftfeuchte zwischen 40 und 70% als angenehm empfunden. Zu trockene Luft führt zu erhöhter Staubaufwirbelung (Keime!) und damit zur Reizung der Atemwege. Zu feuchte Luft behindert die Feuchtigkeitsabgabe des Menschen bei der Atmung und wird als unangenehm schwül empfunden. Übermäßig hohe Raumluftfeuchtigkeit kann darüber hinaus durch Kondensation an kalten

Tabelle 9
Günstige Luftbedingungen für verschiedene Wohnräume

Quelle: F.D. Balkowski: Gesund Bauen und Wohnen. Köln 1984

Raum	Lufttemperatur in °C	relative Luftfeuchte
Wohnen	19 - 23	40 - 60%
Schlafen	16 - 19	50 - 70%
Küche, Hausarbeitsraum	18 - 20	50 - 70%
Bad, Dusche	20 - 23	50 - 70%
WC	15 - 19	40 - 50%
Flur, Diele	18 - 19	40 - 60%
Treppenräume ungeheizt	10 - 15	60%
Treppenräume geheizt	16 - 18	50%

Bauteilen zu Feuchteschäden (z.B. Stockflecken, Schimmel) führen.
Zu trockene Raumluft ist im allgemeinen auf übermäßiges Lüften (gewollt oder ungewollt), zu hohe Luftfeuchtigkeit auf zu geringes Lüften zurückzuführen.

3.2 Luftqualität

Beim Atmen wird Sauerstoff aufgenommen und Kohlendioxid, Wasserdampf und Stickstoff abgegeben. Der Mensch trägt also allein durch seine Anwesenheit zur Verschlechterung der Luft bei. Darüber hinaus wird die Luft durch Ausdünstungen der menschlichen Haut, der Baustoffe, Einrichtungsgegenstände und Haushaltschemikalien belastet, durch Radongas, Staub, Tabakrauch usw.. Die verbrauchte und verunreinigte Raumluft muß deshalb regelmäßig durch Frischluft erneuert werden. Dies geschieht am besten durch regelmäßige Stoßlüftung (alle 2-3 Stunden für 5 Minuten das Fenster öffnen) oder durch eine technische Be- und Entlüftungsanlage, die auf den erforderlichen Luftaustausch von 0,5- bis 0,8-fachen Luftwechsel pro Stunde eingestellt ist. Der überhöhte Luftwechsel durch undichte Fenster und Türen - ein 2- bis 5-facher Luftwechsel pro Stunde ist bei älteren Fenstern ohne Dichtung keine Seltenheit - sorgt zwar für frische Luft im Raum, muß jedoch mit erheblichem Heizenergieverbrauch und niedriger Luftfeuchtigkeit bezahlt werden.
Wie viel radioaktives Radongas in der Raumluft entsteht, hängt von den geologischen Verhältnissen des Baugrunds und von den Baustoffen der Wand- und Deckenkonstruktionen ab. Bei ausreichender Lüftung sind, von seltenen Ausnahmen abgesehen, keine nennenswerten Gesundheitsbelastungen zu erwarten. Nach einem Bericht des Bundesinnenministeriums von 1978 besteht eine erhöhte Strahlung insbesondere bei vulkanischen Gesteinen (z.B. Bims, Tuff, Basalt), bei Betonsteinen mit Zuschlägen aus Schlacke oder Flugasche und bei Chemiegips.

3.2.1 "Wandatmung"

Im Zusammenhang mit der Wärmedämmung von Außenwänden und gesundem Raumklima wird häufig die Forderung nach "atmungsfähigen" Wänden erhoben. Dieser Begriff ist irreführend, denn Wände können nicht "atmen", und es darf durch sie auch kein nennenswerter Luftaustausch stattfinden, soll das Haus seinen Zweck als "schützende Hülle" erfüllen. Alle Flächen der Gebäudehülle müssen vielmehr, egal ob massiv oder im Leichtbau erstellt, unbedingt winddicht ausgeführt werden. Zwar kann Wasserdampf in geringen Mengen durch die meisten Bauteile (außer z.B. Metall oder Glas) diffundieren, diese Menge ist jedoch so gering, daß sie für den Feuchtegehalt der Raumluft praktisch nicht von Bedeutung ist. Die im Haus entstehende Feuchtigkeit (durch Menschen und Pflanzen sowie durch Wassergebrauch in Küche und Bad) muß daher in jedem Fall zu über 95% durch Lüften abgeführt werden.
Raumklimatisch bedeutsam ist allerdings die sogenannte "Sorptionsfähigkeit" der raumumschließenden Bauteiloberflächen und der Oberflächen von Einrichtungsgegenständen. Die ist wohl gemeint, wenn der Volksmund von "Wandatmung" spricht. Alle offenporigen Materialien können Feuchtigkeit und Gerüche aufnehmen, speichern und auch wieder abgeben. Diese klimaausgleichende, puffernde Wirkung ist im Haus sehr erwünscht: bei starker Belastung, z.B. durch Kochen oder Duschen, werden Feuchtigkeit und Gerüche aus der Luft aufgenommen und später beim Lüften wieder abgegeben. Materialien mit guten Sorptionseigenschaften sind Holz, Kalk- und Gipsputz, Ziegel, Texti-

lien - sofern die Oberfläche nicht mit einem dichten Anstrich versiegelt wird. Dampfbremsen in Außenbauteilen wirken keineswegs nachteilig auf das Raumklima, wenn sie nur unter einer genügend sorptionsfähigen inneren Wandbekleidung liegen.

3.2.2 Formaldehyd

Unter den Schadstoffen in der Raumluft hat das Formaldehyd in den letzten Jahren besondere Bedeutung erlangt. Es soll hier stellvertretend für die vielfältigen, zum Teil wenig erforschten Ausdünstungen moderner Chemie-Baustoffe behandelt werden. Formaldehyd ist ein farbloses, stechend riechendes, die Augen und die Schleimhäute reizendes Gas, das im Verdacht steht, krebserregend zu sein. In geringer Dosierung kann Formaldehyd zu Kopfschmerzen, Husten, Asthma, Schlaflosigkeit, Gedächtnisschwund, Nervosität und Depressionen führen. Es gehört zu den vielfältig eingesetzten organischen Basischemikalien und ist vor allem in kunstharzgebundenen Spanplatten, aber auch in Kunststoffen, Ortschäumen, Teppich-Rückenbeschichtungen und in Bindemitteln der Mineralfaserdämmstoffe enthalten. Die Gesundheitsgefahren durch Formaldehyd-Ausdünstungen und "zumutbare Konzentrationen" in der Raumluft werden nach wie vor unterschiedlich beurteilt. Die stärkste Formaldehydabgabe ging von Kunstharzbindemittel in Spanplatten und von UF-Ortschäumen (zur nachträglichen Wärmedämmung von Dachflächen) aus.

Heute gilt in Aufenthaltsräumen eine Formaldeydkonzentration von 0,12 mg/m^3 nach Auffassung des Bundesgesundheitsamtes als unbedenklich. Dieser Wert wird im allgemeinen nicht überschritten, wenn die seit 1980 klassifizierten Spanplatten der Emmissionsklasse E1 verwendet werden. Zur Vermeidung von Risiken wird empfohlen,

- kunstharzgebundene Spanplatten nicht zu verwenden, wenn sie mit der Raumluft in Verbindung stehen;
- bei Verdacht auf Formaldehyd in der Raumluft nach den möglichen Ursachen zu forschen, ggf. Messungen durchführen zu lassen, und die Ursachen - wenn möglich - zu beseitigen;
- genügend zu lüften.

3.3 Sonnenlicht und elektromagnetische Strahlung

Die für den Menschen und das Wohnklima wichtigste Strahlung ist das Sonnenlicht. Es steuert durch den Tag-Nacht-Rythmus die biologischen Prozesse im menschlichen Organismus. Die ultravioletten Strahlen sind z.B. für die Bildung des Vitamin D im Körper notwendig, außerdem wirken sie keimtötend. Daher ist die Besonnung und Belichtung ein entscheidendes Merkmal für die Qualität eines Gebäudes und seiner Räume. Um eine ausreichende natürliche Belichtung zu gewährleisten wird baurechtlich für Aufenthaltsräume eine Mindestfensterfläche von 10% der Grundfläche gefordert (Landesbauordnung).

Erwünscht ist der Sonneneinfall im allgemeinen ganztägig im Herbst, Winter und Frühjahr sowie in den Morgenstunden, unerwünscht dagegen in den Mittags- und Nachmittagsstunden in den Monaten Juni bis August. Bei der Festlegung der Raumnutzungen, bei Umbau-, Anbau- und Ausbauplanungen kommt es also darauf an, den Verlauf der Sonnenbahnen zu berücksichtigen. Schlafräume werden vorteilhaft nach Osten, Wohnräume nach Süden und Südwesten orientiert. Aufenthaltsräume sollten mindestens an 150 Tagen im Jahr täglich wenigstens 2 Stunden lang besonnt werden können. Leider sind die Besonnungsverhältnisse in den dicht bebauten, alten Ortskernen oft unzureichend und kaum zu ändern.

Da zuviel Helligkeit und Sonnenstrahlung auch unangenehm sein kann, sollten z.B. für Ruheräume und großflächige Verglasungen Verdunkelungs- oder Schattiermöglichkeiten vorgesehen werden. Das

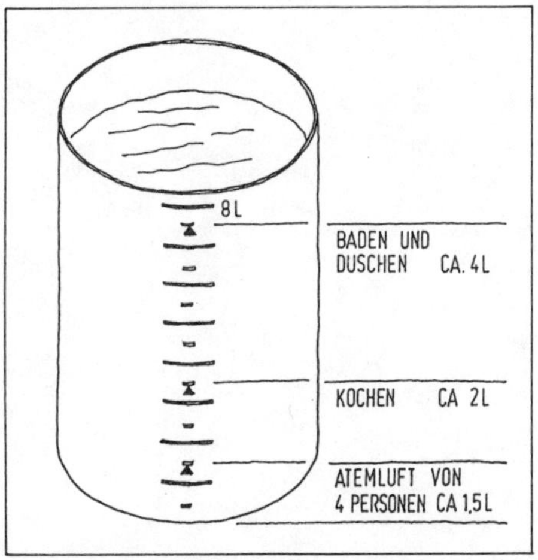

Abb. 4
Wo und wieviel Wasserdampf entsteht täglich in einem 4-Personen-Haushalt

übliche Fensterglas ist für UV-Licht undurchlässig. Für besondere Zwecke (Sonnenbaden, Therapie) gibt es jedoch UV-durchlässiges Quarzglas (Uviolglas). Wegen des hohen Preises findet es im Wohnungsbau kaum Verwendung.

Neben dem sichtbaren Licht wirkt noch ein breites Spektrum anderer elektromagnetischer Strahlungen und Felder auf Mensch und Umwelt ein, die teilweise natürlichen Ursprungs sind oder aber technisch erzeugt werden: kosmische Strahlung aus dem Weltraum, Strahlung aus Umwandlungsprozessen in der Erde, Niederfrequenzstrahlung aus dem Wettergeschehen ("Spherics") sowie Hochfrequenzstrahlung aus Radar-, Fernseh- und Rundfunksendern, Niederfrequenzstrahlung aus dem Stromversorgungsnetz, Röntgenstrahlung in der Medizin, ionisierende Strahlung aus kerntechnischen Anlagen, usw.. In einigen Bereichen übertreffen die künstlich erzeugten Bestrahlungsstärken heute bereits die Strahlung natürlichen Ursprungs um ein Vielfaches, wobei die langfristigen biologischen und gesundheitlichen Wirkungen, vor allem was genaue Grenzwerte betrifft, teilweise umstritten sind. Die Baubiologie hat sich in den letzten Jahren - leider nicht immer nur sachlich - bemüht, alte und neue Erkenntnisse hierüber zusammenzutragen und bekannt zu machen.

4. Wärmeversorgung

4.1 Zusammenhänge

Die fortschreitende Schädigung von Lebensräumen auf der Erde durch den Menschen ist zu einem großen Teil auf den in diesem Jahrhundert exponentiell angestiegenen Energieverbrauch zurückzuführen. Deutlichste Folgen dieser Entwicklung sind z.B. das Sterben unserer Wälder, gesundheitliche Schäden durch Umweltverschmutzungen und die rasche Verwitterung der Bauwerke.

Ein wesentlicher Anteil des Energieverbrauchs geht auf das Konto der Gebäudeheizung. Hier kann durch bauliche Maßnahmen, die im übrigen auch wirtschaftlich sinnvoll sind, der Energieverbrauch und die daraus resultierende Verseuchung unseres Lebensraumes durch Schwefeldioxid, Stickoxide und radioaktive Abfälle ganz erheblich vermindert werden, sogar bei gleichzeitiger Steigerung des Komforts. Beispielsweise läßt sich der Heizenergieverbrauch eines Wohnhauses (ca. 180 m² beheizte Fläche, Baustandard der 60er Jahre) von 8.500 l Heizöl auf ca. 5.000 l reduzieren, indem folgende Maßnahmen durchgeführt werden: Wärmedämmung der Kellerdecke und der obersten Geschoßdecke sowie Austausch der Einfachverglasung durch eine Isolierverglasung. Werden auch die Außenwände gedämmt und die alte Zentralheizung modernisiert, vermindert sich der jährliche Heizölverbrauch auf ca. 2.500 l. Das ist weniger als ein Drittel des ursprünglichen Verbrauchs. Die Investitionskosten machen sich schon nach wenigen Jahren bezahlt, und das Haus wird dabei behaglicher. Bei einem Neubau vergleichbarer Größe kann sogar ohne erhebliche Mehrkosten ein Heizenergiebedarf von rund 1.500 l erreicht werden. Mit der Verminderung des Heizenergieverbrauchs sinkt auch der Verbrauch an begrenzt verfügbaren Rohstoffen und der Ausstoß von Abgasen und Schadstoffen.

Neben dem Ziel, den Energiebedarf und -verbrauch zu minimieren, geht es bei der Erneuerung der Heizung darum, einen möglichst umweltverträglichen und risikoarmen Energieträger zu wählen. So sollte elektrischer Strom für jede Art der Wärmeerzeugung (Raumheizung und Warmwasser) grundsätzlich nicht verwendet werden, während Erd- und Flüssiggas eine flexible Wärmeversorgung bei sehr gutem Wirkungsgrad und geringer Schadstoffemission ermöglichen. Moderne Ölfeuerungsanlagen erzielen in bezug auf den Wirkungsgrad ähnlich gute Werte wie Gaskessel, die Abgaswerte sind jedoch ungünstiger. Durch die Verwendung weitgehend entschwefelten Heizöls können die schädlichen SO_2-Emissionen gesenkt werden. Eine zunehmende Nutzung "sanfter" Energie aus Sonne, Wind- und Wasserkraft sowie Energie aus Biomasse und Umweltwärme wird dazu beitragen, die Umweltbelastungen weiter zu vermindern. Es erscheint daher angebracht, eine spätere Nachinstallation solcher Techniken planerisch zu berücksichtigen.

4.2 Maßnahmen zur rationellen Energienutzung

Sparsamer Umgang mit Energie als wichtiges Ziel eines gesellschaftlich verantwortbaren Bauens und Wohnens wird durch diverse Maßnahmen auf verschiedenen Handlungsebenen verwirklicht:

- richtiges Nutzerverhalten,
- kleine technische Verbesserungen,
- heizungstechnische Maßnahmen,
- bauliche Maßnahmen.

4.2.1 Richtiges Heizen und Lüften

Durch richtiges Nutzerverhalten kann ohne Investitionskosten bereits eine unter Umständen erhebliche Energieeinsparung erreicht werden. Dies erfordert jedoch die Bereitschaft zum Umdenken und eine Änderung von Gewohnheiten. Die nachfolgend aufgeführten Maßnahmen sind allerdings kein Ersatz für technische und bauliche Verbesserungsmaßnahmen.

- Vor Beginn jeder Heizperiode die Heizkörper entlüften. Luft im Heizkörper ist durch "Gluckergeräusche" erkennbar und verschlechtert die Wärmeabgabe.

- Kessel regelmäßig selbst überprüfen: sind die Dichtungen in Ordnung, ist von außen Feuerschein zu sehen, sind Schamottesteine im Kessel zersprungen, ist die Kesselwand stark verrußt?

- Einmal im Jahr vor Beginn der Heizperiode die Heizung von einem Fachbetrieb reinigen und warten lassen. Diese Ausgabe lohnt sich.

- Raumlufttemperatur messen. Temperaturen über 20°C sind normalerweise nicht nötig. Mit jedem Grad weniger sinkt der Energieverbrauch etwa um 6%. Schlafzimmer und Räume, die nur dem vorübergehenden Aufenthalt dienen (z.B. Diele, Vorräume, WC), erfordern im allgemeinen nicht so hohe Raumtemperaturen.

- Stoßlüftung ist besser als Dauerlüftung. Mehrmals am Tag für 5 bis 10 Minuten kräftig lüften, so daß die gesamte Raumluft ausgetauscht wird, die Wände und Möbel aber nicht auskühlen. Gegenüber Dauerlüftung durch gekippte Fenster läßt sich auf diese Art eine Menge Heizenergie einsparen.

- Schlafräume besonders gut durchlüften, damit die über Nacht angesammelte Feuchtigkeit entweichen kann. Im allgemeinen genügt ein 30 minütiges Lüften. Bei längerem Lüften wird auch angrenzenden Räumen unnötig Wärme entzogen. Nachts genügt im Winter ein Lüftungsspalt von 1 cm. Ähnliches gilt für Feuchträume wie Bäder, Küchen, Toiletten. Auch hier sollte nach der Benutzung kurz und kräftig gelüftet werden: nach dem Baden oder Duschen maximal 30 Minuten, nach dem Kochen und nach der Toilettenbenützung maximal 10 Minuten.

- Wenig benutzte Räume nur mäßig beheizen und in geringem Maß lüften. Die Türen zu diesen Räumen geschlossen halten. Werden nicht beheizte Räume durch warme Luft aus Nachbarräumen temperiert, können unter Umständen Feuchtigkeitsprobleme mit Schimmelpilzbildung die Folge sein.

- Während der Heizzeit Kellerfenster und Dachluken schließen. Dadurch wird ein verstärktes Auskühlen der angrenzenden beheizten Räume vermieden.

- Raumthermostate und Thermostatventile auch beim Anheizen nur auf die gewünschte Raumtemperatur einstellen. Bei höherer Einstellung geht das Aufheizen auch nicht schneller.

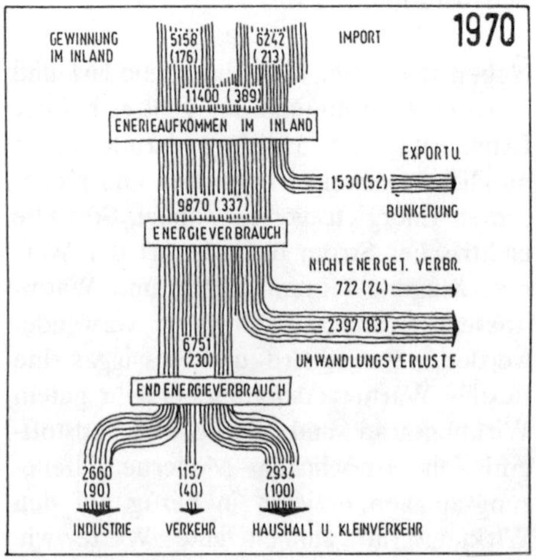

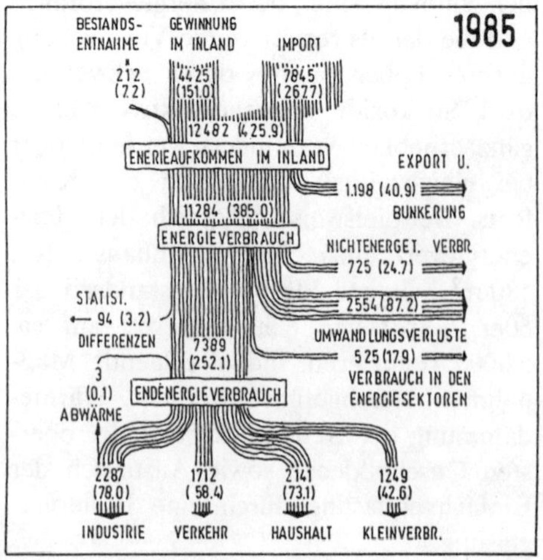

Abb. 5
Struktur des Energieaufkommens und -verbrauchs in der BRD; Vergleich 1970 - 1985
Energieeinheiten in PJ (Peta-Joule)
1 PJ = 10^{15} Joule
(Werte in Klammern: Mio. t Steinkohle)

Quelle: RWE-Anwendungstechnik, Essen 1980

- Duschen statt Baden. Ein Duschbad erfordert wesentlich weniger warmes Wasser als ein Wannenbad.
- Nicht bei laufendem Warmwasser Geschirr spülen oder waschen.
- Umwälzpumpe im (Sommer-) Urlaub abschalten.

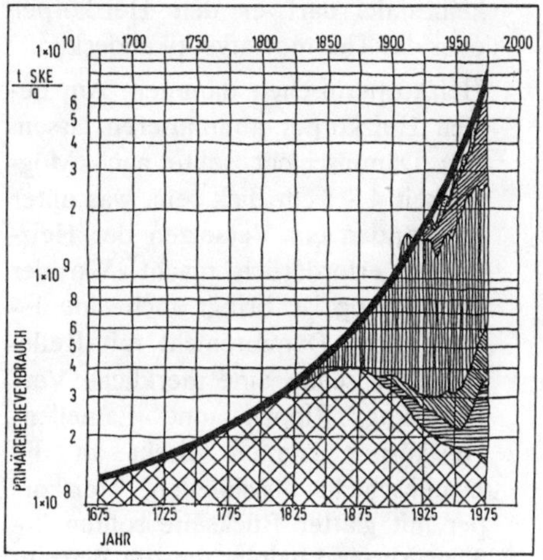

Abb. 6
Entwicklung des Primärenergieverbrauchs in der Welt von 1675 - 1975 (in Tonnen Steinkohle-Einheiten pro Jahr)
Der Verbrauch ist im logarithmischen Maßstab aufgetragen!

Quelle: Schäfer: Ist Energiesparen noch aktuell? in Energiewirtschaftliche Tagesfragen, Heft 4/1986

- Anstieg des Energieverbrauchs
- Naturgas
- Erdöl
- Steinkohle
- Braunkohle
- Wasserkraft
- Brennholz / Torf

4.2.2 Kleine technische Verbesserungen

Je nach bestendem baulichen Standard können in vielen Fällen schon kleine technische Verbesserungen in der Summe zu einer merklichen Energieeinsparung beitragen. Die nachfolgend genannten Maßnahmen lassen sich mit einfachen Mitteln und geringen Kosten meist selbst ausführen. Sie können natürlich auf Dauer notwendige heizungstechnische und bauliche Maßnahmen nicht ersetzen:

- Fenster- und Türfugen abdichten (vgl. Kap. 12.3.1). In Zimmern mit Einzelöfen (Kohle, Gas, Öl) auf ausreichende Luftzufuhr achten, ggf. Schornsteinfeger oder Heizungsinstallateur fragen.
- Haustüre mit einer Tür-Boden-Dichtung ausstatten, z.B. mit einer Bürsten-, Lippen- oder Hubdichtung.
- Einfach verglaste Fenster mit einer Zusatzscheibe oder einem Vorfenster ausstatten (vgl. Kap. 12.3.2).
- Rolladenkästen dämmen: Deckel abschrauben, alle an den Wohnraum angrenzenden Flächen, den Fenstersturz und den Deckel mit Dämmplatten (Mineralfaser, Kork) möglichst dick bekleben. Die Plattenstöße müssen dicht sein. Der Rolladenkastendeckel muß dicht schließen, ggf. mit Schaumstoffband abdichten. Auch die Mauerwerksanschlüsse müssen winddicht sein. Der Durchlaß für den Gurt kann mit einem geschlitzten Leder-, Gummi- oder Filzstreifen gegen Zugluft abgedichtet werden.
- Wo keine Rolläden oder winddichte Klappläden vorhanden sind, können schwere Vorhänge die Wärmeverluste am Fenster mindern. Der Vorhang muß mit der Fensterbank abschließen,

Abb. 7
Energieverbrauchsstruktur im Bereich Wohnen/Haushalt
Die größte Energieeinsparung ist im Bereich Raumheizung möglich !

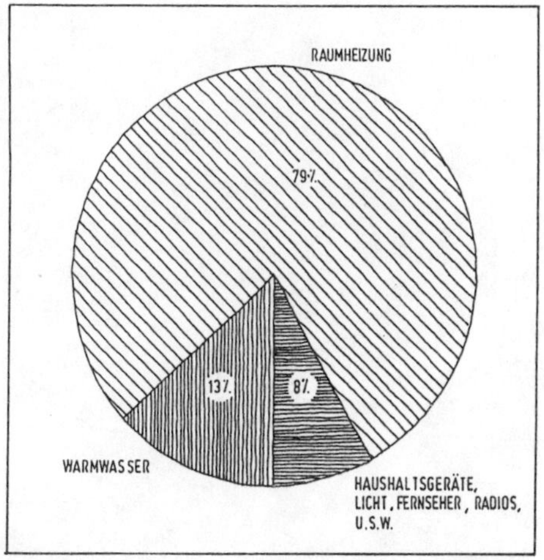

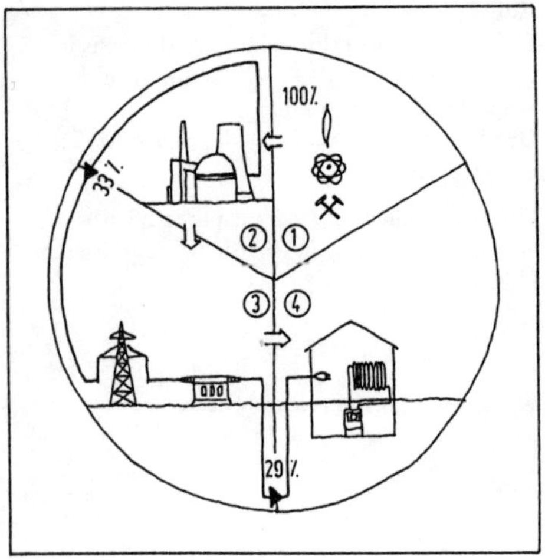

Abb. 8
Wirkungsgrad bei stromabhängigen Heizungen

Quelle: Merkblatt ökologische Verbraucherberatung, Energieladen Kassel

1	Einsatz der Primärenergie Gas, Kohle, Kernspaltung	100%
2	Umwandlungsverluste im Kraftwerk	67%
3	Übertragungsverluste	4%
4	Effektiver Nutzungsanteil des Verbrauchers	29%

keinesfalls darf er den Heizkörper oder das Thermostatventil abdecken.

- Heizkörpernischen dämmen: Am besten Heizkörper abmontieren lassen. Die Dämmschicht sollte nach Möglichkeit 4 - 8 cm dick sein, was unter Umständen ein Versetzen der Heizkörper erforderlich macht. Wo der Platz knapp ist, bringt auch eine 1 - 2 cm dicke Dämmschicht mit Reflexionsfolie schon eine merkliche Verbesserung. Rippen- und Lamellen-Heizkörper können direkt an die Dämmschicht anschließen, Heizkörper mit glatter Rückseite sollten 2 - 3 cm Abstand halten, um die Wärmeabgabe dort nicht zu behindern.
- Kalte Fußböden über Kellerräumen oder gegen Erdreich mit Teppich und Filzunterlage dämmen. Wirksamer ist es, auf der Unterseite der Kellerdecke Dämmplatten anzubringen (vgl. Kap. 9.2.3).
- Außenmantel des Heizkessels durch nichtbrennbare Dämmplatten zusätzlich dämmen. Ein warmer Heizraum ist ein Zeichen für große Energieverluste der Heizungsanlage.
- Sichtbar verlegte Heizleitungen in unbeheizten Räumen mit Dämmschalen aus Mineralfaser oder Schaumstoff ummanteln (im Installationshandel zu beziehen).
- Heizkörper-Thermostatventile einbauen: Für Räume, die nur zeitweise genutzt werden, gibt es Ausführungen mit automatischer Zeitsteuerung.
- Gegebenenfalls Drosselung der Kesselleistung durch Einbau einer kleineren Düse bei Öl- oder Gasbrennern, Wahl einer möglichst niedrigen Kesseltemperatur im Heizbetrieb.

4.2.3 Bauliche und heizungstechnische Maßnahmen

In vielen älteren Häusern müssen trotz der oben aufgeführten Sofortmaßnahmen auf längere Sicht größere Veränderungen an einzelnen Gebäudeteilen und an der Heizungsanlage durchgeführt werden, um Heizenergieverbrauch und thermischen Komfort den heutigen Standards anzupassen. Da sich viele Maßnahmen gegenseitig bedingen, ist es im allgemeinen wünschenswert, sie zusammenhängend im Rahmen einer größeren Modernisierungs- oder Umbauaktion durchzuführen. So sollte z.B. bei allen größeren Wärmedämmaßnahmen auch die Leistung der Heizungsanlage dem verminderten Energiebedarf angepaßt werden. Umgekehrt ist es zweckmäßig, eine fällige Kesselerneuerung mit Dämmaßnahmen am Haus und einer Neuberechnung des Wärmebedarfs zu verbinden.

Ein Teil der folgenden Maßnahmen läßt sich durchaus in Eigenleistung ausführen. Bestimmte Maßnahmen können auch zurückgestellt und in einer zweiten Ausbaustufe realisiert werden. Um den gewöhnlich begrenzten Finanzrahmen (ökonomisch und ökologisch) optimal zu nutzen, ist der folgende Katalog nach wirtschaftlichen Gesichtspunkten geordnet; die Maßnahmen a) bis d) bringen bei "normalen" Verhältnissen ein sehr gutes Kosten-Nutzen-Verhältnis und entsprechend kurze Amortisationszeiten.

a) Einbau einer zeit- und witterungsgeführten Steuerung mit Zeitschaltuhr, Außenthermostat und Raum- bzw. Heizkörper-Thermostat. Für Gebäude mit mehr als 3 Wohnungen ist bzw. war eine entsprechende Nachinstallation obligatorisch (spätestens zum 30.9.87).

b) Abdichten undichter Fenster- und Türfugen zwischen Rahmen und Flügel, zwischen Rahmen und Bauwerk und zwischen Tür und Boden (Kap. 12.3).

c) Wärmedämmung der Gebäudehülle: Dachflächen (Kap. 8.4.3), Kellerdecke bzw. Fußboden des untersten beheizten Geschosses (Kap. 9.2.3), Fenster (Kap. 12.3), Rolläden- bzw. Klappläden (Kap. 12.5), Außenwände (Kap. 7.3). Als anzustrebende Dämmstoffdicke gilt der "Schwedenstandard" (Tab. 10).

d) Einbau eines Niedertemperatur-Heizkessels mit sorgfältig angepaßter (d.h. knapp dimensionierter) Brennerleistung; nach Wärmedämmaßnahmen kommt eine bestehende Heizung mit niedrigeren Vorlauftemperaturen aus (Umstellung auf Niedertemperaturbetrieb); Brauchwassererwärmung in einem separaten, für einen Tagesvorrat bemessenen Standspeicher (Kap. 14.3) mit Temperaturbegrenzung auf 50-55°C.

e) Einbau einer Anlage zur Abluftwärme-Rückgewinnung (Kap. 14.1)

f) Nicht geheizte Wintergarten-Vorbauten oder großflächige, südorientierte Verglasung zur "passiven Sonnenenergienutzung" und Wohnraumerweiterung.

g) Einbau von Flach- oder Vakuumkollektoren zur solaren Brauchwassererwärmung ("aktive Sonnenenergienutzung"), um in der heizfreien Zeit die Zentralheizung ganz abschalten zu können.

Diese Auflistung zeigt, daß die konventionellen Maßnahmen zur Verbesserung des baulichen Wärmeschutzes und die Modernisierung der Heizungsanlage gegenüber alternativen Techniken Vorrang genießen. Sinnvolle Sonnenenergienutzung setzt im allgemeinen ein Ausschöpfen der konventionellen Energiesparmaßnahmen voraus.

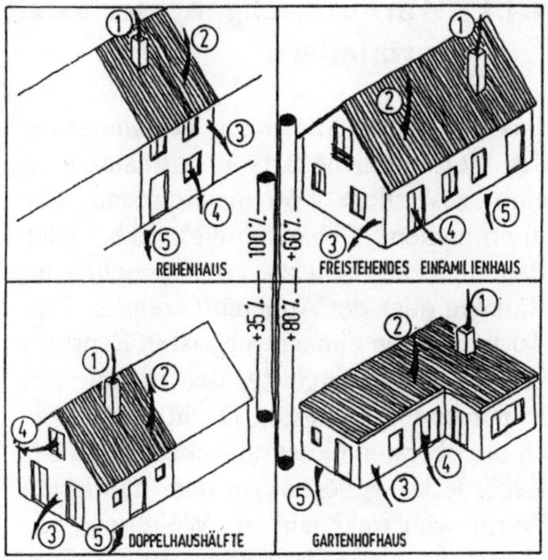

Abb. 9
Wärmeverlust am Gebäude

Die Verluste sind abhängig von:
- dem Verhältnis Hüllfläche zu Rauminhalt
- den Wetterseiten
- der Wärmedämmung
- der Gebäudeform
- dem Bewohnerverhalten

Quelle: LBS: Bausparfibel, Modernisieren und Energiesparen. 1984

Die Verluste im Einzelnen:

	Reihenhaus	Freistehendes Einfam.-Haus	Doppelhaus-hälfte	Gartenhof-haus
1 Schornstein	32%	32%	32%	32%
2 Dach	15%	16%	11%	20%
3 Außenwand	15%	18%	24%	12%
4 Fenster	31%	28%	27%	26%
5 Keller	7%	6%	6%	10%

Andere Alternativtechniken sind nur bedingt sinnvoll: Elektrisch betriebene Wärmepumpen sind grundsätzlich abzulehnen, öl- oder gasbetriebene Wärmepumpen (ggf. mit Wärme-Kraft-Kopplung) sind nur für Wohnanlagen ab etwa 600 m^2 Wohnfläche geeignet. Nach dem derzeitigen Stand der Technik kommen Luftkollektoren und Langzeitspeicher noch nicht für den allgemeinen Gebrauch in Frage.

4.3 Wirtschaftlichkeit energiesparender Maßnahmen

Die Wirtschaftlichkeit einer Maßnahme zur Energieeinsparung errechnet sich aus dem Verhältnis der Investitionskosten zu den eingesparten Energiekosten. Ein gebräuchliches Maß für die Wirtschaftlichkeit ist die Amortisationszeit. Das ist der Zeitraum, in dem die Investitionen für eine Maßnahme unter Einschluß der mit ihr verbundenen Finanzierungsbedingungen (z.B. Zuschüsse, Steuerermäßigungen, Zins- und Tilgungsleistungen bzw. Kapitalverzinsung) durch Einsparungen kom-

pensiert werden. Genauere Berechnungen berücksichtigen darüber hinaus weitere Faktoren wie die anzunehmende Energiepreisentwicklung und ggf. auch die Entwicklung der Inflationsrate. Je nach getroffenen Annahmen ergibt sich daraus für den Amortisationszeitraum eine gewisse Bandbreite. Grundsätzlich gilt: Je höher die Energiepreise sind bzw. werden, um so schneller amortisieren sich Maßnahmen zur Energieeinsparung.
Bei Wirtschaftlichkeitsbetrachtungen sind jedoch diejenigen Vorteile meist nicht einbezogen, die sich aus einer behaglicheren Wohnung, einem gesteigerten Komfort, einer Minderung der volkswirtschaftlichen Kosten (die der einzelne Bürger mitzutragen hat, z.B. Luftverschmutzung, Gewässerverunreinigung, Krankheitskosten, Berufsunfähigkeitsrenten), sowie einer langfristigen Rohstoff- und Umweltvorsorge ergeben.
Modernisierungsmaßnahmen, die der Energieeinsparung dienen, werden durch Steuerermäßigungen staatlich gefördert (vgl. Kap. 1.5).

4.4. Baulicher Wärmeschutz

Die Wärmeverluste eines Gebäudes setzen sich zusammen aus den Wärmedurchgangsverlusten (Transmissionsverluste) und den Lüftungsverlusten. Wärmedurchgangsverluste werden durch den Einbau von Wärmedämmstoffen und Mehrfachverglasungen vermindert, Lüftungsverluste können durch Abdichtungsmaßnahmen an Fugen sowie durch kontrollierte Be- und Entlüftung in Verbindung mit einer Wärmerückgewinnung aus der Abluft verringert werden.

4.4.1 Wärmedurchgangsverluste vermindern

Das wirksamste Mittel zur Verminderung des Heizenergiebedarfs in Altbauten ist eine zusätzliche Wärmedämmung der "thermischen Gebäudehülle", d.h. aller Bauteile, die beheizte von unbeheizten Räumen oder der Außenluft trennen. Der Austausch von einfach verglasten Fenstern gegen doppelt verglaste, der Einbau von Dämmschichten an den Dachflächen bzw. an der obersten Geschoßdecke und an der Kellerdecke gehören zu den häufigsten Wärmeschutzmaßnahmen. Weitergehende Dämmaßnahmen betreffen die Außenwände, die waagerechten Flächen von Balkonen, Loggien, Dachterrassen und offene Durchfahrten sowie die Wandflächen zwischen beheizten und unbeheizten Räumen, z.B. von Treppenhauswänden.

Bei der Planung von Wärmeschutzmaßnahmen gilt es, eine ganze Reihe von teilweise recht komplexen Fragen zu klären:

a) Welche Bauteile sollen gedämmt werden? Die Entscheidung wird im wesentlichen bestimmt durch praktische Erwägungen wie fällige Erneuerungsarbeiten (z.B. Fenstererneuerung, neuer Außenputz oder -anstrich), durch die Kosten der Maßnahmen, den Finanzierungsrahmen und die Wirtschaftlichkeit.
b) Welcher konstruktive Aufbau kann bzw. soll gewählt werden und mit welchen Kosten ist er verbunden? Diese Fragen werden in den jeweiligen Bauteilkapitel (Kosten siehe Anhang 1) behandelt.
c) Welche Dämmstoffe sollen verwendet werden? Hier geht es im wesentlichen um technische Baustoffeigenschaften und um eine Abwägung zwischen Kosten und Belangen des Umwelt- und Gesundheitsschutzes. Die Eigenschaften verschiedener Dämmstoffe sind in Kap. 5.4 näher beschrieben.
d) Welcher Dämmstandard soll erreicht werden und welche Dämmstoffdicke ist dazu notwendig? Diese Frage wird im folgenden behandelt.
e) In welchem Zusammenhang steht eine bestimmte Maßnahme zu anderen vorgesehenen oder empfehlenswerten Maßnahmen? Hier geht es vor allem um eine Abstimmung mit den jeweils angrenzenden Bauteilen (bei Fassaden z.B. um Fenster, Dachüberstand, Gebäudesockel) sowie um die neue Dimensionsierung der Heizungsanlage.

Einen guten Anhaltspunkt für den energetischen Modernisierungsbedarf eines Gebäudes gibt der jährliche Heizenergieverbrauch bezogen auf einen Quadratmeter beheizte Wohnfläche. Der durchschnittliche "spezifische Energieverbrauch" von freistehenden Altbauten im Baustandard der 60er Jahre liegt bei jährlich 300 kWh pro m^2 Wohnfläche (entsprechend 30 l Heizöl pro m^2 Wohnfläche).
Ein modernisiertes Haus mit dem Etikett "umwelt- und gesundheitsverträglich" sollte mit einem Heizenergiebedarf von weniger als 100 kWh/m^2 (entsprechend etwa 10 l/m^2 Heizöl) im Jahr auskommen. Daraus ergeben sich für die einzelnen Bauteile bestimmte Mindestanforderungen an das Dämmvermögen, das durch den Wär-

Tabelle 10
Anforderungen des Wärmeschutzes an einzelne Bauteile [1)]

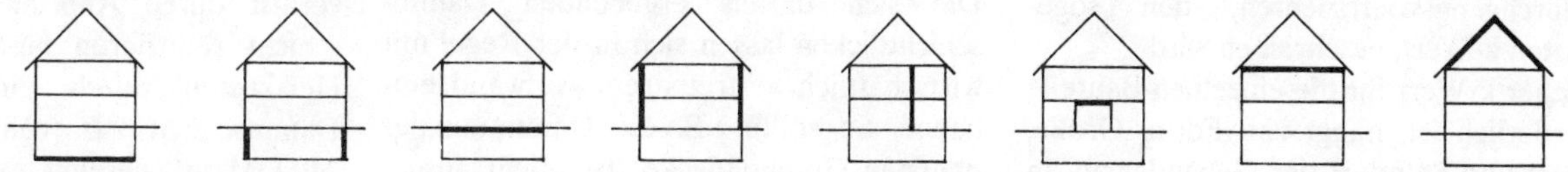

Bauteil	Kellerboden (Keller ausgebaut)	Kellerwände (Keller ausgebaut)	Kellerdecke	Außenwände	Wand gegen unbeheizte Räume	Decke über offener Durchfahrt	Oberste Geschoßdecke (Dach nicht ausgebaut	Dach (Dachraum ausgebaut)
angenommene Grundkonstruktion[2]	Beton 12 - 15 cm	Beton-Hohlblocksteine, 30 cm zweiseitig verputzt	Stahlsteindecke 16 cm	Hochlochziegel (1,4) 30 cm außen und innen verputzt[4]	Vollziegel (1,8) 24 cm einseitig verputzt	Stahlbeton 16 cm	Holzschalung, Holzbalken Leichtbauplatte 2,5 cm, Putz	Holzdachstuhl, Holzwolle-Leichtbauplatte 2,5 cm, Putz
Neubau Vorschrift (Wärmeschutzverordnung 1980) k-Werte in W/(m²K)								
maximal zulässiger k - Wert	0,55	0,55	0,55	0,6 bis 1,0	0,55	0,30	0,30	0,30
erforderliche Dicke der Dämmschicht[3]	7 cm	6 cm	6 cm	4 cm bis 1 cm	6 cm	12 cm	12 cm	16 cm
Altbau Vorschrift (Wärmeschutzverordnung 1980) k-Werte in W/(m²K)								
maximal zulässiger k - Wert	0,70	0,70	0,70	0,60	0,70	0,45	0,45	0,45
erforderliche Dicke der Dämmschicht[3]	5 cm	5 cm	4 cm	4 cm	4 cm	8 cm	10 cm	10 cm
"Schwedenstandard" (entsprechend den in Schweden gültigen Normen) k-Werte in W/(m²K)								
empfohlener k - Wert	0,40	0,40	0,40	0,30	0,40	0,20	0,20	0,20
erforderliche Dicke der Dämmschicht	10 cm	10 cm	9 cm	14 cm	8 cm	19 cm	26 cm	26 cm

Anmerkungen zur Bauteilübersicht

[1] **Dieser Übersicht liegt das "Bauteilverfahren" der 2. Wärmeschutzverodnung (vom 24.2.1982) zugrunde. In Abhängigkeit von den Gegebenheiten des Einzelfalls können sich bei genauerer Berechnung andere Anforderungen an die Dämmschichtdicke ergeben.**

[2] **Ist eine andere Grundkonstruktion vorhanden, so ergibt sich eine andere erforderliche Dämmschichtdicke.**

[3] **Die angebene Dicke gilt für Dämmstoffe der Wärmeleitfähigkeitsgruppe 040 (nach DIN 18165). Bei niedrigerer Leitfähigkeitsgruppe kann die Dämmung entsprechend dünner sein, bei höherer muß sie dicker sein. Wenn die Dämmschicht unterbrochen wird, z.B. durch Kanthölzer oder Sparren, so ist die Dämmschicht entsprechend dicker auszubilden.**

[4] **Die Werte gelten für die Außenwandflächen (ohne Fenster), wenn der Anteil der Fensterflächen an der Fassade etwa 30% beträgt und als Fenster Holzrahmen mit Isolierverglasung eingesetzt werden. Die geringe Dämmstoffdicke gilt für kompakte Gebäude mit großer Grundfläche, die größere Dicke für stärker gegliederte Baukörper oder Gebäude mit kleiner Grundfläche (lange Seite unter 15 m).**

medurchgangskoeffizienten, den sogenannten k-Wert, beschrieben wird.
Welcher k-Wert für die einzelnen Bauteile erforderlich ist, hängt von Form, Größe, Bauart und Standort des Gebäudes ab. In Tab. 10 sind am Beispiel von "durchschnittlichen" Wohnhäusern anzustrebende k-Werte (Obergrenzen) angegeben. Außerdem enthält die Tabelle die dazu erforderlichen Dämmschichtdicken für bestimmte, als vorhanden angenommene Grundkonstruktionen. Bei einer anderen Grundkonstruktion kann die Dämmschichtdicke mit Hilfe des in Tab. 11 dargestellten Verfahrens berechnet werden.
In Tab. 10 wird zwischen drei Dämmstandards unterschieden: Als Minimalstandard gelten die vom Gesetzgeber für Altbauten geforderten Werte (bei Umbaumaßnahmen), als mittlerer Standard die Anforderungen an den Wärmeschutz bei Neubauten; unter Umweltschutzgesichtspunkten sollte der Neubaustandard nach Möglichkeit auch bei Altbauten realisiert werden.
Die sich daraus ergebenden Dämmschichtdicken lassen sich in der Regel mit wirtschaftlich vertretbarem Aufwand einbauen. So sollte z.B. die Dämmung der obersten Geschoßdecke (bei nicht ausgebautem Dachraum) 12 cm dick sein. Die anzustrebende Dämmschichtdicke bei Außenwänden liegt je nach Gebäudeform und Fensterflächenanteil bei 10 - 12 cm. Wo die konstruktiven und finanziellen Möglichkeiten es erlauben, sollte der in Schweden vorgeschriebene Standard angestrebt werden. Die dort üblichen Dämmstandards sind unter Wirtschaftlichkeits- und Umweltgesichtspunkten geschaffen worden und führen auch hierzulande zu optimalen Ergebnissen.
In Tab. 12 sind die k-Werte für einige altbautypische Außenwandkonstruktionen zusammengestellt und zum Vergleich auch die entsprechenden Heizkosten jeweils für ein 1 m² großes Wandstück. Das Beispiel einer Ziegelwand im unteren Abschnitt dieser Tabelle zeigt, wie sich der Energieverlust durch Anbringen einer Dämmschicht reduzieren läßt. So können die Heizkosten durch eine 2,5 cm dicke Dämmschicht z.B. von 480 DM/m² auf 240 DM/m² gesenkt werden; bei einer 15 cm dicken Dämmung betragen die Heizkosten nur noch 69 DM/m² (bezogen jeweils auf einen Betrachtungszeitraum von 20 Jahren unter Berücksichtigung von Energiepreissteigerungen).
Der k-Wert (Wärmedurchgangskoeffizient) eines Bauteils errechnet sich aus der Dicke der einzelnen Bauteilschichten und deren Wärmeleitfähigkeit λ. Hinzu kommen jeweils die Wärmeübergangswiderstände $1/\Lambda$ an den beiden Bauteiloberflächen. Das Rechenverfahren und die Tabellenwerte für α_i, α_a und $1/\Lambda$ sind in DIN 4108 (Wärmeschutz im Hochbau) festgelegt.
Die stellenweise vehement vertretene Meinung, daß durch zuviel Wärmedämmung das Ziel (die Einsparung von Heizenergie) verfehlt würde, ist falsch. Dies

Stoff	Dicke s m	λ_R W/(mK)	$1/\Lambda$ m²K/W
Wärmeübergangswiderstand außen	-	-	0,04
Putz aus Kalkzementmörtel	0,025	0,87	0,03
Steinwolle 040	0,100	0,04	2,50
Putz	0,020	0,87	0,02
Mauerziegel (1600 kg/m³)	0,240	0,68	0,35
Innenputz	0,015	0,87	0,02
Wärmeübergangswiderstand innen	-	-	0,13
Gesamtkonstruktion	0,400		3,09
k - Wert der Konstruktion: $k = 1/\Lambda = 1/3{,}09 = 0{,}32\ W/(m^2K)$			

k	Wärmedurchgangskoeffizient in W/(m²K); "Bauteileigenschaft"
$1/\alpha_i$	Wärmeübergangswiderstand innen: z.B. 0,13 m²K/W (Tabellenwert)
$1/\alpha_a$	Wärmeübergangswiderstand außen: z.B. 0,04 m²K/W (Tabellenwert)
$1/\Lambda$	Mittlerer Wärmedurchlaßwiderstand in m²K/W
s	Schichtdicke in m
λ_R	Wärmeleitfähigkeit in W/(mK), Tabellenwert als Baustoffeigenschaft

Tabelle 11
Beispiel einer k-Wert Berechnung für eine Außenwand mit Wärmedämmung

Beschreibung der Außenwand (Rohdichte in kg/dm³)	Schichtdicke in cm	k-Wert in $W/(m^2K)$	Heizkosten in 20 Jahren[2] in DM/m^2
Sandstein (2,6)	11,5 24 36,5	3,9 3,6 2,7	1.160 1.080 810
Vollziegel (2,0) oder Lehm	11,5 24 36,5 50	3,0 2,2 1,7 1,4	910 620 510 410
Hochlochziegel (1,4) oder Kalksand-Lochsteine (1,2) oder Hüttensteine (1,4)	11,5 24 36,5	2,5 1,6 1,2	740 480 360
Stahlbeton	11,5 15 20	3,8 3,6 3,3	1.130 1.070 980
Bimsbeton-Vollsteine (0,5) mit Leichtmauermörtel	11,5 24 30 36,5	0,91 0,49 0,40 0,33	270 146 120 99
Strohlehm	11,5 24 36,5 50	2,0 1,3 0,91 0,70	610 380 270 210
Gasbeton-Blocksteine (0,5)	11,5 24 30	1,1 0,58 0,48	320 174 144
Dämmstoff[3] einschl. Putzträger aus 2x 1,5 cm Holzwolle-Leichtbauplatte	8 12 16	0,62 0,38 0,28	186 114 84
Mauerwerk mit k= 1,6 $W/m^2 K$ (z.B. 24 cm Hochlochziegel) in Verbindung mit einer Dämmschicht der angegebenen Schichtdicke[3]	2,5 5 10 15 20	0,80 0,53 0,32 0,23 0,18	240 154 96 69 54

1) Bei der Berechnung von k-Wert und Heizkosten wurden jeweils 2 cm Außenputz und 1,5 cm Innenputz eingerechnet.

2) Die angegebenen Heizkosten beziehen sich auf 1 m² Außenwand ohne Fenster. Für die Berechnung wurde ein Heizölpreis von 0,75 DM/l (ohne MWST), eine Energiepreissteigerung von 7% jährlich und eine mittlere Klimalage in Deutschland zugrunde gelegt (nach RWE-Bau-Handbuch Technischer Ausbau 1983/84).

3) Dämmstoff der Wärmeleitfähigkeitsgruppe 040 auf der Außen- oder Innenseite der Wand. Wenn die Dämmschicht durch Latten oder Kanthölzer unterbrochen wird, ist die Dämmschicht entsprechend dicker auszubilden.

Tabelle 12
Dämmwerte und davon abhängiger Energieverbrauch einiger typischer Außenwandkonstrutionen[1]

zeigen zahlreiche Untersuchungen an realisierten Beispielen. Auch die Dämmung von Südfassaden führt zu Energieeinsparungen, denn die möglichen solaren Gewinne einer ungedämmten Südwand sind, bezogen auf die gesamte Heizperiode, stets erheblich niedriger als die Energieeinsparung durch eine gute Wärmedämmung. Untersuchungen, wonach der Energieverbrauch infolge von Wärmedämmaßnahmen gar gestiegen ist, sind nicht nachvollziehbar. Auch die Diffusions- und Sorptionsfähigkeit der Außenwände, die häufig angeführte "Wandatmung", wird durch richtig ausgeführte Dämmaßnahmen nicht beeinträchtigt (vgl. Kap. 3.2.1).

Die Dämmwirkung von Fassadenbegrünungen und Dämmputzen (nicht zu verwechseln mit der verputzten Dämmfassade, siehe Kap. 7.3.2) wird oft erheblich überschätzt. Sie sind kein wirksamer Beitrag zur Energieeinsparung.

4.4.2 Lüftungsverluste vermindern

Durch Undichtigkeiten an Fenstern, Türen oder Fachwerkwänden und durch das gezielte Öffnen von Fenstern und Türen kommt nicht nur "frische" Luft von außen ins Haus, gleichzeitig entweicht auch die in der Raumluft enthaltene Wärmeenergie. Lag beim Dämmstandard der 60 er Jahre der Anteil der Lüftungsverluste noch bei etwa 30% des gesamten Heizenergiebedarfs, so geht heute in einem gut gedämmten Haus mehr Wärme durch Luftströmung als durch Wärmeleitung (Transmission) verloren. Aus diesem Grund ist es wichtig, neben der Wärmedämmung auch der Be- und Entlüftung sowie der Winddichtigkeit des Gebäudes besondere Aufmerksamkeit zu widmen.

Der notwendige Luftaustausch ergibt sich aus den hygienischen Anforderungen an unsere Atemluft: der Kohlendioxyd- und Wasserdampfgehalt, Geruchs- und Schadstoffe sollen bestimmte Grenzwerte nicht überschreiten und müssen daher laufend abgeführt werden. Dazu ist ein Mindest-Luftaustausch von 30 m^3/h und Person im Haus erforderlich. In der Praxis sollte ein 0,5-facher Luftwechsel pro Stunde (alle 2 Stunden ein vollständiger Luftaustausch z.B. durch Stoßlüftung bei dichtschließenden Fenstern) erreicht und aus energetischen Gründen nicht wesentlich überschritten werden. Bei dieser Luftwechselrate werden Schimmelbildung und Feuchteschäden durch Kondensat vermieden. Wegen der besseren Dosierbarkeit im Alltag finden mechanische Be- und Entlüftungsanlagen, ggf. in Verbindung mit einer Wärmerückgewinnung aus der Abluft, in Energiesparhäusern zunehmende Verbreitung.

Alte Fenster sind oft so undicht, daß die Raumluft auch bei geschlossenen Fenstern zweimal und öfter je Stunde ausgetauscht wird, bei Wind oder bei Dauerlüftung mit gekipptem Fenster noch sehr viel häufiger. Diese überhöhte Lüftung hat nicht nur erhebliche Energieverluste zur Folge, sondern führt auch zu Zugerscheinungen und trockener Raumluft. Entgegen einer weit verbreiteten Meinung wird zu trockene Raumluft also nicht durch die Art der Heizung verursacht, sondern dadurch, daß die von außen einströmende Luft im Raum erwärmt wird und sich dabei die relative Luftfeuchtigkeit vermindert.

5. Baustoffe

5.1 Gesundheits- und Umweltverträglichkeit von Baustoffen

Baustoffe können in vielfältiger Weise die Umwelt und die menschliche Gesundheit schädigen: bei der Herstellung, bei der Weiterverarbeitung, im eingebauten Zustand und am Ende auch noch bei der Beseitigung. Als wichtiges Maß für die Bewertung der Schadstoffbelastung bei der Herstellung und Verarbeitung wird neben anderen der Energieaufwand für Rohstoffgewinnung, Transport und Produktion der Baustoffe herangezogen. Immerhin beträgt der Energieaufwand zur Herstellung aller Baustoffe für ein neues Reihenhaus (je nach Bauweise) ein Mehrfaches dessen, was bei gut wärmedämmender Bauweise dort in 10 Jahren verheizt wird.

Bei der Beseitigung von Baustoffen können Boden, Grundwasser und Luft belastet werden, landen doch gerade beim Umbau alter Häuser viele problematische Stoffe als "Bauschutt" im Container und damit auf der Deponie oder über den Hausmüll in der Müllverarbeitungsanlage. Daher sollten schon bei der Baustoffwahl die Wege und Gefahren der späteren Beseitigung von Baustoffen berücksichtigt werden.

Ganz unmittelbar und tagtäglich kann die Gesundheit der Bewohner durch Schadstoffe belastet werden, die von manchen - auch von sogenannten "natürlichen" Baustoffen - beim Einbau und im eingebauten Zustand abgegeben werden. Selbst wenn in der Vergangenheit einige Inhaltsstoffe als besonders gesundheits- und umweltbelastend erkannt wurden und ihre Verwendung eingeschränkt oder verboten wurde, so gehen doch von vielen, nach wie vor gebräuchlichen Materialien schwer kalkulierbare Risiken für Mensch und Umwelt aus, z.B. durch:

- Formaldehyd in Spanplatten, Ortschäumen und Teppich-Rückenbeschichtungen,
- Restmonomere in Kunststoffen wie Polystyrol und PVC,
- Lösungsmittel und andere Inhaltsstoffe in Lacken, Lack-Lasuren und Klebern,
- Wirkstoffe (Biozide) in Holzschutzmitteln, insbesondere Lindan und Pentachlorphenol (PCP),
- Asbestfasern in Asbestzementprodukten und in Spritzasbest,
- Benzpyren in manchen Blähkorkprodukten,
- radioaktive Strahlung insbesondere in vulkanischem Gestein, Hochofenschlacke (Schlackenwolle) und Chemiegips.

Welche Gefahr nun im Einzelfall von solchen Stoffen ausgeht, läßt sich allgemein nicht sagen; schließlich ist dabei z.B. von Bedeutung, wie hoch die Konzentration des Schadstoffs ist, ob das Material mit der Raumluft in Verbindung steht oder nicht, ob es in trockener oder nasser Umgebung verwendet wird und welchen Temperaturunterschieden es ausgesetzt ist.

Metalle und Kunststoffe sollten grundsätzlich nur sparsam eingesetzt werden (Metalle z.B. als Verbindungsmittel, Kunststoffe als Dichtungsmittel und Feuchtigkeitssperren), da ihre Herstellung in der Regel mit hohem Energieeinsatz und beträchtlichen Emissionen verbunden ist; bei vielen Kunststoffen kommt noch die dauernde Abgabe von Schadstoffen an die Raumluft (durch Ausgasen) sowie giftige Emissionen bei ihrer Beseitigung (Verbrennung) hinzu. Das im Bauwesen hauptsächlich als Folie (Dampfbremse, Dichtungsbahn) eingesetzte Polyäthylen (PE) ist ein vergleichsweise umweltverträglicher Stoff; er gibt keine giftige Spurengase ab und kann schadlos beseitigt oder gegebenenfalls zu Recycling-Kunststoff verarbeitet werden.

Die Fragen der Baustoffwahl unterscheiden sich bei der Althauserneuerung

Bauteile und Baustoffe (Beispiele)	UMWELTVERTRÄGLICHKEIT hoch	mittel	gering
GRÜNDUNG			
Fundamente	Natursteinmauerwerk	Mauerwerk, Beton	Beton, Stahlbeton
Bauwerkssohle	gewachsener Boden[1]	Kies, Schotter, Lehm, Steinpflaster, Steinplatten[1]	Beton, Stahlbeton
Abdichtung	(keine)[1]	Ölpapier, Polyethylen-Folie[1]	Bitumenbahnen, PVC-Folie
TRAGKONSTRUKTION			
Außenwände (wärmedämmend)	Leichtlehm, Holzfachwerk (mit Ausfachung aus Dämmstoff)	Porosierte Leichtziegel[1], Gasbeton, Blähton-Betonsteine, Brettschichtholz, Holztafelelemente	Betonsteine, Bimsbetonsteine, Schalsteine, Stahl
Innenwände; Außenwände (mit zusätzlicher Wärmedämmung)	Lehm, Naturstein[2] Holzfachwerk	Kalksandstein, Ziegel[2], Holzfachwerk	Betonsteine, Chemiegips, Stahlbeton
Geschoßdecken und Treppen	Rundholz, Schnittholz, Natursteinund Ziegel-Gewölbe	Schnittholz, Ziegel[2](Rippendekke); Gasbeton (Plattendecke)	Stahlbeton
Dach	Rundholz, Knüppel, Schwarten	Schnittholz	Brettschichtholz, Stahlbeton, Ziegel, Gasbeton
NICHTTRAGENDE KONSTRUKTION			
Wärmedämm- und Füllstoffe	Strohplatten[3], Zelluloseflocken[3], Seegras[3], Holzwolle[3], Kork schrot[3], Schlacke[2], Lehm, Sand	Blähkork[4], Kokosfaser, Mineralfaser, Schaumglas, Blähperlite,	Polystyrol-Hartschaum Polyurethan-Hartschaum
Dachhaut	Holzschindeln, Stroh, Reet	Dachziegel, Dachbegrünung mit PVC-Wurzelschutzfolie)	Betondachsteine, Blech, Faserzement
Trennwände	(wie Innenwände)	(wie Innenwände)	(wie Innenwände)
Fensterrahmen und Türen	einheimische Kiefer und Fichte	einheimische Kiefer, Fichte, Eiche	exotisches Holz, Kunststoff, Metall
Verglasung	Dreischeiben-Wärmeschutzglas	Zweischeiben-Wärmeschutzglas, Dreischeibenverglasung	Zweischeiben- u. Einfachverglasung
Fensterschutz	winddichter Roll- oder Klappladen aus Holz	winddichter Roll- oder Klappladen	keine oder nicht winddichte Läden
Fassadenbekleidung	Holzschalung, Holzschindeln	Mineralischer Putz, Holzwerkstoffe	Kunstharzputz, hartschaumhaltiger Dämmputz, Kunststoff, Metall, Faserzementplatten
Wand- und Deckenbekleidungen (innen)	Kalkschlämme, Holzschalung, Lehmputz	Kalkputz, Gipsputz[2], Holzschalung, Holzwerkstoffe[4], Gipskartonplatten[2], Fliesen	Putze aus Zement oder Chemiegips, nicht emissionsarme Holzwerkstoffe
Estrichplatten	Holzspanplatten[4], Gipsbauplatten[2] Magnesiaestrich, Anhydridestrich[2]	Zementestriche	Gußasphaltestrich
Fußbodenbeläge	Holzdielen, genageltes Parkett, Spannteppiche aus Naturfasern	Fliesen[2] [5], Natur- o. Kunststein[2], Parkett[5], Holzpflaster[5], Kork[5], Linoleum[5], Naturfaserteppich[5]	Naturfaserteppich mit Kunstrücken, Kunstfaserteppich, PVC
Oberflächenvergütung	mineralische Anstrichmittel, Leimfarben, (Zellulose-, Kasein-), andere Anstrichmittel nur für (bewitterte) maßhaltige Bauteile	lösungsmittelarme Wachse, Öle, Harze[6], Kunstharz- und Naturharzdispersionsfarben	lösungsmittelreiche Wachse, Öle, Harze; Kunstharzlacke und -lasuren, Reaktionslacke
INSTALLATION			
Abwasser- und Dränleitungen	Steinzeug, Ton	Kunststoff	Kunststoff
Wasserleitungen	verzinkter Stahl, Kupfer	verzinkter Stahl, Kupfer	Kunststoff
Heizleitungen bzw. -kanäle	Gips-Mineralfaser-Kanäle (bei Luftheizungen)	Stahl, Kupfer (bei Wasserheizung)	Stahl, Kupfer

1) sofern kein Grundwasser oder Sickerwasser ansteht
2) sofern nicht radioaktiv
3) sofern baurechtlich zugelassen
4) sofern emissionsarm
5) sofern nicht geklebt bzw. sofern mit umweltfreundlichem Kleber verlegt
6) sofern naturnah hergestellt oder mit dem amtlichen Umweltzeichen versehen

HOHE UMWELTVERTRÄGLICHKEIT heißt:

naturnah, traditionelle Bauweise, nach heutigen Anforderungen modifiziert; "sanfte Technologie"; konsequente Berücksichtigung der ökologischen Verträglichkeit; Verarbeitung ist zum Teil zeit- und lohnintensiv; die Arbeitstechniken sind dem Handwerk teilweise nicht geläufig (gut geeignet für experimentierfreudige Selbstbauer) unkonventionelle Gestaltung, ungewohnte Ästhetik für Altbauten nur bedingt geeignet.

MITTLERE UMWELTVERTRÄGLICHKEIT heißt:

"Biologische Bauweise", ökologische Verträglichkeit im "machbaren" Rahmen; Kann von Handwerksfirmen nach den technischen Bauvorschriften ausgeführt werden; ist unter Umständen etwas teurer als die konventionelle Bauweise; für Altbau gut geeignet.

GERINGE UMWELTVERTRÄGLICHKEIT heißt:

"Konventionelle Bauweise"; technisch-industrielle, heute allgemein übliche Bauweise, niedriger Preis; Schnelligkeit und Bequemlichkeit der Verarbeitung werden höher bewertet als ökologische Verträglichkeit; z. T. geringe Anforderungen an handwerkliche Fertigkeiten; die "unbegrenzten Wahlmöglichkeiten" führen oft zu gestalterisch unbefriedigenden und wenig korrespondierenden Lösungen.

grundsätzlich nicht von denen beim Neubau, nämlich:

- Materialeinsatz und -aufwand sollen der Bauaufgabe angemessen sein;
- Die Baustoffe sollen mit möglichst niedrigem Energieaufwand schadstoffarm bzw. -frei hergestellt werden;
- Regenerierbare und wiederverwendbare Baustoffe sind zu bevorzugen;
- Durch Einsatz von Materialien, die vor Ort gewonnen oder hergestellt werden, werden aufwendige Transporte vermieden;
- Erscheinung und Inhaltsstoffe der Materialien sollen nicht negativ auf Wohlbefinden und Gesundheit wirken.

Tab. 13 zeigt den Versuch einer (subjektiven) Wertung; einige gebräuchliche Baustoffe wurden nach Bauteilen geordnet entsprechend ihrer ökologischen Verträglichkeit in 3 Kategorien eingeteilt.

Tabelle 13
Baustoffe im Vergleich

5.2 Wandbaustoffe

5.2.1 Natürliche Steine

Naturstein (Sandstein, Schiefer, Kalkstein usw.) wird heute vorwiegend in Form von geschnittenen und geschliffenen Platten für Mauerwerk, Bodenbeläge und Fenstersimse verwendet. Gebrochene Steine sind zwar wesentlich weniger (energie-) aufwendig in der Herstellung, jedoch wird Bruchsteinmauerwerk wegen der hohen

Ausgebesserter Naturstein-Sockel mit später eingebauten Fensteröffnungen - ein sichtbar bleibender Vorgang mit kontrastierenden Materialien

Lohnkosten im Hausbau kaum noch eingesetzt.

Natursteine haben durchweg eine große Rohdichte und die meisten ein entsprechend gutes Wärmespeichervermögen, ihr Wärmedämmvermögen ist dagegen sehr schlecht. Nicht jeder Naturstein ist witterungsbeständig, Kalkstein ist besonders säureempfindlich, Sandstein häufig säure- und frostempfindlich. Nicht witterungsbeständiges Natursteinmauerwerk sollte verputzt oder imprägniert werden. Die sehr harten Tiefen- und Erstarrungsgesteine wie z.B. Granit, Basalt, Porphyr aber auch die vulkanischen Auswurfgesteine wie z.B. Tuff und Bims weisen je nach Herkunftsort zum Teil eine erhöhte natürliche Radioaktivität auf; solche Steine sollten dann so eingebaut werden, daß diese Strahlung nicht in Aufenthaltsräume gelangt.

Natursteinplatten werden im Handel mit spaltrauher, geschnittener oder geschliffener Oberfläche in rechteckiger oder polygonaler Form angeboten. Italienischer Marmor gehört zu den preisgünstigen und großformatigen Platten.

Bezüglich der Materialpreise gilt ansonsten: harte Gesteine sind teurer als weiche, große Formate sind teurer als kleine, geschliffene Oberflächen sind teurer als spaltrauhe, geschnittene Kanten sind teurer als gebrochene.

Lehm läßt sich vielseitig verwenden!
Lehmwände - Lehmofen - Lehmbett

aus

Minke, Hrsg: Bauen mit Lehm, Heft 6: Neue Lehmhäuser. Staufen 1987
Photos: Gernot Minke

Lehm ist einer der ältesten und umweltverträglichsten Baustoffe. Der Lehmbau verlor mit der Industrialisierung des Bauwesens an Bedeutung, erlebte aber gegen Ende der vierziger Jahre, als Ziegel und andere Baumaterialien knapp und teuer waren, an einzelnen Orten erneut einen Aufschwung. Ausgelöst durch ein neues Umweltbewußtsein gibt es seit einigen Jahren Ansätze zur Wiederbelebung und Weiterentwickung des Lehmbaus (z.B. an der Gesamthochschule Kassel und an der Universität Grenoble), wobei besonders an der Entwicklung rationeller Arbeitstechniken und einer Verbesserung der Materialeigenschaften gearbeitet wird.
Lehm besteht im wesentlichen aus Gesteinsschluff und Feinsand, der mit verwitterten, tonigen Bestandteilen durchsetzt ist. Massiver Lehm hat eine hohe Rohdichte und eine hohe Druckfestigkeit. Massive Lehmwände können aus luftgetrockneten Steinen gemauert, aus feuchten "Lehmbroten" oder Lehmsträngen aufgesetzt oder in "Stampflehmtechnik" zwischen einer Holzschalung errichtet werden. Durch Beimengung von Stroh, Blähton o.ä. entsteht Leichtlehm mit etwas günstigeren Wärmedämmeigenschaften, der gern zur Ausfachung von Fachwerkkonstruktionen eingesetzt wird. Dennoch benötigen auch Leichtlehm-Außenwände im allgemeinen (außer bei Wandstärken ab 50 cm) eine zusätzliche Wärmedämmung, um den Anforderungen an den Wärmeschutz zu genügen. Bauteile aus Lehm müssen bei und nach dem Einbau sorgfältig und dauerhaft gegen Feuchtigkeit geschützt werden, insbesondere gegen Schlagregen und Spritzwasser. Wegen der Gefahr des Auffrierens von nicht ausreichend trockenen Lehmbauteilen ist die Bauzeit auf das späte Frühjahr und den Sommer beschränkt.

5.2.2 Künstliche Steine

Zur Gruppe der künstlichen Steine gehören einerseits die gebrannten Steine (Ziegel aus gebranntem Lehm) und andererseits die mit den Bindemitteln Zement oder Kalk hergestellten Steine z.B. Beton, Betonsteine, Kalksandsteine.
Für die Wahl der Steinart entscheidend sind Einsatzbereich (Kellerwände, tragende oder nichttragende Außen- und Innenwände usw.), Lieferformen und Verarbeitungseigenschaften. Die Umweltverträglichkeit wird im wesentlichen bestimmt durch den Zementgehalt der Steine, durch die Eigenschaften der Zuschläge und durch den Energieaufwand und die Umweltbelastung bei ihrer Herstellung (siehe auch Tab. 14).
Kelleraußenwände werden aus Kostengründen heute meist aus Stahlbeton in einer Dicke von 20 bis 25 cm hergestellt, gemauerte Kellerwände müssen zur Aufnahme des seitlichen Erddrucks in der Regel mindestens 30 cm dick sein.
Mit Einführung der Wärmeschutzverordnung kamen seit Ende der 70er Jahre für Außenwände verstärkt wärmedämmende Mauersteine auf den Markt. Die wärmedämmende Wirkung wird durch Luftkammern und Luftporen oder durch den Verbund mit einer Dämmstoffschicht erreicht.

Die Herstellung von Leichthochlochziegeln (Markennamen z.B. Poroton, Thermopor, Unipor) erfolgt mit Hilfe von Polystyrol-Kügelchen und/oder Sägemehl, die nach dem Brennvorgang die Luftporen hinterlassen. Gasbetonsteine (Markennamen z.B. Ytong, Hebel) bestehen aus Sand und Zement bzw. aus Sand und Kalk, die Luftporen entstehen mit Hilfe eines Treibmittels aus Rohaluminium. Bei Bimsbeton- und Blähtonsteinen (Markennamen z.B. Gisoton, Bisotherm, Liapor) ist Kalk und/oder Zement das Bindemittel für die porösen Gesteinskörner.
Die Dämmwerte einiger wärmedämmender Steine für Außenwände sind in Tab. 14 aufgeführt. Ein beidseitig verputztes Mauerwerk aus 30 cm dicken Gasbeton-Steinen (Wärmeleitfähigkeit 0,12 W/mK) erreicht heute immerhin einen k-Wert von 0,36 W/(m²K). Da Steine dieser Art eine geringe Rohdichte haben, ist darauf zu achten, daß ihre Druckfestigkeit und

Ziegelbau des Jugendstils mit Natursteinsockel und kunstvoll bearbeiteter Fensterumrahmung aus Sandstein

Baustoff		Rohdichte kg/m³	Wärmeleitfähigkeit[1] W/(mK)	Wärmespeicherzahl[2] kJ/m³K	Wärmespeicherfähigkeit	Luftschalldämmfähigkeit	Sorptionsfähigkeit	Umweltverträglichkeit[3]
für wärmedämmende Außenwände (mit Leichtmauermörtel)								
Gasbeton-Blocksteine	von	400	0,12	(420)		-	+	+
nach DIN 4165	bis	800	0,29	840		-	+	+
Bims-Vollsteine mit Schlitzen								
nach DIN 18152	von	500	0,12	(500)		-	+	o
"Heklatherm"	bis	800	0,28	(700)		-	+	o
Leicht-Hochlochziegel nach DIN 105 T2, Typ W, eliptische Lochung, verzahnte Stoßfuge		800	0,15	(600)		-	+	+
Leicht-Hochlochziegel nach								
DIN 105 T2	von	700	0,30	(700)		-	+	+
Typ W	bis	1000	0,39	(800)		-	+	+
für Innenwände (tragend und nichttragend)								
Vollziegel (Backstein)	von	1200	0,50	1100	o	o	+	o
oder Lochziegel	bis	2000	0,96	1840	+	+	+	o
Kalksandstein	von	1000	0,50	880	-	-	-	+
	bis	1800	0,99	1500	o	o	-	+
Leichtbeton-Vollstein	von	500	0,29	(700)	-	-	+	o
(z.B. Bims)	bis	2000	0,99	(2000)	+	+	o	o
Lehm massiv	ca.	1800	0,91	1800	+	o	+	+
Gips (massive	von	600	0,29	(700)	-	-	+	+
Dielen oder Platten)	bis	1200	0,58	(1100)	o	o	+	+
Sandstein, Kalkstein	ca.	2400	2,1	2230	+	+		+
Tuff, Bims	ca.	1600	0,55	1290	o	o		o

[1] Mauerwerk incl. Mörtelfugen, mit Leichtmauermörtel bei wärmedämmenden Außenwänden (je niedriger der Wert, umso besser ist die Wärmedämmfähigkeit)

[2] nach König, H.: Wege zum gesunden Bauen.; Werte in Klammern (): eigene Schätzung

[3] besonders bezüglich des Herstellungsprozesses

\+ = gut, 0 = durchschnittlich, - = schlecht

Tabelle 14
Eigenschaften von Mauerwerk

Schalldämmung den baulichen Anforderungen genügen. Bei der Materialbestellung bzw. im Leistungsverzeichnis müssen neben der genauen Bezeichnung des Steins auch seine Wärmeleitfähigkeit und der zu verwendende Mörtel angegeben werden. Steine mit guten Dämmeigenschaften sollten mit Leichtmauermörtel vermauert werden, um die Wärmeleitfähigkeit der Mörtelfuge der des Steins anzupassen. Bei manchen Steinarten wird heute nur noch die Lagerfuge vermörtelt, die Stoßfuge kann dagegen durch paßgenaue Fertigung mörtelfrei verzahnt werden.
Mauersteine mit einer höheren Rohdichte, z.B. Loch- oder Vollziegel und Loch- oder Vollkalksandstein werden für tragende und nichttragende Innenwände eingesetzt, oder in Kombination mit einer Wärmedämmschicht auch als Außenwandmauerwerk.
Fassaden mit Sichtmauerwerk werden aus Vormauerziegeln (Klinker) oder aus Vormauerkalksandsteinen hergestellt, die ein geringes Wasseraufnahmevermögen aufweisen und dadurch unempfindlich gegen Schlagregen und Frost sind.

Beton besteht aus einer Mischung von Zement und Zuschlagstoffen wie Sand, Schotter, Splitt - gegebenenfalls mit chemischen Zusätzen -, die nach Beigabe von Wasser erhärten. Beim sogenannten "Bio-Beton" wird das Kies-Sand-Gemisch durch Kalksplitt (in geeigneter Kornzusammensetzung) ersetzt.

Asbestzement (Markenname: Eternit) gehört ebenfalls zu den künstlichen Steinen. Asbestzementplatten wurden in großem Maße für Wandverkleidungen und zur Dacheindeckung verwendet, Rohre aus Asbestzement für feuerbeständige Zu- und Abluftkanäle. Die feinen, lungengängigen Asbestfasern sind krebserregend, weshalb dieser Stoff in neuen Bauproduk-

ten durch asbestfreie Faserstoffe ersetzt wird. Asbesthaltige Produkte dürfen nur mit staubarm arbeitenden Geräten und bestem Atemschutz bearbeitet werden. Alte, am Gebäude vorhandene Asbestzementprodukte verursachen keine Gesundheitsrisiken.
Besonders gefährlich ist dagegen der (im Wohnungbau allerdings kaum verwendete) Spritzasbest, der seit 1979 nicht mehr verarbeitet werden darf. Es empfiehlt sich, für die Beseitigung und Entsorgung großflächiger Asbestverkleidungen Spezialfirmen hinzuzuziehen.

Eine weitergehende Bewertung der ökologischen Verträglichkeit der verschiedenen Steinarten ist schwierig. Einige Aussagen lassen sich wie folgt zusammenfassen:

- Ein gesundes Raumklima wird überwiegend von den in Kap. 3 und 5.1 genannten Faktoren bestimmt. Andere gesundheitliche Beeinträchtigungen durch Baustoffe sind nur in Ausnahmefällen festzustellen.
- Bimsbeton und Chemiegips verursachen eine Erhöhung der Radonkonzentration in der Raumluft und erhöhen die radioaktive Belastung für den Menschen. Auch andere Betonsteine mit Zuschlägen vulkanischen Ursprungs sowie rotschlammhaltige Ziegel und Blähtonsteine können u.U. eine erhöhte Radioaktivität aufweisen.
- Die Herstellung von Kalksand- und Gasbetonsteinen erfolgt mit vergleichsweise geringem Energieaufwand und geringer Umweltbelastung.
- Die Ermittlung der Radioaktivität und des Energieinhalts eines einzelnen Produktes ist in der Praxis fast unmöglich. Hier ist der Gesetzgeber gefordert, eine amtliche Güteüberwachung mit Deklaration durch den Hersteller einzuführen.

5.2.3 Mauer- und Putzmörtel

Mörtel werden heute überwiegend als fertige Trockenmischung geliefert und an der Baustelle mit Wasser angemischt. Gerade für kleine Mengen und für den Selbstbau sind die in Säcken angebotenen "Werktrockenmörtel" bequemer und in der Handhabung sicherer als das Selbstmischen. Diese Mörtel enthalten meist organische Hilfsstoffe (chemische Zusätze) in der Größenordnung bis zu 10% des Trokkengewichts. Wer normale Mauer- und Putzmörtel selbst mischen will, muß auf das Mischungsverhältnis und auf die richtige Körnung und Zusammensetzung des Sandes achten. Mischungen und Anwendungsbereiche von Mauermörtel können Tab. 15 entnommen werden.

Tabelle 15
Zusammensetzung von Mauermörtel (nach DIN 1053 T1)

Mischungsverhältnis in Raumteilen

	Mörtel-gruppe	Druck-festig-keit[3] in N/mm²	Luft- und Wasserkalk: Kalk-teig	Kalk hydrat	Hydraul. Kalk	Hoch-hydraul. Kalk Putz- und Mauer-binder	Zement	Sand[1] (Natur-sand)
1			1					4
2	I	-		1				3
3					1			3
4						1		4,5
5			1,5				1	8
6	II	> 2,5		2			1	8
7						1		3
8	IIa	> 5		1			1	6
9						2	1	8
10	III[2]	> 10					1	4

[1] Die Werte des Sandanteils beziehen sich auf den lagerfeuchten Zustand.
[2] Der Zementgehalt darf nicht vermindert werden, wenn Zusätze zur Verbesserung der Verarbeitbarkeit verwendet werden.
[3] Mittelwert nach 28 Tagen.

Anwendung	Mörtelart und Zusammensetzung	Eigenschaften
Innenputz in Räumen mit üblicher Luftfeuchte, einschließlich Küchen und Bäder in Wohnungen, Außenputz bei gering beanspruchten Flächen	KALKMÖRTEL (P Ia) 1 Teil Luft- oder Wasserkalk 3-4 Teile Sand	weich, elastisch, stark saugend, gut wasserdampfdurchlässig, geringe Widerstandsfähigkeit gegen saure Niederschläge, gut umweltverträglich
Außenputz, beanspruchter Innenputz, Putz auf Untergrund aus Beton oder aus Holzwolle-Leichtbauplatten	HOCHHYDRAULISCHER KALKMÖRTEL (P IIa) 1 hochhydr. Kalk (Trasskalk) 3 - 4 Teile Sand KALKZEMENTMÖRTEL (P IIb), 1 Zement, 9-11 Sand[2)] 1,5 - 2 Luft- o. Wasserkalk[1)]	fest, schwach saugend wasserdampfdurchlässig, mittlere Widerstandsfähigkeit gegen saure Niederschläge, umweltverträglich
Außenputz auf erdberührten Wandflächen und auf Sockelmauerwerk	ZEMENTMÖRTEL (P III) 1 Teil Zement 3 - 4 Teile Sand[2)]	hart, spröde, nicht saugend (abdichtend), wenig wasserdampfdurchlässig, gute Widerstandsfähigkeit gegen aggressive Umwelteinflüsse, bedingt umweltverträglich

1) als Kalkhydrat ("Sackkalk") oder als Kalkteig ("Sumpfkalk")

2) Für die verschiedenen Putzarten sollen die Sandkörnungen der Tabelle 17 verwendet werden.

Tabelle 16
Anwendung und Zusammensetzung von Putzmörteln
(in Anlehnung an DIN 18550)

Tabelle 17
Putzsandkörnungen

Putzanwendung	Putzlage	Sandkörnung (mm)
Außenwandputz	Spritzbewurf Unterputz Oberputz	0/7 0/5 0/3 bis 0/7 oder gröber
Innenwandputz	Spritzbewurf Unterputz Oberputz	0/3 bis 0/7 0/3 0/1 bis 0/2
Innendeckenputz	Spritzbewurf Oberputz Unterputz	0/5 0/3 0/1 bis 0/2

Üblicherweise wird verwendet:

- für nichttragendes Mauerwerk: Kalkmörtel
  (Zeile 2: 1 Teil Kalkhydrat, 3 Teile Sand);
- für tragendes Mauerwerk: Kalkzementmörtel
  (Zeile 5: 1,5 Teile Kalkteig, 1 Teil Zement, 8 Teile Sand);
- für tragendes Mauerwerk mit höheren Anforderungen an die Druckfestigkeit: Zementmörtel (Zeile 10).
- Anstelle des Kalkzementmörtels kann für tragendes Mauerwerk auch der etwas umweltfreundlichere Mörtel aus hochhydraulischem Kalk (Zeile 7) verwendet werden.
- Leichtmörtel für wärmedämmendes Mauerwerk werden ausschließlich aus Werktrockenmörtel hergestellt.

Auch Putzmörtel werden heute als Werktrockenmörtel geliefert und an der Baustelle mit Wasser angerührt. Zu empfehlen sind rein mineralische Kalk-, Zement- oder Naturgipsputze. Oberputze für die Außenanwendung können eingefärbt und durch Zusatzmittel auch wasserabweisend eingestellt werden, so daß ein späteres Streichen nicht erforderlich ist.

Außerdem gibt es Kunstharz-, Wärmedämm- und Sanierputze:

Kunstharzputze bestehen im allgemeinen aus dispergierten Kunstharz-Bindemitteln, mineralischen Füllstoffen und Verdikkungs- und Stabilisierungsmitteln. Im Vergleich zu mineralischen Putzen sind sie zwar widerstandsfähiger, aber auch stärker dampfbremsend und umweltbelastender. Sie sollten daher nach Möglichkeit nicht verwendet werden.

Wärmedämmputze enthalten neben Sand und Kunstharz-Bindemittel wärmedämmende Zuschlagstoffe, z.B. Hartschaumkügelchen; sie können mehrlagig aufgetragen bis etwa 10 cm Dicke hergestellt werden und erreichen dann die Dämmwirkung einer 3,5 cm dicken Mineralfaserplatte. Wegen ihres hohen Kunststoffgehaltes und der geringen Dämmwirkung können Dämmputze nicht empfohlen werden.

Sanierputze werden da eingesetzt, wo die üblichen Putze durch aufsteigende Mauerwerksfeuchtigkeit immer wieder geschädigt werden, z.B. am Sockelmauerwerk innen und/ oder außen. Nach Angaben der Hersteller sind sie aufgrund ihrer speziellen Struktur und Zusammensetzung weniger empfindlich gegen Ausblühungen, sie sind gut wasserabweisend und zugleich gut dampfdurchlässig. Ihr Erfolg - eine trokkene Putzoberfläche - ist allerdings nur kosmetischer Natur und von begrenzter Dauer, denn die Ursache, die aufsteigende Wandfeuchtigkeit, kann durch einen Sanierputz nicht beseitigt werden. Um die Feuchtigkeitsabgabe des Mauerwerks nicht zu behindern, dürfen Sanierputze nur mit mineralischen Anstrichmitteln versehen werden.

Innenputze siehe Kap. 11.4

5.3 Bauen mit Holz

5.3.1 Der Baustoff Holz

Der Baustoff Holz ist seit Jahrhunderten bewährt, umweltfreundlich und vielseitiger einsetzbar als jeder andere Baustoff. Wenn Holz materialgerecht verarbeitet wird, ist seine Haltbarkeit außerordentlich hoch.

Die Vorteile des Baustoffes Holz:

- Der Energieaufwand für die Herstellung von Holzbauteilen ist vergleichsweise niedrig.
- Holz ist fast überall örtlich verfügbar, kann mehrfach verwendet werden und problemlos in den Naturhaushalt zurückgeführt oder als Brennstoff genutzt werden.

  Holz besitzt hervorragende raumklimatische Eigenschaften, es hat ein günstiges Verhältnis zwischen Wärmeleit- und Wärmespeicherfähigkeit und eine gute "Sorptionsfähigkeit", die allerdings nur erhalten bleibt, wenn auf eine Beschichtung mit dampfdichten Anstrichen verzichtet wird.
- Einfache Holzkonstruktionen sind preiswert.
- Holz besitzt eine hohe Tragfähigkeit. Die Druckfestigkeit entspricht der von Stahlbeton, die Biegefestigkeit ist, bezogen auf das Eigengewicht, zehnmal höher als die von Stahl.
- Holzbalkenkonstruktionen haben einen guten Feuerwiderstand. Sie können auch ohne Verkleidung oder Beschichtung feuerhemmend (F 30) ausgebildet werden, was bei Stahlkonstruktionen nicht möglich ist. Hartholztreppen erreichen einen höheren Feuerwiderstand als Stahltreppen.
- Holz ist leicht zu bearbeiten und daher für den Selbstbau besonders gut geeignet.

Schäden an alten Holzkonstruktionen sind meist auf einen ungenügenden Feuchtigkeitsschutz zurückzuführen. Beim Konstruieren und Reparieren von Holzbauteilen kommt es darauf an, einige besondere Eigenschaften des Baustoffs Holz zu kennen und zu berücksichtigen:

- Holz, das unter andauernder Feuchtigkeitseinwirkung steht, wird von Pilzen zerstört. Holz, das nur vorüber-

Terrassenbelag aus Holzrosten auf einer Unterlage aus Schotter bzw. Kies gehend der Feuchtigkeit ausgesetzt ist, fault dagegen nicht. Eine wichtige Regel lautet daher: Holz ist so einzubauen, daß es keiner dauernden Feuchtigkeitseinwirkung ausgesetzt ist und daß eingedrungene Feuchtigkeit rasch austrocknen kann. Eine chemische Behandlung von Bauholz gegen Fäule ist im Innenbereich nicht sinnvoll.

- Holz "arbeitet": Beim Austrocknen schwindet es, bei Feuchtigkeitsaufnahme quillt es. Neue Holzteile sollten beim Einbau deshalb möglichst trocken sein. Maßhaltige Holzbauteile im Außenbereich (z.B. Fenster) müssen zudem durch einen wasserabweisenden Anstrich geschützt werden.
- Holz kann von holzzerstörenden Insekten befallen werden. Ein vorbeugender Schutz tragender oder nicht zugänglicher Teile soll mit chemischen Mitteln erfolgen, die möglichst ungiftig sein sollten.
- Die Wärmedämmfähigkeit von Holz wird häufig überschätzt. Sie ist zwar siebenmal besser als die eines Vollziegels, jedoch ist die Wirkung eines Dämmstoffes (z.B. Steinwolle) andererseits dreimal besser als die von Holz.

Für fast alle Zwecke am Bau gibt es geeignete einheimische Hölzer. Die weichen, schnellwachsenden Nadelhölzer werden überwiegend für tragende Bauteile, für Wandschalungen, Fußböden und Fenster verwendet, die harten, langsamer wachsenden und wertvolleren Laubhölzer dagegen hauptsächlich für Treppen und Fußböden (vgl. Tab. 18).

Als Bauholz kommt im allgemeinen Schnittholz (Vollholz) mit rechteckigem oder quadratischem Querschnitt zur Anwendung. Der Einsatz von Brettschichtholz ("Leimbinder") kann bei tragenden Teilen sinnvoll sein, wenn der Querschnitt minimiert werden soll oder besonders große Tragquerschnitte benötigt werden. Wichtig für die Bestellung von Schnittholz sind neben Holzart und Abmessungen die Angaben zur Güteklasse, zur Schnittklasse und zum Feuchtigkeitsgehalt.

In Abhängigkeit vom Querschnitt wird unterschieden zwischen Leisten, Brettern, Bohlen, Kanthölzern und Balken (vgl. Tab. 19). Gehobelte Bretter und Bohlen wer-

Balkonanbau und Außentreppe zum Garten. Bei entsprechender Verarbeitung ist Holz ein fähiger Baustoff auch für den Außenbereich.

den in verschiedenen Formen lagermäßig angeboten. Die Zahl der Äste bestimmt im wesentlichen die Güteklasse. Für tragende Holzteile wird im allgemeinen Schnittholz der Güteklasse II verwendet, bei höheren Anforderungen an die Tragfähigkeit auch Güteklasse I. Bei Brettern und Bohlen kommt in der Regel Holz der Güteklasse A/B bzw. I/II zum Einsatz. Bretter der Güteklasse A bzw. I weisen weniger Aststellen auf, Bretter der Güteklasse C bzw. III dürfen dagegen Durchfalläste haben und ausgeprägt drehwüchsig sein.

Die Schnittklasse sagt aus, in welchem Maße beim Zusägen der Hölzer Baumkanten stehengeblieben sind. Im allgemeinen wird "vollkantiges Holz" (Schnittklasse A) mit wenig Baumkanten verwendet. "Scharfkantiges Holz" (Schnittklasse S) darf keine Baumkanten aufweisen, "fehlkantiges Holz" (Schnittklasse B) zeigt deutliche Baumkanten (Abb. 10).

Der Feuchtigkeitsgehalt des Holzes ist von Bedeutung, um zu beurteilen, inwieweit noch mit dem Entstehen von Rissen, Fugen und Verdrehungen durch nachträgliches Schwinden gerechnet werden muß. Eine häufig nicht beachtete Regel (DIN 68800) besagt: Holz ist mit der Feuchte einzubauen, die bei der späteren Nutzung

Name	Farbe Splint	Farbe Kern	Eigenschaften	Preisverhältnis[1]	Verwendung[2] 1	2	3	4	5	6	7
Fichte Tanne	weiß bis rötlich-gelb (ohne Kernfärbung)		Im Holzhandel wird gewöhnlich nicht zwischen Fichten- und Tannenholz unterschieden. Das Holz ist leicht zu verarbeiten, jedoch wenig widerstandsfähig gegen Witterungseinflüsse, Pilze und Insekten. Fichtenholz kann Harzgallen enthalten.	0,8	X	X			X	X	
Kiefer	weiß	rötlich	Kiefernholz ist härter als Fichte /Tanne. Der Splint ist bläueanfällig. Recht dauerhaftes Holz, besonders der Kern. Gut zu verarbeiten. Vor einer Oberflächenbehandlung muß das Holz entharzt werden.	1	X		X	X	X	X	
Lärche	gelblich	rötlich braun	Lärchenholz ist härter als Kiefer. Oft sehr harzreich (schlecht zu beizen), recht dauerhaft. Schlechter zu verarbeiten als Kiefer, da es schwierig zu hobeln ist und leicht splittert.	1	X			X	X		
Eiche	grau	graubraun bis dunkelbraun	Schweres Hartholz; Wetter-, Pilz- und Insektenbeständigkeit gut. Nur den Kern verwenden. Amerikanische Roteichen wachsen schnell, sind nicht so beständig gegen Umwelteinflüsse u. für den Außenbereich wenig geeignet.	3	(X)			(X)		X	X
Rotbuche	gelblich-rötlicher Ton oder wolkig -rotbraun		Das Holz arbeitet sehr stark. Für den Außenbreich wenig geeignet.	1,1			X		X	X	X
Esche	weiß sehr breit	grau bis oliv wolkig gestreift	Holz arbeitet mäßig, ist sehr elastisch, ähnlich hart und abriebfest wie Eiche, für den Außenbereich nicht geeignet	1,2			X		X	X	X

1) Index 1988: 1 = 900 DM/m^3 . Die Preise beziehen sich auf ungehobelte Bohlenware.

2) Verwendung als:

1 Konstruktionsholz (Dach, Fachwerk)
2 Verschalungen innen und außen
3 Vertäfelungen
4 Fenster, Innen- und Außentüren
5 Fußböden
6 Tragende Teile von Treppen
7 Treppenstufen, Handläufe

Tabelle 18
Eigenschaften und Verwendung ausgewählter einheimischer Hölzer

Quellen:
- Schriften der Entwicklungsgemeinschaft Holzbau (EGH) in der Deutschen Gesellschaft für Holzforschung, München.
- Weissenfeld, Peter: Holzschutz ohne Gift? Grebenstein 1983

Tabelle 19
Bauschnittholz: Bezeichnungen und handelsübliche Abmessungen

Bezeichnung	Beschreibung	Bevorzugte Abmessungen
Latte (Leiste)	Schnittholz mit einer Querschnittsfläche bis 32 cm^2 und einer Breite bis 8 cm.	24/48, 30/50, 40/60 (mm)
Brett	Schnittholz von mindestens 8 mm und weniger als 40 mm Dicke und mind. 8 cm Breite	Dicken, ungehobelt: 18, 22, 24, 28, 38 Dicken, gehobelt: 15,5; 19,5; 25,5 Breiten: 115, 150, 180 (mm)
Bohle	Schnittholz von mindestens 40 mm Dicke. Die große Querschnittsseite ist mindestens doppelt so groß wie die kleine.	Dicken, ungehobelt: 44, 50 Dicken, gehobelt: 41,5; 45,5 Breiten: 115, 150, 180 (mm)
Kantholz	Schnittholz von quadratischem oder rechteckigem Querschnitt bis zum Seitenverhältnis von 1:3. Mindestseitenlänge 6 cm.	6/6 8/8 10/10 12/12 14/14 16/16 6/8 8/10 10/12 12/14 14/16 16/18 6/12 8/12 12/16 (cm)
Balken	Kantholz, dessen größere Querschnittseite mindestens 20 cm ist.	10/20 12/20 16/20 20/20 10/22 12/24 18/22 20/24 (cm)

Abb. 10
Zulässige Baumkanten bei den Schnitt- und Güteklassen

Quelle: Götz, u.a.: Holzbau-Atlas. München 1978

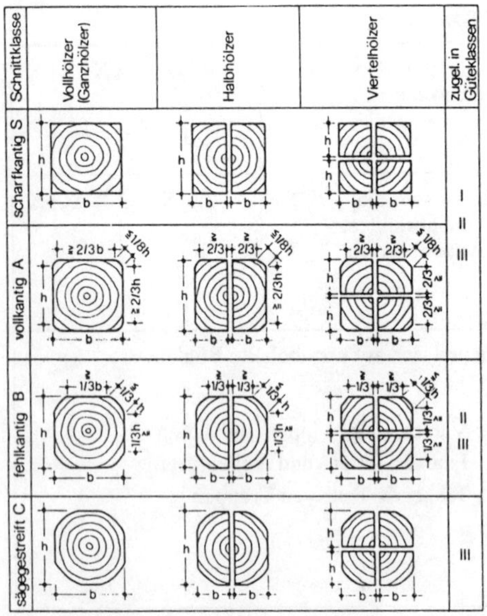

als Mittelwert zu erwarten ist ("Gleichgewichtsfeuchte", vgl. Tab. 20). Bauhölzer, z.B. Dachbalken, dürfen mit bis zu 30% Holzfeuchte eingebaut werden, wenn sie bald austrocknen können und Beeinträchtigungen für nachfolgende Gewerke nicht zu erwarten sind. Frisch geschnittenes Holz aus abgelagerten, im Winter geschlagenen und deshalb saftarmen Stämmen erreicht durch mehrwöchige Lufttrocknung (je nach Querschnitt, Witterung und Lagerbedingungen) eine Holzfeuchtigkeit von etwa 20%. Geringere Holzfeuchten sind im allgemeinen nur durch künstliche Trocknung oder durch Lagerung in beheizten Räumen zu erreichen. Bei Messungen der Holzfeuchte an Kanthölzern und Balken mittels elektrischer Geräte ist es wichtig, nicht an der Oberfläche sondern im inneren Querschnittsbereich zu messen.

Verleimte Holzplatten jeglicher Art werden als Holzwerkstoff bezeichnet. Dazu gehören z.B. Sperrholz, Spanplatten, Tischlerplatten und Hartfaserplatten. Von besonderem Interesse bei der Altbauerneuerung sind die Spanplatten, die in unterschiedlichen Qualitäten für Fußböden und Wandkonstruktionen verwendet werden. Kunstharzverleimte Spanplatten (Leimanteil 8 - 10%) geben gesundheitlich bedenkliche Ausdünstungen ab, insbesondere Formaldehyd, und sollten nicht verwendet werden. Wenn überhaupt dürfen in Innenräumen nur Platten der Emissionsklasse 1 verbaut werden. Gesundheitsverträglicher und zudem auch unempfindlicher gegen Feuchtigkeit sind zementgebundene Spanplatten. Diese sind schwer entflammbar (B1) oder sogar unbrennbar (A2) und ohne weitere Zusätze pilzbeständig. Wegen ihres höheren Gewichtes bringen sie gute Dämmwerte gegen Luftschall. Sie sind allerdings merklich teurer als kunstharzverleimte Spanplatten.

Bei Spanplatten werden folgende Verleimqualitäten unterschieden:

- V 20: nicht wetterbeständige Verleimung (Aminoplaste), nur für Innenausbau in trockenen Räumen;

- V 100: begrenzt wetterbeständige Verleimung (Phenolresorcinharze);
- V 100 G: wie vor, jedoch mit Holzschutzmittel gegen Pilzbefall (giftig!), oder zementgebundene Platte.

5.3.2 Holzschutz

Eingebautes Holz kann durch pflanzliche (i.a. Pilze) und tierische (Insekten) Schädlinge zerstört werden, wobei die Schäden durch Pilze viel häufiger und gewöhnlich auch schwerwiegender sind. Ein vorbeugender Schutz des Holzes sollte in erster Linie durch baulich-konstruktive Maßnahmen erreicht werden. Zusätzlich können chemische Mittel (Fungizide und Insektizide) vor Schädlingsbefall schützen. Außerdem werden bewitterte und maßhaltige Bauteile (z.B. Fenster) mit einem Anstrich versehen, um ein zu starkes Quellen und Schwinden des Holzes durch Feuchteschwankungen zu vermeiden.
Ziel eines ökologisch verträglichen und wirtschaftlichen Holzschutzes ist es, mit möglichst wenig Holzschutz- und Anstrichmitteln auszukommen und dabei weniger giftige Produkte zu bevorzugen.

a) Baulicher Holzschutz

Holzzerstörende Pilze können sich nur bei anhaltender Holzfeuchte von über 18% (bezogen auf das Trockengewicht des Holzes) entwickeln. Durch Einhaltung einfacher Grundregeln kann die Holzfeuchte in unserem Klimabereich unter diesem Wert gehalten werden:
- Rasche Ableitung des Niederschlagwassers,
- Verhinderung von kondensierender Feuchtigkeit (Tauwasser) im Holz und von kapillarer Wasseraufnahme aus angrenzenden Baustoffen,
- Belüftung gefährdeter Bauteile, um zu gewährleisten, daß gelegentlich auftretende Feuchtigkeit wieder austrocknen kann.

Prinzipien des konstruktiven Holzschutzes gegen *Fäulnis* (Pilzbefall):
- Die Oberseite bewitterter Balken schräg ausbilden;
- Bewitterte Hirnholzflächen mit Brett oder Blech abdecken;
- Tropfkanten ausbilden;
- Fassadenschalung möglichst senkrecht anordnen;
- Dampfdiffusion beachten, ggf. Erfordernis einer Dampfbremse rechnerisch prüfen;
- Dämmstoffe untereinander und an angrenzende Bauteile fugenfrei anschließen;
- Dichtungsbahn (Bitumenpappe oder Kunststoffolie) zwischen Sockelmauerwerk und Holzschwelle einbauen;
- Wand- und Bodenflächen hinter und unter Dusch- und Badewannen ausreichend abdichten;
- Zum Schutz gegen Spritzwasser am Gebäudesockel Abstand zum Gelände halten, bei Holzstützen Metallfuß ausbilden (Abb. 11);
- Fassadenverkleidung und Dachhaut hinterlüften.
- Balkenköpfe in massiven Außenwänden von innen belüften, mit Wärmedämmung + Dampfbremse umgeben.

Werden diese Regeln nicht beachtet, sind auch Maßnahmen des vorbeugenden chemischen Holzschutzes gegen Fäulnis nicht dauerhaft wirksam, d.h. der chemische Holzschutz kann den konstruktiven Holzschutz nicht ersetzen.

Vorher - Nachher
Dieses instandgesetzte und neu genutzte bäuerliches Anwesen in ländlicher Umgebung bietet jetzt großzügig Raum für zwei Familien.

Anwendung	relative Holzfeuchte
▪ Bauholz	12 - 18%
▪ Fenster, Außentüren	12 - 15%
▪ Möbel, Innentüren, Parkett in Räumen mit Ofenheizung	10 - 12%
▪ Möbel, Innentüren, Parkett in Räumen mit Zentralheizung	6 - 10%
▪ überdachte, offene Bauwerke (keine direkte Bewitterung)	12 - 18%

Tabelle 20
Gleichgewichtsfeuchte von Holz

Quelle: Weissenfeld, P.: Holzschutz ohne Gift? Grebenstein 1983

Abb. 11
Ausbildung eines Stützenfußes

1 In der Stütze verankerte Stahlplatte
2 Ausgeklinkter Pfosten
3 Stützensockel

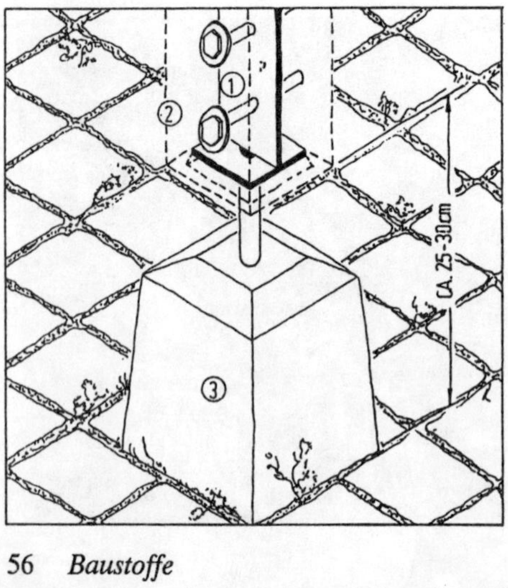

Auch gegen Insektenbefall kann durch bauliche Mittel ein gewisser vorbeugender Schutz erreicht werden, indem die Zugänglichkeit und die Eiablage für die Insekten an tragenden Holzbauteilen erschwert wird.

Prinzipien des konstruktiven Holzschutzes gegen *Insektenbefall* ("Holzwurm"):

- Dichte Bekleidung von Wand-, Dekken- und Dachtragwerken mit Putz, Bauplatten o.ä.;
- Hobeln und Wachsen (oder Lackieren) sichtbar bleibender Balkenflächen;
- Anbringen von Insektenschutzgittern an den notwendigen Öffnungen hinterlüfteter Dach- und Wandflächen;
- Anbringen von Insektengittern an Dachluken, die von April bis August (Flug- und Eiablagezeit der Insekten) nicht geschlossen werden.

b) Vorbeugender chemischer Holzschutz

Der wichtigste Einsatzbereich für den vorbeugenden chemischen Holzschutz betrifft alle statisch wirksamen Holzbauteile. Ob ein vorbeugender chemischer Holzschutz zwingend vorgeschrieben ist, ist in den einzelnen Bundesländern unterschiedlich geregelt. Bayern hat den Zwang zum chemischen Holzschutz 1987 aufgehoben, in Baden-Württemberg wurde er 1986 verschärft.
Wenn ein vorbeugender Holzschutz von tragenden Bauteilen zwingend vorgeschrieben ist, dürfen nur Holzschutzmittel mit dem amtlichen Prüfzeichen des Instituts für Bautechnik der Bundesanstalt für Materialprüfung verwendet werden. Die Wirksamkeit der amtlich zugelassenen Mittel wird durch ein Kürzel gekennzeichnet (vgl. Tab. 21). Zu bevorzugen sind die amtlich zugelassenen Borsalzpräparate, deren biozide Wirkstoffe für den Menschen noch die geringste Gefahr darstellen. Borsalze dürfen laut amtlicher Zulassung auch in Räumen eingesetzt werden, in denen Lebensmittel gelagert sind.
Zu den Borsalzen gehört auch das altbekannte Borax. Eine 5 - 10% ige Lösung (in heißem Wasser) ergibt nach baubiologischer Auffassung ein preiswertes Holzschutzmittel (ohne amtliche Zulassung), das angeblich auch flammhemmend wirkt, allerdings nicht auswaschbeständig ist. Die Lösung muß einschlägigen Rezepten zufolge mindestens zweimal möglichst heiß aufgetragen werden, um eine genügend große Menge des Mittels möglichst tief ins Holz einzubringen. Sehr trockenes Holz soll vorher angefeuchtet werden. Bei der Verarbeitung von Borsalzen sind Haut und Augen zu schützen und Atemschutzmasken zu verwenden. Nicht fixierende Imprägnierungen sind vor Niederschlägen zu schützen, Trockenrisse sollen nachbehandelt werden. Werden Borsalzpräparate im Außenbereich benutzt, muß zum Schutz vor Auswaschen der Salze ein Anstrich (z.B. ein Naturharzlack) aufgetragen werden.

c) Bekämpfender Holzschutz

Pilzbefall:

Pilzbefall ist immer eine Folge übermäßiger Feuchtigkeit. Bei fachgerechter Konstruktion und normalem Innenraum- oder Außenklima kommt Pilzbefall selten vor. Besonders gefährdet sind Balkenteile, die in Außenwänden aus Mauerwerk oder Beton einbinden, z.B. Balkenköpfe. In der Praxis wird zwischen holzverfärbenden und holzzerstörenden Pilzen unterschieden. Während die holzverfärbenden Pilze (z.B. Bläuepilz) zwar das Aussehen des Holzes nachteilig verändern, aber keine

Fäulnis verursachen, bauen die holzzerstörenden Pilze die Zellwände ab und vermindern dadurch die Festigkeit des Holzes.

Die drei häufigsten holzzerstörenden Pilzarten, die im Haus vorkommen, sind

- der Echte Hausschwamm,
- der Kellerschwamm (Warzenschwamm),
- der (weiße) Porenschwamm.

Der *Echte Hausschwamm* ist der gefährlichste und zugleich der am schwierigsten zu bekämpfende Pilz in Altbauten. Er ist als einziger pflanzlicher Holzschädling meldepflichtig, kann sich schon bei 18 - 20% Holzfeuchte entwickeln und dann auch angrenzendes trockenes Holz und Mauerwerk befallen. Bevorzugt siedelt er sich auf Nadelholz an und ist an seinen bis zu 1 cm dicken Strängen und den bis 1 cm dicken weißlich-watteweichen Fruchtkörper-Fladen mit bis zu 1,50 m Durchmesser zu erkennen.

Der *Kellerschwamm* benötigt eine hohe Luftfeuchtigkeit von 50 - 60%. Er kommt in feuchten Neu- und Altbauten vor. Gefährdet ist alles Holz vom Keller bis zum Dach im Bereich feuchter Mauern (z.B. Balkenköpfe, Mauerlatten) und in Räumen mit starker Wasserdampfentwicklung (Bad, Küche etc.).

Auch der *Porenschwamm* ist ein Naßfäulepilz, der zu seinem Entstehen eine höhere Holzfeuchtigkeit benötigt (optimale Wachstumsbedingung bei ca. 40%). Er kommt besonders in sehr feuchten Kellern vor, aber auch in Neubauten, z.B. an Balkenköpfen.

Faules, von Pilz befallenes Holz ist weich und riecht oft übel. Der Umfang des Befalls läßt sich durch Prüfung der Festigkeit mit einem Stecheisen oder mit einem Messer ermitteln.

P	wirksam gegen Pilze (Fäulnisschutz)
Iv	gegen Insekten vorbeugend wirksam
(Iv)	nur bei Tiefschutz ist die vorbeugende Wirksamkeit gegen Insekten gewährleistet.
Ib	gegen Insekten bekämpfend wirksam
F	wirksam zur Brandschutzausrüstung von Holz und Holzwerkstoffen (Feuerschutzbehandlung)
S	zum Streichen, Spritzen (Sprühen) und Tauchen von Bauholz geeignet
(S)	zum Spritzen sowie Tauchen von Bauholz in stationären Anlagen geeignet, nicht zum Streichen
St	zum Streichen und Tauchen von Bauholz geeignet sowie zum Spritzen in stationären Anlagen
W	auch für Holz, das der Witterung ausgesetzt ist, jedoch nicht in Erdkontakt oder bei andauerndem Wasserkontakt
E	auch für Holz, das extremer Beanspruchung ausgesetzt ist (Erdkontakt, fließendes Wasser, o.ä.)
K_1	behandeltes Holz führt bei Chrom-Nickel-Stählen nicht zu Lochkorrosion
L	Verträglichkeit mit bestimmten Klebstoffen (Leimen) entsprechend den Angaben im Prüfbescheid nachgewiesen
M	geeignet zur Bekämpfung von Schwamm im Mauerwerk

Tabelle 21
Prüfprädikate für amtlich zugelassene Holzschutzmittel

Auszug aus DIN 68800 Teil 3 Ausgabe 9/1986

1. Chemischer Holzschutz ist nicht vorgeschrieben für
   Innenwände und Decken mit weniger als 18% Holzfeuchtigkeit, wenn
   a) Insektenschutz durch geeignete Bekleidung hergestellt wird, oder
   b) Hölzer an drei oder vier Seiten sichtbar (offen, kontrollierbar) sind,
   z.B. verputzte Fachwerkwände, sichtbare Deckenbalken, freistehende Pfosten

2. Holzschutz (nur) gegen Insektenbefall ist vorgeschrieben (Schutzklasse 1: Iv), sofern die maximale Holzfeuchtigkeit unter 18% liegt, bei
   a) Innenwänden und Geschoßdecken in Wohnhäusern ohne schützende Bekleidung (Putz, Bauplatten), die an nur zwei oder einer Seite sichtbar (offen) sind,
   b) Bädern und Küchen, wenn eine unzulässige Feuchtigkeitseinwirkung ausgeschlossen wird ... (Abdichtung und Hinterlüftung der gefährdeten Flächen),
   c) Decken unter nicht ausgebauten Dachgeschossen, wenn eine unzulässige Feuchtigkeitseinwirkung ausgeschlossen wird ... (Schutz vor Niederschlägen unmittelbar nach Errichtung, Unterspannbahn).

3. Holzschutz gegen Insekten- und Pilzbefall ist vorgeschrieben (Schutzklasse 2: Iv, P) bei
   a) Außenwänden mit Wetterschutz
   b) Dächern
   c) Bädern und Küchen ohne besonderen Feuchtigkeitsschutz nach 2 b)
   d) Dusch- und Naßräumen.

Tabelle 22
Vorbeugender chemischer Holzschutz für statisch wirksame Holzbauteile [1)]

(Vorschriften in Baden-Württemberg zu DIN 68 800 Teil 3, Ausg. 5/1981, amtliche Bekanntmachung vom 3. Sept. 1986, vereinfachter und unvollständiger Auszug)

Bei der Bekämpfung des Pilzes kommt es zunächst darauf an, den ursächlichen Baufehler oder Bauschaden festzustellen und zu beheben. Wenn der Umfang des Pilzbefalls gering ist, kann es nach Behebung der Schadensursache genügen, das befallene Holz austrocknen zu lassen, am besten bei guter Durchlüftung, evtl. unterstützt durch einen Heizlüfter. Stark geschädigte Teile, deren Funktionsfähigkeit beeinträchtigt ist, müssen verstärkt oder ausgewechselt werden.
Bei Befall durch den Echten Hausschwamm müssen allerdings alle sichtbar befallenden Teile und die angrenzenden Bauteile im Umkreis von einem Meter unbedingt vollständig entfernt und verbrannt werden.

Insektenbefall:

Die meisten Holzschädlinge befallen frisches, nicht entrindetes Holz, das am Haus generell nicht verarbeitet werden sollte. Trockenes, eingebautes Holz kann hauptsächlich von drei Insektenarten zerstört werden:

- Der *Hausbock* ist sehr wärmeliebend, weshalb er bevorzugt an warmen Orten zu finden ist (z.B. auf sommerwarmen Dachböden), im Keller und an anderen kühlen Orten hält er sich kaum auf. Er befällt nur Nadelholz. Die Fluglöcher sind oval und haben eine Größe von 5 - 10 mm.
- *Klopfkäfer* befallen vorzugsweise Treppen und Möbel. Seinen Namen hat der Käfer von dem tickenden Geräusch, das die Larven beim Fressen von sich geben. Befallenes Holz sieht "wurmstichig" aus, die Fluglöcher sind 0,7 - 2,2 mm groß und kreisrund.
- Der *Braune Splintholzkäfer* (Lyctus) fühlt sich nur in Laubholz wohl. Er befällt bevorzugt eiweißreiches und stärkehaltiges Holz und ist sowohl in Tropenhölzern wie z.B. Limba aber auch in einheimischen Holzarten wie Eiche zu finden. Befallen werden hauptsächlich, Vertäfelungen, Parkett, Türen, Fensterverkleidungen und Möbel. Die Schäden sehen gleich aus wie beim Klopfkäfer.

Der Umfang der Schäden kann durch Abklopfen und Anbohren des Holzes geprüft werden. Ist nur wenig Holz befallen, wird die betroffene Stelle mit dem Beil weggeschlagen. Der Rest wird mit einer Drahtbürste und/oder mit einem starken Industriestaubsauger gut gereinigt und eventuell noch mit einem chemischen Bekämpfungsmittel behandelt. In ihrer Tragfähigkeit geschwächte Balken werden mit Bohlen verstärkt. Stark befallene Teile müssen ausgebaut, verbrannt und ersetzt werden.
Ein ungiftiges, aber sehr wirksames Verfahren zur Schädlingsbekämpfung vor allem in Dachstühlen ist die Heißluftbehandlung. Hierbei wird erhitzte Luft so lange in den nach außen abgedichteten Dachraum geblasen, bis für die Dauer von etwa 60 Minuten auch im Innern von ungünstig liegenden Holzbalken eine Temperatur von mindestens 55°C erreicht wird. Wenn das gelingt, ist danach jeder Insektenbefall abgetötet. Die Heißluftbehandlung ist relativ energie- und arbeitsaufwendig; sie darf nur von konzessionierten Firmen ausgeführt werden.
Unter den chemischen Bekämpfungsmitteln sind die amtlich zugelassenen Hydrogenfluorid-Salze wohl noch am wenigsten gefährlich.

d) Gift im Haus

Was aber tun, wenn im Haus früher giftige Holzschutzmittel verwendet wurden und nun die Raumluft belasten? Sofern das Produkt bekannt ist, kann über die "Interessengemeinschaft der Holzschutzmittelgeschädigten e.V." (Unterstaat 14, 5250 Engelskirchen) die Zusammensetzung erfragt werden. Wenn das Produkt nicht bekannt ist, kann es eventuell durch eine Blutuntersuchung und eine chemische Analyse der Raumluft, des Hausstaubs oder des holzschutzverseuchten Materials ermittelt werden. Analysen werden von privaten Labors, z.T. auch von örtlichen Gesundheitsämtern, Umweltämtern oder chemischen Untersuchngsämtern durchgeführt. Giftige Holzschutzmittel können nur unschädlich gemacht werden, indem die verseuchten Teile entfernt werden (Sondermüll).

5.4 Dämmstoffe für den Wärme- und Trittschallschutz

Dämmstoffe werden in Baumärkten überwiegend in Form von Platten und Matten angeboten. Daneben gibt es aber auch Trockenschüttungen wie z.B. Korkschrot oder Perlite, die sich sehr gut für die Dämmung in Holzbalkendecken und unter Estrichplatten sowie zum Verfüllen schwer zugänglicher Hohlräume eignen. Für die Auswahl des günstigsten Dämmstoffes sind neben der ökologischen Verträglichkeit auch die bautechnischen und bauphysikalischen Erfordernisse des jeweiligen Bauteils zu beachten. Und bei größeren Maßnahmen spielt auch der Preis eine nicht unwesentliche Rolle.
Im Bauwesen dürfen nur genormte oder bauaufsichtlich zugelassene Dämmstoffe verwendet werden; sie müssen mindestens

normal entflammbar (Baustoffklasse B2) sein, leicht entflammbare Dämmstoffe (B3) dürfen nicht am Bau verarbeitet werden. Die Mineralfaser- und Hartschaumdämmstoffe werden nach ihrem jeweiligen Einsatzgebiet sogenannten "Anwendungstypen" zugeordnet, die durch ein entsprechendes Kurzzeichen kenntlich gemacht werden (vgl. Tab. 23). Unter Estrichen dürfen für Wärmedämmzwecke nur Platten des Types WD eingebaut werden. Wird bei hinterlüfteten Konstruktionen der Typ W, WZ oder WL eingebaut, so ist das nachträgliche Aufquellen des Dämmstoffes zu berücksichtigen. Wärmedämmstoffe werden außerdem in Wärmeleitfähigkeitsgruppen, Trittschalldämmstoffe in sogenannte Steifigkeitsgruppen eingestuft. Die Einstufung ist ein Maß für die Wärme- bzw. Schall-Dämmqualität des jeweiligen Produktes. Alle wichtigen Daten müssen vom Hersteller auf dem Beipackzettel angegeben werden. Gut geeignet zur Trittschalldämmung sind Produkte, deren Eigensteifigkeit möglichst gering ist; Materialien zum Wärmeschutz dämmen umso besser, je kleiner ihre Wärmeleitfähigkeit ist.
Die Wärmedämmwirkung der aus baubiologischer Sicht zu bevorzugenden naturnahen Stoffe wie Kork, Kokos u.ä. ist etwas schlechter als die der künstlichen Dämmstoffe; obendrein sind sie auch merklich teurer als die Industriedämmstoffe. Es wäre jedoch verfehlt und sicherlich auch kein Beitrag zum Umweltschutz, wenn der höhere Preis durch geringere Dämmschichtdicken ausgeglichen würde. Aus heutiger Sicht ist die Wahl von Mineralfaserdämmstoffen ein vertretbarer Kompromiß zwischen ökologischer Verträglichkeit und Preis (siehe Tab. 24; Kosten von Dämmstoffen siehe Anhang 1).

5.4.1 Naturnahe Dämmstoffe

Kork
wird aus der Rinde der Korkeiche gewonnen und ist damit ein natürlicher, aber nur begrenzt verfügbarer Rohstoff. Kork kann sowohl in unbehandelter Form als Granulat (Schüttgut) als auch in Form von expandiertem Schrot oder Backkorkplatten für Dämmzwecke eingesetzt werden. Expandierter Kork (Platten und Schrot) entsteht durch die Behandlung von Korkgranulat mit heißem Wasserdampf (über 300°C) unter hohem Druck; dabei wird der geblähte Schrot durch Austritt natürlicher Harze ohne zusätzliche Bindemittel zu großen Blöcken zusammengebacken und anschließend in Platten geschnitten. Wegen des starken Eigengeruchs sollte expandierter Kork vor dem Einbau einige Tage bis Wochen gut auslüften können. Durch Herstellungsfehler (z.B. durch zu hohe Temperaturen) kann bei der Expansion die krebserzeugende Substanz Benzpyren entstehen, erkennbar an einem besonders starken, üblen Geruch. Daher sollte nur expandierter Kork aus laufend kontrollierter Produktion, der nachweislich kein Benzpyren enthält, eingebaut werden.
Korkplatten sind zur Wärmedämmung von Wänden gut geeignet, Korkschrot zur Wärme- und Schalldämmung von Decken (Wärmeleitfähigkeit 0,045 - 0,055 W/mK). Aus baubiologischer Sicht ist ohne Fremdstoffe expandierter Kork (auch "reinexpandiert" genannt) bzw. naturbelassener Korkschrot ein sehr empfehlenswerter Dämmstoff. Wegen seiner begrenzten Verfügbarkeit, aufgrund des Transportaufwandes (Anbaugebiete im Mittelmeerraum) und des sich daraus ergebenden hohen Preises kann er jedoch nicht als *der* ökologische Standarddämmstoff für alle Anwendungen angesehen werden.

Kurzzeichen	Verwendung im Bauwerk
W	Wärmedämmstoffe, nicht druckbelastbar, z.B. für Decken, Dächer Wände
WZ WL	Wärmedämmstoffe mit leichter Zusammendrückbarkeit, nicht druckbeanspruchbar, z.B. für Dämmung zwischen Sparren und Balkenlagen
WD	Wärmedämmstoff, druckbeanspruchbar, z.B. in Estrichböden (ohne Trittschallanforderung), Dächer
WV	Wärmedämmstoff mit Beanspruchung auf Abreiß- und Scherfestigkeit, z.B. bei Fassaden-Vorsatzschalen ohne Unterkonstruktion
T	Trittschalldämmstoff, z.B. unter schwimmendem Estrich
TK	Trittschalldämmstoff mit geringer Zusammendrückbarkeit, z.B. unter Trockenestrich

Tabelle 23
Anwendungstypen von Mineralfaser- und Hartschaum-Dämmstoffen

Material	Haupt-Einsatzbereich Wärme-dämmung	Tritt-schall-dämm.	not-wendige Dicke 1) in cm	Wärmeleit-fähigkeit 2) W/(mK)	Gesund-heits- u. Umwelt-verträg-lichkeit
MATTEN					
Mineralfaser, Typ W bzw WL	X		10	0,035 - 0,040	o
Kokosfaser 3)		X	11	0,045 - 0,055	+
PLATTEN					
Mineralfaser, Typ W bzw. WL	X		10	0,035 - 0,040	o
Mineralfaser, Typ WV	X		10	0,035 - 0,040	o
Mineralfaser, Typ WD	X		10	0,040 - 0,050	o
Mineralfaser, Typ T		X	10	-	o
Blähkork 3)	X	(X)	11	0,045 - 0,055	+
Schilfrohr(-Leichtbauplatte) 3)	X	(X)	11	0,045	+
Schaumglas	X		11	0,045 - 0,060	o
Kokosfaser	(X)	X	11	0,045 - 0,055	+
Holzfaserplatte 3) (Weichfaser)		X	14	0,050	+
Holzwolle-Leichtbauplatte	(X)	(X)	27	0,093	+
Polystyrol-Hartschaum	X	X	10	0,030 - 0,040	-
Polystyrol-Extruderschaum	X		10	0,035 - 0,040	-
Polyurethan-Hartschaum	X		8	0,030 - 0,040	-
SCHÜTTGUT					
Zellulose (Altpapier) 3)	X		11	0,045	+
Korkschrot (gebläht o. ungebläht) 3)	X		11	0,045	+
Mineralfaser (Granulat)	X		10	0,035 - 0,040	o
Blähperlite	X	(X)	15	0,060	+
Blähton	X		40	0,160	+

1) Die angegebene Dicke bezieht sich auf eine Dämmschicht mit einem Wärmedurchlaßkoeffizienten von $\Lambda = 0{,}40\ W/(m^2K)$ entsprechend 10 cm Dämmstoffdicke der Gruppe 040

2) Die Wärmeleitfähigkeit ist ggf. bei der Materialauswahl bzw. -bestellung anzugeben (Kürzel für die Wärmeleitfähigkeitsgruppe)

3) Aus Gründen des Brandschutzes dürfen nur Materialien verwendet werden, die mindestens der Baustoffklasse B2 (normal entflammbar) oder B1 (schwer entflammbar) angehören.

Angaben in Klammern ( ): bedingt sinnvoll

Tabelle 24
Dämmstoffe für den Wärme- und Trittschallschutz

Kokosfasern
von der Kokospalme werden zu Matten und Platten verfilzt. Sie sind durch Zusatz von Ammoniumsulfat normal entflammbar (Baustoffklasse B2). Kokosfaserplatten eignen sich wegen ihrer Steifigkeit sehr gut für die Trittschalldämmung, die losen Matten sind recht praktisch beim Wärmedämmen von Fugen und schwer zugänglichen Hohlräumen (Wärmeleitfähigkeit 0,045 W/(mK)). Bei der Verarbeitung kann das Zuschneiden ein wenig mühsam und die Staubentwicklung lästig sein. Einer großflächigen Nutzung als Dämmmaterial stehen die begrenzte Verfügbarkeit von Kokosfasern und der recht hohe Preis entgegen.

Zelluloseflocken
werden durch mechanisches Zerkleinern von Altpapier hergestellt (Markenname z.B. Isofloc), wobei die Papierfasern zum Brand- und Fäulnisschutz mit Borsäuresalzen (Borax u.ä.) imprägniert sind. Als Recyclingmaterial ist dieser Schüttdämmstoff eine gute Alternative zu anderen Dämmmaterialien. Das lockere, watte- bis staubartige Material wird in handlichen Säcken geliefert und vorzugsweise zur nachträglichen Dämmung von Hohlräumen eingesetzt. Mit Hilfe eines Einblasgerätes kann das Material auch in schwer zugängliche Hohlräume gepreßt werden. Bei fachgerechtem Einbau (Einblasmenge mindestens 36 kg/m^3) werden ein guter Wärmedämmwert und eine gute Winddichtigkeit erreicht (amtliche Zulassung auch für Wände und Dächer). Selbstbauer können ein kleines Einblasgerät beim Lieferanten des Dämmstoffs (Biobaustoffläden) ausleihen. Wer das Material nicht selbst verarbeiten will, sollte sich an lizensierte Handwerker wenden. Der Energieaufwand für die Herstellung ist sehr niedrig, sein Preis im Vergleich zu anderen ökologisch verträglichen Dämmstoffen gering.

Holzfaserplatten (Weichfaserplatten)
werden aus Sägemehl, feinen Sägespänen und Holzleim oder Bitumen hergestellt, gewöhnlich in Stärken bis etwa 20 mm. Als reines Wärmedämmaterial ist der Einsatz von Holzfaserplatten nicht sinnvoll, da die Wärmeleitfähigkeit für einen Dämmstoff relativ groß ist (0,056 W/(mK)). Die Platten werden hauptsächlich als wärmedämmendes Schalungsmaterial und als Trittschall-Dämmplatten bei Fußbodenkonstruktionen zwischen Trockenschüttung und Estrichplatten eingesetzt. Die feuchtigkeitsunempfindlichen bituminierten Platten sollten nur dort verwendet werden, wo Ausdünstungen nicht in die Raumluft gelangen können.

Holzwolle-Leichtbauplatten
(Markenname z.B. "Heraklith") bestehen aus Holzwolle, die durch Zement oder Magnesit gebunden und konserviert ist. Sie werden hauptsächlich als Putzträger in Verbindung mit anderen Wärmedämmstoffen, z.B. für Holzständerwände, verwendet. Wegen der schlechten Dämmeigenschaften (0,093 W/(mK)) sind die Platten bei den heutigen Dämmstandards nicht als alleiniger Dämmstoff sinnvoll.

Schilfrohr
wird zu 2 - 10 cm dicken Platten gepreßt und mit Drähten gebunden. Schilfrohr-Leichtbauplatten haben eine gute Dämmfähigkeit. Sie lassen sich zur Wärme- und Trittschalldämmung auch bei Rundungen verwenden. Die für die Verwendung erforderliche brandschutztechnische Zulassung liegt vor. Schilfrohrplatten können direkt verputzt werden, allerdings muß ein rasches Austrocknen des Putzes (durch richtiges Lüften und einen trockenen Untergrund) gewährleistet sein. Im Vergleich zu anderen ökologisch verträglichen Dämmstoffen ist Schilfrohr recht preiswert.

Wärmedurchgang k-Wert in W/m²K	Erläuterung	Beurteilung der Dämmwirkung
über 1,2	die meisten Altbauwände	sehr schlecht
0,6	Vorgeschriebener Mindestwert bei der Altbaumodernisierung	schlecht
0,5 ... 0,8	Werte bei Neubauten, wie sie nach der Wärmeschutzverordnung praktiziert werden	mittelmäßig
unter 0,4	anzustrebender "Schwedenstandard", besonders sinnvoll in Verbindung mit Wärmerückgewinnung aus der Abluft	gut

Tabelle 25 k - Werte für Außenwände: Bewertung

5.4.2 Mineralische Dämmstoffe

Blähperlite
wird in der Altbausanierung vorwiegend als Trockenschüttung zur Wärmedämmung und zum Niveauausgleich unter Estrichen verwendet. Aufgrund seiner Feuerbeständigkeit (A1) wird es auch gerne als Schüttdämmstoff bei der Sanierung von Kaminen eingesetzt. Das Material ist ein bei hohen Temperaturen geblähtes vulkanisches Gestein, das zu 75% aus Siliziumdioxid (SiO_2) besteht und auch in wasserunempfindlicher Form erhältlich ist. Der Energieaufwand bei der Herstellung ist relativ hoch, der Dämmwert verhältnismäßig gut.

Blähton
wird aus Jura-Ton hergestellt, dessen natürliche organische Bestandteile nach dem Brennvorgang die Luftporen hinterlassen. Die bei 1200°C geblähten Tonkügelchen sind vielen Blumenfreunden als Substrat für Hydrokulturen bekannt. Blähton ist nicht brennbar und wird als Schüttgut gern zum Niveauausgleich unter Estrichen eingesetzt. Die Wärmedämmfähigkeit ist allerdings wesentlich schlechter als die von Perlite.

Mineralfaserdämmstoffe
werden in zahlreichen Varianten lose oder als Platten und Matten mit oder ohne Kaschierung (Pappe, PVC, Aluminium) für verschiedene Einsatzgebiete und Beanspruchungen angeboten (Tab. 23). Je nach Rohdichte haben Mineralfasern ein sehr gutes bis gutes Dämmvermögen (Wärmeleitfähigkeit 0,035 - 0,050 W/(mK)). Der Energieaufwand bei der Herstellung ist recht hoch, und doch wird die für die Herstellung nötige Energie beim Einsatz (z.B. in einer Außenwanddämmung) in weniger als einer Heizperiode wieder eingespart.
Unterschieden wird zwischen Glas-, Stein- und Schlackenwolle, als Bindemittel werden vielfach Phenol- und/oder Harnstoffharze zugesetzt. Der Verdacht, daß feinste Mineralfasern beim Menschen Krebs erzeugen können, hat sich trotz vieler Untersuchungen nicht bestätigt. Es können zwar bei der Verarbeitung Fasern in der krebsverdächtigen Größenordnung von 1/1000 mm Durchmesser frei werden, ihr Anteil ist jedoch sehr gering. Unter den Mineralfaserprodukten ist Glaswolle der Dämmstoff mit dem größten Anteil an feinen Fasern. Bei der Schlackenwolle ist die Möglichkeit erhöhter radioaktiver Strah-

lung ohne Herstellerzeugnis nicht auszuschließen. Empfehlenswert sind Mineralfaserdämmstoffe aus Steinwolle, die so eingebaut werden sollten, daß sie nicht in direkter Verbindung mit der Raumluft stehen, um die Belastung der Atemluft mit Stäuben so niedrig wie möglich zu halten.

Schaumglas
wird aus Naturstein, z.B. silikathaltigem Mergel gewonnen. Schaumglas (Markennamen z.B. "Foamglas") gibt es mit offenzelligen und mit geschlossenzelligen Poren. Geschlossenzellige Platten sind dampfsperrend, verrottungsbeständig und feuchtigkeitsunempfindlich. Trotzdem kann ständig anstehendes Wasser das Material allmählich korrodieren. Daher muß auch Schaumglas vor andauernder Wassereinwirkung geschützt werden. Wegen des sehr hohen Preises wird Schaumglas sparsam und nur in Sonderfällen eingesetzt, z.B. bei ausgebauten Untergeschossen und bei "Umkehrdächern".

5.4.3 Dämmstoffe aus Hartschaum

Polystyrol-Hartschaum
ist ein aus Erdöl synthetisierter Kunststoff, der durch Polymerisation (Verkettung) von Styrol hergestellt und mit Kohlendioxid aufgeschäumt wird (Markennamen "Styropor" u.a.). Während Polystyrol (d.h. die polymerisierte Form von Styrol) ungiftig ist, steht das Monomer Styrol im Verdacht krebserregend und mutagen (erbgutverändernd) zu sein. In Wohnräumen ist jedoch auch bei ungewöhnlich hohen Raumtemperaturen nicht mit gesundheitlichen Beeinträchtigungen durch ausgasende Restmonomere zu rechnen. Die gemessenen Konzentrationen in der Raumluft betragen nach ca. 10 Wochen noch 0,1 - 0,05% des MAK-Wertes (maximal zulässige Arbeitsplatzkonzentration).
Im Brandfall und wenn das Material - wie üblich - nicht als Sondermüll beseitigt wird, wird jedoch das gefährliche Styrol freigesetzt. Die Herstellung erfordert einen recht hohen Energieaufwand. Wegen der Umweltbelastung bei der Herstellung und Entsorgung sollte Polystyrol möglichst nicht verwendet werden. Die große Verbreitung des Materials ist seinem niedrigen Preis und der einfachen Handhabung zuzuschreiben.
Extrudierter Polystyrolschaum in Plattenform (Markenname z.B. "Styrodur", "Roofmate") ist geschlossenzellig und daher weniger feuchtigkeitsempfindlich als expandiertes Polystyrol. Extrudierte Polystyrolplatten werden heute gern zur Dämmung von Flachdächern und Fundamentmauern eingesetzt, doch dürfen sie nicht unter ständiger Feuchtigkeitseinwirkung stehen. Die zu ihrer Herstellung verwendeten Treibgase (Fluorkohlenwasserstoffe wie R12) stehen im dringenden Verdacht, die Ozonschicht der Atmosphäre zu zerstören.

Polyurethan-Hartschaum
ist ebenfalls ein aus Erdöl durch Polymerisation synthetisierter Kunststoff. Auch hier werden für das Aufschäumen der Plattenware Fluorkohlenwasserstoffe (siehe oben) eingesetzt. Im Brandfall werden sehr giftige Dämpfe abgegeben, z.B. Blausäure, Isocyanate, Kohlenmonoxid. Die Herstellung erfordert einen hohen Energieaufwand. Die Platten sind wesentlich teurer als Polystyrol-Hartschaum, haben aber merklich bessere Dämmeigenschaften. Wegen ihrer guten Temperaturbeständigkeit werden sie gern zur Flachdachwärmedämmung verwendet sowie für die Dämmung technischer Anlagen, wo wenig Raum für Wärmedämmung zur Verfügung steht.
Polyurethan-Ortschäume sind zur Befestigung und Abdichtung von Tür- und Fensterrahmen weit verbreitet. Die bei der Verarbeitung entweichenden Gase sind giftig und dürfen nicht eingeatmet werden. Fugen sollten deshalb besser mit Rohseidestricken oder weichen Schaumstoffbändern abgedichtet werden.
In der Vergangenheit wurden Dächer teilweise mit einem Ortschaum aus Harnstoff-Formaldehyd (UF-Ortschaum) nachträglich gedämmt. Es gab Fälle, wo nach solchen Maßnahmen sehr hohe Formaldehydkonzentrationen in der Raumluft gemessen wurde. UF-Ortschaum wird heute kaum noch verwendet, von seiner Verwendung im Haus ist abzuraten.

6. Erdberührte Bauteile

6.1 Zusammenhänge

Bauteile im Erdbereich werden häufig in ihrer Bedeutung unterschätzt, obwohl Mängel an Fundamenten und Kellerwänden oft auch darüberliegende Bauteile und deren Haltbarkeit beeinträchtigen.
Die häufigsten Schäden im Bereich erdberührter Bauteile sind Folgen von Feuchtigkeitseinwirkung. Erst seit etwa der zweiten Hälfte des 19. Jahrhunderts werden bituminöse Abdichtungen (Feuchtigkeitssperren), Filterschichten und Dränleitungen zum Schutz von Grundmauern und Kellerböden verwendet.
Eine weitere Gruppe von Schäden betrifft die Tragfähigkeit der Fundamente, Gewölbe und Kellerwände. Veränderungen des Baugrundes durch Unterspülungen oder ungleichmäßige Setzungen von Gebäudeteilen können zu Mauerwerksrissen führen und die Standfestigkeit eines Gebäudes gefährden.
Neben diesen Maßnahmen zur Schadensbehebung bzw. Instandsetzung alter Bausubstanz stehen Modernisierungs- und Umbaumaßnahmen. Sollen z.B. nicht unterkellerte Räume, die bisher untergeordneten Zwecken (als Stall, Abstellkammer, o.ä.) gedient haben, zu Wohnzwecken umgenutzt werden, müssen möglicherweise die lichte Raumhöhe durch Tieferlegen des Bodens und der Fundamente vergrössert, sowie Boden- und Wandflächen trokkengelegt und wärmegedämmt werden. Um es gleich zu sagen: Der erforderliche Aufwand solcher Maßnahmen wird von Laien gern unterschätzt. Sind Raumreserven z.B. im Dachgeschoß vorhanden, so sollten feuchte, an das Erdreich grenzende Räume besser nicht zu Wohnzwecken genutzt werden, sondern eher als Lager für Gemüse, Obst, usw., als Hausanschluß- und Technikraum, als Öllager, zur Aufstellung des Behälters für eine Komposttoilette oder für einen Regenwassertank.

Alle Eingriffe in tragende oder aussteifende Bauteile bedürfen einer vorherigen Baugenehmigung (vgl. Kap. 2.1.6).

6.2 Fundamente und Fundamentmauerwerk

Fundamente haben die Aufgabe, die Gebäudelasten aus dem Mauerwerk auf den Baugrund zu übertragen. Ihre Tiefe und Breite ist abhängig von der Bodenart des Baugrunds und kann nur vom Fachmann festgelegt werden. Die Fundamentsohle muß auf jeden Fall im frostfreien Bereich liegen, im allgemeinen also zwischen 80 und 120 cm unter der Geländeoberfläche.
Schäden an den Fundamenten sind oft Zeichen für ungleiche Setzungen von Gebäudeteilen und zeigen sich in Form von Rissen im Kellermauerwerk oder im aufgehenden Mauerwerk, bei Fachwerkbauten auch durch Schieflage. Zur Festlegung der richtigen Sanierungsmaßnahme muß zunächst festgestellt werden, ob der Setzungsvorgang noch andauert und wodurch die Setzung verursacht wird.
Ob eine Setzung andauert, läßt sich bei Steinwänden durch eine Reihe von Putzmarken (Batzen aus Gipsmörtel) feststellen, die im Verlauf des Risses aufgebracht werden. Sind die Mörtelbatzen noch nach Monaten rißfrei, so hat im Beobachtungszeitraum keine Setzung mehr stattgefunden. Reißen die Putzmarken, so gilt es die Ursachen für die andauernde Setzung zu erkunden.

Mögliche Ursachen für Risse im Mauerwerk:

- Fundamentmörtel und/oder Steine des Fundamentmauerwerks sind infolge feuchtigkeitsbedingter Alterung verrottet.
- Der Baugrund gibt nach, z.B. weil aufgrund zunehmender Bodenversiege-

oben links und unten
Schäden durch Setzungen im Fundamentbereich

oben rechts
Durch Putzmarken (Batzen aus Gipsmörtel) läßt sich feststellen, ob der Setzungsvorgang noch andauert.

lung der Grundwasserspiegel gesunken ist, oder weil das Gebäude an einem Hang steht.

- Die Fundamentsohle liegt nicht in frostfreier Tiefe.
- Die Fundamentsohle wird von Oberflächenwasser unterspült, z.B. weil die Dachrinne defekt ist oder weil eine Hoffläche zum Haus hin geneigt ist.
- Die Belastung hat sich erhöht, z.B. durch Umnutzung, Umbau, Aufstokkung oder ähnliches.

Darüber hinaus gibt es Risse, die nicht durch Setzungen bedingt sind. Es empfiehlt sich daher, zur Ermittlung der Schadensursache und zur Festlegung der Instandsetzungsmaßnahme in jedem Fall fachlichen Rat einzuholen.

6.2.1 Fundamentmauerwerk ausbessern

Die meisten Schäden an Fundamenten werden durch Feuchtigkeit verursacht, die aus dem Boden eindringt, ins Keller- und Sockelmauerwerk wandert und dort verdunstet. Dabei wird der (früher nichthydraulische) wasserlösliche Kalk aus dem Mörtel ausgespült, so daß das Fundamentmauerwerk seine Festigkeit verliert. Es kann auch vorkommen, daß wenig widerstandsfähige Steine in ähnlicher Weise verrotten. Die Instandsetzung der Fundamentmauern erfolgt wie beim Kellermauerwerk (siehe 6.3). Bei stark zerklüftetem Fundamentmauerwerk kann es notwendig sein, eine Vorsatzschale aus Beton herzustellen. Um sich das Aufgraben des Erdreichs auf der Außenseite zu ersparen, kann eine raumseitige Ausbesserung des Fundamentes z.B. dann sinnvoll sein, wenn der angrenzende Fußboden ohnehin erneuert werden soll.

6.2.2 Fundament verbreitern

Die Verbreiterung des Fundamentes senkt den Druck auf den Baugrund, indem die wirksame Last des Gebäudes auf eine größere Fläche verteilt wird. Diese Maßnahme ist sinnvoll

- wenn sich die Tragfähigkeit des Baugrunds vermindert hat, z.B. durch Absinken des Grundwasserspiegels oder bei einer Hanglage;
- wenn die Belastung des Gebäudes oder eines Gebäudeteils zunimmt bzw. zugenommen hat, z.B. bei Umnutzung oder Aufstockung.

Zur Verbreiterung wird unter dem vorhandenen Fundament durch Unterfangen ein neues Streifenfundament betoniert oder gemauert. Bei Hanglagen kann es erforlich sein, das neue Fundament als Stahlbeton-Ringgurt nach Angaben des Statikers auszubilden.

Verbreiterung des Fundamentes:

- Arbeitsraum auf der Innen- oder Aussenseite der Wand bis auf die Tiefe der neuen Fundamentsohle herstellen, dabei Boden unter dem vorhandenen Fundament schräg stehenlassen. Der zulässige Böschungswinkel ist von der Bodenart abhängig und wird vom Statiker festgelegt.
- Vorhandenes Fundament abschnittsweise unterfangen (Abb. 17): die Wand in Abschnitte von 1 m Länge einteilen. Im ersten, vierten, siebten ... Abschnitt wird der Boden unter dem alten Fundament entfernt und das neue Fundament hergestellt. Anschließend folgen der zweite, fünfte, achte ... Abschnitt usw.. Es wird also so gearbeitet, daß von der Wand- bzw. Fundamentlänge jeweils max. 1/3 unterfangen wird und 2/3 die Stützfunktion übernehmen. Dabei ist zu beach-

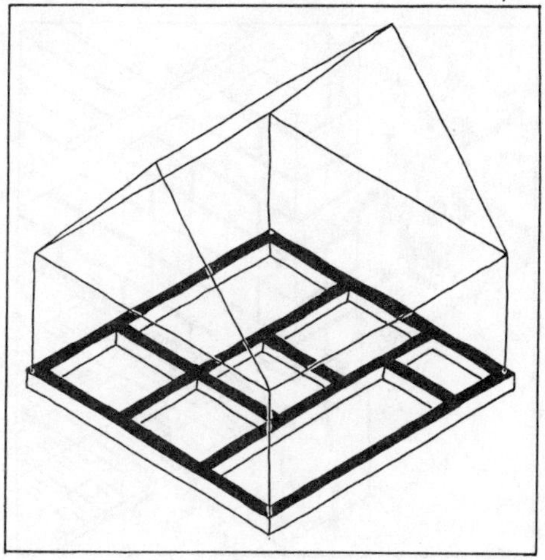

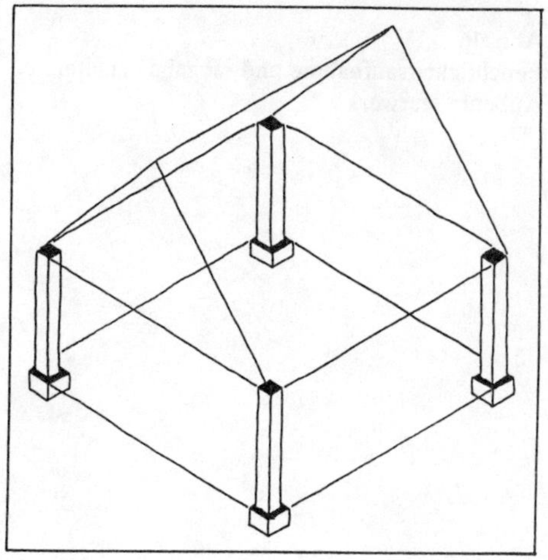

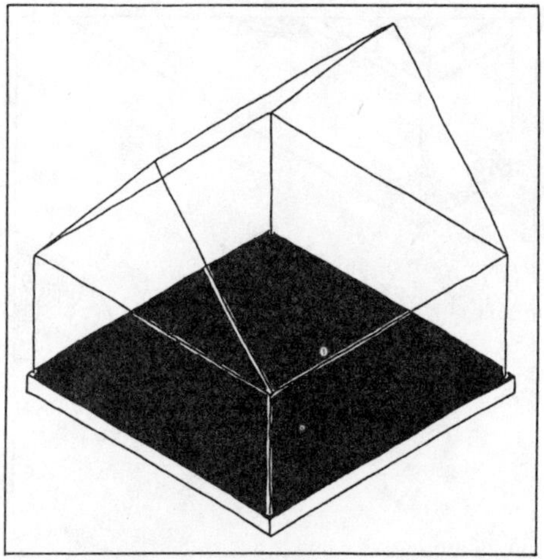

Abb. 12 oben links
Streifenfundament

Abb. 13 oben rechts
Einzel- oder Punktfundament

Abb. 14 links
Plattenfundament oder Bodenplatte

Größe und Tiefe stets nach Angaben des Statikers

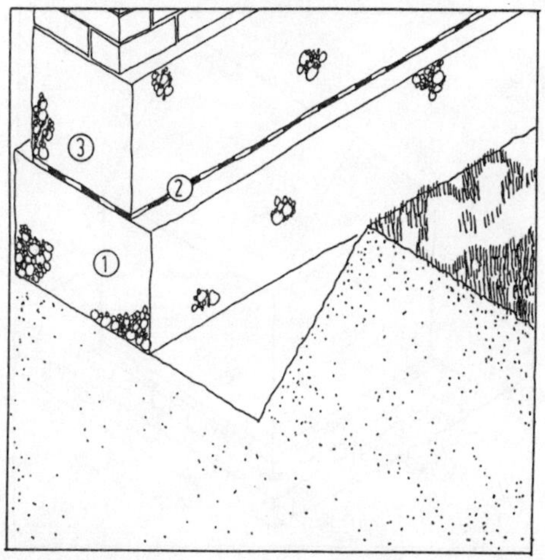

Abb. 15
Verbreiterung eines Fundaments

1 Neues Fundament, Größe nach Angabe des Statikers
2 Eingelegte Sperrschicht
3 Altes Fundament

Abb. 16
Feuchtigkeitsaufnahme und -abgabe bei altem Außenmauerwerk

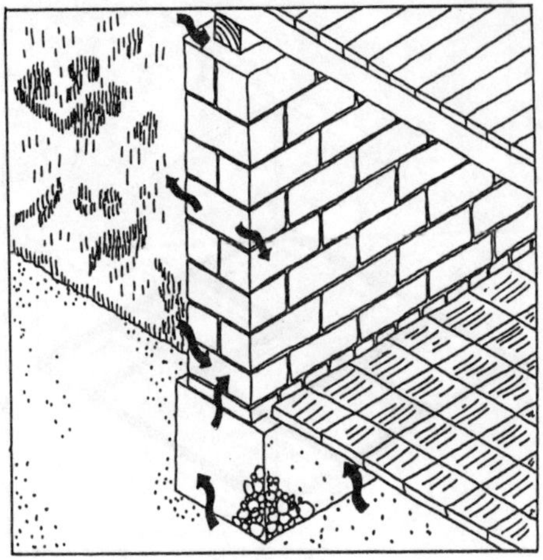

Abb. 17
Bei Arbeiten unterhalb der Fundamentsohle sollte der Böschungswinkel des Arbeitsraumes nach den Angaben des Statikers ausgeführt werden.

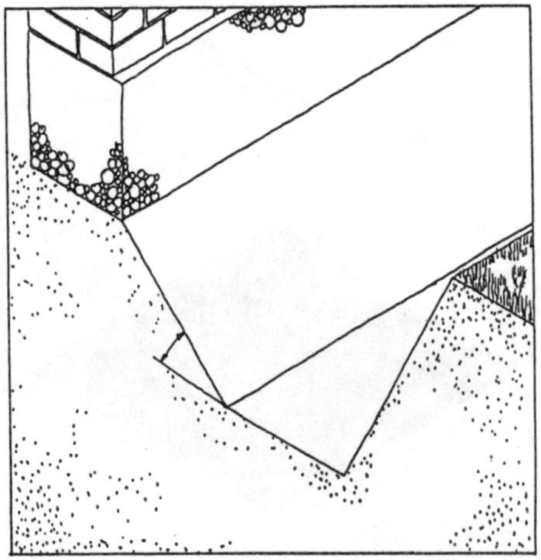

Abb. 18
Fundament abschnittsweise unterfangen

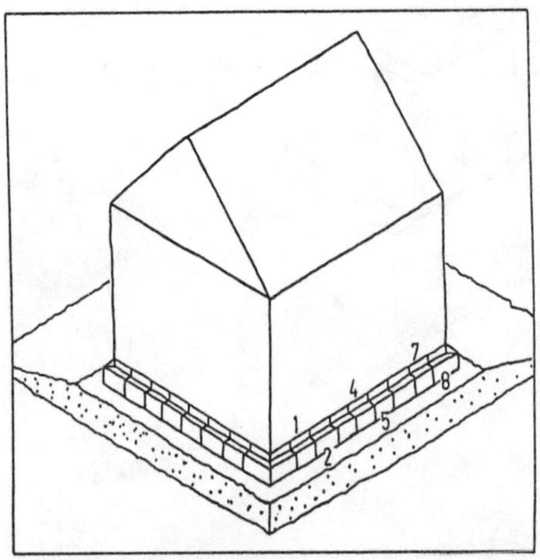

ten, daß der Boden unter der neu herzustellenden Sohle nicht aufgelockert und vor Regen und Frost geschützt wird.

- Zwischen vorhandenem und neuem Fundament eine Bitumenpappe (333er) als waagerechte Feuchtigkeitssperre einlegen und Anschlußfuge dicht mit Mörtel verpressen.
- Arbeitsraum in Lagen verfüllen. Zur Vermeidung von Setzungen des Bodens wird in Schichten verdichtet, oder es wird zum Verfüllen Siebschutt verwendet.

6.2.3 Fundament tieferlegen

Das Tieferlegen eines Fundamentes ist sinnvoll,

- wenn die Sohle des vorhandenen Fundamentes nicht in frostfreier Tiefe liegt;
- wenn der Boden des untersten Geschossen (Boden gegen Erdreich) tiefergelegt werden soll;
- wenn das Gelände am Haus tiefergelegt werden soll.

Das neue Fundament wird aus Beton oder aus Mauerwerk durch Unterfangen hergestellt, und zwar abschnittsweise wie oben beschrieben. Für Fundamentmauerwerk im Frostbereich sind frostbeständige Steine zu verwenden. Im Zusammenhang mit dieser Maßnahme empfiehlt sich auch der Einbau einer senkrechten Filterschicht und/oder einer Dränleitung (vgl. Kap. 6.3), wobei dann von der Außenseite her gearbeitet werden muß.

6.3 Keller- und Sockelmauerwerk

Bei sehr alten Häusern und bei ländlichen Bauten wurden die Kellerwände und das Sockelmauerwerk aus behauenen oder unbehauenen Natur- bzw. Feldsteinen errichtet. Bei städtischen Häusern und im norddeutschen Raum mit geringem Natursteinvorkommen wurden Ziegelsteine verwendet, der Mauermörtel mit dem Bindemittel Kalk hergestellt. Seit Anfang dieses Jahrhunderts wurden Kellerwände zunehmend aus Stahlbeton hergestellt, weil dadurch der Erddruck mit geringeren Wandstärken als beim Mauerwerk aufgenommen werden kann. Da bis zum Beginn des 20. Jahrhunderts die heute üblichen Feuchtigkeitssperren noch nicht bekannt waren, konnte Bodenfeuchtigkeit in das Mauerwerk eindringen und im Mauerwerk aufsteigen. Diese Feuchtigkeit wird durch Verdunstung im Bereich des Sockelmauerwerks ins Freie, im Bereich der Wand in die angrenzenden Räume abgegeben. Deshalb wurden Kellerräume und ebenerdige Räume in der Regel nur für untergeordnete Zwecke, nicht jedoch für Wohnzwecke genutzt. Die Wohnebene lag mindestens 1 m über dem Gelände, auch um tragende Holzteile wie Fachwerkwände und Holzdecken vor Feuchtigkeit zu schützen. Das Austreten von Feuchtigkeit im Bereich des Gebäudesockels und der unteren Wandabschnitte und die damit verbundenen Probleme an Anstrichen und Putz sind also in gewissem Umfang normal. Übermäßige Feuchtigkeit zu beseitigen, ist allerdings in mehrfacher Hinsicht eine wichtige Maßnahme: Durch Feuchtigkeit kann Mauerwerk nicht nur seine Tragfähigkeit verlieren, feuchte Bauteile schaffen auch ein ungesundes Raumklima und führen während der Heizperiode zu erhöhten Energieverlusten, denn Feuchtigkeit vermindert die wärmedämmende Wirkung von Baustoffen. Schimmelpilze gedeihen an feuchten Wänden, die Pilzsporen können zu Allergieerkrankungen der Atemwege führen. Aufsteigende Feuchtigkeit läßt sich durch starkes Heizen nicht beseitigen, im Gegenteil. Es verstärkt die Verdunstung an den Wandoberflächen und läßt die Feuchtigkeit dadurch nur noch schneller nachströmen, was wiederum die Verwitterung der Oberfläche und den Alterungsvorgang der betroffenen Bauteile verstärkt.

Schäden infolge Feuchtigkeit im Mauerwerk:

- Am Gebäudesockel: sich lösender Anstrich, bröselnder Putz.
- An Holzteilen im Bereich des Sockelmauerwerkes: morsche Schwellen, Pfosten, Balkenköpfe.
- An Mauerwerksoberflächen innen und außen: weißliche, gelbliche oder rötliche "Ausblühungen" (salzartige Ablagerungen).
- An Stallwänden: Salpeterausblühungen (Kalziumnitrat).
- Am Mauerwerk: lockerer, sandender Fugenmörtel, bröselnde (sandende) Steinoberflächen, lockere Steine, Ausbeulung von Kelleraußenwänden.
- Raumseitig im unteren Bereich der Erdgeschoßwände: sich ablösende Anstriche oder Tapeten, Stockflecken und Schimmelpilzbefall, bröselnder Putz.

Vorher - Nachher
Unterfangen, sprießen, flicken, austauschen - es war eine Menge Arbeit, bis der Unterbau durch das ehemalige Scheunentor betreten werden konnte.

Durch "stehendes Wasser" im Sockelbereich zerstörte Schwelle

Kiesschüttung als Spritzwasserschutz

Feuchtigkeitsschäden können allerdings auch andere Ursachen haben: In bewohnten Räumen wird stets Feuchtigkeit an die Raumluft abgegeben, die an der Innenseite schlecht wärmedämmender Außenwände und anderer kalten Bauteile wie Gebäudeecken, Deckenanschlüsse oder Fensterstürze (den typischen "Wärmebrücken" also) kondensiert. Bei vielen Schadensfällen liegt ein Zusammenwirken beider Durchfeuchtungsursachen vor.

Daneben gibt es, wie schon beim Fundament beschrieben, Schäden am Kellermauerwerk, die auf Bewegungen des Baugrundes und/oder zu hohe Gebäudelasten zurückzuführen sind. Sie machen sich in Form von Rissen bemerkbar, die sich auch im darüberliegenden Mauerwerk fortsetzen können.

Mögliche Ursachen für Risse im Kellermauerwerk:

- Mängel am Fundament (vgl. Kap.6.2);
- seitlicher Erddruck, z.B. bei Hanglage, bei nachträglicher Erdanschüttung, bei großflächigen Kellerwänden ohne aussteifende Querwände;
- Kombination dieser Ursachen, meist in Verbindung mit Feuchtigkeitsschäden.

Mögliche Instandsetzungsmaßnahmen:

- Ausbesserung oder Neuherstellung des Fundaments;
- Herstellung einer Betonwand als Vorsatzschale oder Errichten einer Stützmauer an der Außenseite der Kellerwand;
- Herstellung einer gemauerten oder betonierten Vorsatzschale an der Innenseite der Wand;
- Abriß und Neuherstellung der Kellerwand.

Das Herstellen einer Stahlbetonwand wird am besten einem Fachhandwerker überlassen. Für Eigenleistung geeignet sind das Ausheben und Verfüllen des Arbeitsraumes, die Herstellung einer gemauerten Vorsatzschale (Dicke nach Angabe des Statikers) und - bei Bedarf - das Anbringen einer senkrechten Abdichtung sowie das Verlegen einer Dränage.

6.3.1 Instandsetzung und einfache Entfeuchtung

Etwa seit Anfang des 20. Jahrhunderts werden bei der Errichtung von Kellerwänden gegen das Eindringen von Feuchtigkeit senkrechte und waagerechte Sperrschichten aus bituminösen Stoffen eingebaut und im Bedarfsfall eine Ringdränage verlegt. Nun ist der nachträgliche Einbau von Sperrschichten verhältnismäßig aufwendig und teuer, so daß es in vielen Fällen ausreicht

- vorhandene Schäden zunächst mit einfachen Maßnahmen (siehe unten) zu beheben und eine "gründliche" Trokkenlegung zu einem späteren Zeitpunkt nur bei tatsächlichem Bedarf durchzuführen,
- vermeidbare Feuchtigkeit konsequent vom Gebäude fernzuhalten,
- sich im übrigen - soweit vertretbar - mit der Feuchtigkeit zu arrangieren.

Einfache Maßnahmen zur Beseitigung von Feuchteschäden:

- Schadhaften Sockelputz abschlagen, Steinoberflächen mit Drahtbürste reinigen und von lockeren Schichten befreien, weichen Fugenmörtel 1,5 - 3 cm tief auskratzen und mit Traßkalkmörtel neu verfugen, ggf. speziellen Sanierputz (Kap. 5.2.3) aufbringen und/oder den Putz mit rein mineralischen Mitteln (Silicat-, Kalk- und Zementfarben, vgl. Kap. 15) streichen.
- Sockelvorsprünge zur besseren Wasserableitung nach außen abschrägen und ggf. mit Steinplatten (z.B. Biberschwanz-Ziegelplatten) oder Blech abdecken.
- Innenseite der Kelleraußenwände reinigen und neu verfugen (wie beim Sockelmauerwerk), lockere Steine neu vermörteln.

Vermeidbare Feuchtigkeit vom Gebäude fernhalten heißt, das Oberflächenwasser gut ableiten, also

- schadhafte oder fehlende Dachrinnen und undichte Regenfallrohre reparieren oder ersetzen,
- befestigte Flächen (Wege, Hof, Einfahrt) und das Gelände mit Gefälle vom Haus weg anlegen.

Sich mit der Feuchtigkeit zu arrangieren heißt:

- geringe optische Mängel im Sockelbereich hinnehmen,
- salzartige Ausblühungen regelmäßig abbürsten,
- dampfdichte Anstriche und Wandfliesen am Sockel und an feuchten Bereichen der Außenwand-Innenflächen entfernen,
- nur feuchtigkeitsunempfindliche und wasserdampfdurchlässige ("atmungsfähige") mineralische Anstriche und spezielle Sanierputze verwenden; bei feuchten Wänden auf Fliesen, Tapeten oder auf nicht hinterlüftete Holzverschalungen verzichten,
- Kellerräume nur für Zwecke nutzen, die feuchtigkeitsverträglich sind,
- Kellerräume das ganze Jahr über geringfügig lüften.

6.3.2 Trockenlegung

Weil eine Trockenlegung erdberührter Wandflächen vergleichsweise aufwendig und teuer ist, empfiehlt sich das nur,

- wenn der Wasser- bzw. Feuchtigkeitsanfall und die Schäden am Gebäude groß sind, z.B. wenn Grund- oder Hangwasser ansteht,
- bei kulturell wertvollen oder denkmalgeschützten Gebäuden,

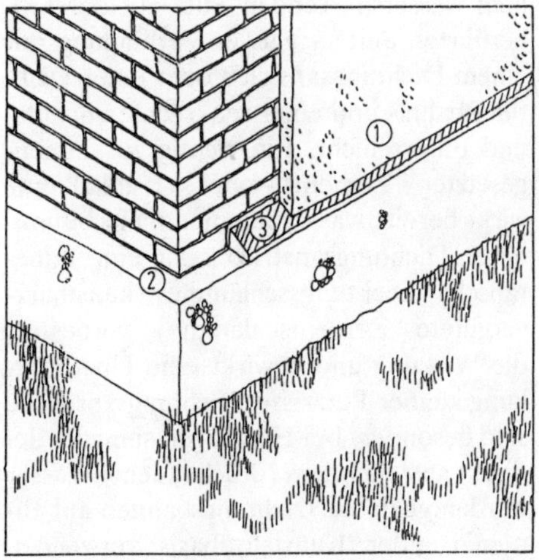

Abb. 19
Wenn der Sockelvorsprung abgeschrägt wird, kann das Regenwasser besser ablaufen.

1 Putz
2 vorhandener Sockelvorsprung
3 Blech, Stein- oder Ziegelplatten

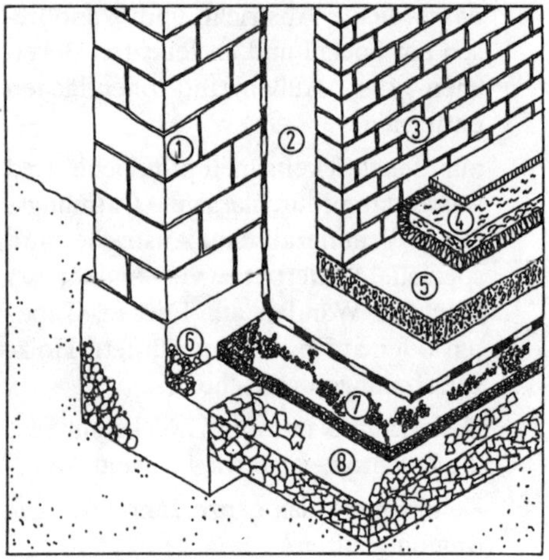

Abb. 20
Abdichtung eines feuchten Kellers von innen

1 Mauerwerk
2 Dichtungsbahn
3 Vormauerung 11,5 cm
4 Fußbodenaufbau aus: 5 - 10 cm Dämmung, 4 - 6 cm Estrich, 2 cm Belag
5 Betonplatte 12 - 15 cm
6 Wenn notwendig, neues Fundament nach Angabe des Statikers
7 Sauberkeitsschicht aus Beton 4 - 6 cm
8 Schotter 20 cm

- wenn Kellerräume oder nichtunterkellerte Nebenräume zu Wohnzwecken oder zu anderen "Trockenräumen" umgestaltet werden sollen.

Wirksame Techniken zur Trockenlegung sind:

- Einbau senkrechter Sperrschichten, in der Regel auf der Außenseite der Wand,
- Anbringen von senkrechten Drän- bzw. Filterschichten auf der Außenseite der Wand,
- Verlegen von Dränleitungen mit oder ohne Anschluß an den Abwasserkanal (nach behördlicher Anforderung)
- Einbau waagerechter Sperrschichten in das vorhandene Mauerwerk nach verschiedenen Verfahren.

Soll auch der Boden trockengelegt werden, so ist auf einen fachgerechten Anschluß der Wandabdichtung an die Bodenabdichtung zu achten (vgl. Kap. 6.5).

a) Senkrechte Sperrschichten

Senkrechte Abdichtungen auf Keller- und Fundamentmauerwerk bestehen aus einem wassersperrenden Putz auf der erdberührten Seite - ggf. in Verbindung mit einem Dichtungsanstrich oder einer Dichtungsbahn - und einer senkrechten Schutz- und Filterschicht. Ein richtig zusammengesetzter Zement- oder Traßkalkputz wirkt bereits wasserhemmend, ein bituminöser Dichtungsanstrich oder eine mineralische Dichtungsschlämme (kunstharzvergütete Zementschlämme) verbessert die Wirkung und bewirkt eine Überbrückung kleiner Putzrisse. Dichtungsanstriche sind besonders bei Hanglagen sinnvoll. Bei direkt anstehendem (drückendem) Wasser werden geklebte Dichtungsbahnen auf Bitumen- oder Kunststoffbasis verwendet.

Die senkrechte Dränage- bzw. Filterschicht schützt die Abdichtung vor mechanischer Beschädigung und ermöglicht einen raschen Wasserabfluß. Als Dränschicht werden Bitumenwellplatten, Faserzementplatten und Noppenfolien aus Kunststoff verwendet, oder, etwas solider und teurer, Filtersteine aus Beton, die mörtelfrei aufgesetzt werden.

Herstellung senkrechter Kellerwandabdichtungen außen:

- Arbeitsraum bis zur Fundamentsohle ausheben (an der Fundamentsohle etwa 50 cm breit, Böschungswinkel etwa 60° in Abhängigkeit von der Bodenart), Aushubmaterial seitlich lagern.
- Vorsicht bei Abgrabungen neben Kellergewölben! Einsturzgefahr! Das seitliche Erdreich dient als Widerlager (vgl. Kap. 6.4).
- Lockeren Mörtel, Wurzelreste und Humus von der Kellerwand entfernen, Fugen und Steinoberflächen mit hartem Wasserstrahl reinigen.
- Nach etwa zwei Wochen Austrocknungszeit die Schadstellen mit Traßkalkmörtel ausbessern, Fugen auswerfen (Mischungsverhältnis 1 Raumteil Traßkalk und 3-4 Raumteile Sand).
- Nach weiteren 1 bis 2 Tagen Traßkalkputz aufbringen, bei Fundamentvorsprüngen Rundkehle ausbilden, Putz glatt abreiben.
- Zur weiteren Verbesserung: Dichtungsanstriche (z.B. Bitumenemulsion 2 x heiß oder 3 x kalt) oder Dichtungsbahnen (z.B. Bitumenschweißbahn mit Gewebeeinlage, zweilagig) aufbringen.
- Dränschicht lose vor die Wand stellen. Arbeitsraum in mehreren Lagen verfüllen und verdichten (bzw. sich setzen lassen), Traufstreifen anlegen.

b) Dränleitungen

Häufig wird in Verbindung mit dem Anbringen einer senkrechten Sperrschicht auch eine Dränleitung verlegt. Eine Dränleitung hat die Aufgabe, nach starken Regengüssen oder bei anstehendem Grundwasser das Aufstauen von Wasser oberhalb der Fundamentsohle zu verhindern. Ob eine Dränleitung erforderlich ist, hängt von der Menge und Häufigkeit des Wasseranfalls und von der im Gebäude auftretenden Feuchtigkeitsmenge ab. Auf jeden Fall ist der nachträgliche Einbau wesentlich teurer als der Einbau in Kombination z.B. mit einer senkrechten Abdichtung bei bereits vorhandenem Arbeitsraum.
Die Dränleitung wird in der Regel als Ringleitung um das Gebäude herum verlegt und an eine Sickergrube oder an die Kanalisation angeschlossen. Je nach Niveauunterschied zum öffentlichen Kanal sind ggf. Vorkehrungen gegen einen Rückstau zu treffen. In manchen Fällen ist der Anschluß an die Kanalisation nicht zulässig.
Dränleitungen werden als Tonrohre oder gelochte PVC-Schläuche angeboten, sie haben gewöhnlich einen lichten Durchmesser von 10 cm und werden mit mindestens 1% Gefälle (1 cm pro 1 m Länge) verlegt. Richtungsänderungen dürfen mit Bögen von max. 45° ausgeführt werden. Es empfiehlt sich, an ein oder zwei Stellen ein senkrechtes Rohr zum Spülen der Leitungen einzubauen.

c) Waagerechte Sperrschichten

Bei Neubauten wird beim Mauern der Kellerwände unter der ersten Steinschicht eine Bitumenpappe verlegt, um das Aufsteigen von Feuchtigkeit zu verhindern. Eine weitere horizontale Sperrschicht aus Bitumenpappe wird in der Außenwand etwa 30 cm oberhalb der Geländekante eingelegt.
Für den nachträglichen Einbau dieser Sperrschichten wurden mehrere Verfahren entwickelt, die aber alle recht aufwendig bzw. teuer sind. Es empfiehlt sich daher, im Einzelfall genau zu prüfen, ob die Anwendung eines der folgenden Verfahren angemessen ist oder ob zunächst die oben beschriebenen Maßnahmen ausreichen (6.3.1 und 6.3.2 a,b). Die Ausführung der folgenden Verfahren - außer dem erstgenannten - sollte erfahrenen Fachfirmen überlassen werden, die auch eine mindestens fünfjährige Gewährleistung übernehmen.

Maueraustauschverfahren
Das Mauerwerk wird abschnittsweise ausgestemmt (Arbeitsweise ähnlich wie beim Unterfangen, vgl Kap. 6.2) und ausgemauert, wobei eine Dichtungsbahn eingelegt wird, z.B. eine dicke Bitumenbahn mit Gewebe- oder Metalleinlage. Das Verfahren bietet sich an, wenn stark versalzene Wandteile ohnehin ausgetauscht werden sollen oder wenn ein neues Fundament

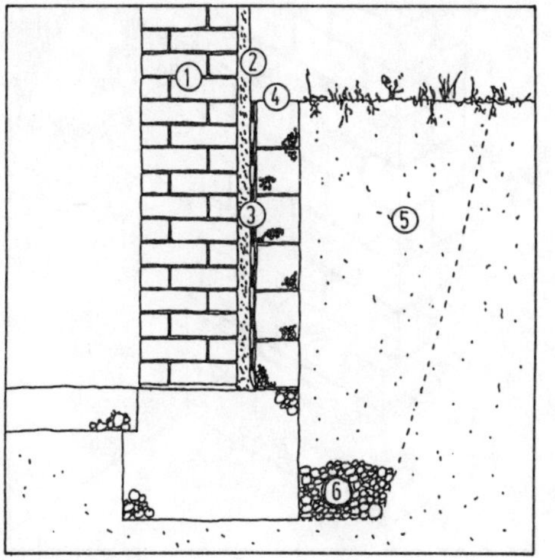

Abb. 21
Sanierung einer feuchten Kelleraußenwand von außen; Lösung A

1 Vorhandene Kellerwand
2 Zementputz als ebener Untergrund für Dichtungsbahn oder Dichtungsanstrich 2 cm stark
3 Dichtungsanstrich oder -bahn
4 Filtersteine als Schutz vor mechanischer Beschädigung und als Filterschicht, 10 cm
5 aufgeschütteter Arbeitsraum
6 Dränleitung, zur Abführung des Wassers, in Kies gelegt

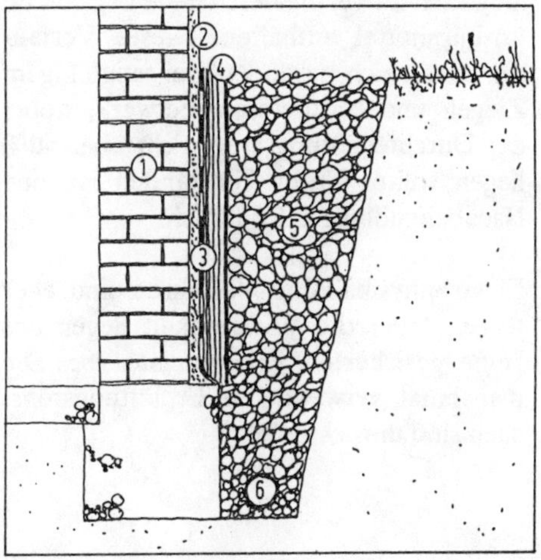

Abb. 22
Sanierung einer feuchten Kelleraußenwand von außen; Lösung B

1 Vorhandene Kellerwand
2 Zementputz 2 cm
3 Dichtungsanstrich oder -bahn
4 Wellplatten als Schutz vor Beschädigung der Dichtung
5 Filterschicht aus Kies
6 Dränrohr zur Ableitung des Wassers

Abb. 23
Einlegen einer Sperrschicht

1 Abschnittsweise Ausbrechen von Mauersteinen direkt über dem Fundament
2 Abschnittsweise Einlegen einer Sperrschicht (Dichtungsbahn) und Wiedersetzen der Steine

hergestellt wird. Dieses Verfahren ist vergleichsweise kostengünstig und zum Selbstmachen geeignet. Mit Setzrissen am Gebäude muß jedoch gerechnet werden.

Mauersägeverfahren
Das Mauerwerk wird mit einer Säge aufgetrennt. In die entstandene Fuge wird ein Edelstahlblech eingelegt, oder die Fuge wird mit einem Dichtungsmittel unter Druck ausgefüllt. Auch bei diesem Verfahren muß mit Setzrissen gerechnet werden.

Chromstahl-Blech-Verfahren
In die Lagerfugen des Mauerwerks werden ca. 1 mm dicke nichtrostende Edelstahlbleche maschinell eingeschossen. Das Verfahren kann nur bei Mauerwerk mit durchgehenden Lagerfugen angewandt werden.

Injektionsverfahren
Es werden Bohrlöcher hergestellt, in die mit oder ohne Druck eine abdichtende Flüssigkeit, z.B. ein wasserverdünnbares Silicat-Siliconat-Präparat, eingebracht wird. Silan- bzw. Siloxanpräparate sind möglichst zu vermeiden, da sie organische Lösungsmittel enthalten. Dieses Verfahren eignet sich besonders bei saugfähigem Ziegel- und Natursteinmauerwerk, wobei der Durchfeuchtungsgrad nicht über 50% liegen sollte. Unter Umständen ist eine Nachbehandlung erforderlich.

Elektrophysikalische Verfahren sind eher teurer. Über die Wirksamkeit liegen uns keine gesicherten Erkenntnisse vor. Die manchmal verwendeten Entlüftungsröhrchen sind unwirksam.

6.3.3 Abriß und Neuerstellung

Manchmal kann Mauerwerk so schadhaft sein, daß eine Reparatur nicht mehr möglich ist und die Wand abgerissen und ersetzt werden muß. Der Wandaustausch kann in zwei Verfahren ausgeführt werden: entweder es wird abschnittsweise unterfangen, oder es wird abgesprießt und die Wand als ganzes ausgetauscht. Bei Mauerwerk im Erdreich muß auf der Aussenseite der Wand ein Arbeitsraum ausgehoben werden.
Abriß und Wiederaufbau tragender Mauern (Baugenehmigung erforderlich) sollte nur unter fachlicher Anleitung ausgeführt werden. Besondere Vorsicht ist geboten, wenn sich in der Nähe der Wand ein Deckengewölbe oder eine Kappendecke befindet. Unsachgemäße Vorgehensweise kann zum Einsturz führen!
Der Abriß einer Kellerwand kann unter Umständen vermieden werden, wenn eine neue, tragende Wand neben der vorhandenen schadhaften errichtet wird. Auf eine fachgerechte Fundamentierung und Abdichtung sowie auf eine fachgerechte Verbindung mit den angrenzenden Bauteilen ist unbedingt zu achten.

6.4 Kellergewölbe

Während bei den ebenen Geschoßdecken, wie sie heute üblich sind (Stahlbeton-Plattendecken, Stahlbeton-Rippendecken, Holzbalkendecken) die Belastung durch Biegemomente auf die tragenden Wände geleitet wird, werden beim Gewölbe nur Druckkräfte wirksam, ähnlich wie bei einer senkrecht belasteten Wand.
Bei jedem Gewölbe stellt sich bei einer bestimmten Auflast eine charakteristische Stützlinie ein. Im Idealfall ist das Gewölbe

so geformt, daß die Stützlinie in der Mitte des Gewölbes verläuft. Unterhalb des Kämpfers verläuft die Stützlinie bei normal dicken Wänden häufig außerhalb des Mauerwerks, d.h. das Mauerwerk lehnt sich seitlich ans Erdreich an; oder es werden Strebepfeiler als seitliche Widerlager ausgebildet, wie sie z.B. aus dem Kirchenbau bekannt sind. Gemauerte Bögen über Fenster- bzw. Türöffnungen und Kappendecken funktionieren übrigens nach dem gleichen Prinzip. Das Tonnengewölbe ist die einfachste und bei Wohn- und Wirtschaftsgebäude häufigste Gewölbeform. Kreuz-, Kuppel- und Rippengewölbe sind in ihrem Trageverhalten wesentlich schwerer zu erfassen.

Schäden an Gewölben machen sich im allgemeinen im Scheitel- und Kämpferbereich in Form von Preßfugen mit Steinabsprengungen und durchklaffende Fugen bis hin zu herausfallenden Steinen bemerkbar. Ursache dafür ist eine Verlagerung der Druckzone (z.B. aufgrund einer zu großen Auflast) in Verbindung mit einem Nachgeben der Widerlager (z.B. weil die seitliche Abstützung oder die Auflast auf dem Widerlager nicht ausreicht). Oft wird eine derartige Änderung des Tragverhaltens überlagert vom feuchtigkeitsbedingten Alterungsprozeß des Mauerwerks (Kap. 6.3, 7.1) oder von Mängeln am Fundament (Kap. 6.2).
Verformungen des Gewölbes dieser Art lassen sich nicht beseitigen, ein Fortschreiten muß jedoch verhindert werden. Bei Maßnahmen an und in der Umgebung von Gewölben ist es dringend geboten, eine erfahrene Fachperson einzuschalten. Gewarnt sei vor unsachgemäßen Eingriffen, die zum Einsturz des Gewölbes führen können.

So ist es nicht zulässig,

- den Boden seitlich der Gewölbe ohne fachgerechte Abstützung abzugraben,
- das Gewölbe von unten mit Druck abzustützen,
- Öffnungen in Gewölben herzustellen,
- aufgehendes Mauerwerk über den Widerlagern ohne fachgerechte Absprießung zu entfernen.

Für die Sanierung schadhafter Gewölbe kommen z.B. folgende Maßnahmen in Betracht:

- Einbau einer Entlastungsdecke über dem Gewölbe,
- Instandsetzen und ggf. Verstärken der Fundamente,
- Einbau von Stahlankern und Betonringankern,
- Ausbessern des Wand- und Gewölbemauerwerks.

Weil für die Ausführung dieser Maßnahmen besondere Fachkenntnisse erforderlich sind, wird auf eine weitergehende Darstellung verzichtet.

6.5 Böden gegen Erdreich

Bei der Instandsetzung und bei der Neuherstellung von Böden in Aufenthaltsräumen, die ans Erdreich grenzen, ist der Einbau einer waagerechten Feuchtigkeitssperre notwendig. Auf dieser Feuchtigkeitssperre kann dann jeder beliebige Fußbodenaufbau hergestellt werden (vgl. Kap. 10), wobei eine 6 - 10 cm dicke Wärmedämmschicht nicht fehlen darf.
Für Aufenthaltsräume wird baurechtlich in der Regel eine Mindesthöhe von 2,30 m vorgeschrieben. Beim Tieferlegen des Bodens, um z.B. die Dicke des neuen Bodenaufbaus auszugleichen oder um die lichte Raumhöhe zu vergrößern, darf das Erdreich nicht tiefer als bis zur Fundament-

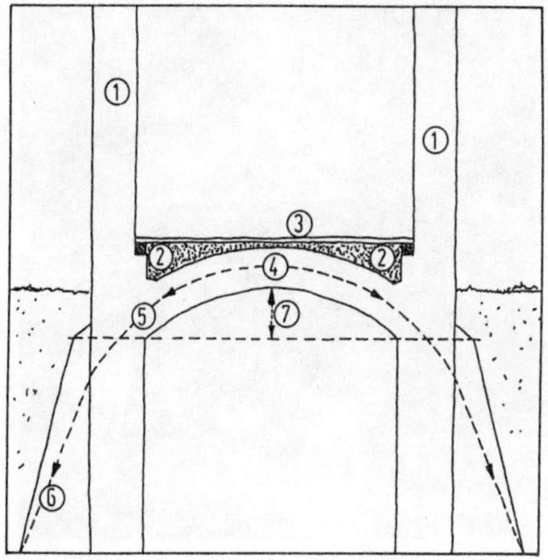

Abb. 24
Die Bezeichnungen beim Tonnengewölbe

1 Aufgehendes Mauerwerk
2 Gewölbezwickel oder Anker
3 Fußboden
4 Scheitel / Kämpfer
5 Widerlager
6 Stützlinie des Gewölbeschubes
7 Stich

Eine zum Wohnhaus ausgebaute Scheune - Südseite; Eingang und Terrasse

sohle ausgehoben werden. Anderenfalls muß auch das Fundament tiefergelegt werden (vgl. Kap. 6.2.3).

Der Bodenaufbau richtet sich nach seiner späteren Nutzung. Für untergeordnete Nebenräume und bei trockenem Baugrund genügt es, einen kapillarbrechenden Unterbau aus einer 15 cm dicken Grobkies- oder Schotterschüttung und einem Mineralbeton- oder Siebbschuttbelag herzustellen (abrütteln). Auf diesem Unterbau können Steinplatten (z.B. Naturstein- oder Betonplatten, eine Backsteinflachschicht o.ä.) in Sand oder Zementmörtel verlegt werden. Für beheizte Aufenthaltsräume kann auf einem solchen Unterbau über einer 0,5 mm dicken PE-Folie mit Geovliesunterlage auch ein einfacher, wärmegedämmter Dielenfußboden hergestellt werden.

Der heute als Stand der Technik anzusehende Fußbodenaufbau, der für Wohnräume im Erdgeschoß sowie auf nicht ganz trockenem Baugrund empfohlen wird, kommt allerdings nicht ohne Betonbodenplatte und einen feuchtigkeitsunempfindlichen Dämmstoff aus. Weil diese Dämmstoffe aus Schaumglas oder aus geschlossenzelligem Hartschaum jedoch teuer sind, ist es in der Praxis üblich, normale Dämmstoffe - oft sogar ohne die erforderliche dampfbremsende PE-Folie - zu verwenden.

Bei drückendem Wasser muß zusätzlich unter der Bodenplatte eine Dränage eingebaut werden. Besondere Aufmerksamkeit erfordert der dichte Anschluß an die senkrechten und waagerechten Abdichtungen der Kelleraußenwände.

Herstellung eines neuen, erdberührten Fußbodens:

- Fußbodenaufbau festlegen, dabei die erforderliche lichte Raumhöhe und die Lage der Fundamentsohle beachten.
- Vorhandenen Fußboden entfernen, es sei denn, er ist als Unterboden zur Aufnahme der Sperrschicht geeignet.
- Boden in der erforderlichen Tiefe ausheben, Aushubmaterial abfahren (oder auf dem Grundstück verwerten).
- Falls erforderlich: Fundament durch Unterfangen tieferlegen (vgl. Kap. 6.2).
- Filterschicht aus Grobkies einbauen, ggf. mit Geovlies und PE-Folie abdekken.
- Sauberkeits- und Ausgleichsschicht aus Zementbeton oder Mineralbeton herstellen, ggf. abrütteln.
- PE-Folie oder Bitumenbahn als Abdichtung verlegen, Stöße der Bitumenbahn ggf. verschweißen.
- Betonbodenplatte herstellen.
- Fußboden einbauen (vgl. Kap. 10).

Bei Verwendung von keramischen Fliesen oder Natursteinplatten als Bodenbelag in Wohnräumen kann der Einbau einer Fußbodenheizung durchaus sinnvoll sein. Sie ist aber kein Ersatz für eine gute Wärmedämmung - im Gegenteil. Zur Vermeidung übermäßiger Wärmeverluste nach unten muß die Dämmung unter den Heizschlangen besonders dick ausgeführt werden.

Fußböden für Feuchträume können ohne Abdichtung direkt auf dem Erdreich hergestellt werden, z.B. aus Ziegelpflaster, Natursteinplatten, Splitt, Mineralbeton oder gestampftem Lehm.

7. Außenwand und Fassade

7.1 Mauerwerk

Das Mauerwerk alter Häuser besteht oft aus Ziegel- oder Natursteinen, die mit Kalkmörtel vermauert wurden und als Sichtmauerwerk oder mit Verputz ausgeführt sind.

Die häufigsten Schäden an altem Mauerwerk sind:

- Abblättern der Putzoberfläche und Ausblühungen im Sockelbereich,
- verwitterte Mörtelfugen und verwitternde Steinoberflächen bei Sichtmauerwerk,
- schadhafter Putz,
- Feuchtigkeit auf der Innenseite der Außenwände mit Stockflecken, Schimmelbildung, abblätternder Oberfläche,
- Risse im Mauerwerk.

Hauptursache für diese Schäden ist Feuchtigkeit: Regen, aufsteigende Bodenfeuchtigkeit und Luftfeuchtigkeit. Daher müssen die Maßnahmen zur Beseitigung solcher Schäden auch hier ansetzen. Rein oberflächliche Reparaturen wie Überstreichen oder Kitten sind in der Regel kaum die Mühe wert. Darüber hinaus ist bei fast allen Außenwänden älterer Häuser eine Verbesserung des Wärmeschutzes angebracht, bei größeren Umbaumaßnahmen sogar gesetzlich gefordert.

Sockel und Fassaden

Bei altem Sichtmauerwerk aus Natur- oder Backstein sind die Mörtelfugen häufig ausgewaschen, die Steinoberflächen verwittert und oft bröselig geworden. Ursache ist die Beanspruchung der Wand durch Regen und Frost. Altes Mauerwerk wurde in der Regel aus nicht frostbeständigem Material hergestellt, obendrein beschleunigen Luftverschmutzungen und der saure Regen die Gesteinsverwitterung.
Der Verwitterungsprozeß kann erheblich verlangsamt werden, wenn die lockeren Oberflächen abgetragen, wo nötig mit Gesteinsmehlmörtel (gibt es für alle Gesteinsarten im Handel) ausgebessert, und anschließend durch Hydrophobieren chemisch verfestigt und wasserabweisend imprägniert werden. Sind überwiegend die Mörtelfugen betroffen, so werden der lockere Mörtel 2 - 3 cm tief ausgekratzt und die Fugen dann mit Trasskalk-Mörtel (Kap. 5.2.3) wandbündig neu verfugt, wobei die Verarbeitungsvorschriften bezüglich Witterung, Vornässen usw. unbedingt beachtet werden sollten. Eine vorherige Reinigung der Fassade durch Abbürsten, Abwaschen oder Dampfstrahlen ist empfehlenswert.
Ist die Verwitterung des Steins weit fortgeschritten, so bleibt nichts anderes übrig als die lockeren Schichten abzuschlagen (z.B. mit Steinmetzhammer, Beil oder Elektrohammer mit Breitmeißel) und die Fassade anschließend zu verputzen oder zu verkleiden (am besten in Verbindung mit einer Wärmedämmung).
Im Sockelbereich verwittern Steinfassaden häufig besonders stark, weil Spritzwasser - evtuell noch in Verbindung mit Streusalz - die Wand zusätzlich beansprucht. Hier ist ein Abschlagen der Wandoberfläche und ein neuer Zementputz oder eine neue Verkleidung mit Steinplatten sinnvoll. Steigt zudem Feuchtigkeit im Sockelmauerwerk auf, so kommt es bei der Sanierung darauf an, eine gute Verdunstung an der neuen Wandoberfläche zu gewährleisten, z.B. durch Verputzen mit einem wasserabweisenden, aber wasserdampfdurchlässigen Sanierputz (Kap. 5.2.3) in Verbindung mit einem Silikatfarbenanstrich.

Feuchtes Mauerwerk mit einem dichten Anstrich oder mit glasierten Fliesen zu

oben links
Tuffstein-Mauerwerk auf einem aus Naturstein gemauerten Sockel

oben rechts
Verwitterte Sandstein-Fensterbank
Hier sollte zumindest durch eine Hydrophobierung eine weitere Verwitterung gestoppt werden. Sonst sehen die Fenstergewände bald ähnlich aus.

unten links
Naturstein-Mauerwerk mit Mörtelfugen

unten rechts
Abplatzen des Putzes

überdecken, ist bei aufsteigender Feuchtigkeit keine Lösung, denn ein solcher Belag hält nicht lange und würde das Problem lediglich in die Wandfläche darüber verlagern. In schwierigen Fällen hilft nur eine Trockenlegung des Kellermauerwerks (Kap. 6.3.2).

Feuchtigkeit an der Innenseite von Außenwänden

Abblätternde Farbe, bröseliger Putz, Stockflecken und Schimmel an der Innenseite der Außenwände sind ebenfalls auf Feuchtigkeit zurückzuführen.
Bodenfeuchtigkeit, die im Mauerwerk aufsteigt, bzw. ein schadhafter Außenputz oder verwittertes Sichtmauerwerk auf den Wetterseiten können dazu führen, daß Mauerwerk übermäßig naß wird. Daneben steht heute die Durchfeuchtung infolge Schwitzwasserbildung im Vordergrund, vor allem an so gefährdeten Flächen wie Fensterlaibungen, Hausecken, Deckenauflager und Flächen hinter großen Möbelstücken. Feuchteschäden an diesen Stellen sind fast immer darauf zurückzuführen, daß die Fugen neuer Fenster verhältnismäßig dicht schließen und daß zu wenig

gelüftet wird. Infolgedessen enthält die Raumluft vermehrt Wasserdampf, der an den kälteren Wandoberflächen kondensiert. Neben konsequentem Lüften schafft nur eine zusätzliche Wärmedämmung dieser Wandflächen dauerhaft Abhilfe.

Einfache Maßnahmen zur Vermeidung von Schwitzwasserbildung:

- Möbelstücke 2 - 5 cm von der Wand abrücken und eine Luftzirkulation von unten nach oben ermöglichen, große Bilder durch Abstandshalter hinterlüften,
- Räume mit hohem Feuchtigkeitsanfall häufiger lüften (Stoßlüftung),
- Feuchträume (Küche und Bad) nicht über offene Türen in die Wohnung entlüften,
- Räume ausreichend beheizen, unbeheizte Räume im schlecht wärmegedämmten Altbau nicht über offene Türen temperieren.

Im übrigen helfen nur möglichst umfassende Wärmedämmaßnahmen an den Außenwänden (Kap. 7.3), denn dadurch erhöht sich die Temperatur der inneren Wandoberflächen; gleichzeitig werden Wärmebrücken an Fenstern, Decken und Gebäudeecken beseitigt, so daß es nicht mehr zur Kondensation des Wasserdampfes an den inneren Wandflächen kommt.

Risse im Mauerwerk

Sichtbare Risse an der Außenwand können z.B. auf Schäden am Putz zurückzuführen sein. Sie sollten möglichst bald geschlossen werden, um das Eindringen von Feuchtigkeit in die Wand zu vermeiden.

Ursachen für Rißbildung im Mauerwerk liegen meist in Mängeln im Fundamentbereich (siehe Kap. 6.1 - 6.3). Andere Ursachen, auf die hier jedoch nicht näher eingegangen wird, können sein:

- mangelnder Verband bei Bruchsteinmauerwerk
- Schubkräfte aus Gewölben, Dachstühlen oder Bögen über Wandöffnungen
- zu dünnes Mauerwerk ohne ausreichende Queraussteifung.

7.2 Fachwerk-Außenwände

Bei Fachwerkhäusern bildet das Holzwerk das tragende Gefüge, die Ausfachung aus Lehm- oder Mauerwerk ist nichttragend. Fachwerkkonstruktionen können relativ starke Setzungen und Verschiebungen ohne Gefährdung ihrer Stabilität aufnehmen. Probleme bereiten dagegen die zahlreichen Fugen zwischen Ausfachungen und Holzwerk. Undichte Fugen beeinträchtigen die Winddichtigkeit des Gebäudes, Regen kann eindringen und zum Verrotten des Fachwerks führen. Viele Schäden sind auf eine mangelhafte Bauun-

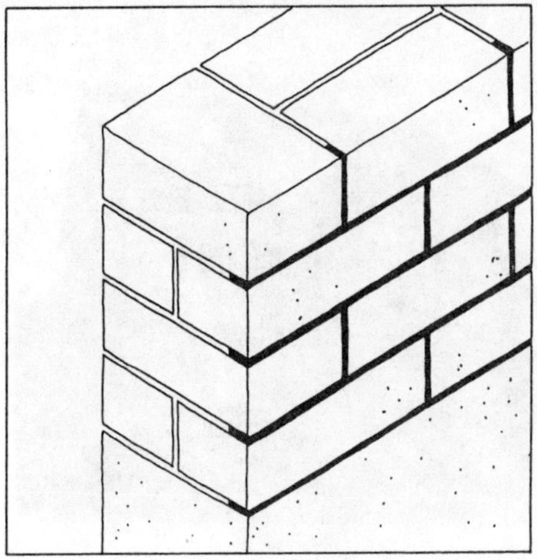

Abb. 25
So wird schadhaftes Mauerwerk neu verfugt

Auskratzen der schadhaften Fugen (ca. 2 - 3 cm) und anschließend wieder neu verfugen

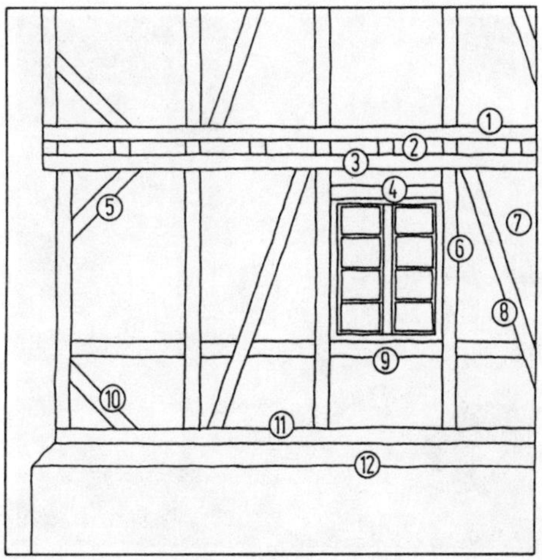

Abb. 26
Die Bezeichnungen bei einer Fachwerkwand

1 Schwelle
2 Balkenfach
3 Rähm
4 Kopfriegel
5 Bug oder Kopfband
6 Pfosten oder Stiel
7 Ausfachung
8 Strebe
9 Brustriegel / Riegel
10 Fußband
11 Schwelle
12 Sockel

terhaltung, auf eine nicht ausreichende Berücksichtigung des konstruktiven Holzschutzes (Kap. 5.3.2) oder auf Fehler bei zurückliegenden Sanierungsmaßnahmen zurückzuführen - da nützt auch bestes Eichenholz auf die Dauer nichts.

Gerade bei der Instandsetzung von Fachwerkbauten kommt es darauf an, die traditionellen Konstruktionen zu verstehen und die handwerklichen Techniken zu kennen. Auf eine sorgfältige Ausbildung der Details und auf eine materialgerechte Verarbeitung ist großer Wert zu legen.

Häufige Schäden an Fachwerkwänden:

- Oberflächenzerstörung des Weichholzes durch Verwitterung;
- morsche Schwellen auf dem Sockelmauerwerk, bedingt durch aufsteigende Feuchtigkeit und durch Nässestau z.B. über einem Mauervorsprung;
- Fäulnis an den Holzverbindungen und beschleunigte Verwitterung der Ausfachungen aufgrund einer schadhaften Dachentwässerung oder undichten Dacheindeckung;
- Pilzbefall (stets in Verbindung mit Feuchtigkeit);

oben links
Fachwerk mit Sichtmauerwerk

oben rechts
Backsteinfassade, kombiniert mit ausgemauertem Sichtfachwerk

Mitte
Solche mit Brettern vorgetäuschten Fachwerke müssen nicht sein.

unten links
Schäden durch abgeplatzten Putz an der Fassade infolge eingedrungener Feuchtigkeit

unten rechts
Schadhafter Sockelbereich

- Befall durch tierische Holzschädlinge, die die tragende Konstruktion schwächen;
- Verschiebungen im konstruktiven Gefüge des Holztragwerks;
- offene Fugen zwischen Ausfachung und Holzwerk, die zu Nässestau und Fäulnis führen;
- lockerer Außenputz;
- lockere Lehm- oder Natursteinausfachung.

Fachwerkwände können als Sichtfachwerk oder als verputztes Fachwerk konzipiert sein. Das rein konstruktive, verputzte Fachwerk besteht meist aus dünneren Hölzern und wurde in der Regel ohne gestalterischen Anspruch und ohne Zierformen errichtet. Es ist weniger schadensanfällig, weil die Fugen zwischen Holzwerk und Ausfachungen verdeckt sind. Manchmal wurde Sichtfachwerk nachträglich verputzt, um den Brandschutz oder den Feuchtigkeitsschutz zu verbessern. Gelegentlich dient der Putz auch dazu, eine als wertvoll angesehene Barock- oder Renaissance-Steinwand mit einer aufgemalten Quadrierung zu imitieren.

Eine Fachwerkkonstruktion sollte nur freigelegt werden, wenn sie auch ursprünglich als Sichtfassade angelegt war. Bei der Entscheidung gilt es außerdem den Zusammenhang mit der Nachbarbebauung und die Auswirkung auf das Ortsbild zu berücksichtigen. Das Freilegen eines ursprünglich verputzten Fachwerks wirkt oft lächerlich und aufgesetzt. Schlimmer noch ist das Vortäuschen eines Sichtfachwerks durch Bretter oder Bohlen. Eine solche "Scheinfassade" rückt den Charakter eines Hauses in die Nähe von Disneyland.

7.2.1 Reparaturen am Holzwerk

Ausbessern von Holzteilen

Sind nur die oberen Schichten eines Holzbalkens verfault oder von Holzschädlingen zerstört, kann die schadhafte Schicht mit dem Beil entfernt und durch ein neues Brett ersetzt werden. Bei der Arbeit an tragenden Teilen ist der Kräfteverlauf zu berücksichtigen und das Ersatzholz ggf. kraftschlüssig mit dem vorhandenen zu verbinden. Eventuell muß vorher abgespreßt werden - in Zweifelsfällen ist dabei der Rat eines Fachmanns angebracht. Größere Maßnahmen und Abstützungen erfordern unter Umständen sogar einen statischen Nachweis.

Die einzelnen Arbeitsschritte:
- Je nach Umfang des Schadens tragende Holzteile absprießen, ggf. prüfen lassen, ob der verbleibende Holzquerschnitt statisch ausreicht;
- Ausfachungen soweit erforderlich entfernen;
- schadhafte Holzschicht abbeilen, eventuell Hilfsschnitte mit der Handkreissäge anbringen;
- abgebeilte Flächen ebnen (mit Stemmeisen, Hobel);
- Bohlenstücke (4 - 6 cm dick) - möglichst aus gesundem Abbruchholz oder aus trockenem Holz der gleichen Sorte - zuschneiden, genau einpassen und kraftschlüssig mit dem Restholz verschrauben (beim Nageln kann die Erschütterung zur Beschädigung der Gefache führen);
- Insekten- und pilzbefallende Holzreste verbrennen.

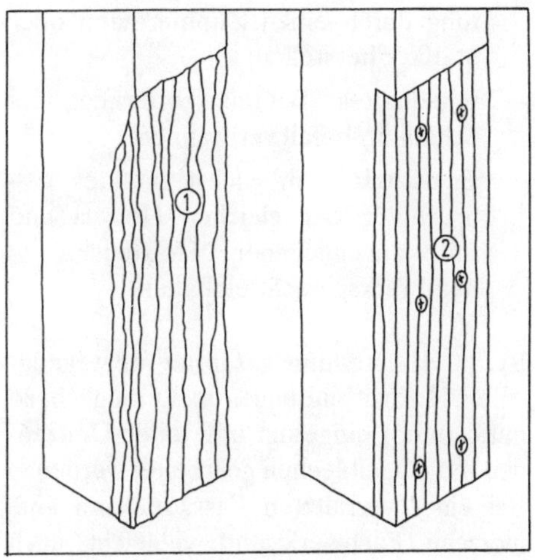

Ersetzen von Holzteilen

Stark zerstörte Holzteile, die sich nicht mehr ausbessern lassen, werden ausgewechselt oder mit einem Beiholz ("Aufdopplung") verstärkt bzw. entlastet. Ist z.B. eine Innendämmung vorgesehen, so kann ein morscher Stützenkopf durch ein aufgeschraubtes Konsolholz "ersetzt" werden. Solche Lösungen bieten sich auch an, wenn bei Gebäudeumnutzungen höhere Deckenlasten abgetragen werden müssen, z.B. beim Ausbau einer Scheune.

Abb. 27
So werden schadhafte Holzteile repariert

1 Schadhafte Holzteile ausbeilen/aussägen
2 Neues Holz einsetzen und verschrauben

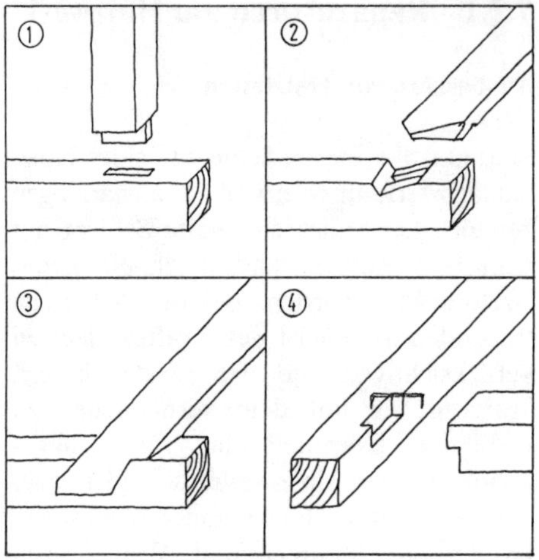

Abb. 28
Alte Fachwerkverbindungen

1 Zapfen
2 Versatz
3 Verblattung
4 Versatz mit Klammer

Abb. 29
Genagelte, für den Selbstbauer geeignete Fachwerkverbindungen

1 Winkelblech statt Zapfen
2 Brettlasche statt Versatz
3 Brettlasche statt Verblattung
4 Balkenschuh statt Versatz

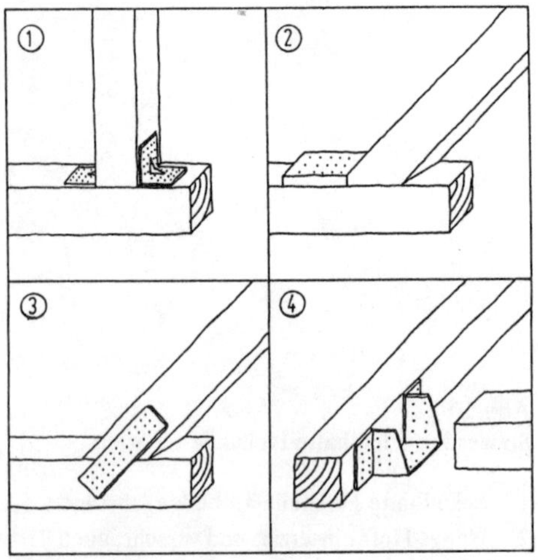

Ein echtes Auswechseln ist aufwendig. Es ist daher ratsam, den Schadensumfang unter fachlicher Anleitung zu beurteilen und statische, optische, denkmalpflegerische und wirtschaftliche Gesichtspunkte bei der Bauteilerneuerung mit einzubeziehen. Beim Abbruch tragender Teile ist immer eine Baugenehmigung erforderlich.

Arbeitsschritte beim Auswechseln eines Holzteils:

- angrenzende Ausfachungen entfernen;
- Holzteile säubern;
- Abfangung (Absprießung) mit Anleitung durch einen Zimmermann oder Statiker herstellen;
- schadhaftes Bauteil entfernen, bei Schädlingsbefall verbrennen;
- Ersatzholz - möglichst intaktes Abbruchholz der gleichen Holzart und mit angeglichener Holzfeuchte - handwerksgerecht einbauen.

Ist die Herstellung gezapfter oder gedübelter Holzverbindungen nicht möglich, so muß stumpf eingefügt und unter Umständen mit Nagelblechen gearbeitet werden. Bei einer verputzten Fassade kann eine morsche Fachwerkwand vielleicht auch durch Mauerwerk ersetzt werden, sofern keine denkmalpflegerischen Belange entgegenstehen.

Dazu folgende Regeln:

- Vorrang hat die konstruktions- und materialgetreue Ausführung;
- klare Trennung zwischen Fachwerk- und Mauerwerkswänden (kein konstruktiver Mischmasch!);
- Steinwände stehen unter oder neben Fachwerkwänden, nie darüber;
- die gestalterischen Auswirkungen berücksichtigen.

Zur Gestaltung von Reparaturen: in einer Fachwerkfassade können durchaus "Flickstellen" gezeigt werden. Sie müssen aber formal gelöst und integriert sein. Das bewußt erkennbare, konstruktiv und handwerklich gut ausgeführte Reparieren ist eine ehrliche Architektur und in vielen Fällen einer Scheingeschichtlichkeit vorzuziehen.

Ausrichten des Tragwerks

Ein neues Ausrichten des Fachwerks wird sich in der Regel nicht allein auf eine Außenwandfläche, sondern auf das gesamte räumliche Gefüge des hölzernen Tragwerks erstrecken. Dazu muß das Gebäude bzw. der betroffene Gebäudeteil völlig "entkernt" und mit Verspannungen und Abstützungen statisch gesichert werden. Das Ausrichten der Fachwerkkonstruktion erfolgt mit Hebegeschirr und Zugvorrichtungen. Die Wechselwirkung zwischen Sicherungsmaßnahmen, Standortveränderungen und sich änderndem Kräfteverlauf erfordert eine sorgfältige Vorgehensweise und kann nicht im Selbstbau durchgeführt werden.

Wegen der hohen Kosten ist das Ausrichten eines Tragwerkes nur in besonderen Fällen, z.B. bei historisch wertvollen Gebäuden, sinnvoll. Im übrigen ist das Atmosphärische eines schiefwinkligen alten Hauses ja auch nicht zu verachten! Die Veränderungen im Hausgefüge sind vielfach bereits vor Jahrzehnten oder früher eingetreten und abgeschlossen, so daß neue Schäden durch Setzungen kaum zu erwarten sind; der Kräfteverlauf ist also wieder im Gleichgewicht. Ein Eingriff in einen Teil des Tragsystems kann dagegen zu neuen, unerwarteten Schäden führen.

oben rechts und links
Wiederherstellen des alten Fachwerkes durch Ersetzen der schadhaften Holzteile durch Überblattung mit Holzdübeln

Mitte rechts
Der Versatz, eine traditionelle Holzverbindung

unten links
Wiedereinbau einer alten, aufgearbeiteten Fachwerkkonstruktion. Alt neben Neu bleibt sichtbar.

unten rechts
Holzverbindung mit einer eingelassenen Stahllasche und Stahlbolzen

oben links
Holzverbindung mit Nagelblechen (Winkelbleche)

oben rechts
Holzverbindung mit Balkenschuhen (genagelt)

unten links
Holzverbindung mit Nagelblech

unten rechts
Hier wurden Holz- und Stahltragwerke kombiniert

7.2.2 Reparaturen an der Ausfachung

Für die Ausfachung des Holzwerks wurde bei alten Fachwerkhäusern sowohl Lehmstakung als auch Mauerwerk verwendet. Alte Lehmausfachungen bestehen aus Holzstaken und z.B. einem Geflecht aus biegsamen Ruten (Weide, Haselnuß etc.) als Armierung für den Lehmbewurf, der dann geglättet und verputzt wurde. Für gemauerte Ausfachungen wurde meistens Ziegel- oder Naturstein eingesetzt.
Häufige Schäden an Ausfachungen:

- undichte Fugen zwischen Ausfachung und Holzwerk,
- verwitterter Putz,
- verwitterter Fugenmörtel und verwitterte Steinoberflächen bei Sichtmauerwerk,
- schadhafte Lehmausfachung, lockerer Mauermörtel, mangelnder Steinverbund.

Fachwerkaußenwände genügen nicht mehr den heutigen Wärmedämmstandards. Bei Sichtfachwerk wird eine ausreichende Wärmedämmung durch innen aufgebrachte Vorsatzschalen erreicht, bei verputztem Fachwerk wird die Dämmschicht vorzugsweise außen angebracht (Kap. 7.3.2).

Sichtfachwerk mit Lehmausfachung

Noch vorhandene Lehmausriegelungen sollten aus bauphysikalischen, bauhistorischen und wirtschaftlichen Gründen nach Möglichkeit erhalten werden. Wer Lehmfachwerk in größerem Umfang in traditioneller Technik reparieren will, sollte sich das Herstellen der Lehmmischung und die Arbeitstechnik von einer kompetenten Person zeigen lassen.

Leichte Schäden, wie Risse in der Oberfläche und offene Anschlußfugen, können relativ leicht beseitigt werden:

- Gefachfläche reinigen: lockere Stellen abschlagen, Oberfläche abbürsten oder abwaschen (Wasserschlauch).
- Risse und abgeplatzte Stellen mit Kalkmörtel (Kap. 5.2.3) schließen, Holzanschlußfugen sorgfältig und bündig ausführen.
- Kalkschlämme - evtl. mit Pigmenten eingefärbt - aufbringen (Kap. 15).

Bei stärkeren Schäden, z.B. bei teilweise fehlendem Lehmbewurf oder wenn die Ausfachung nicht mehr fest mit dem Holzwerk verbunden ist, kann folgendermaßen verfahren werden:

- Lose Stakung verschrauben.
- Gefach ganzflächig 2 - 3 cm tief ausnehmen, Anschlußfuge mit Holz auskratzen.
- Verzinktes Metallgewebe ("Streckmetall") als Putzträger an den Seiten am Holzwerk und in der Gefachmitte mit verzinkten Nägeln befestigen. (Wenn genügend Platz ist, kann auch eine 25 mm dicke Holzwolle-Leichtbauplatte als Putzträger verwendet werden.)
- Kalkputz und Anstrich aufbringen.

Die Putzoberfläche sollte bündig an das Holzwerk anschließen oder nur wenig vorstehen; sie darf die Holzkante nicht überdecken. Eine möglichst glatte, feinkörnige Oberfläche ist passender als eine künstliche Struktur oder etwa ein "wurmstichiger" Rauhputz.
Eine Fugenabdichtung mit "dauerelastischem" Kitt ist nicht sinnvoll, da solche Fugen nicht dauerhaft dicht bleiben, die Dichtungsmasse aber ein Austrocknen eingedrungener Feuchtigkeit behindert.

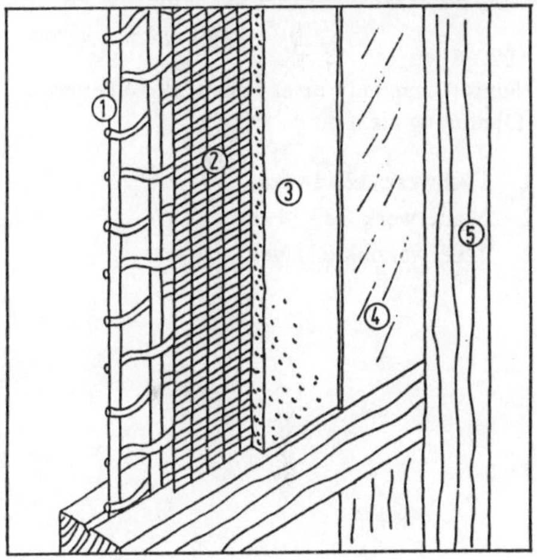

oben links
Fachwerk mit Stakung, Weidengeflecht und Lehmbewurf

oben rechts
Sichtfachwerk, ehemals verputzt - wie an der rauhen Holzoberfläche erkennbar. Die Putzoberfläche liegt in der gleichen Ebene wie das Holzwerk. So kann das Regenwasser zügig ablaufen.

unten
Fachwerk mit Strohlehm-Ausfachung

Abb. 30
Reparatur einer Ausfachung mit Stakung und Weidengeflecht

1 Stakung mit Geflecht
2 Verzinktes Metallgewebe, Kunststoffgewebe oder Schilfmatten
3 Putz 2 cm
4 Anstrich
5 Fachwerk

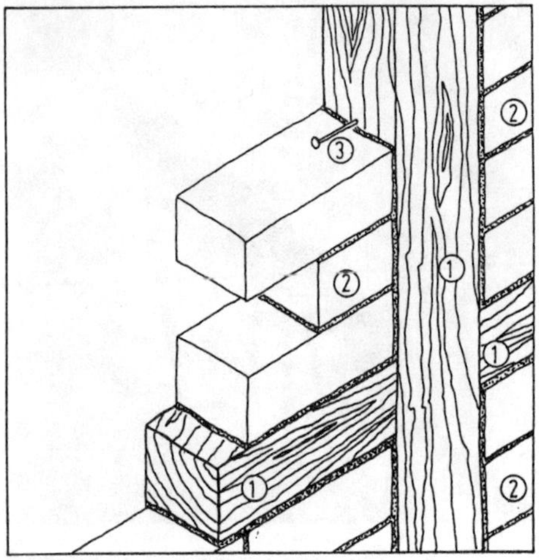

Abb. 31
Neues Ausmauern einer Fachwerk-Außenwand (Dämmung nicht dargestellt)

1 Fachwerk 12 - 14 cm
2 Mauerwerk 12 - 14 cm
3 120er verzinkte Nägel

Gefache mit Sichtmauerwerk

Ausfachungen aus sichtbarem Mauerwerk bestehen im allgemeinen aus Klinkern bzw. Vormauerziegeln und sind besonders im norddeutschen Raum verbreitet. Die Instandsetzung erfolgt in ähnlicher Weise wie im Abschnitt über Sichtmauerwerk beschrieben:

- Mauerwerk mit Dampfstrahlgerät reinigen,
- Mörtelfugen 20 mm tief auskratzen, insbesondere die Holzanschlußfuge,
- sorgfältiges Neuverfugen mit Traßkalkmörtel.

Auch hier ist es nicht sinnvoll, die Holzanschlußfuge mit dauerelastischem Kitt zu füllen.

Gefache mit verputztem Mauerwerk

Wenn sich die vorhandene, alte Ausfachung nicht mehr erhalten läßt, stellt sich die Frage, aus welchem Material die neue Ausfachung hergestellt werden soll. Beidseitig sichtbares Fachwerk ist wegen der unzureichenden Winddichtigkeit grundsätzlich nicht zu empfehlen; abgesehen davon reicht die Wandstärke des Fachwerkes (im allgemeinen ca. 14 cm) nicht aus, um zwischen den Oberflächen innen und außen noch eine ausreichende Wärmedämmung aus Mauerwerk unterzubringen. Soll die Fachwerkkonstruktion außen sichtbar bleiben, kann die neue Ausfachung aus Mauerwerk oder aus Strohlehm (jeweils mit innenliegender Dämmschicht) oder in Leichtbauweise hergestellt werden. Leichte Mauersteine, z.B. aus Bims oder Gasbeton, lassen sich sägen und somit gut an schräg laufende Holzteile anpassen. Schwere Steine, z.B. Ziegel oder Kalksandstein, bringen dagegen eine bessere Schalldämmung.

Beim Vermauern - am besten mit Kalkmörtel - wird in jeder zweiten Lagerfuge ein verzinkter Nagel seitlich ins Holz eingeschlagen, um die Ausfachung zu verankern. Eine bessere Schall- und Winddichtigkeit bieten mittig an den Fachwerkbalken angenagelte Dreikantleisten. Die obere Anschlußfuge wird am besten erst zwei Tage später vermörtelt, weil frisches Mauerwerk sich setzt und die obere Fuge sich öffnen würde. Bei verputztem Fachwerk wird bündig mit dem Holzwerk gemauert; bei Sichtfachwerk wird mit 25 mm Rücksprung gemauert, damit Putz- und Holzoberfläche in einer Ebene liegen.

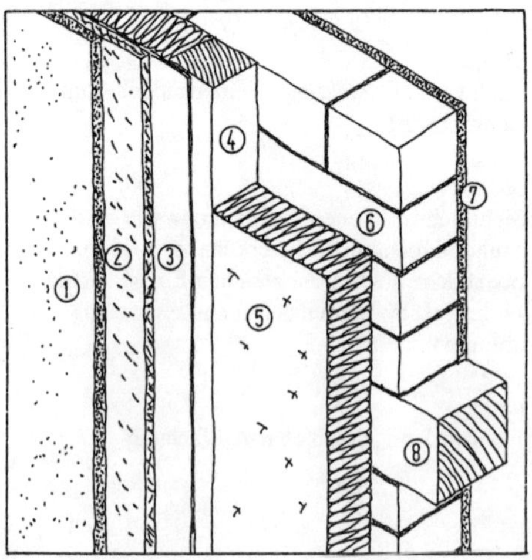

Abb. 32
Sichtfachwerk mit verputzter Ausfachung und verputzter Innendämmung

1 Innenputz 15 mm
2 HWL - Platte 15 mm
3 PE - Folie 0,2 mm
4 Kanthölzer im Anstand entsprechend der Dämmattenbreite
5 Dämmung 40 - 100 mm
6 Gemauerte Ausfachung
7 Außenputz 20 mm
8 Fachwerkriegel

Leichte Ausfachungen

Muß die vorhandene Ausfachung entfernt werden, so besteht auch die Möglichkeit, die Gefache mit Wärmedämmstoff zu füllen und zu verputzen. Auf diese Weise wird eine gute Dämmwirkung der Wand erreicht. Zur weiteren Optimierung der Wärmedämmung kann auf der Außen- oder Innenseite eine zweite Dämmschicht angebracht werden. Es ist allerdings zu bedenken, daß die schalldämmende Wirkung solch leichter Konstruktionen nur mäßig ist.

Einige Regeln für den Umgang mit Fachwerkwänden:

- Fassadenflächen nicht verfliesen und nicht mit dampfdichten Dämmplatten, Dispersionsanstrich oder Kunstharzputzen versehen.
- Risse im Holz des Sichtfachwerkes, die mehr als 8 mm breit sind, mit Holz auskeilen, kleinere Risse nur mit Farbe tief ausstreichen.
- Das Schwellenauflager ist so auszubilden, daß aufsteigende Feuchtigkeit von unten mit einer Bitumenbahn abgesperrt wird und daß Feuchtigkeit von oben nicht gestaut wird oder gar unter bzw. hinter die Schwelle dringen kann.
- Kalkputze auf Lehmausfachungen benötigen einen Putzträger zur Haftung.
- Bei vorstehenden Putzflächen müssen die Putzkanten schräg an die Hölzer herangeführt werden, um einen ungehinderten Wasserablauf auf der Fassade zu gewährleisten.
- Bei allen Reparaturen und Veränderungen soll das statische System nicht verändert werden. Auf das Fachwerk sollen nur Lasten aus Holzkonstruktionen abgetragen werden.
- Fehlstellen sind mit trockenen Holz der gleichen Holzart mindestens 5 cm dick zu sanieren.

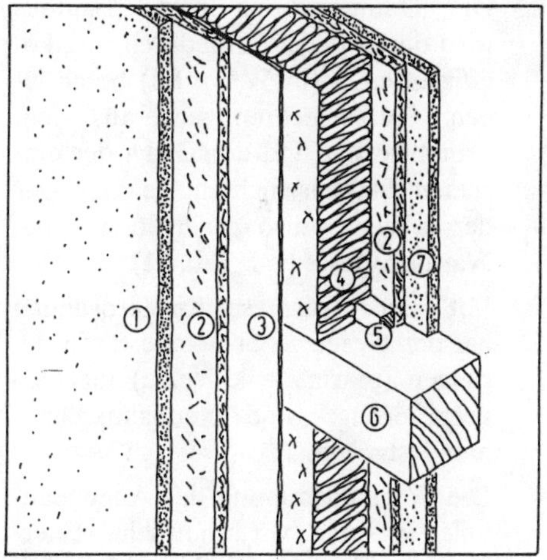

Abb. 33
Sichtfachwerk mit wärmedämmender Ausfachung

1 Innenputz 15 mm
2 HWL - Platte
innen 15 mm
außen 25 mm
3 PE - Folie 0,2 mm
4 Dämmung 40 - 100 mm
5 Holzleiste als Anschlag für HWL - Platte
6 Fachwerkriegel
7 Außenputz 20 mm

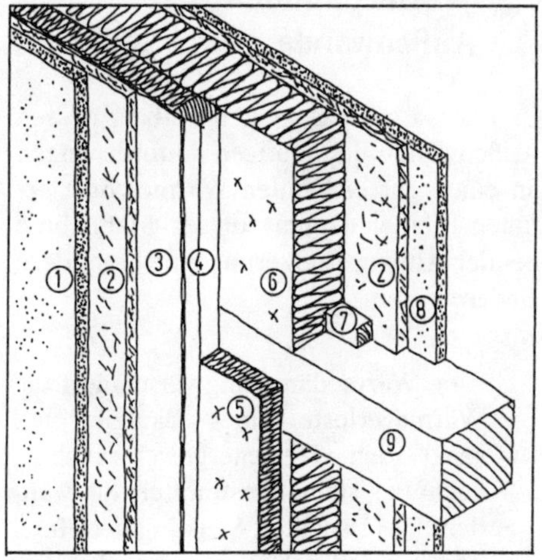

Abb. 34
Sichtfachwerk mit wärmedämmender Ausfachung

1 Innenputz 15 mm
2 HWL - Platte,
innen 15 mm
außen 25 mm
3 PE - Folie 0,2 mm
4 Kanthölzer im Abstand entsprechend der Dämmatten
5 Dämmung
6 Dämmung, zusammen 100 - 140 mm
7 Holzleiste als Anschlag für HWL - Platte
8 Außenputz 20 mm
9 Fachwerkriegel

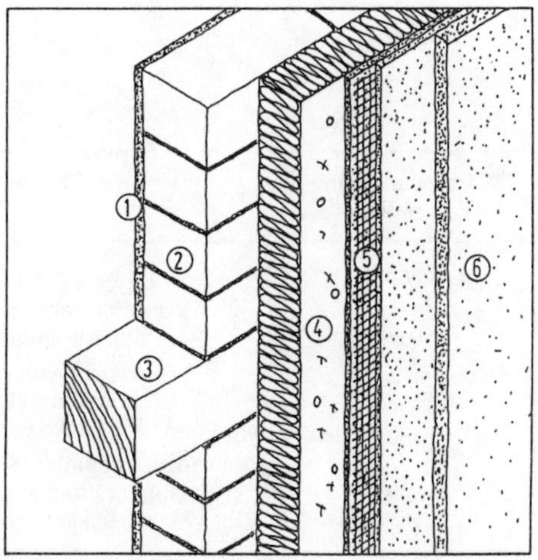

Abb. 35
Ausgemauerte Fachwerkwand mit verputzter Wärmedämmschicht und sichtbarem Fachwerk innen

1 Innenputz 15 mm
2 Gemauerte Ausfachung (in der Stärke des Fachwerks)
3 Fachwerkriegel 120 - 140 mm
4 Dämmung 40 - 100 mm
5 Unterputz mit Armierung, darüber
6 Der Außenputz 25 mm

7.3 Wärmedämmung der Außenwände

Es gibt so gut wie keinen Altbau, dessen Außenwände die heutigen Anforderungen an einen ausreichenden Wärmeschutz erfüllen. Daher kommt dieser Maßnahme bei der Althauserneuerung eine besondere Bedeutung zu:

- Eine Wärmedämmung vermindert die Wärmeverluste eines Bauteils und senkt den Heizenergieverbrauch - auch bei sonnenbestrahlten Südwänden. Das bedeutet: Senkung der Heizkosten, dadurch Schonung der begrenzten Energievorräte, Entlastung der Umwelt durch geringere Schadstoffemission, erhöhte Behaglichkeit, Beseitigung von Wärmebrücken und Kondenswasserbildung.
- Entscheidend für das Maß der Dämmwirkung ist die Dicke und technische Qualität des verwendeten Dämmstoffes.
- Die Dämmeigenschaft eines Baustoffes wird durch die Wärmeleitfähigkeit λ (in W/(mK)) beschrieben; sie ist bei Dämmstoffen auf der Verpackung angegeben (vgl. Tab. 24).
- Die Dämmwirkung eines Bauteils wird durch den Wärmedurchgangskoeffizienten k (in $W/(m^2K)$) beschrieben. Sie errechnet sich aus dem Dämmwert λ und der Dicke der einzelnen Bauteilschichten. Je niedriger der k-Wert, umso geringer sind die Wärmeverluste (vgl. Tab. 11).
- Mit der Wärmeschutz-Verordnung hat der Gesetzgeber Mindestanforderungen (maximale k-Werte) für Modernisierungs- und Neubaumaßnahmen festgelegt.
- Die Wärmedämmung der Außenbauteile ist eine wirtschaftliche Energiesparmaßnahme; sie bringt bei gleichem finanziellen Einsatz gegenüber Maßnahmen wie Sonnenkollektoren oder Glasanbauten eine größere Energie- und Kostenersparnis.

Die einzelnen Dämmstoffe sind in Kap. 5.4 aufgeführt. Die Dicke des Dämmstoffs errechnet sich aus dem geplanten k-Wert. Unter Umweltaspekten sollte ein Dämmstandard angestrebt werden, der über den Mindestanforderungen der Wärmeschutzverordnung (vgl. Kap. 4.4.1) liegt. Bei normalen Heizgewohnheiten in Wohnhäusern ist es für den Heizenergieverbrauch ohne Bedeutung, ob die Dämmschicht auf der Außen- oder Innenseite der Wand liegt. Trotzdem bleibt die Frage: Außen- oder Innendämmung?

7.3.1 Außen- oder Innendämmung?

Bei der praktischen Anwendung haben beide Lösungen ihre Vor- und Nachteile. Grundsätzlich ist die *außenliegende* Dämmung aus bau- und wärmetechnischen Gründen zu bevorzugen, weil dabei

- Wärmebrücken im Bereich der Fenster, Wand- und Deckenanschlüsse und damit die Gefahr der Schwitzwasserbildung vermieden werden;
- die massive, wärmespeichernde Wand eine ausgleichende Wirkung auf das Raumklima hat;
- der Einbau einer Dampfbremse in der Regel nicht erforderlich ist.

Eine Außendämmung bietet sich besonders dann an, wenn die Fassade ohnehin instandgesetzt wird oder eine Erneuerung der Fenster geplant ist. Wo es möglich ist, sollte die Außendämmung der Innendämmung vorgezogen werden.

Tabelle 25
k - Werte für Außenwände: Bewertung

Wärmedurchgang k-Wert in W/m^2K	Erläuterung	Beurteilung der Dämmwirkung
über 1,2	die meisten Altbauwände	sehr schlecht
0,6	Vorgeschriebener Mindestwert bei der Altbaumodernisierung	schlecht
0,5 ... 0,8	Werte bei Neubauten, wie sie nach der Wärmeschutzverordnung praktiziert werden	mittelmäßig
unter 0,4	anzustrebender "Schwedenstandard", besonders sinnvoll in Verbindung mit Wärmerückgewinnung aus der Abluft	gut

Sie kann jedoch nicht ausführbar oder von Nachteil sein,

- wenn durch zahlreiche und schwierige Anschlüsse an der Fassade ein hoher Arbeitsaufwand entsteht;
- wenn nur Teile des Gebäudes beheizt sind und gedämmt werden sollen - was z.B. bei alten Bauernhäusern oft vorkommt - denn es ist praktisch kaum möglich, lediglich eine Teilfläche der Fassade mit einer Wärmedämmung zu versehen;
- wenn eine wertvolle Fassade in ihrem Aussehen erhalten werden soll, z.B. Backsteinfassaden mit Fenstergewänden und Gesimsen aus Naturstein;
- wenn Außenwände auf der Grenze zum Nachbargrundstück stehen und mit dem Nachbarn keine Einigung möglich ist. Baugrenzen und Grundstücksgrenzen zu öffentlichen Flächen, z.B. Gehwegen, Straßen, dürfen im allgemeinen nach Absprache mit der Baurechtsbehörde überschritten werden.

Eine *Innendämmung* hat den Vorteil, daß Wärmebrücken wie Rolladenkästen wirkungsvoll gedämmt und daß in der Ebene der Dämmschicht neue Installationsleitungen verlegt werden können: das Herstellen von Wandschlitzen mit den zugehörigen Folgearbeiten entfällt also. (Vorsicht jedoch bei Wasserinstallationen in der Wand: Frostgefahr! Nach einer Innendämmung kann der Frostpunkt in der Wand liegen.)
Reparaturen am Fachwerk, z.B. mit aufgesetzten Beihölzern, lassen sich bei einer Innendämmung problemlos verdecken. Innendämmungen, in der Regel zwischen 5 - 15 cm dick, können zwar Zimmer für Zimmer und ohne Gerüst angebracht werden, haben jedoch den Nachteil, daß sie die häufig kleinen Räume noch kleiner machen. Bei Innendämmungen ist raumseitig vor der Dämmschicht in der Regel eine Dampfbremse anzuordnen, um eine Durchfeuchtung der Wand durch kondensierenden Wasserdampf zu verhindern. Eine Beeinträchtigung des Raumklimas und der sogenannten Wandatmung ist dadurch nicht zu befürchten (vgl. Kapitel 3.2.1).

7.3.2 Außendämmung

Entscheidende Kriterien bei der Auswahl der Konstruktion sind das gewünschte Aussehen und die Kosten. Es bieten sich folgende Möglichkeiten:

- die verputzte Fassade,
- die holzverschalte Fassade,
- die Fassade aus Sichtmauerwerk.

Verputzte Dämmfassade

Die Konstruktion der verputzten Dämmfassade besteht im wesentlichen aus einer angedübelten oder angeklebten Dämmplatte, deren Festigkeit und Oberfläche zum Verputzen geeignet ist. Als Alternative zu Polystyrol-Platten eignen sich Mineralfaserplatten und Holzwolle-Leichtbauplatten. Damit der Putz an den Plattenstößen nicht reißt, wird in den Unterputz vollflächig ein Kunststoff- oder Glasfasergewebe eingearbeitet. Naturfasergewebe sind an dieser Stelle ungeeignet, weil sie bei Feuchtigkeit nicht formstabil bleiben.
Das Gewebe wird vor Anbringen des Unterputzes im Abstand von etwa 7 mm so aufgebracht, daß es später im Putz eingebettet ist. Derartige Dämmkonstruktionen bietet die Industrie auch als komplette Systeme an, bei denen die einzelnen Komponenten genau aufeinander abgestimmt sind. Wegen der einfachen Verarbeitung

Das waagerechte Kantholz über Tür- und Fensteröffnung begrenzt die verputzte Wärmedämmschicht

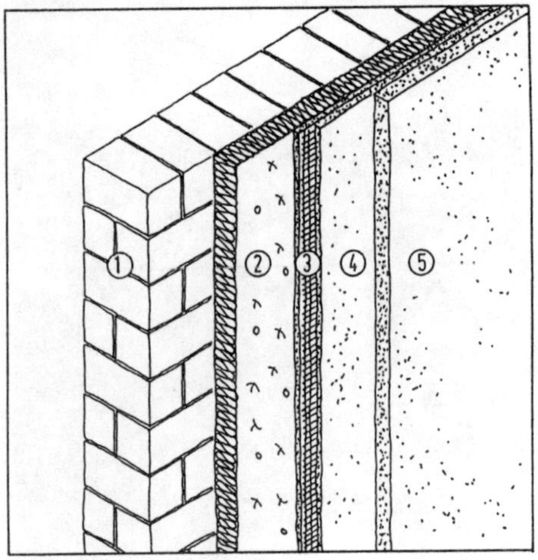

Abb. 36
Der Aufbau einer verputzten Dämmfassade

1 Außenwand
2 Dämmschicht 40 - 100 mm
3 Glasfasergewebe, eingebettet in den Unterputz
4 Unterputz
5 Oberputz; Dicke von Unter- + Oberputz: 20 mm

und der angeblich höheren Dauerhaftigkeit werden diese Systeme meist jedoch nur mit einem Kunstharzputz und nicht mit einem mineralischen Putz angeboten.
Besondere Überlegungen erfordert bei Putzfassaden die Ausbildung des Sockels und der Anschluß an das Gelände, denn die gebräuchlichen Wärmedämmaterialien sind feuchtigkeitsempfindlich.

Für den Sockel gibt es mehrere Lösungen:

- Als Wärmedämmstoff werden (teure) wasserunempfindliche Dämmplatten aus Schaumglas verwendet.
- Der Sockel erhält eine neue, gemauerte Vorsatzschale, die jedoch ein ausreichend tiefes frostsicheres Fundament erfordert.
- Anstelle des Fundaments kann auch eine Vorsatzschale aus Beton gegossen werden, die mit eingeschlagenen Edelstahlbolzen (rostfrei) oder rostfreien Stahlwinkeln am Mauerwerk verankert ist.

Unter Umständen muß der Dachvorsprung an den Giebel- und Traufseiten verlängert werden. Dazu wird die Dacheindeckung bis zum 2. Sparren entfernt.

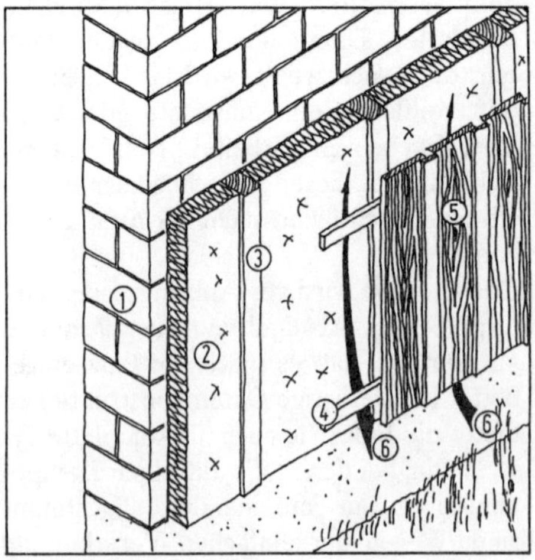

Abb. 37
Aufbau einer holzverschalten Dämmfassade

1 Gemauerte Außenwand
2 Dämmschicht 4 - 14 cm
3 Unterkonstruktion aus Kanthölzern 7 - 17 cm
4 Konterlattung 3/5 cm
5 Holzschalung 22 mm
6 Hinterlüftung

Der neue Ortgang wird bei Ziegeldeckung mit längeren Latten hergestellt, die bis zu 50 cm auskragen können.

Holzverschalte Dämmfassade

Zum Selbermachen besonders geeignet, bauphysikalisch gut und ökologisch günstig ist die "vorgehängte" Holzschalung mit Wärmedämmung und Hinterlüftung. Die Wärmedämmung sollte auch hier möglichst 10 - 15 cm dick sein. Als Dämmstoffe eignen sich alle halbsteifen und steifen Platten, z.B. Kork, Kokos- oder Mineralfaserplatten (vorzugsweise Steinwolle). Ungeeignet sind gerollte, weiche Matten, weil sie auf Dauer absacken oder aufquellen können und dann die Hinterlüftung beeinträchtigen. Bei der Verwendung von Zelluloseflocken muß durch Anbringen einer äußeren Platte erst ein Hohlraum geschaffen werden, in den das Dämmgut maschinell eingeblasen wird.
Die Hinterlüftung, ein unten und oben offener, mindestens 25 mm tiefer und durchgehender Hohlraum zwischen Dämmschicht und Holzschalung, gewährleistet ein rasches Austrocknen jeglicher Feuchtigkeit von innen oder außen. Die Unterkonstruktion besteht aus Kanthölzern, deren Abstand (50 - 100 cm) auf die Lieferbreiten des Dämmstoffes abgestimmt sein sollte. Mögliche Schalungsarten werden in Kap. 7.4 dargestellt.
Bei Fachwerkwänden empfiehlt sich der Einbau eines Windschutzes, denn die Anschlußfugen zwischen Holzwerk und Ausfachung sind in der Regel nicht richtig dicht. Als winddichtende Schutzschicht eignet sich Autobahn-Unterlagpapier oder Ölpapier (z.B. "Percalor" der Fa. Palm), das unter oder auf der Wärmedämmschicht angebracht wird. Diffusionsdichte Bahnen z.B. aus Bitumen oder Kunststoff dürfen hier nicht verwendet werden.

Vorgemauerte Dämmfassade

Wegen der hohen Kosten ist eine gemauerte Vorsatzschale nur sinnvoll, wenn aus gestalterischen Gründen ein Sichtmauerwerk gewünscht ist. Die neue Mauerschale übernimmt dabei die Funktion des Regenschutzes und verbessert unter Umständen den Schallschutz der Wand. Für den Wärmeschutz wird zwischen beiden Schalen eine Dämmschicht eingebaut, ähnlich wie bei der Holzschalung. Bei einer Ausführung ohne Luftschicht ist zu prüfen, ob eine Dampfbremse erforderlich ist. Die Vorsatzschale könnte zwar auch aus wärmedämmendem und verputztem Mauerwerk hergestellt werden, der Dämmwert wäre aber trotz hoher Kosten vergleichsweise niedrig.

7.3.3 Innendämmung mit Putz oder Platten

Für die Innendämmung hat sich die Konstruktion mit einer Holzlattung als Unterbau bewährt. Die Dicke der Kanthölzer richtet sich nach der Stärke der Dämmschicht, ihr Abstand nach der gewählten Innenschale bzw. Oberfläche. Die "Rahmenschenkel" werden an die Wand geschraubt oder gedübelt und ggf. zum Ausgleich von Unebenheiten mit dünnen Brettchen hinterlegt. Für Auswahl und Dicke des Dämmstoffs gelten die weiter vorne dargestellten Überlegungen (Kap. 5.4).
Beim Einbau des Dämmstoffs ist stets darauf zu achten, daß an den Stößen und Rändern keine ungedämmten Fugen zurückbleiben. Anschließend wird die Dämmung raumseitig mit einer Dampfbremse "eingepackt". Geeignet sind 0,2 mm dicke Folien aus Polyethylen ("PE-Folie") oder folienbeschichtete Spezialpapiere (z.B. "Percalor"). Die Dampfbremse wird an möglichst vielen Punkten mit Edelstahlklammern auf die Rahmenhölzer getakkert. Stöße, Randanschlüsse und alle Verletzungen der Dampfbremse sind mit einem dauerhaften Klebeband sorgfältig zu dichten, um spätere Bauschäden zu vermeiden. Bei Fachwerkwänden übernimmt die Folie gleichzeitig die Windabdichtung. Sie sollte daher auch an ihren Rändern und an den Bahnenstößen winddicht angeschlossen werden.

Die "Innenschale" der Wand besteht je nach gewünschtem Aussehen und bevorzugter Arbeitstechnik

- aus (naß) verputzten Trägerplatten, z.B. Kalk-Gipsputz auf Holzwolle-Leichtbauplatten,
- aus einer streich- oder tapezierfähigen Bauplatte, z.B. einer Gipskarton- oder Gipsfaserplatte (Trockenputz) oder
- aus einer Holzverschalung.

Die wärmedämmende Schale kann auch ohne Unterkonstruktion mit "Ansetzbinder" auf die Wand geklebt werden. Dafür werden im Handel Gipskarton-Verbundplatten in unterschiedlichen Größen und

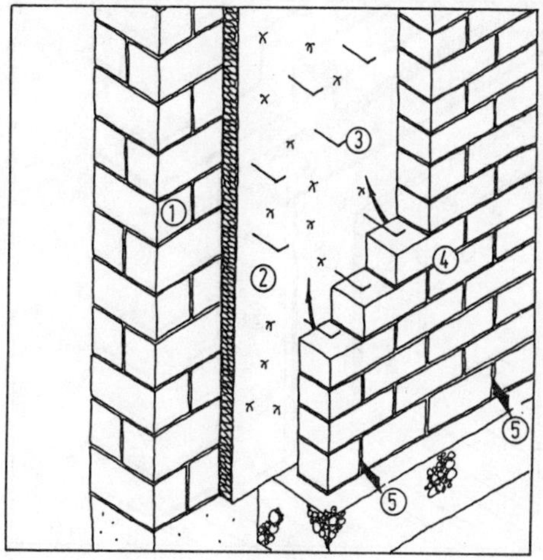

Abb. 38
Aufbau einer vorgemauerten Dämmfassade

1 Außenwand
2 Dämmschicht 4 - 14 cm
3 Anker für die Mauerschale
4 Mauerschale 11,5 cm
5 Hinterlüftung 2,5 cm

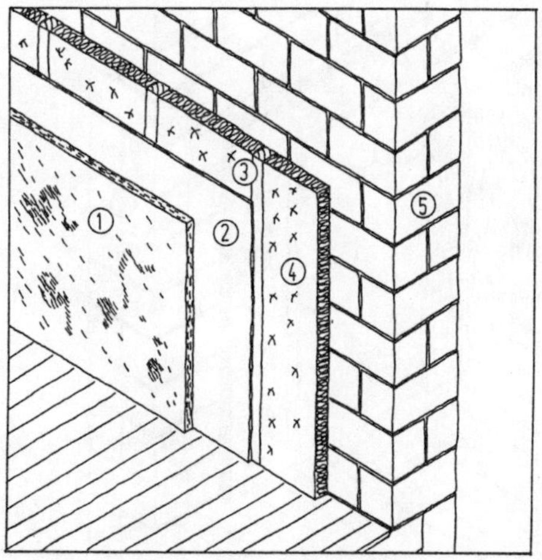

Abb. 39
Aufbau einer Innendämmung mit Platten

1 Verkleidung aus Platten 1,5 - 2 cm
2 Dampfbremse
3 Unterkonstruktion in der Stärke der Dämmschicht
4 Dämmschicht 4 - 10 cm
5 Außenwand

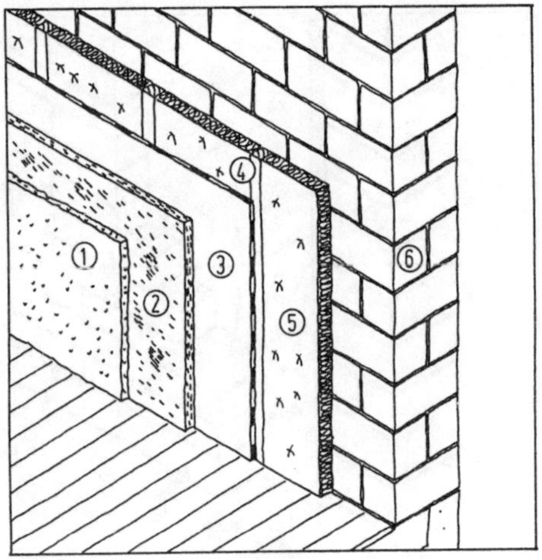

Abb. 40
Aufbau einer Innendämmung mit Putz

1 Putz 1,5 - 2 cm
2 Holzwolle-Leichtbauplatte 3 - 5 cm
3 Dampfbremse
4 Unterkonstruktion in der Stärke der Dämmschicht
5 Dämmschicht 4 - 10 cm
6 Außenwand

Dicken angeboten (Schichtaufbau z.B. 12,5 mm Gipskarton, Alufolie als Dampfsperre, 3 - 5 cm Steinwolle).
Häufiger werden Verbundplatten mit Styropor als Dämmschicht verwendet. Gipskartonplatten mit Dämmschichten bis zu 8 cm werden auf Wunsch, dann aber nur in größerer Stückzahl angefertigt.
Innere Vorsatzschalen aus wärmedämmendem Mauerwerk oder aus Strohlehm haben eine schlechte Dämmwirkung oder müßten unverhältnismäßig dick sein (siehe Tab. 12). Trotzdem kann eine innere Vormauerung sinnvoll sein, um den Schallschutz einer Fachwerkwand zu verbessern. Eine solche zweischalige Wandkonstruktion besteht dann aus der Wärmedämmschicht und einer dünnen, möglichst schweren Vormauerschale, z.B. aus 7 cm dicken Gips- oder Kalksandsteinplatten. Gegebenenfalls ist eine ausreichende Tragfähigkeit des Untergrundes herzustellen.

Ein Naßputz ist das richtige, wenn die Wand nicht tapeziert werden soll und wenn aus gestalterischen Gründen eine verputzte Wand gewünscht ist. Das Aufbringen eines Naßputzes ist von den genannten Techniken die aufwendigste, und die meisten handwerklichen Laien trauen sich eine solche Arbeit nicht zu. Die Arbeit ist aber verhältnismäßig einfach, wenn der Putzmörtel mit der heute allgemein üblichen Maschine aufgespritzt wird. Bei unebenen Wänden kann das Verputzen sogar weniger aufwendig sein und schöner aussehen als ein planebenes Verkleiden mit Platten. Als Putzträger werden zunächst Holzwolle-Leichtbauplatten mit Spezialnägeln auf den Rahmenhölzern bzw. vor der Dampfbremse angebracht. Die "HWL-Platten" (z.B. Markenname "Heraklith") bestehen aus langfaseriger Holzwolle mit Zement oder Magnesit als Binde- und Konservierungsmittel. Die Platten werden dicht gestoßen und waagerecht im Verband verlegt. Alle Fugen an den Plattenstößen, an Ecken und an Anschlüssen zu anderen Bauteilen werden mit einem 8 - 10 cm breiten Gaze-Streifen bewehrt. Dieser Streifen ist so anzubringen, daß er später im Mörtel eingebettet ist (Abb. 42). Einzelheiten über das Verputzen von Innenwänden findet sich in Kap. 11.4.

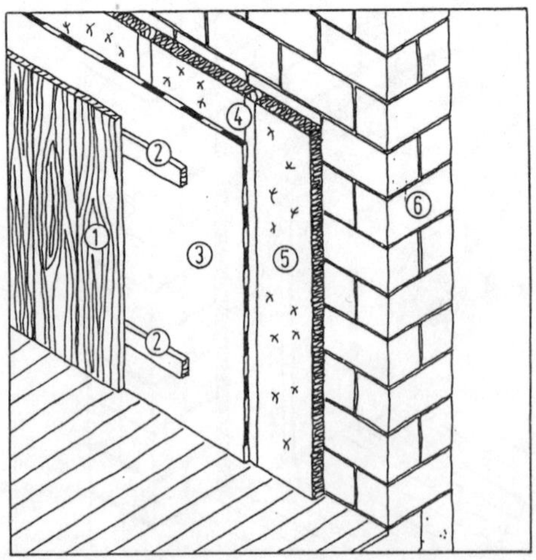

Abb. 41
Aufbau einer Innendämmung mit Holzverschalung

1 Holzverschalung 22 mm
2 Lattung 3/5 cm
3 Dampfbremse
4 Unterkonstruktion in der Stärke der Dämmschicht
5 Dämmschicht 4 - 10 cm
6 Außenwand

7.4 Fassadenflächen

Verputzte Fassaden

Die Haltbarkeit eines Außenputzes beträgt etwa 20 - 50 Jahre, je nach Qualität des Putzes, des Untergrundes und je nach Beanspruchung durch die Witterung. Alter Putz verliert allmählich seine Festigkeit und seine Haftung am Untergrund, was sich zunächst durch Risse und später an abgelösten Flächen zeigt. Besonders beansprucht sind Sockelflächen, Wetterseiten, Stallmauerwerk und Mauerwerk aus un-

terschiedlichen Materialien (Mischmauerwerk). Risse und fehlende Putzflächen sind nicht nur Schönheitsfehler. Eindringendes Wasser und Frost führen dazu, daß der Putz sich auch in der Umgebung der Fehlstellen löst und der Schaden sich vergrößert.
Durch Klopfen kann festgestellt werden, wie groß der Anteil der "hohl" liegenden Flächen ist. Sind die Schäden auf einzelne Risse oder kleine Einzelflächen begrenzt, so kann das Ausbessern sinnvoll sein. Die ungleiche Putzstruktur und die Ränder der Flickstellen bleiben jedoch sichtbar. Hat der alte Putz einen mineralischen Anstrich und eine nicht zu glatte Oberfläche, so kann auf der ausgebesserten Wand auch vollflächig ein neuer Oberputz aufgebracht werden, so daß wieder ein einheitliches Aussehen erreicht wird.
Beim Ausbessern größerer Teilflächen oder beim Erneuern ganzer Wandflächen werden die lockeren Putzflächen weggeschlagen, bei Putzrissen in einer Breite von mindestens 6 cm. Anschließend wird das freiliegende Mauerwerk mit Wasser gereinigt und vom Staub befreit. Nach diesen Vorarbeiten wird der neue Putz in zwei Lagen aufgebracht. Bei der Reparatur von Rissen im Mauerwerk kann zusätzlich ein Fugengewebe im Unterputz eingebettet werden.
Das "dauerelastische" Auskitten von Putzrissen kann nur eine provisorische Notlösung sein, denn der Kitt reißt schon nach kurzer Zeitan den Rändern ab.
Einige Besonderheiten sind beim Ausbessern oder Neuverputzen von vollflächig verputzten Fachwerkwänden zu beachten. Beim Abschlagen des alten Putzes ist behutsam zu verfahren, damit die Ausfachung sich nicht lockert. Das Holzwerk darf nicht direkt verputzt werden. Es wird zunächst mit Ölpapier und Streckmetall überspannt und erst dann mit einem Kalkzement- oder Traßkalk-Mörtel so verputzt, daß die Bewehrung im Mörtel eingebettet ist. Um Risse im Bereich des Holzwerks zu verhindern, darf das Streckmetall nicht am Holz, sondern nur an der Ausfachung befestigt werden. Das Ölpapier verhindert, daß das Wasser aus dem Putzmörtel ins Holz gesaugt wird.

Hier einige Putzregeln:

- Der Oberputz darf nicht härter sein als der Unterputz.
- Je grobkörniger ein Putz, um so haltbarer ist er.
- Keine Putzarbeiten bei Frostgefahr oder starker Sonneneinstrahlung ausführen.
- Zwischen Ausführung des Unterputzes und Aufbringen des Oberputzes 2 - 4 Wochen Wartezeit einlegen.

Holzverschalte Fassaden

Holzverschalte Fassaden können ohne jeden Anstrich sehr alt werden. Voraussetzung ist eine funktionierende Hinterlüftung und eine Beachtung der übrigen Regeln des konstruktiven Holzschutzes. Daß bewittertes Holz regelmäßig gestrichen werden muß, ist ein verbreiteter Irrtum. Anstriche auf Holzschalungen dienen auch im Außenbereich überwiegend der optischen Wirkung. Auf chemischen Holzschutz kann verzichtet werden, wenn die Bewohner das "Vergrauen" des Holzes in Kauf nehmen. Der billigste und umweltschonenste Anstrich ist eben "kein Anstrich".
Eine Fassadenverkleidung aus Brettern ist z.B. sinnvoll, wenn eine alte Verkleidung aus Holz oder Asbestzementplatten erneuert oder die Außenwand mit einer Wärmedämmung versehen werden soll. Auch eine erneuerungsbedürftige Putzfassade oder Fachwerkwand kann mit Brettern bekleidet werden. Die Anschlüsse an Wandöffnungen und angrenzende Bau-

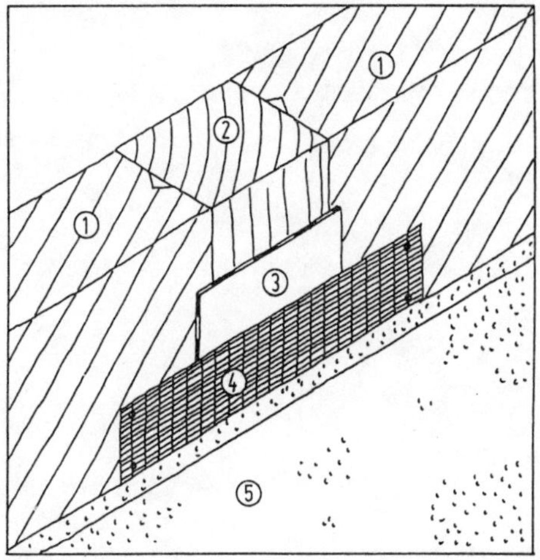

Abb. 42
Verputzen einer Fachwerkwand

1 Ausfachung 12 - 14 cm
2 Fachwerk 12 - 14 cm
3 Ölpapier über alle Holzteile gespannt
4 Kunstfaser- oder Glasfaser-Gewebe (Befestigung an der Ausfachung)
5 Putz 1,5 - 2 cm

Holzverschalte Fassade - Vergrauung erwünscht

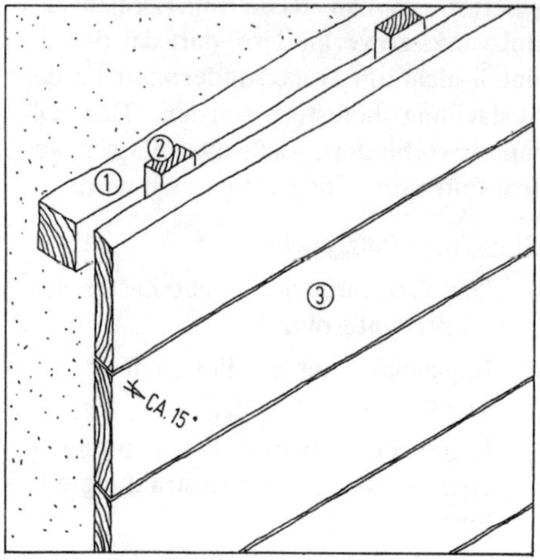

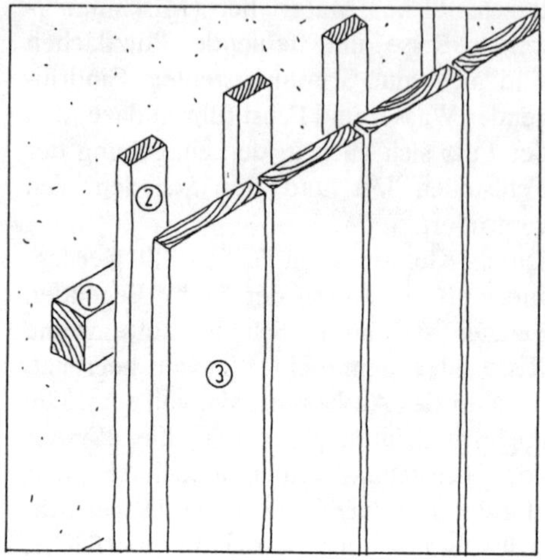

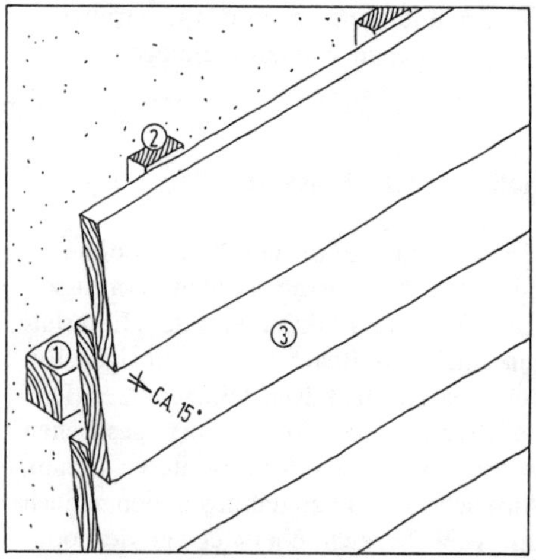

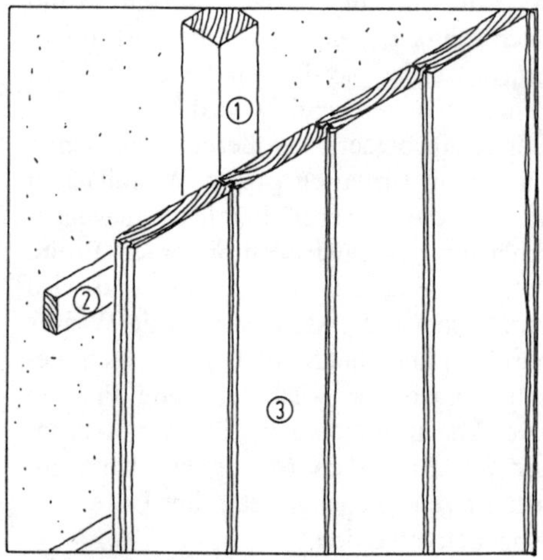

Abb. 43 oben
Stumpf gestoßene Schalung

1 Lagerholz 5/5 cm
2 Konterlattung 3/5 cm
3 Schalung 22 mm

Abb. 44 unten
Gestülpte horizontale Schalung

1 Lagerholz 5/5 cm
2 Konterlattung 3/5 cm
3 Schalung 22 mm

Abb. 45 oben
Senkrechte Schalung als umgekehrte Deckelschalung

1 Lagerholz 5/5 cm
2 Konterlattung 3/5 cm
3 Schalung mit Lücke 22 mm

Abb. 46 unten
Senkrechte Schalung mit Nut + Feder

1 Lagerholz 5/5 cm
2 Konterlattung 3/5 cm
3 Schalung 22 mm

teile sollten hier sorgfältig durchdacht werden. Eine Baugenehmigung ist erforderlich, wenn die Wand nicht bereits mit Holz verschalt war.
Geeignete Holzarten für Fassadenschalungen sind Kiefer, Fichte und Lärche. Dabei ist es in jedem Fall sinnvoll, zusammen mit der Verschalung eine gute Wärmedämmung einzubauen. Dampfbremsen sind in der hinterlüfteten Außendämmung nicht nur überflüssig, sondern können sogar zu schweren Feuchteschäden führen. Dagegen sind dampfdurchlässige Windschutzpapiere empfehlenswert.
Es gibt zahlreiche Möglichkeiten zur Gestaltung einer Holzfassade. Am häufigsten anzutreffen sind senkrechte Brettschalungen mit Deckleisten oder die senkrechte Boden-Deckel-Schalung, ebenfalls aus geraden ("parallel-besäumten") Brettern. Materialsparend und preisgünstig ist die Nut-Feder-Schalung ("Spundschalung"). Für einen raschen Wasserabfluß sind senkrecht verlaufende Schalungen günstig, sie erfordern jedoch wegen der Hinterlüftung eine senkrechte und eine waagerechte Lattung als Unterkonstruktion.

Ein wichtiger Hinweis bei Holzverschalungen außen:

Alle Befestigungsmittel der Bretter wie Nägel, Schrauben und Klammern müssen verzinkt oder aus Edelstahl sein, auch bei verdeckter Befestigung. Anderenfalls rosten die Befestigungsmittel durch und die Verbretterung löst sich.

Fassadenbegrünung

Für eine Fassadebegrünung sind mehrjährige Kletterpflanzen geeignet, die ein dichtes Polster bilden. Der Pflanzenpelz schützt die Wandoberfläche gegen die Beanspruchungen durch Schlagregen sowie gegen die Hitze und UV-Strahlung der Sonne, so daß die Lebensdauer des Fassadenputzes bzw. des Mauerwerks erhöht wird. Die Pflanzen haben darüber hinaus auch für die Umgebung eine klimaausgleichende und -verbessernde Wirkung: sie sorgen durch Verdunstung und Schattierung für einen Temperatur- und Feuchteausgleich, sie wirken staubfilternd und schallschluckend. Eine dicht begrünte Fassade ist Lebensraum für Insekten und Vögel, sie ist somit ein Beitrag zum Artenschutz und zur natürlichen Schädlingsbekämpfung.

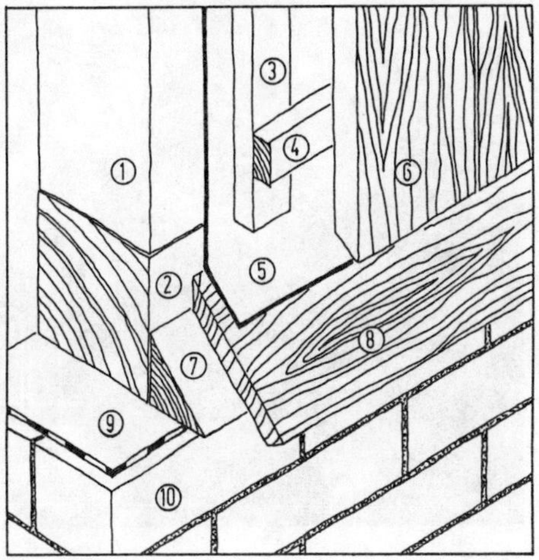

Abb. 48
Sockelabdeckung mit Holz

1 Pfosten
2 Schwelle
3 Lattung 3/5 cm
4 Konterlattung 3/5 cm
5 Windsperre
6 Schalung 22 mm
7 Holzkeil 45° abgeschrägt
8 Eichenbrett 22 mm
9 Pappe
10 Mauerwerk

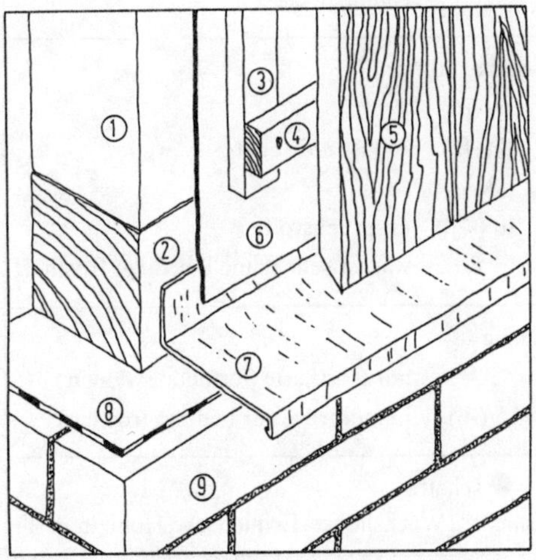

Abb. 47
Sockelabdeckung mit Blech

1 Pfosten 12/12 - 14/14 cm
2 Schwelle 12/12 - 14/14 cm
3 Lattung 3/5 cm
4 Konterlattung 3/5 cm
5 Schalung 22 mm
6 Windsperre (nur bei Fachwerk- und Leichtbauwänden)
7 Blechverwahrung
8 Pappe
9 Mauerwerk

Die wärmedämmende Wirkung der Fassadenbegrünung wird oft überschätzt. Sie kann kein Ersatz für eine richtige Wärmedämmung sein. Da es schade wäre, die Pflanzen einer schön bewachsenen Fassade zu entfernen, sollte die Fassadenbegrünung erst nach der Ausführung der erforderlichen Dämmaßnahmen in Angriff genommen werden.

Die am häufigsten anzutreffenden Kletterpflanzen sind Efeu und selbstklimmender Wein; sie kommen ohne Kletterhilfen aus, ebenso wie der wilde Wein und die Kletterhortensie. Alle anderen Pflanzen brauchen Drähte, Stäbe oder Stützen, an denen sie sich halten können. Unter den Selbstklimmern ist das Efeu die einzige immergrüne Pflanze, wobei sich die Sorte "Helix Woernerie" besonders durch Unempfindlichkeit gegen Frost, durch schnelles Wachstum und ein dickes, großblättriges Polster auszeichnet. "Helix Hibernica" wächst etwas schneller, ist jedoch nur bedingt frosthart. Da es sehr lange dauert bis eine Fassde mit Efeu zugewachsen ist, empfiehlt es sich, am Anfang auch schnell wachsenden wilden Wein zu pflanzen. Der Wein wird später vom Efeu verdrängt.

Mehrjährige Pflanzen für die Fassadenbegrünung	Lichtbedarf	Wuchstempo	Wuchshöhe in m	Hinweise
WURZELKLETTERER haben Haftwurzeln, brauchen keine Kletterhilfe				
Irländisches Efeu (Hibernica)	O ◐ ●	0	> 10	anspruchsvoll, bedingt frosthart
Efeu "Woerneri"	O ◐ ●	-	> 10	widerstandsfähiger gegen Frost
Kletterhortensie	◐	-	7 (-10)	anspruchsvoll, bevorzugt saure Böden
RANKER haben Ranktriebe und Haftscheiben, klammern sich - sofern vorhanden - an Drähte und dünne Stäbe				
Wilder Wein	O	+	12 (-15)	
Selbstklimmender Wein	O ◐ ●		8 (-15)	
Echter Wein	O			anspruchsvoll, nur in geschützter, sonniger Lage
SCHLINGPFLANZEN winden sich um Drähte, Stäbe, Stützen				
Pfeifenwinde	O ◐ ●	+	6 (-20)	
Knöterich	O ◐	+	8 (-15)	robust und "aggressiv"
Immergrünes Geißblatt	O ◐ ●		3 - 4	
Glycinie (Blaurebe, Blauregen)	O		10 (-20)	anspruchsvoll
Hopfen	O ◐	+	8	wächst sehr schnell, bedingt frosthart
SPREIZKLIMMER brauchen künstliche Befestigung				
Kletterrosen	O	+	3	nur frostharte Sorten auswählen
Kletterbrombeere	O ◐	+	5 (-6)	immergrün, nur bedingt frosthart

Lichtbedarf: O vollsonnig ◐ halbschattig ● schattig
Wuchstempo: + schnell 0 mäßig - langsam Wuchshöhe: Erreichbare Höhe in m

Tabelle 26
Mehrjährige Pflanzen für die Fassadenbegrünung

7.5 Gerüst aufstellen

Gerüste müssen stand- und unfallsicher sein. Gerade beim Selbstbau kommt es häufig vor, daß aus Unkenntnis, Kosten- und Zeitersparnis riskante bis gefährliche Situationen in Kauf genommen werden. Einfache Arbeitsgerüste geringer Höhe können aus Stehleitern, Gerüstböcken und Bohlen selbst hergestellt werden. Alle übrigen Gerüste werden am besten von Fachfirmen erstellt. Während für die betriebssichere Herstellung der Gerüstbauer verantwortlich ist, haftet für die ordnungsgemäße Erhaltung und Benutzung jeder, der das Gerüst benutzt.

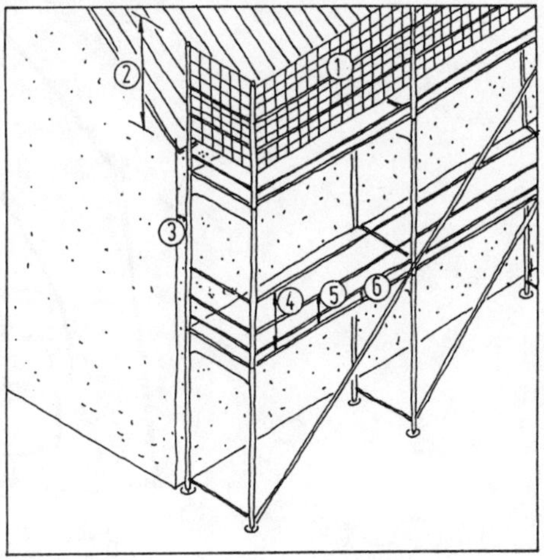

Abb. 49
Beim Gerüstbau sollte auf folgendes geachtet werden:

1 Werden Arbeiten am Dach durchgeführt, muß ein Fanggerüst angebracht werden
2 Höhe des Fanggerüstes ab Traufe > 80 cm
3 Der lichte Abstand zwischen Gerüst und Außenwand darf nicht größer als 30 cm sein
4 Die Höhe des gesamten Seitenschutzes muß 1 m betragen.
5 Höhe der Kniestange ca. 40 cm
6 Höhe des Fußbrettes > 10 cm

Behelfsgerüste aus zwei Stehleitern und einer Bohle sind bis zu 3 m Höhe erlaubt. Die Bohle muß bei beiden Leitern auf jeweils zwei Sprossen aufliegen. Liegt die Bohle höher als 2 m, ist auch ein Seitenschutz erforderlich.

Bockgerüste mit Böcken aus Holz oder Stahl und darüber ausgelegten Bohlen sind bis 4 m Höhe erlaubt. Es dürfen nicht mehr als zwei Gerüstböcke übereinander gestellt werden, der Abstand der Böcke ist auf maximal 3 m begrenzt.

Von *Anlegeleitern* dürfen nur kleinere Arbeiten bis 8 m Höhe ausgeführt werden. Leitern sollten nicht zu steil ausgestellt werden; sie müssen gegen Abrutschen gesichert sein (z.B. Festhalten durch eine zweite Person) und benötigen eine feste, unnachgiebige Unterlage.

Auslegergerüste kragen aus dem Bauwerk hervor. Dazu werden Holz- oder Stahlträger auf der tragenden Rohdecke verankert. Sie dürfen als Schutzgerüste und als leichte Arbeitsgerüste (Belastung max. 1 kN/m² = 100 kp/m²) verwendet werden. Bei größeren Fassadenflächen werden Gerüste aus Metallrohren verwendet.

Für Gerüste gelten u.a. folgende Vorschriften:

- Bei Arbeiten in mehr als 5 m Höhe sind Schutzgerüste erforderlich.
- Alle Gerüstbeläge, die mehr als 2 m über dem Boden liegen, müssen einen Seitenschutz haben. Er besteht aus Geländerholm, Zwischenholm und Bordbrett.
- Ein Seitenschutz ist dort nicht erforderlich, wo der Abstand zwischen Gerüstbelägen und Bauwerk nicht größer als 30 cm ist.
- Gerüstbeläge aus Brettern und Bohlen müssen dicht und so verlegt sein, daß sie weder wippen noch seitlich ausweichen können. Die zulässigen Stützweiten für die Bretter und Bohlen sind in Tab. 31 dargestellt.

Abb. 50
Wichtige Punkte beim Erstellen eines Behelfsgerüstes aus 2 Stehleitern

1 Stützweite entsprechend dem Belag wählen
2 Der Belag sollte immer auf zwei Sprossen einer Leiter aufliegen
3 Die obersten Sprossen sollten nicht belegt werden
4 Belag (Bretter oder Dielen, je nach Stützweite)
5 Sicherungskette
6 Die maximale Höhe eines Hilfsgerüstes darf max. 3 m betragen, bereits ab 2 m sollte ein Seitenschutz vorgesehen werden.

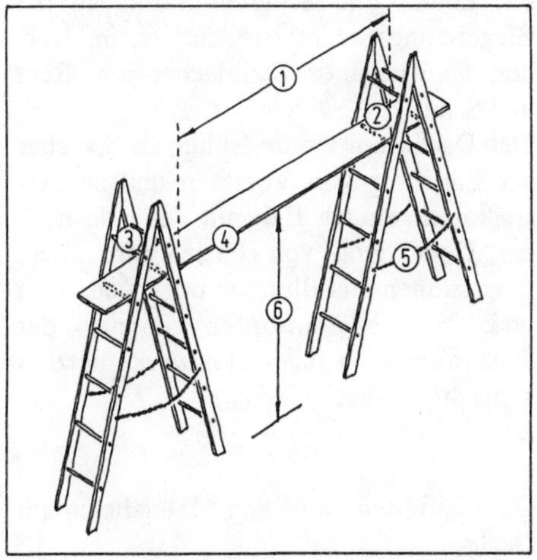

8. Dächer

8.1 Überblick

Das traditionelle Dach ist geneigt und hat eine Dacheindeckung aus Tonziegeln, Steinplatten, Holzschindeln oder Reet (Riet, Stroh, Schilf).
Dachform, Dachneigung, Art der Dacheindeckung und Dachüberstände haben sich im Laufe von Generationen unter Einflüssen wie Lebensgewohnheit der Bewohner, örtliche Klimabedingungen, verfügbare Materialien, Herstellungs- und Pflegeaufwand herausgebildet. Sie prägen zum Teil heute noch die typischen Bauformen einer Region und schaffen den Reiz eines historisch gewachsenen Ortsbildes. So dominierten im mittleren Deutschland mit Lehm- und Schiefervorkommen die Ziegel- und Schiefersteildächer, im Norden Deutschlands Steildächer aus Reet und Schilf.
Der Dachraum wurde früher als Speicher zur Lagerung von Vorräten und als Abstellraum genutzt. Erst mit der industriellen Herstellung von Falzziegeln, Dichtungsbahnen aus Bitumen oder Kunststoff und Wärmedämmstoffen konnte der Dachraum auch für Wohnzwecke nutzbar gemacht werden.

Die häufigsten baulichen Maßnahmen am Dach:

- undichte Dachdeckung reparieren oder erneuern,
- Schäden am hölzernen Dachstuhl beseitigen,
- Dachraum teilweise oder ganz auszubauen, um ihn für Wohnzwecke zu nutzen.

Dächer sind tragende Bauteile. Eingriffe ins Tragwerk und das Aufbringen zusätzlicher Belastungen erfordern das Hinzuziehen eines Statikers und eine baurechtliche Genehmigung.

Eigenleistungen sind bei der Instandsetzung der *Dachhaut* nur bedingt sinnvoll, da z.B. Blechnerarbeiten nicht nur geeignetes Werkzeug, sondern auch Sachkenntnis und Erfahrung erfordern. Und bei Dachdeckerarbeiten ist wegen der Arbeitssicherheit oft ein Gerüst notwendig. Kleinere Reparaturen am *Dachstuhl* können dagegen schon eher von geübten Laien durchgeführt werden.

Der *Dachausbau*, insbesondere der Innenausbau des Dachgeschosses, ist ein beliebtes Betätigungsfeld für Selbstbauer. Voraussetzung für einen gelungenen Dachausbau sind aber auch hier solide Planung und gute Arbeitsvorbereitung. Was nützen die besten Ideen, wenn sich z.B. nachträglich herausstellt, daß das Vorhaben mit dem geltenden Baurecht nicht in Einklang gebracht werden kann, der Platz für eine vernünftige Treppe fehlt oder die Tragfähigkeit der Decke nicht ausreicht.
Es empfiehlt sich also, genügend Zeit für eine gründliche Planung vorzusehen und nicht gleich Hammer und Säge in die Hand zu nehmen. Die in Kap. 4.4 dargestellten Überlegungen hinsichtlich Verbesserung der Wärmedämmung gelten übrigens auch für alle Dächer, die vor 1970 errichtet bzw. ausgebaut wurden.

Ein besonderes Kapitel ist dem Thema *Flachdach* gewidmet. Flachdächer gibt es etwa seit 1920. Auch Loggien und Terrassen über Räumen sind bautechnisch als begehbares Flachdach zu betrachten. Flachdächer sind erheblich schadensanfälliger als geneigte Dächer, weil das Wasser nicht so rasch und zuverlässig abgeleitet wird und weil die Haltbarkeit der Dichtungsbahnen vergleichsweise gering ist. Die Flachdachsanierung erfordert besondere Sachkunde und große Sorgfalt. Das Aufbringen einer Dachbegrünung kann die Haltbarkeit verbessern, ist eine ökologische Aufwertung und kann zu einer Verschönerung des Ortsbildes beitragen.

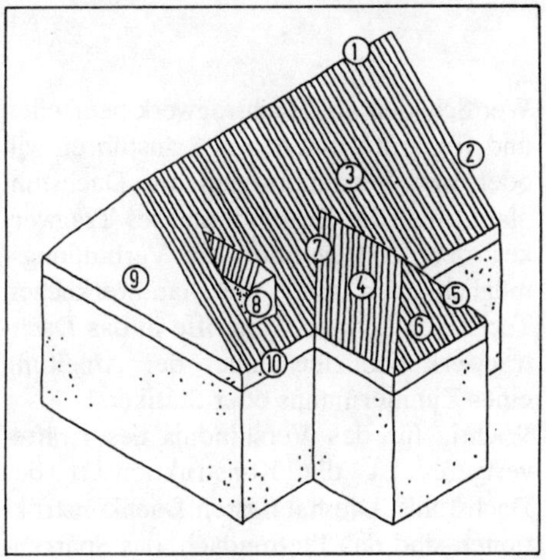

Abb. 51
Die Bezeichnungen am Dach

1 First
2 Ortgang
3 Hauptdachfläche
4 Nebendachfläche
5 Grat
6 Walmfläche
7 Kehle
8 Dachaufbau
9 Giebel
10 Traufe

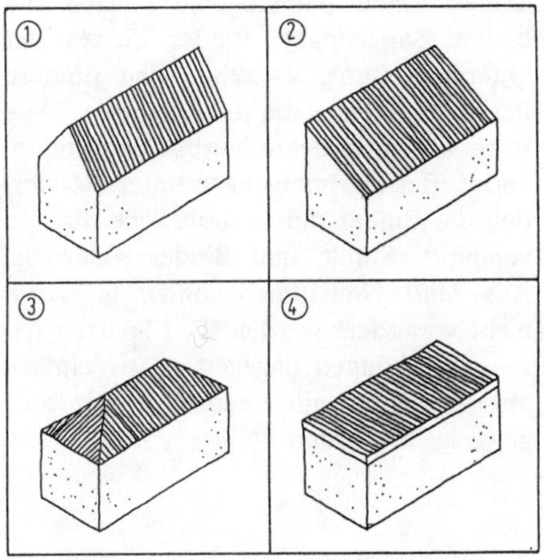

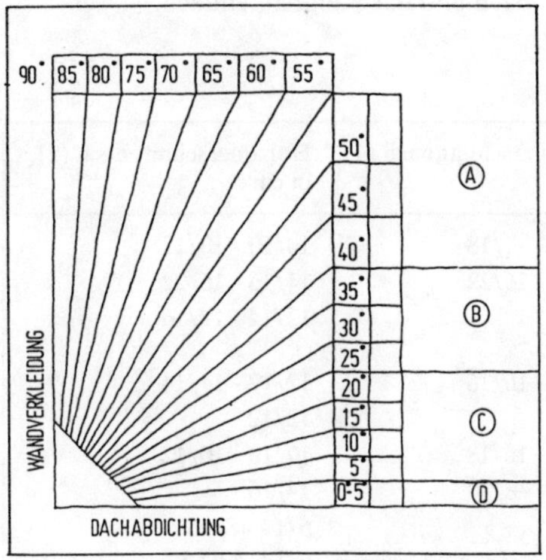

Abb. 52 links
Dachformen

1 Satteldach
2 Pultdach
3 Walmdach
4 Flachdach

Abb. 53 rechts
Dacheindeckungen sind abhängig von der Dachneigung

A Pappe, Glas, Schiefer, Ziegel
B Betonstein, Ziegel, Pappe
C Blech, Pappe
D Blech, Dichtungsbahn

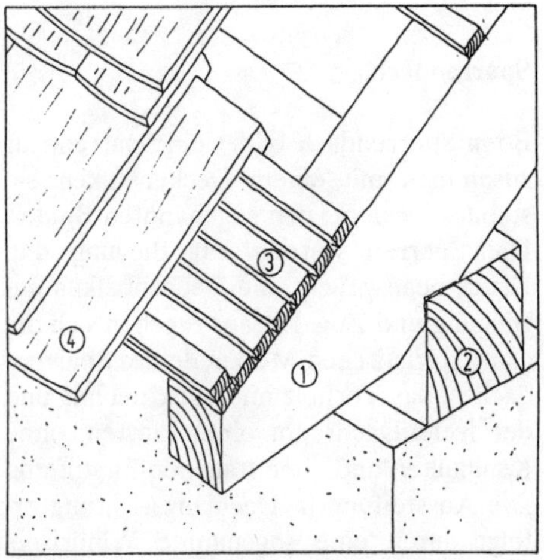

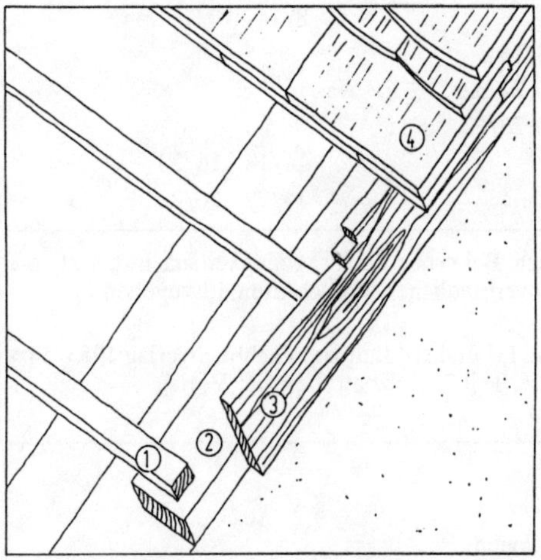

Abb. 54 links
Die Bezeichnungen an der Traufe

1 Sparrenkopf
2 Fußpfette oder Mauerlatte
3 Lattung
4 Dacheindeckung

Abb. 55 rechts
Die Bezeichnungen am Ortgang

1 Lattung 3/5 cm
2 Windbrett 22 mm stark
3 Zahnleiste 22 mm stark
4 Dacheindeckung

8.2 Dachtragwerk

Der Dachstuhl, das Tragwerk des Daches, muß so konstruiert und bemessen sein, daß er die Dacheindeckung und die Schneelast tragen kann und gleichzeitig dem von der Seite wirkenden Winddruck standhält. Noch heute werden die meisten Dachstühle bei konventionell errichteten Wohnhäuser in Zimmermannsart errichtet. Die Bemessung der Balkenquerschnitte erfolgte bis etwa 1900 nach relativ einfachen Zimmermannsregeln. Nach 1900 wurden genauere Berechnungsverfahren eingeführt, die zu einer besseren Ausnutzung der eingesetzten Holzquerschnitte führten.

Wer Schäden am Dachtragwerk beurteilen und Reparaturmaßnahmen ausführen will oder wer Veränderungen am Dachstuhl plant, muß die Bestandteile des Tragwerkes, den Kräfteverlauf, die Verbindungsmöglichkeiten und die handwerklichen Techniken kennen. Eingriffe in das Dachtragwerk bedürfen daher der Anleitung eines Zimmermanns oder Statikers!
Wichtig für das Verständnis des Kräfteverlaufes ist die Konstruktionsart des Dachstuhls. Die häufigsten Dachkonstruktionen sind das Pfettendach, das Sparrendach und das Kehlbalkendach.

Dachverbandsholz	Holzquerschnitt nach (1) in cm	Holzquerschnitt nach (2) in cm
Fußfetten, Schwellen	10/12 - 14/18	10/10 - 10/12
Rähme und Pfetten, 3,5-5 m Stützweite	12/16 - 16/22	14/16 - 16/22
Drempelpfetten	12/14	12/14 - 12/16
Stiele, Stuhlsäulen unter Rähmen und Pfetten	14/14 - 16/16	12/12 - 14/14
Drempelstiele		12/12
Kopfbänder: Ausladung 0,9-1,6 m	10/12 - 16/18	10/10 - 10/12
Streben	12/16 - 18/20	14/16
Doppelzangen	6/12	6/14 - 8/16
Kehlbalken		8/14 - 10/20
Sparren	10/14	8/14 - 10/16
Windrispen	4/6 - 8/14	
Hauptbalken	16/22 - 24/32	
Ober- und Unterzüge	16/22 - 26/32	
Gratsparren		14/18 - 16/20
Kehlsparren		14/20 - 16/22

Die angegebenen Werte dienen nur dem Vergleich. Bei erneutem Tragfähigkeitsnachweis ist von dem gegenwärtigen Bauzustand und den zur Zeit verbindlichen Vorschriften auszugehen.
Quellen:
(1) Theuerkorn, M.: Baukonstruktionslehre, Band I, I und III. Leipzig: Fachbuchverlag 1953/54
(2) Frick, O. und Knöll, K.: Baukonstruktionslehre, Teil 2: Holzbau. Leipzig: Verlag B.G. Teubner 1951

Tabelle 27
Gebräuchliche Holzquerschnitte für Dachkonstruktionen

Pfettendach

Charakteristisch für Pfettendächer sind die tragenden First-, Mittel- und Fußpfetten, deren Lasten durch Pfosten bzw. Wände abgetragen werden. Pfettendächer haben mindestens einen "stehenden Stuhl", und zwar in der Mitte unter der Firstpfette. Der "Stuhl" besteht aus einer Pfette, dem dazugehörigen Pfosten (Stielen) und den Kopfbändern (Bug oder Streben), die der Längsaussteifung dienen. Der Pfostenabstand entspricht der Binderentfernung und beträgt bis zu 4,50 m. Der Binder besteht aus dem Binderbalken, den beiden Bindersparren, dem Pfosten und einem Zangenpaar. Binder dienen der Queraussteifung. Zwischen den Bindern liegen Deckenbalken und Sparren ohne statisch beanspruchte Verbindung miteinander. Bei Dachneigungen unter 30° werden die Binder durch zusätzliche Streben verstärkt. Stühle und Binder sollen bei Aus- und Umbaumaßnahmen möglichst nicht verändert werden. Die Sparren dazwischen können dagegen relativ einfach abgetrennt und mit einem Querholz "ausgewechselt" werden.

Sparrendach

Beim Sparrendach bildet ein Sparrenpaar zusammen mit einem Deckenbalken ein stabiles Dreieck, den sogenannten Binder. Die Sparren werden auf Biegung und Druck beansprucht, die Deckenbalken auf Biegung und Zug. Daraus ergeben sich die charakteristischen Merkmale des Sparrendaches: das Vorholz mit Aufschiebling und der freie Dachraum ohne Pfosten, ohne Kehlbalken und ohne tragende Firstpfette. Die Aussteifung in Dachlängsrichtung erfolgt durch eine sogenannte Windrispe, ein Brett, das diagonal zur Dachfläche verläuft. Das Sparrendach wird auch als liegender Dachstuhl bezeichnet.

Die Schwachstellen am Sparrendach:
- Fäulnis im Traufbereich,
- schwache oder fehlende Längsaussteifung,
- wellenartige Verformung des Firstes (wenn das Firstbrett oder die Firstbohle fehlt).

und gängige Reparaturmaßnahmen:
- Balkenkopf und/oder unteres Sparrenende mit Laschen seitlich aufdoppeln,
- unter oder auf den Sparren Windrispen aus Holzbrettern oder verzinktem Flachstahl aufbringen,
- Firstbohle oder Firstlatte zwischen oder unter den Sparren einbauen.

Das Vorholz darf nicht ohne weiteres abgeschnitten werden, weil die Sparren sonst nach außen wegrutschen können. Die Deckenbalken (Binderbalken) dürfen nur durchtrennt werden - z.B. bei der Herstellung eines Treppenloches - wenn die Wechsel und Balken zugfest miteinander verankert werden.

Kehlbalkendach

Wird die Sparrenlänge beim Sparrendach doch größer als 4,50 m, so muß je ein Sparrenpaar durch einen "Kehlbalken" ausgesteift werden. Das Sparrendach wird zum Kehlbalkendach, bei dem die Kehlbalken auf Druck beansprucht werden. Sie bilden mit den Sparren einen Binder. Der Querverband entsteht durch die beiden

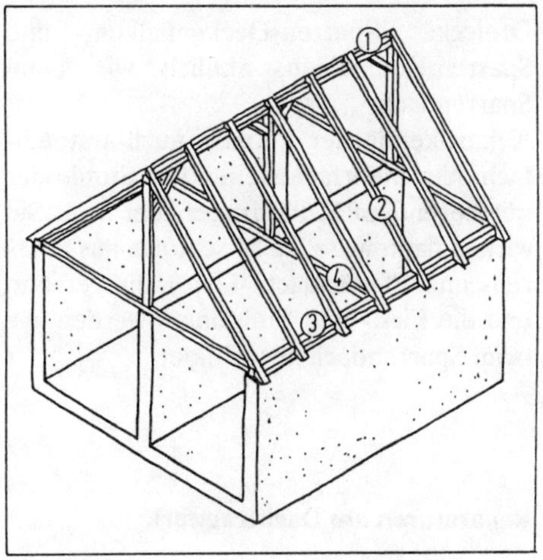

Abb. 56
Das Pfettendach

1 Firstpfette
2 Sparren
3 Fußpfette
4 Binderbalken

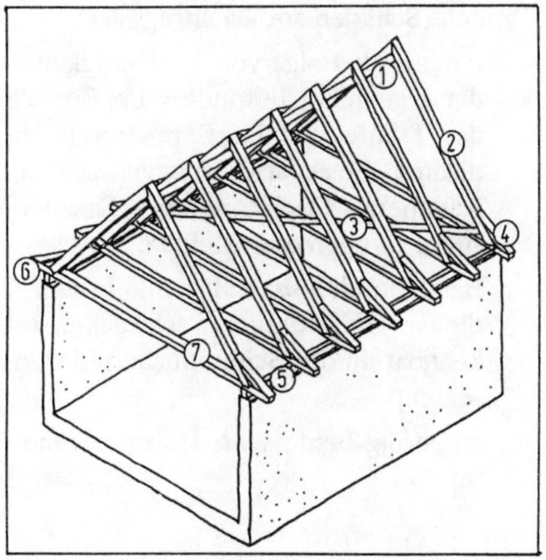

Abb. 57
Das Sparrendach

1 Firstlatte
2 Sparren
3 Windrispe
4 Aufschiebling
5 Mauerlatte
6 Vorholz
7 Dachbalken

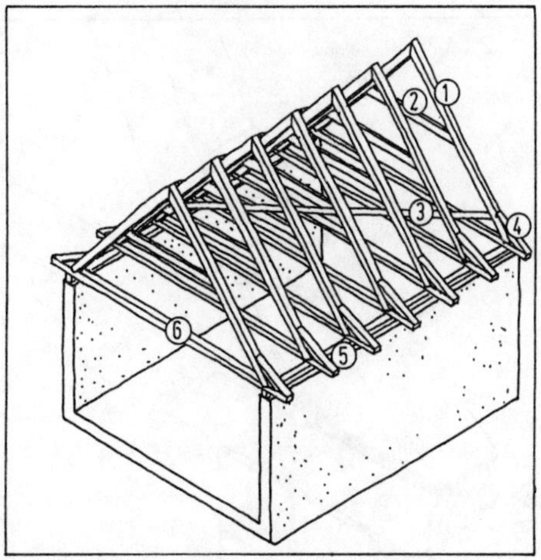

Abb. 58
Das Kehlbalken-Dach

1 Sparren
2 Kehlbalken
3 Windrispe
4 Aufschiebling
5 Mauerlatte
6 Dachbalken

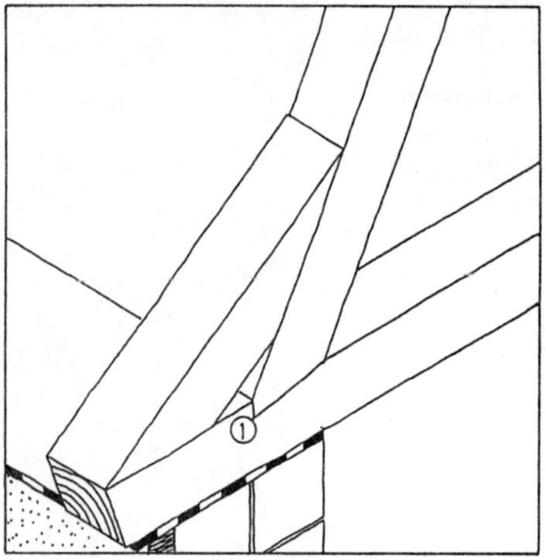

Abb. 59
Beim Reparieren eines defekten Traufanschlusses am Sparren-/Kehlbalkendach gibt es 2 Möglichkeiten

1 Hier wird der Fußpunkt durch einen vorderen Versatz gebildet und vom Zimmermann ausgeführt.

Die 2. Möglichkeit wird in Abb. 60 dargestellt.

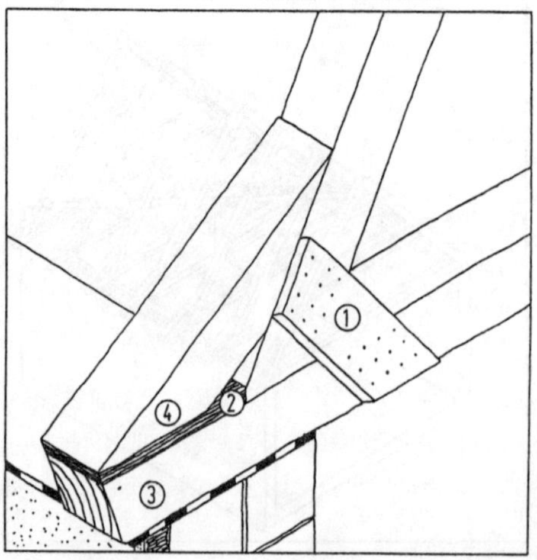

Abb. 60
Eine für den Selbstbau geeignete Ausbildung eines neuen Traufpunktes beim Sparren-/Kehlbalkendach

1 Aufgenagelte Bohlenlasche
2 Aufgenagelte Knagge
3 Vorholz
4 Aufschiebling

Dreiecke Sparren-Deckenbalken und Sparren-Kehlbalken, ähnlich wie beim Sparrendach.
Kehlbalkendächer können auch mit einfach oder mehrfach stehendem Stuhl oder mit liegendem Stuhl ausgebildet sein. Sie wirken dann wie eine Mischform aus Sparren- und Pfettendach. Der Längsverband und die First- und Fußpunkte werden wie beim Sparrendach ausgebildet.

Reparaturen am Dachtragwerk

Typische Schäden am Dachtragwerk:

- Fäulnis als Folge von Undichtigkeiten der Dachhaut, besonders im Bereich der Traufe und im Bereich von undichten Blechverwahrungen, z.B. an Kaminen, Dachständern, Dachfenstern, Gaupen oder Kehlen;
- Befall durch holzzerstörende Insekten, die das Holz von innen schwächen, erkennbar an den Schlupflöchern der Insekten;
- zu gering bemessene Holzquerschnitte;
- nicht vorhandene oder entfernte Längs- und Queraussteifung, fehlende Kopfbänder, Sterben, Windrispen, Firstbretter.

Zu gering bemessene Querschnitte sind an der Durchbiegung zu erkennen. Solange dadurch keine Undichtigkeiten auftreten und die Belastung nicht erhöht wird - z.B. durch eine schwerere Eindeckung - kann der Mangel als reines Schönheitsproblem hingenommen werden. Alle übrigen Schäden sollten so rasch wie möglich behoben werden. Bei Schäden, die auf Undichtigkeiten der Dachhaut zurückzuführen sind, muß selbstverständlich auch deren Ursache beseitigt werden.
Holzzerstörende Pilze können nur in Verbindung mit Feuchtigkeit aktiv sein. Eine Trockenlegung ist die beste Methode der Pilzbekämpfung. Welche Maßnahmen bei Insektenbefall ergriffen werden, ist häufig eine Ermessensfrage (vgl. Kap. 5.3.2).
Möglichkeiten zur Wiederherstellung des Dachtragwerkes:

- Verstärkung durch ein zweites Vollholz, das am vorhandenen Holz befestigt wird, z.B. bei Stützen oder Streben;
- Verstärkung durch Bohlen, die beidseitig am vorhandenen Holz befestigt werden;
- Abbeilen des weichen Holzes (ca. 4 cm tief), Einsetzen einer Holzbohle, Befestigung wie vor;
- Austausch des schadhaften Holzes gegen ein neues;
- Verstärken vorhandener Pfetten mit Stahlprofilen.

Weitere mögliche Techniken sind in Abb. 61 - 64 dargestellt. Geeignete Verbindungs- und Befestigungsmittel sind Schlüsselschrauben, Nägel, Dübel mit Bolzen, Zapfen, Nagelbleche, Versätze im Holz. Einzelheiten über Abmessungen, Abstände und Zahl der Befestigungsmittel werden am besten beim Zimmermann (der das Holz liefert) erfragt.

8.3 Dacheindeckung, Dachentwässerung, Kaminkopf

Dachstuhl, Dacheindeckung und Blechverwahrungen bilden eine bauliche Einheit und prägen das Erscheinungsbild des Hauses. Die Frage, ob ein Dach ausgebessert, umgedeckt oder neu gedeckt werden soll, hängt ab

- vom Zustand des Dachstuhls,
- vom Zustand der Lattung und ihrer Nagelung,
- von der vorgesehenen Nutzung des Dachraumes,
- vom Zustand der Dacheindeckung und der Blechteile am Dach.

Bei einer Erneuerung der alten Dacheindeckung sollte möglichst die alte ortstypische Deckungsart mit den ursprünglichen Randausbildungen an Traufe, Ortgang und First beibehalten oder wiederhergestellt werden. Viele, alte Dachziegelformen sind heute zumindest in ähnlicher Ausführung noch zu erhalten.

Dacheindeckung

Die meisten alten Dächer in Mitteleuropa wurden mit gebrannten Tonziegeln gedeckt, wobei Biberschwanzziegel sowie Mönch- und Nonnen-Ziegel zu den gängigsten historischen Ziegelformen gehören. Beim Ausbessern, Um- und Neudekken ist zu beachten, daß sich die vielfältigen Formen nicht nur im Aussehen und durch den erforderlichen Lattenabstand unterscheiden sondern auch hinsichtlich der zulässigen Dachneigung.

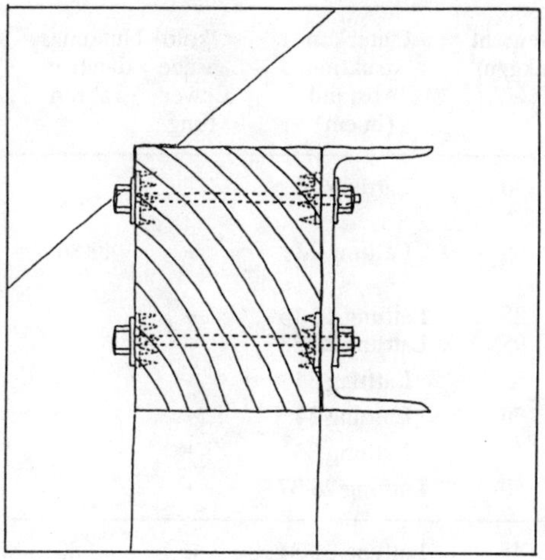
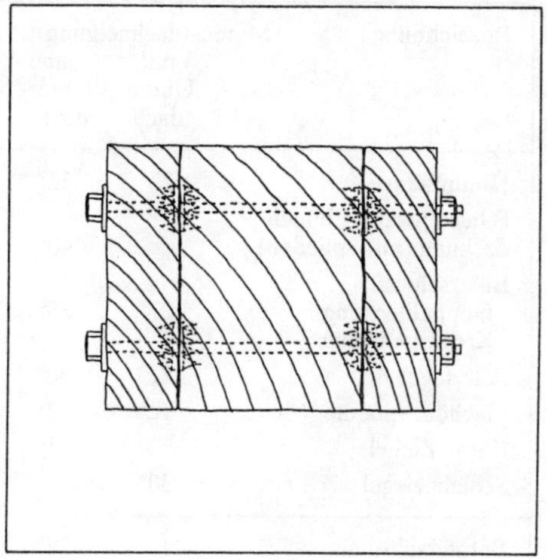
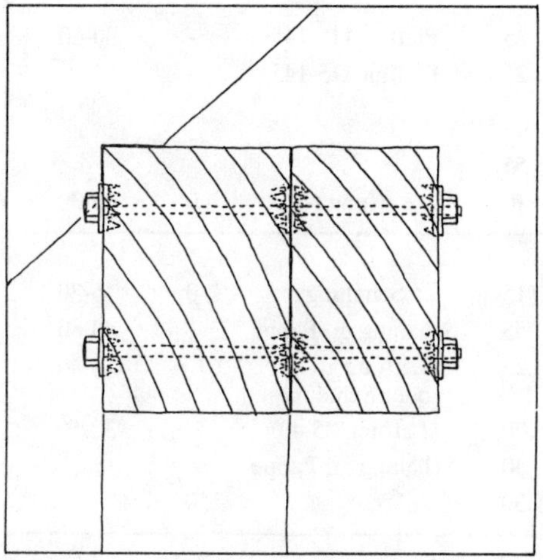
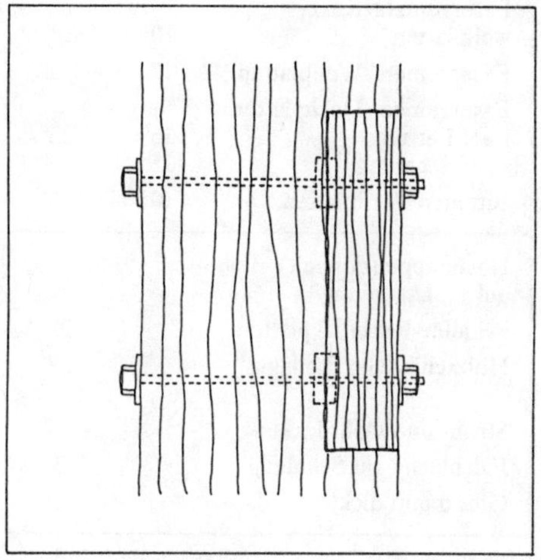

Abb. 61 oben links
Eine schadhafte Pfette kann mit Profilstahl verstärkt werden.

Abb. 62 unten links
Hier wird ein zu schwaches Holzteil durch ein Beiholz über eine Verschraubung mit Krallendübeln verstärkt.

Abb. 63 oben rechts
So können Holzteile, z.B. Deckenbalken, mit zu schwachem Querschnitt durch beidseitiges Anschrauben von Bohlen verstärkt werden.

Abb. 64 unten rechts
Schadhafte Holzteile werden ausgebeilt und ausgesägt und mit neuem Holz aufgefüllt. Die zusammengefügten Holzteile werden dann kraftschlüssig verschraubt.

Bezeichnung	Mindestdachneigung mit Unterdach	ohne Unterdach[1]	Gewicht in kg/m²	Unterkonstruktion Abstand (in cm)	Ökologische Bewertung	Nutzungsdauer in Jahren
Hohlpfanne	27°	35°	70	Lattung 26	+	
Biberschwanz-Einfachdeckung (mit Spließen)		40°	65	Lattung 22	+	40-80
Biberschwanz-						
- Doppeldeckung	27°	35°	85	Lattung 14-16	+	
- Kronendeckung			95	Lattung 28-33	+	
Falzziegel	22°	30°	55	Lattung 34	+	
Flachdachpfanne	12°	22°	70	Lattung 34	+	
Karat-Ziegel	10°	15°	60	Lattung 33	+	
Schiebeziegel	30°		50	Lattung 26-37	+	
Betondachstein	12°	22°	45	Lattung 31-34	0	40-80
Faserzement-Kurzwellplatten	10°		25	Pfetten 115-145	-	30-60
Faserzement-Wellplatten	7°		25	Pfetten 115-145	-	
Faserzement-Dachplatten						
- auf Lattung	15°	25°	35		-	
- auf Schalung	15°	25°	55		-	
Bitumen-Wellplatten	10°		10	Lattung 60	0	15-30
Dachpappe (doppelt) auf Holzschalung		6°	15	Schalung	0	15-30
Schiefer-Rechteckplatten		25°	55	Schalung m. Pappe	+	40-80
Holzschindeln, dreilagig[2]		27°	25	Lattung 10-30 oder Schalung	+ +	20-40
Stroh- und Rohrdeckung		45°	70	Lattung 25-40	+ +	30-50
Falzbleche auf Schalung		3°	30	Schalung m. Pappe	--	
Glas 6 mm dick		6°	30		0	

1) Heute bei ausgebautem Dachraum nicht mehr zulässig.

2) Aus Fichte, Tanne oder Lärche

Die angegebenen Zahlenwerte dienen der Vorinformation. Im konkreten Einzelfall sind die Herstellerangaben maßgebend.

Tabelle 28
Dacheindeckungen: Eigenschaften und Einsatzbereiche

Ist das Dach nicht ausgebaut, können einzelne Ziegel von innen ohne Gerüst ausgetauscht werden. Wenn mehr als ein Drittel der Ziegel schadhaft ist (brüchige oder mürbe Ziegel; abgefaulte "Nasen", die den Halt auf der Dachlattung nicht mehr gewährleisten), empfiehlt sich eine Umdekkung oder eine Neueindeckung, wobei gut erhaltene Ziegel wiederverwendet werden können, eingestreut oder durch Verlegen auf einer Dachseite. Das ist besonders bei wertvollen Handstrichziegeln sinnvoll. Allerdings gilt es zu bedenken, daß beim Wiederverlegen alter Ziegel schwer erkennbare Bruchstellen entstehen können. Solche angebrochenen Ziegel müssen schon nach kurzer Zeit wieder ausgetauscht werden.

Häufig noch vorhandene Bibereinfachdekkung mit Holzschindel-Unterlage an den Fugen sind wegen der eingeschränkten Dichtigkeit nicht für das ausgebaute Dach geeignet. Diese Deckung sollte durch Falzbiber oder - falls lastmäßig möglich - durch Biberdoppeldeckung ersetzt werden (engere Lattung notwendig, vorhandenes Material kann eventuell mitverwendet werden).

Regional wurden entsprechend dem örtlichen Vorkommen neben Holzschindeln (hauptsächlich in den Alpen) und Reet (norddeutsche Küstenzone) auch Natursteine zur Dacheindeckung verwendet: Schiefer im Rheinischen Schiefergebirge und im Harz, Kalkstein an Main und Altmühl, Buntsandstein im Weserbergland. Das Arbeiten mit Natursteinplatten erfordert besonderes handwerkliches Können, Dächer aus Natursteinplatten sollten immer mit gleichartigem Material ausgebessert werden (niemals mit Faserzement- oder Bitumenschindeln). Übliche Dekkungsarten bei Schiefer sind die "altdeutsche Deckung", die "Schablonendekkung" und die "englische Deckung". Während die "englische Deckung" auf einer Lattenkonstruktion aufgebracht werden

oben links
Wenn Grundriß und Tragwerk schiefwinklig sind, muß auch das neue Dach eine gewölbte Fläche bleiben - gut machbar mit Biberschwanz-Dachziegeln

oben rechts
Ausbildung des Ortgangs mit Zahnleiste und Windbrett

unten links
"Dachlandschaft" mit Biberschwanzdeckung und "leichtem" Ortgang

unten rechts
Kronendeckung aus Biberschwanzziegeln mit glattem Rand. Hölzernes Schneefangbrett, überstehende Rinne ohne Einlaufblech

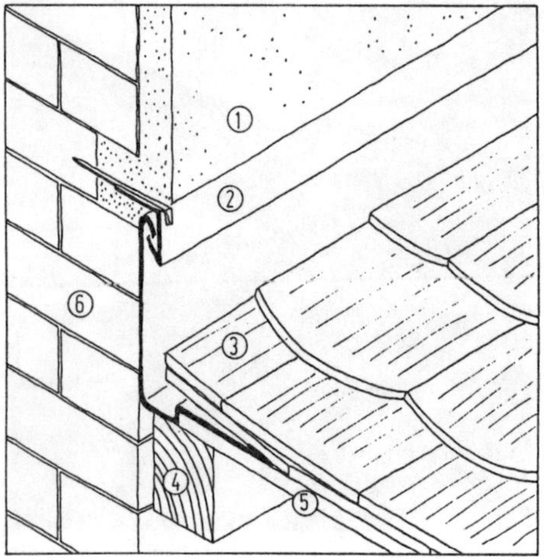

Abb. 65
Der Anschluß zwischen Kamin und Dach

1 Putz
2 Blechverwahrung
3 Dacheindeckung
4 Sparren
5 Lattung
6 Kaminmauerwerk

kann, benötigen die beiden anderen Deckungsarten eine vollflächige Holzschalung als Unterkonstruktion.

Dachentwässerung, Blechverwahrungen

Dachrinnen, Fallrohre, Kehlen und Anschlüsse an Dachaufbauten, wie z.B. Schornsteinköpfe, Gaupen, Wandflächen werden aus Blech oder teilweise aus Kunststoff hergestellt. Früher wurde überwiegend verzinktes Stahlblech und gestrichenes Zinkblech eingesetzt, heute wird überwiegend Titanzink und Kupfer verwendet. Biegsames Blei kommt zum Einsatz, wenn eine Anformung hergestellt werden muß. Die Haltbarkeit verzinkter Blechteile ist ohne aufwendige Pflege geringer als die der Dacheindeckung, so daß eine Überprüfung der Dichtigkeit und eine Erneuerung der Blechteile von Zeit zu Zeit notwendig ist, sollen nicht teure Folgeschäden am Dachstuhl entstehen. Eine regelmäßige und sorgfältige Überprüfung ist besonders bei wärmegedämmten Dächern wichtig, weil Undichtigkeiten sich auf der Dachunterseite erst sehr spät bemerkbar machen. Wenn die Dacheindeckung erneuert wird, ist es meist sinnvoll, auch gleich die Blechteile zu erneuern. Das Zulöten von Löchern oder das Einsetzen von Teilstücken lohnt im allgemeinen nicht.
Alle Metallteile auf dem Dach sollen aus dem gleichen Material sein, denn bei Regen gehen stets Metallionen in Lösung, die bei den in Fließrichtung liegenden unedleren Metallteilen zu beschleunigter Korrosion führen. Durch einen entsprechenden Schutzanstrich sollte auch ein direkter Kontakt zu zementhaltigen Baustoffen und zu Holz vermieden werden.

Kaminköpfe

Kaminköpfe sind besonders stark beanspruchte Bauteile, denn sie sind dem Schlagregen voll ausgesetzt und unterliegen starken Temperaturschwankungen. Sie müssen (nach DIN 18160 Teil 1) wärmedämmend ausgebildet sein, um einen guten Zug zu gewährleisten und ein Versotten zu verhindern. Die erforderliche Dämmwirkung bei einem einschaligen Schornstein ist auch ohne zusätzliche Dämmschicht ausreichend, wenn die äußeren Wände des Schornsteins (auch "Wangen" genannt), aus mindestens 17,5 cm dickem Mauerwerk bestehen. Bei dünneren Schornsteinwangen ist eine zusätzliche Dämmschicht mit Putz oder Verkleidung erforderlich, wobei verkleidete Schornsteinköpfe weniger schadensanfällig sind als verputzte, sofern die Verkleidung hinterlüftet ist. Die Schornsteinmündung muß den First um mindestens 40 cm überragen (bei harter Bedachung) und mindestens 1 m Abstand von der Dachfläche haben (senkrecht zur Dachfläche gemessen).
Ummantelungen bzw. Verkleidungen dürfen nur aus nicht brennbaren Baustoffen (Baustoffklasse A) hergestellt werden, z.B. aus frostbeständigen Mauersteinen, Steinplatten oder Blech. Die Unterkonstruktion muß ebenfalls aus Baustoffen der Klasse A bestehen. Bei dichter Überdeckung mit mineralischen Baustoffen (Stein, Ziegel, Steinwolle) sind als Unterkonstruktion auch Holzlatten möglich. Die Befestigung kann mit Dübeln erfolgen, nicht jedoch mit Holzdübeln. Dübel, Anker usw. dürfen an den Wangen angebracht werden, wenn die Wangen dadurch in ihrer Stabilität nicht beeinträchtigt werden.

8.4 Dachausbau

Besonders einfach gestaltet sich der Ausbau des Dachgeschosses, wenn der Dachraum über eine ausreichend dimensionierte Treppe zu erreichen ist und bereits Dachfenster vorhanden sind. Oft muß jedoch erst eine Treppe gebaut werden, was unter Umständen ein Entfernen oder Umsetzen von Wänden im darunter liegenden Geschoß erfordert. Bei der Planung einer solchen Maßnahme müssen auch Stützen, Pfetten, Streben und Schornsteine in die Überlegungen einbezogen werden, um ein optimales Ergebnis zu erzielen.
Eine besondere Aufgabe bietet die Gestaltung und Nutzung der Dachschräge. Es wäre falsch, im Dach "normale" Räume schaffen zu wollen. Der Mangel an Stellflächen für Schränke und Regale kann z.B. durch Einbauten in der Schrägen oder durch Raumteiler ausgeglichen werden. Die besonderen Qualitäten eines Dachraumes kommen zur Geltung, wenn der Blick nach oben nicht an der üblichen Zimmerdecke endet, sondern in den "offenen" Dachraum bis unter den First reicht.
Die wichtigsten Entscheidungen bei der Planung eines Dachausbaus betreffen die Lage der Treppe, die Belichtung und die Sicht nach draußen. Die Planung der Raumaufteilung, Belichtung und Möblierung beginnt damit, alles genau auszumessen und den vorhandenen Bestand in Grundriß und Schnitt aufzuzeichnen. Spätestens, wenn sich die angestrebte Lösung herauskristallisiert hat, ist ein Besuch beim Bauamt fällig. Für ein solches Gespräch ist es ideal, wenn die Bauabsichten bereits in einem skizzenhaften Entwurf aufgezeichnet sind. Bevor jedoch allzuviel Planungsaufwand getrieben wird, empfiehlt es sich, frühzeitig zu erfragen, ob der vorgesehene Dachausbau grundsätzlich genehmigungsfähig ist.
Soll ein Dach in 2 Ebenen ausgebaut werden, sind in der Regel kostensteigernde Anforderungen an den Brandschutz der Dachflächen, Treppen und Decken einzuhalten. Es ist daher sinnvoll, in der oberen Dachebene keine Aufenthaltsräume, sondern allenfalls Nebenräume anzuordnen, z.B. Abstell- und Technikräume oder eine offene Galerie mit Luftverbindung zum 1. Dachgeschoß.
Beim Dachausbau kommen - ausgenommen Erd- und Betonarbeiten - fast alle gängigen Gewerke vor. Im folgenden werden daher einige Bauteile nur unter dem Aspekt des Dachausbaus behandelt, weitere Informationen sind an anderer Stelle dieses Buches nachzulesen.

oben
Zuganker zur Verbindung von Deckenbalken und Unterzug bzw. Pfette beim Dachausbau. Die Konstruktion bleibt offen und sichtbar.

unten
Dachausbau: Errichtung eines Querhauses ("Zwerchhaus")
mit Stahlrohrgerüst nach Vorschrift (Bordbrett, Holme, Fanggitter an der Traufe)

Gewerk	Baumaßnahme
Maurerarbeiten	Fensteröffnungen in den Giebelwänden herstellen; ggf. Schornstein erneuern und alten Estrich entfernen
Holzschutz- und Zimmerarbeiten	Fehlende Konstruktionshölzer ersetzen oder bei Schädlingsbefall erneuern; Deckenbalkenköpfe an der Wetterseite prüfen, evtl. aufstemmen, abbeilen oder - falls nötig - abschneiden und nach Statik neu erstellen Deckenbalken abbeilen, und - falls nötig - nach Statik beidseitig mit Halbhölzern verbolzen Terrassen- und/oder Balkonausschnitte bzw. Fensteröffnungen herstellen: Dacheindeckung, Dachlatten und Sparren entfernen, bei größeren Fenstern ist Sparrenauswechslung erforderlich (Öffnungen gegen Niederschlagswasser mit bewehrten Folien sichern!)
Fenstereinbau	Soweit wie möglich Fenster sofort einsetzen. Bei großflächigen kittlosen Verglasungen bauseitige Zinkverwahrung durch Klempner anbringen lassen
Klempner- und Dachdeckerarbeiten	Dach umdecken, Unterspannbahn einbauen; Bauseitige Zinkverwahrung für alle über Dach geführten Bauwerke: Fenster, Terrassenanschlüsse, Dunstabzugsrohre, Traufbleche, Regenrinnen, usw. Terrassenisolierung (mit Längs- oder Querentlüftung)
Heizungs- und Sanitärarbeiten	Verlegung und Anschluß der Be- und Entwässerungsrohre, Heizungsrohre und Heizkörper
Fußbodenarbeiten	Trockenunterboden (z.B. Spanplatten oder Gips-Unterbodenplatten) auf Trockenschüttung
Ausbauarbeiten mit Gipssystemen	Einbringen von Dämmstoffen und Anbringen der Unterkonstruktion für Gips-Bauplatten (Dachflächen, Drempel, Trennwände)
Elektroinstallation	Elektroleitungen verlegen
Ausbauarbeiten mit Gipssystemen	Gipsplatten auf Unterkonstruktion anschrauben
Elektroinstallation	Steckdosen und Lichtschalter ausfräsen, Hohlwanddosen einsetzen
Ausbauarbeiten mit Gipssystemen	Fugenverspachtelung und Nachschleifen der Fugen
Malerarbeiten	Gipsplatten grundieren, zweimal streichen oder tapezieren Türzargen und Türblätter, Heizkörper und Holzkonstruktion streichen
Elektroinstallation	Steckdosen, Lichtschalter, Anschlußdosen usw. anschließen
Fliesenarbeiten	Wand- und Bodenfliesen verlegen
Sanitärarbeiten	Sanitärobjekte montieren
Fußbodenarbeiten	Teppichboden o.ä. verlegen

Tabelle 29
Bauablauf beim Dachgeschoßausbau (Beispiel)
Bauzeit: Für einen Dachraumausbau von 200 m^2 Grundfläche fünf Monate (weitgehend störungsfreie Ausführung vorausgesetzt)

Quelle:
nach DAB (Deutsches Architektenblatt) 5/87

8.4.1 Treppen

Beim Dachausbau wird vielfach eine neue Treppe mit vergrößerter Deckenöffnung notwendig, denn die vorhandene Dachbodentreppe ist meist zu schmal und zu steil für eine häufige und sichere Benutzung und genügt nicht den baurechtlichen Anforderungen. Wohl reicht die vorhandene Dachboden-Luke meist für eine sogenannte Samba-Treppe (Sicherheitssteiltreppe) aus, die aber nur sinnvoll ist, wenn wenig benutzte Räume damit erschlossen werden. Die richtige Art und Lage der Treppe zu finden, ist, wie schon erwähnt, eine der wichtigsten und oft nicht ganz einfachen Aufgaben, weil die Grundrißaufteilung des Dachraumes mit der des darunter liegenden Geschosses in Einklang zu bringen ist. An jeder Stelle der Treppe ist eine Kopfhöhe von mindestens 2,00 m erforderlich. Spätestens hier wird deutlich, wie wichtig Grundriß- und Schnittzeichnungen von der bestehenden Situation für die Planung sind.
Der Platzbedarf einer Treppe mit Treppenzugang wird oft unterschätzt: es werden etwa die Grundrißabmessungen eines kleinen Zimmers benötigt. Unter Umständen müssen dazu Wände versetzt werden und die Herstellung des Treppenlochs in

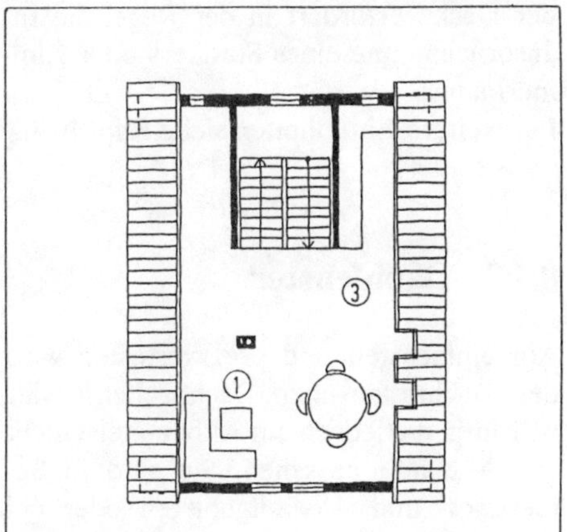

Dachgeschoß

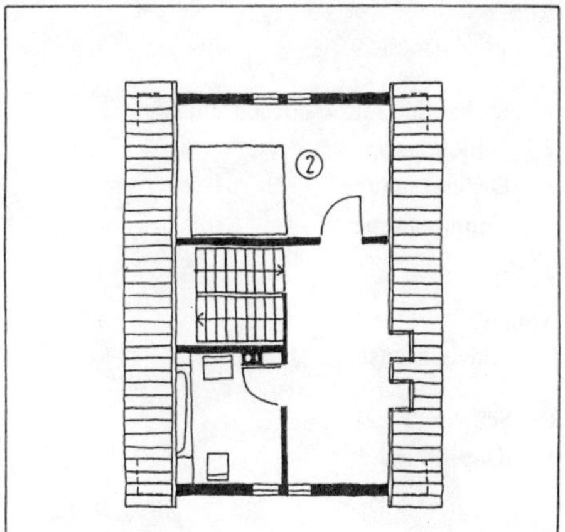

Dachgeschoß

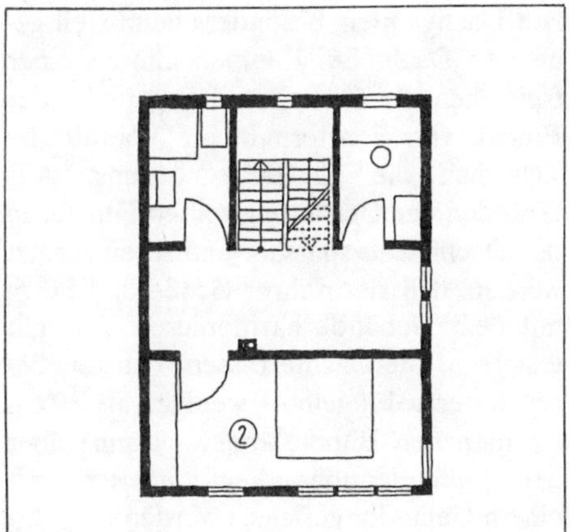

Obergeschoß

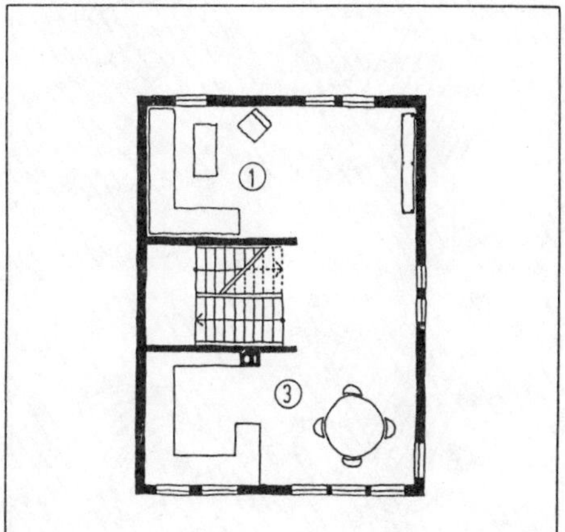

Obergeschoß

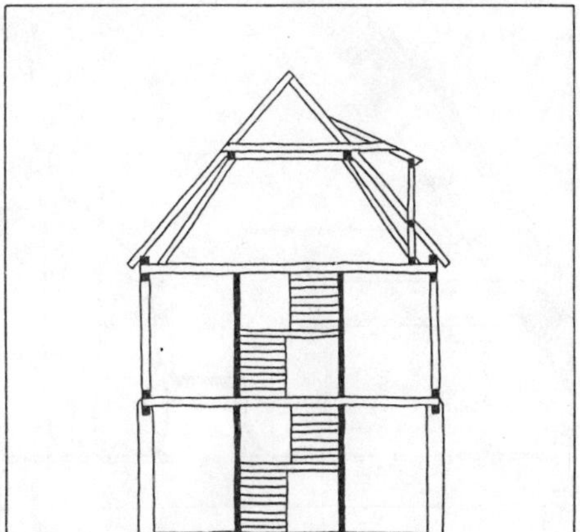

Schnitt

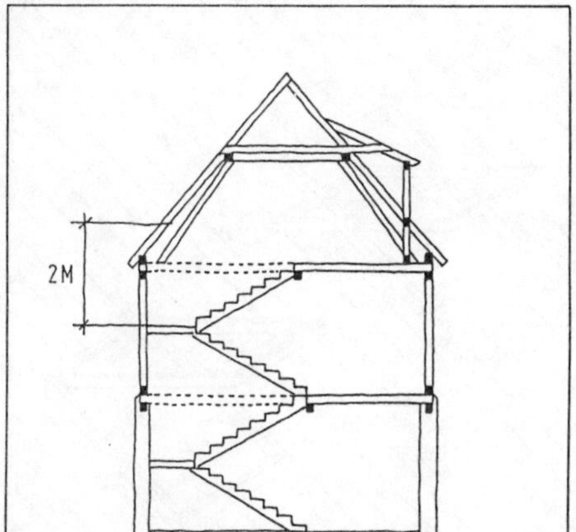

Schnitt

Abb. 66 linke Spalte
Die Lage der Treppe innerhalb des Hauses bestimmt die Lage der Räume.
Hier ist die Treppe längs angeordnet.

1 Wohnen
2 Schlafzimmer
3 Küche/Eßplatz

Abb. 67 rechte Spalte
Hier ist die Treppe quer angeordnet.

1 Wohnen
2 Schlafzimmer
3 Küche/Eßplatz

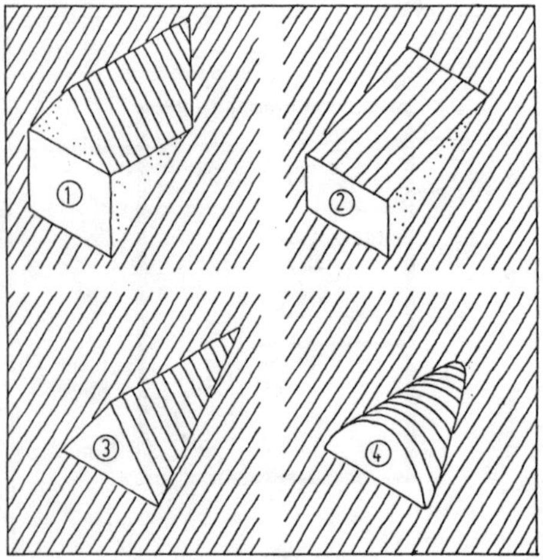

Abb. 68
Gaupenformen

1 Stehende Gaupe mit Satteldach
2 Schleppgaupe
3 Dreiecksgaupe
4 Tonnengaupe

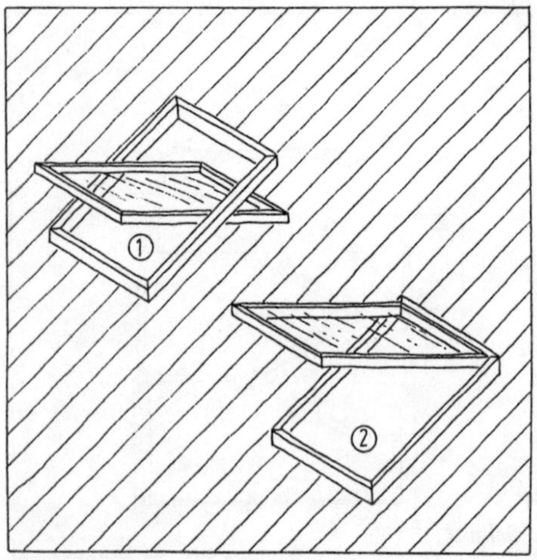

Abb. 69
Dachflächenfenster

1 Schwingflügel
2 Klappflügel

der Decke erfordert in der Regel die Inanspruchnahme eines Statikers oder Zimmermanns.
Für weitere Einzelheiten siehe Kap. 10.4.

8.4.2 Dachfenster

Am einfachsten und preiswertesten wird der Dachraum über Dachflächenfenster belichtet, die jedoch am Altbau meist nicht gerade schön aussehen. Sie sind in Sanierungs- und Altstadtgebieten oder bei denkmalgeschützten Gebäuden meist nicht zugelassen. Gestalterisch besser wirken Dachgaupen, besonders beim steil geneigten Dach. Bei Räumen, die an einer freistehenden Giebelwand liegen, ist der Einbau von Fenstern in die Wandfläche sicherlich die günstigste Lösung. Aus Gründen der Gestaltung sollten Fenster in der Dachfläche sparsam und so eingesetzt werden, daß sie in ihrer Größe und Form mit dem Gebäude harmonieren. Das gilt erst recht für Dachterrassen. Fenster, deren unteres Flügelholz weniger als 80 cm (in manchen Bundesländern 90 cm) über der Fußbodenhöhe liegt, müssen mit einem Geländer gesichert werden.

Dachgaupen

Schleppgaupe und stehende Gaupe sind die gebräuchlichsten Gaupenformen. Jede Gaupe ist ein räumliches Element mit einer starken plastischen Wirkung nach innen und außen. Form und Größe neuer Gaupen sollten dem entsprechen, was in der Gegend traditionell üblich ist, und zu den Nachbargebäuden passen. Gaupen können in der Ebene der Fassade oder zurückgesetzt in der Dachfläche liegen. Mehrere kleine Gaupen wirken im allgemeinen besser als eine große, langgestreckte. Sie sollten aus gestalterischen Gründen auch nicht zu nah beim Giebel (Ortgang) sitzen. Moderne Formen, z.B. mit seitlicher Verglasung oder Konstruktionen aus Stahl können auch beim Altbau gut aussehen.
Wenn die Gaupe mehr als ein Sparrenfeld einnehmen soll, muß ein sogenannter *Wechsel* eingebaut werden. Es ist jedoch auch denkbar und kostengünstig, die alten Sparren durchlaufen zu lassen. Das gilt erst recht für Kehlbalken oder Pfetten, die genau an der Stelle liegen, wo eine Gaupe ihren besten Platz hätte. Hier wäre es falsch, Neubauverhältnisse schaffen zu wollen. Gerade solche "unperfekten" Lösungen können den besonderen Charme eines Altbaus ausmachen.
Bei der Dachneigung der Gaupe ist die für die Dacheindeckung vorgeschriebene Mindestneigung zu beachten. Bei Unterschreitung muß ein dichtes Unterdach als wasserführende Dachhaut ausgebildet werden.

Abb. 70
Einbaumaße von Dachflächenfenstern

1 ca. 1,80 m
2 ca. 1,10 m

Zum Selbermachen geeignet ist das Dämmen und Verkleiden der Gaupenseiten (vgl. Kap. 8.4.3 und 11.4) und des Gaupendaches sowie die Ausführung der Malerarbeiten. Das Errichten der tragenden Gaupenteile, der eventuell erforderliche Gerüstbau, die Dachdecker- und die Flaschnerarbeiten werden am besten Fachkräften überlassen.

Dachflächenfenster

Dachflächenfenster sollen möglichst nicht breiter als ein Sparrenfeld sein. Eine grössere Fensterfläche kann durch Reihung mehrerer Einzelfenster - auch übereinander - hergestellt werden. Der Einbau von Dachflächenfenstern ist verhältnismäßig billig und einfach.
Ein paar Tips für Bestellung und Einbau: Sparrenabstand oben und unten messen (Sparren sind oft nicht genau parallel), Fenster 3 cm schmaler bestellen (das erleichtert den Einbau), Dachneigung und vorhandene Dacheindeckung bei der Bestellung angeben, die Einbauanleitung des Herstellers sorgfältig lesen. Wer die Fensterbreite nach den Abmessungen der Dachziegel bestellt, kann sich das Schneiden der Ziegel ersparen. Beim Einbau des Eindeckrahmens darauf achten, daß Regenwasser überall richtig abläuft (auch beim Anschluß an die Unterspannbahn) und daß die Hinterlüftung der Dachfläche auch oberhalb und unterhalb des Fensters funktioniert.

Dachterrassen

Die Belichtung des Dachraumes kann auch über eine Dachterrasse erfolgen (Baugenehmigung erforderlich). Eine Dachterrasse braucht jedoch viel Platz, ist teuer und kaum ohne Fachleute herstellbar. Von innen wirkt selbst eine kleine Dachterrasse großzügig, andererseits sieht der Dacheinschnitt von außen häufig nicht schön aus; er sollte daher nicht zu groß sein, damit das Dach noch als zusammenhängende Fläche wirkt.
Der Terrassenboden wird wie ein begehbares Flachdach ausgebildet (vgl. Kap. 8.5). Die Dichtungsbahn muß am Wandanschluß 15 cm hochgeführt werden, auch vor der Terrassentür. Der Boden wird über einen Bodenablauf entwässert, der an das Regenfallrohr angeschlossen werden kann. Die Terrassenbrüstung muß mindestens 90 cm hoch sein. Ein Höhenunterschied zwischen Zimmer- und Terrassenboden kann mit 1 oder 2 Holzstufen überwunden werden.

Zur Ausführung kommen folgende Arbeiten:

- Dachdeckung entfernen.
- Sparren oben und unten mit Pfetten und Pfosten abfangen, Sparren absägen.
- Terrassenboden mit Wärmedämmschicht, Entwässerung, Dichtungsbahnen, Dränschicht und Gehbelag herstellen.
- Ortgangziegel und Regenrinne anbringen.
- Fensterwände und Terrassentür einbauen.
- Brüstung und Fensteranschlüsse verkleiden und mit Deckbrett versehen.

oben
Zu viele (verschiedene) Dachaufbauten nebeneinander

unten
Neue Gaupen auf altem Dach: traditionelle Form, zeitgemäße Materialwahl und Detailausbildung

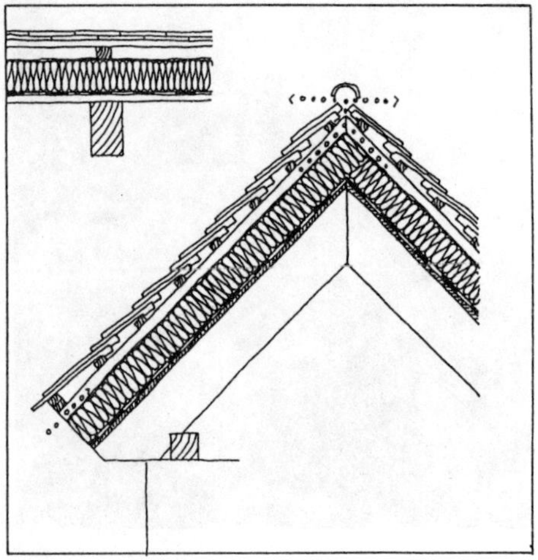

Abb. 71
Dachaufbau bei außenliegender Dämmung (Sparren sichtbar)

- Eindeckung
- Lattung 3/5 cm
- Konterlattung 3/5 cm
- Dämmung (kaschierte Platten) 10 - 26 cm
- Dampfbremse
- Schalung 22 mm
- Sparren (nach Angabe des Statikers)

Abb. 72
Dachaufbau mit Dämmung zwischen den Sparren, Unterdach mit Holzschalung

- Eindeckung
- Lattung 3/5 cm
- Konterlattung 3/5 cm
- Pappe
- Schalung (Unterdach) 22 mm
- Luftraum zwischen Schalung und Dämmung 4 cm
- Dämmung zwischen den Sparren 10-26 cm
- Sparren
- Dampfbremse
- Innenbekleidung

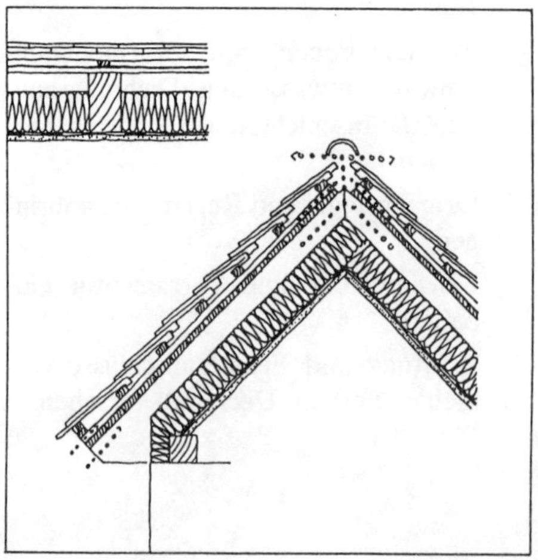

8.4.3 Dachaufbau

Die Dachfläche eines ausgebauten Daches muß gut wärmedämmend, wind- und wasserdicht sein. Außerdem soll sie im Sommer vor zuviel Wärme schützen. Um dies zu erreichen, ist ein mehrschichtiger Aufbau nötig, der handwerklich sehr sorgfältig ausgeführt werden muß, wenn es nicht schon nach kurzer Zeit zu schwerwiegenden Bauschäden kommen soll.

Eine wärmegedämmte Dachfläche besteht im wesentlichen aus folgenden Schichten (von innen nach außen):

- Innere Dachbekleidung, z.B. Holzschalung, verputzte Holzwolle-Leichtbauplatten oder Gipskarton- bzw. Gipsfaserplatten;
- Dampfbremse (falls erforderlich) und /oder Windbremse, z.B. PE-Folie oder Baupapier;
- Dachsparren, sichtbar oder verkleidet;
- Wärmedämmschicht, z.B. aus Steinwolle, Kork usw.;
- Wasserableitendes Unterdach (Unterspannbahn) mit beidseitig belüftetem Zwischenraum, z.B. aus Bitumen- oder Kunststoffbahnen, mit dazugehöriger Unterkonstruktion, z.B. Lattung;
- Dacheindeckung mit Unterkonstruktion.

Um es gleich vorwegzunehmen:

1. Eine Dampfbremse ist beim gedämmten Dach in der Regel aus bauphysikalischen Gründen notwendig, sie beeinträchtigt das Raumklima nicht.
2. Wer trotzdem ohne Dampfbremse auskommen will, sollte die Unbedenklichkeit durch eine Wasserdampf-Diffusionsberechnung nachweisen lassen.
3. Das Herstellen eines funktionstüchtigen Unterdachs kann (leider) nicht von unten, sondern nur von oben erfolgen. Ein Umdecken des Daches ist also nicht zu vermeiden, sondern kann allenfalls um einige Jahre hinausgezögert werden.

Dächer, die vor 1970 ausgebaut wurden, haben in der Regel keine Unterspannbahn und die Dämmschichten sind nur wenige cm dick - sofern überhaupt vorhanden. Daher sollten auch die Dachflächen von bereits ausgebauten Räumen zusätzlich gedämmt und abgedichtet werden. Die Auswirkungen solcher Maßnahmen auf den Wärmebedarf des Hauses sind bei einer eventuell anstehenden Modernisierung der Heizungsanlage zu berücksichtigen.

Wärmedämmung und Dampfbremse

Wärmedämmschichten können prinzipiell unter, zwischen und/oder auf den Sparren angebracht werden. Die von der Wärmeschutzverordnung geforderte Mindestdämmstärke beträgt derzeit 12 - 14 cm (Dämmstoff der Klasse 040). Um den Schwedenstandard zu erreichen, können bis zu 26 cm Stärke sinnvoll sein (vgl. Kap.

4.4). Lage, Dicke und Material bedingen jeweils unterschiedliche Lösungen mit bestimmten Eigenschaften hinsichtlich Gestaltung, Herstellungskosten, späteren Heizkosten und Arbeitsablauf.
Bei den Dämmstoffen ist zu unterscheiden zwischen rollbaren Matten (z.B. aus Mineralfasern und Kokosfasern), halbsteifen oder steifen Platten (z.B. aus Kork, Mineralfasern, Kokosfasern, Hartschaum) und Schüttgut (z.B. aus Zelluloseflocken, Perlite oder Mineralfilz). Eine Beschreibung der Dämmstoffe findet sich in Kap. 5.4.
Für das geneigte Dach ist Plattenmaterial z.B. aus Mineralwolle kostengünstig und gut geeignet. Geschüttete bzw. eingeblasene Dämmstoffe z.B. aus Zellulose sind dann wirtschaftlich, wenn raumseitig ein biegesteifer Belag, z.B. eine Holzschalung, vorhanden oder vorgesehen ist und wenn schlecht zugängliche Hohlräume mit Dämmaterial ausgefüllt werden sollen. Rollbare Matten können nur bedingt empfohlen werden; Kokosmatten sind in der erforderlichen Dicke sehr teuer und erfüllen z.T. nicht die Brandschutzanforderung; Mineralfilzmatten können im Laufe der Zeit aufquellen und unter Umständen die notwendige Hinterlüftung unterbinden.
Beim Einbau von Platten muß darauf geachtet werden, daß keine durchgehenden Fugen zwischen Dämmplatte und Sparren entstehen. Die Platten sollten zweilagig mit versetzten Stößen eingebaut werden. Ein dichter Anschluß an die Sparren kann erreicht werden, wenn die Platten mit einer kleinen Überbreite geschnitten und beim Einbau etwas gestaucht werden. Hohlräume und Fugen an den Rändern müssen ausgestopft werden.
Wie bereits erwähnt, ist beim gedämmten Dach in der Regel eine Dampfbremse (z.B. PE-Folie) auf der Innenseite erforderlich, die dort auch die Funktion der Abdichtung gegen Wind übernehmen sollte. Die Dichtungsbahnen müssen daher an

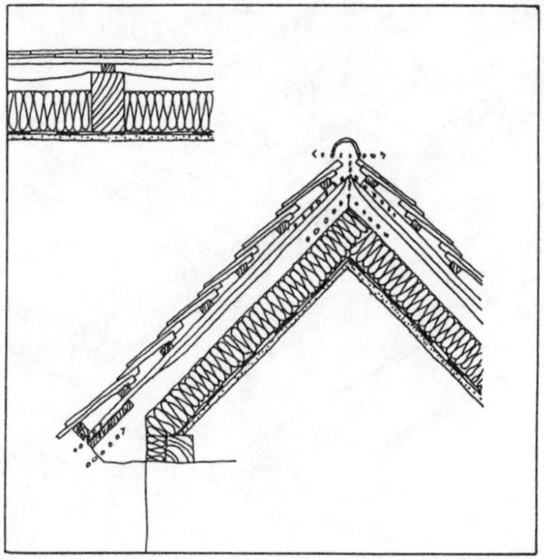

Abb. 73
Dachaufbau mit Dämmung zwischen den Sparren, mit Unterspannbahn

- Eindeckung
- Lattung 3/5 cm
- Konterlattung 3/5 cm
- Unterspannbahn
- Luftraum zwischen Unterspannbahn und Dämmung 4 cm
- Dämmung zwischen den Sparren 10-26 cm
- Dampfbremse
- Innenbekleidung

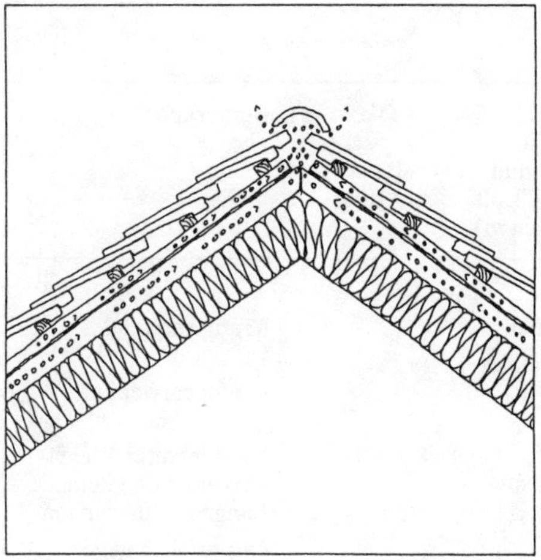

Abb. 74
Ausbildung des Firstes zur Belüftung des Unterdaches, Dachentlüftung am First über spezielle Firstziegel

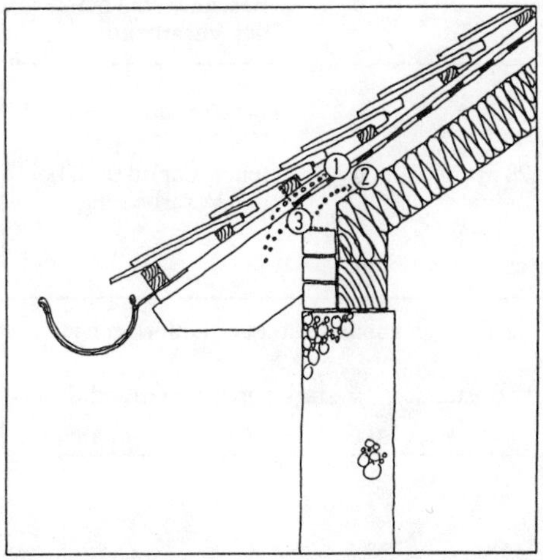

Abb. 75
Ausbildung der Traufe zur Belüftung des Unterdaches

1 Belüftung zwischen Lattung und Unterspannbahn 2 cm
2 Belüftung zwischen Unterspannbahn und Dämmung 4 cm
3 Belüftungsschlitz wird mit einem Insektengitter versehen

Abb. 76
Aufbau einer wärmegedämmten Dachfläche

1 Lattung 3/3 cm
2 Konterlattung 3/5 cm
3 Unterspannbahn oder festes Unterdach (nicht belüftet)
4 Dämmschicht 10 - 26 cm
5 Sparren
6 Dampfbremse
7 Innenbekleidung

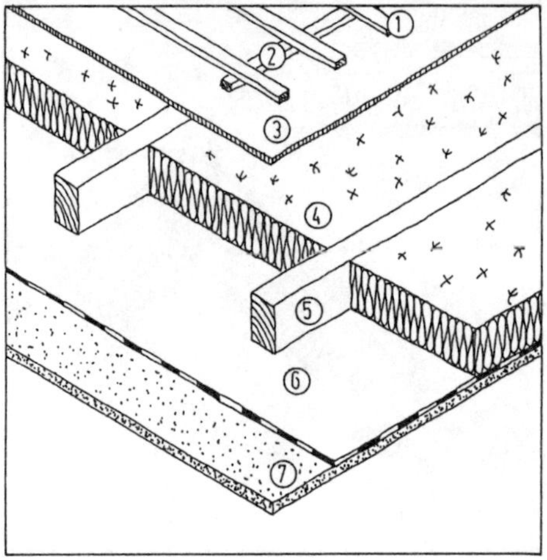

den Stößen und an allen Anschlüsssen (z.B. an Querwänden, Dachgaupen, Installationsleitungen) mit Klebeband winddicht verlegt bzw. mit den Latten der Unterkonstruktion dicht angedrückt werden. Wird an der inneren Dachfläche eine Gipskarton- oder Gipsfaserplatte angebracht, so genügt u.U. ein Windschutzpapier (Diffusionsberechnung empfehlenswert).
Beim Verlegen von Installationen (Strom, Heizung, Wasser, Abwasser) ist darauf zu achten, daß die Dampf- und Windbremse nicht durchbrochen wird.

Unterspannbahn und Hinterlüftung

Die Unterspannbahn (das Unterdach) wird zwischen Sparren und Dacheindeckung angebracht, um Flugschnee, Schmelz- und Regenwasser, das bei starkem Wind durch die Fugen der Dacheindeckung gelangen kann, von der feuchtigkeitsempfindlichen Wärmedämmung und der Holzkonstruktion des Dachstuhls fernzuhalten. Als Unterspannbahn werden gewebearmierte Gitterfolien und bituminierte Faservliese, auch Kunststoffbahnen, bituminierte Weichfaserplatten (mit V-Falz) oder Faserzementplatten mit einer weitgehenden Dampfdurchlässigkeit verwendet.
Dampfdichte Unterspannbahnen (wie z.B. Bitumenpappe) müssen von oben und unten hinterlüftet sein, damit eingedrungenes Wasser und Kondenswasser wieder aus der Konstruktion verdunsten können. Die Hinterlüftung verhindert darüber hinaus eine Überhitzung im Sommer. Der wirksame Lüftungsquerschnitt soll 250 cm^2 je 1 m Trauf- bzw. Firstlänge betragen (das entspricht etwa der Höhe einer 30 mm dicken Dachlatte), wenn der Abstand zwischen Traufe und First größer als 10 m ist, entsprechend mehr. Bei gerollten Dämmatten und bei Platten ist die untere

Material	Wasserdampf-Diffusions-widerstand[1] (äquival. Luftschicht in m)	Ökologische Bewertung	Bemerkung
UNTERSPANNBAHNEN			
Gitterfolie: PE-Folie mit Gewebeverstärkung, gelocht; z.B. "Deltafolie SPF"	4/10 m	-	häufig verwendet
Bitumenbahn: Bituminiertes Kunstfaservlies, z.B. "BUZI-AK"	3,3 m	-	häufig verwendet
Dampfdurchlässige PU-Bahnen z.B. "Difutec"[2]	0,09 m	-	beschichteter Weichschaum, noch keine Langzeiterfahrungen
Faserverstärktes Baupapier mit Kunststoffbeschichtung z.B. "Perkalor-Diplex"	0,008 m	0	empfindlich gegen Beschädigung bei der Verarbeitung
FESTE UNTERDÄCHER			
Bitumenpappe (333er) auf Holzschalung	> 20 m	0	teuer
Faserzementplatten, z.B: Eternit	0,11/0,28 m	0	teuer, unpraktisch bei der Verarbeitung
Bituminierte Weichfaserplatten mit V-Falz, z.B. "Gutex-Multiplex" 18 mm	0,09 m	+	

[1] Die Zahlenwerte unterliegen Veränderungen, sie sind ggf. anhand aktueller Unterlagen zu überprüfen.
+ = wenig umweltbelastendes, 0 = mäßig umweltbelastendes, - = stark umweltbelastendes Material

Tabelle 30
Unterspannbahnen und Unterdächer

Belüftungsschicht um soviel cm dicker auszubilden, wie die Matten aufgehen können. Bei einem dampfdurchlässigen Unterdach (z.B. Faserzementplatten, bituminerte Weichfaserplatten) ist die untere Belüftung nicht erforderlich. Bei Unterbrechungen durch Schornsteine; Dachflächenfenster, Gaupen usw. muß eine offene Verbindung zu den benachbarten Sparrenfeldern hergestellt werden.

An der Traufe und am First sind die Lüftungsöffnungen mit Fliegengitter zum Schutz gegen Insekten zu sichern. Im Firstbereich erfolgt die Entlüftung meist mit speziellen Lüftungsziegeln.

Weil die Unterspannbahn die Sparren überdecken muß, ist die Herstellung nur bei abgedecktem Dach möglich. Sinnvolle Lösungen, bei denen die Dacheindeckung belassen und von innen her gearbeitet werden kann, gibt es leider nicht. Bei steilen Dächern mit dichter Dacheindeckung besteht allenfalls die Möglichkeit, das Anbringen der Unterspannbahn um einige Jahre hinauszuzögern (vgl. Abb.82).

Innenverkleidung

Die untere Bekleidung der Dachfläche besteht meist aus einer Holzschalung oder einem Trockenputz. Eine Holzschalung ist gut in der Lage, das "Arbeiten" und die Bewegungen des Dachstuhls aufzunehmen, ohne daß Risse sichtbar werden. Eine waagerechte Schalung kann bei entsprechender Stärke unter Umständen direkt auf die Unterkonstruktion (z.B. die Sparren) genagelt oder geschraubt werden. Eine Hinterlüftung ist nicht erforderlich.

Wenn die Sparren nicht in einer Ebene liegen, oder die Schalung senkrecht angebracht werden soll, ist eine Lattung erforderlich. Der Lattenzwischenraum kann Installationsleitungen und eine zusätzliche Wärmedämmschicht aufnehmen.

Wer seine Dachschrägen lieber glatt und tapezierfähig haben möchte, kann unter oder zwischen den Sparren Gipsbauplatten auf einer Lattung anbringen. Diese Platten gibt es auch als Verbundplatten mit Wärmedämmschicht und Dampfbremse.

Konstruktionsbeispiele

Von der Vielzahl der Möglichkeiten werden nachfolgend 6 Beispielkonstruktionen für typische Situationen dargestellt. Art des Dämmstoffs, Dacheindeckung und innere Bekleidung können im Rahmen der Angaben frei gewählt werden. Im Aufbau sollten die Konstruktionen aber nicht ohne fachliche Zustimmung geändert werden.

Vorab noch einmal folgende, allgemeine Ratschläge:

- Wählen Sie eine möglichst dicke Wärmedämmung. Das spart Heizkosten und kommt unserer Umwelt zugute! Einen Anhaltspunkt finden Sie in Tab. 11.
- Achten Sie auf eine winddicht verlegte Dampfbremse, insbesondere an den Stößen und Randanschlüssen!
- Achten Sie auch auf eine durchgehende Hinterlüftung des Unterdaches, auch an Traufe, First, Dachfenstern usw. - und zwar in jedem einzelnen Sparrenfeld.

Beispiel 1

Vorhandene Konstruktion: Nicht ausgebautes Dach.

Neue Konstruktion:

Dämmatten oder -platten zwischen den Sparren.

Wenn die Sparrenhöhe für die erforderliche bzw. beabsichtigte Dämm-

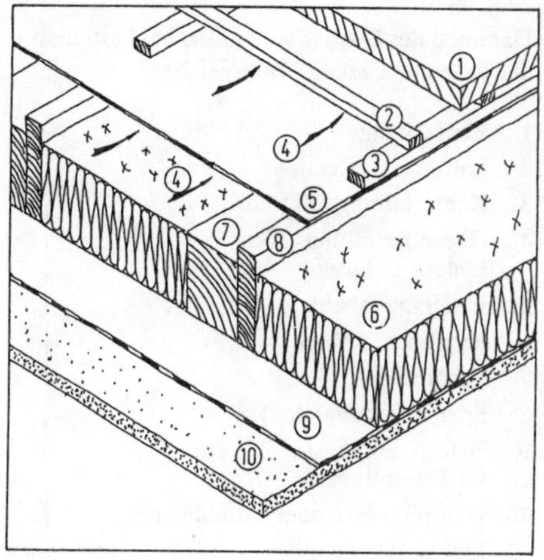

Abb. 77
Dämmung bei zu kleinem Querschnitt der Sparren Beispiel 1

1 Eindeckung
2 Lattung 3/5 cm
3 Konterlattung 3/5 cm
4 Obere Belüftung 2 cm
Untere Belüftung 4 cm
5 Unterspannbahn
6 Dämmung 10 - 26 cm
7 Sparren (vorhanden)
8 Aufgedoppelte Bohle (vorhandene Sparrenhöhe + 4 cm)
9 Dampfbremse oder Winddichtung
10 Innenbekleidung

Abb. 78
Dämmen des Daches von außen bei bestehender Innenbekleidung Beispiel 2

NEU

1 Eindeckung
2 Lattung 3/5 cm
3 Konterlattung 3/5 cm
4 Obere Belüftung 2 cm
  Untere Belüftung 4 cm
5 Unterspannbahn
6 Kantholz 4/4 cm
7 Dämmung
8 Sparren (vorhanden)
9 Befestigungsleiste 3/5 cm
  für Dampfbremse
10 Dampfbremse oder Winddichtung
11 Innenbekleidung

vorhanden

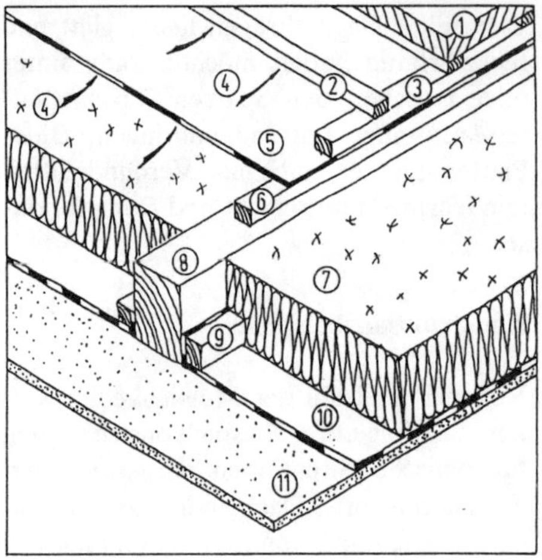

Abb. 79
Dachaufbau bei zusätzlicher Dämmung von innen Beispiel 3

1 Dacheindeckung
2 Lattung 3/5 cm
3 Konterlattung 3/5 cm
4 obere Belüftung 2 cm
  untere Belüftung 4 cm
5 Unterspannbahn
6 Sparren, 4 cm größer als die Dämmung
7 Dämmung, zusammen 10 - 26 cm
8 Kantholz für zusätzliche Dämmung 5/5 cm
9 Dampfbremse
10 Innenbekleidung

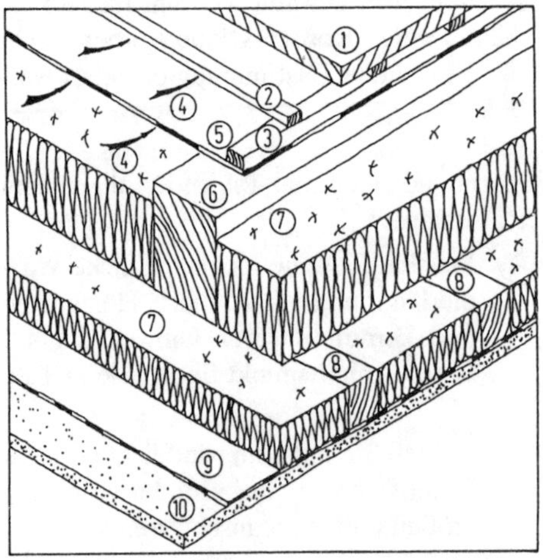

Abb. 80
Dachaufbau bei Belassen der Innenbekleidung und zusätzlicher Dämmung innen Beispiel 4

vorhanden

1 Dacheindeckung
2 Lattung 3/5 cm
3 Konterlattung 3/5 cm
4 obere Belüftung 2 cm
  untere Belüftung 4 cm
5 Unterspannbahn
6 Sparren, 4 cm größer als die Dämmung
7 Dämmung, zusammen 10 - 26 cm
8 vorhandene Innenbekleidung

NEU

9 Kantholz für zusätzliche
  Dämmung
10 Dampfbremse
11 Neue Innenbekleidung

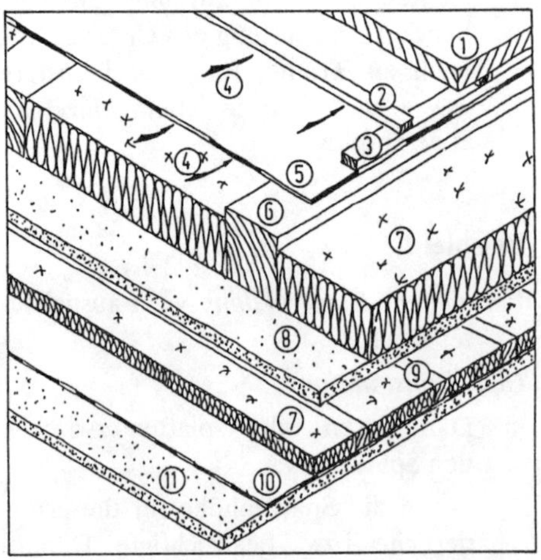

stoffdicke nicht ausreicht, die Sparren verstärkt und/oder eine ebene Unterkonstruktion hergestellt werden soll, werden seitlich Bohlen aufgeschraubt (vgl. Kap. 8.2).

Beispiel 2

Vorhandene Konstruktion: Ausgebautes Dach aus der Zeit vor etwa 1970.

Neue Konstruktion:

Von außen wird in die Sparrenfelder eine Dampfbremse eingelegt und seitlich mit Dachlatten dichtanliegend befestigt.

Der Zwischenraum wird mit Matten (kaschiert oder unkaschiert) oder Platten ausgelegt.

Beispiel 3

Vorhandene Konstruktion: Nicht ausgebautes Dach mit geraden und ausreichend tragfähigen Sparren, die jedoch für die geplante Dämmstoffdicke nicht ausreichend hoch sind.

Neue Konstruktion:

Zwischen den Sparren: von unten eingesetzte Dämmplatten oder von oben eingelegte Matten;

unter den Sparren: ein Kantholz wird auf die Sparrenunterseiten geschraubt, dazwischen Dämmatten oder -platten.

Beispiel 4

Vorhandene Konstruktion: Ausgebautes Dach aus der Zeit vor etwa 1970.

Neue Konstruktion:

Unter den Sparren: Kantholz oder Leiste auf die Sparrenunterseite schrauben, dazwischen Dämmatten oder -platten;

zwischen den Sparren: von oben eingelegte Matten;

stufenweise Ausführung möglich: Unterspannbahn und Dämmung zwischen den Sparren kann auch später in Verbindung mit der Erneuerung der Dacheindeckung erfolgen.

Beispiel 5

Vorhandene Konstruktion: Nicht ausgebautes Dach, evtl. mit bereits vorhandener Dachschalung.

Neue Konstruktion:

Sichtbare Sparren, darauf sichtbare Holzschalung, Dampfbremse;

nichttragender (zweiter) Sparren, dazwischen Wärmedämmatten oder -platten;

Der sich ergebende, dicke Dachrand kann unschön aussehen, besonders an Gaupen.

Beispiel 6 (Sonderfall)

Zwischenlösung bei vorläufiger Erhaltung der Dacheindeckung.

Vorhandene Konstruktion: Nicht ausgebautes Dach, intakte Dacheindeckung.

Neue Konstruktion:

Leisten seitlich am Sparren aufschrauben und mit bituminiertem Schaumstoff-Dichtungsband abkleben;

Unterdachplatten (Faserzementplatten oder profilierte und bituminierte Weichfaserplatten) einpassen und mit Andruckleiste festschrauben;

Bohle unter dem Sparren oder seitlich am Sparren befestigen, Dämmatten oder -platten zwischen den Sparren einsetzen;

Bei der späteren Erneuerung der Dacheindeckung Unterspannbahn einbauen.

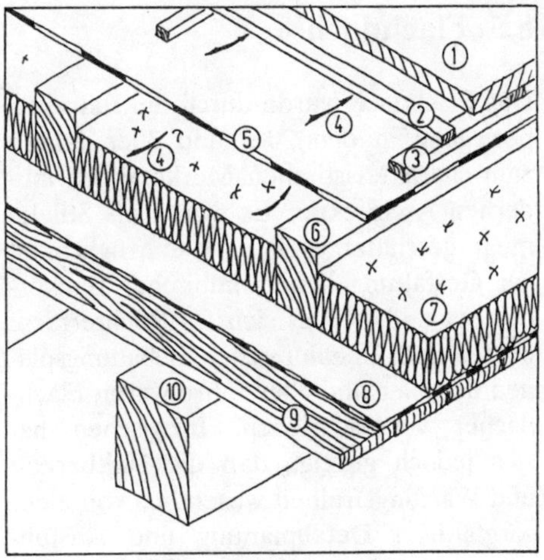

Abb. 81
Dachaufbau bei sichtbaren Sparren Beispiel 5

1 Dacheindeckung
2 Lattung 3/5 cm
3 Konterlattung 3/5 cm
4 obere Belüftung 2 cm
untere Belüftung 4 cm
5 Unterspannbahn
6 nicht tragender Sparren, 4 cm stärker als die Dämmung
7 Dämmung 10 - 26 cm
8 Dampfbremse
9 Schalung 22 mm
10 sichtbarer Sparren nach Angabe des Statikers

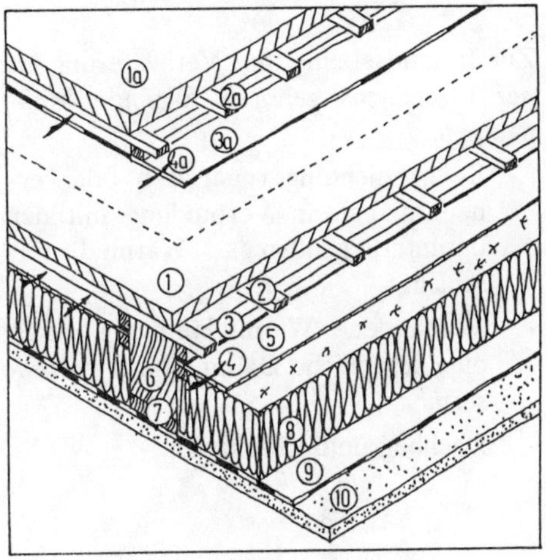

Abb. 82
Dämmen des Daches von unten (als Zwischenlösung), vgl. Beispiel 6

1 Dacheindeckung
2 Lattung 3/5 cm
3 Kanthölzer zur Fixierung der Unterdachplatten 5/5 cm
4 Belüftung
5 Unterdachplatten
6 Sparren
7 Aufgedoppelte Bohle 40 mm stark
8 Dämmung 10 - 26 cm
9 Dampfbremse
10 Innenverkleidung

Ausbildung der späteren Neueindeckung
1a neue Dacheindeckung
2a Lattung und Konterlattung 3/5 cm
3a Unterspannbahn
4a obere Belüftung der Unterspannbahn 2 cm

Diese recht aufwendige Art der Zwischenlösung ist nur vertretbar, wenn das Dach dicht ist. Anderenfalls besteht die Wahrscheinlichkeit, daß die Sparren von Fäulnis befallen werden.

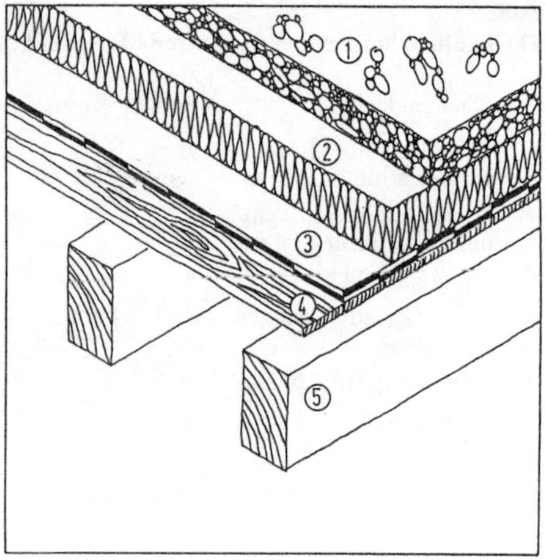

Abb. 83
Aufbau eines Flachdaches als Umkehrdach

1 Kiesschicht
2 feuchtigkeitsunempfindliche und trittfeste Dämmschicht 10 - 26 cm
3 Dachabdichtung aus 3 Lagen Bitumenpappe
4 Schalung 22 mm
5 Tragbalken nach Angabe des Statikers

8.5 Flachdach

Das Flachdach wurde durch die Bauhausbewegung in den 20er und 30er Jahren zum charakteristischen Merkmal der modernen Architektur. Es wurde als Stilelement geschätzt, weil es die Möglichkeit zur Gestaltung klarer, kubischer Baukörper bot und weil es sich als Dachterrasse nutzen ließ. In zahlreichen Bebauungsplänen der 50er und 60er Jahre waren Flachdächer vorgeschrieben. Inzwischen hat sich jedoch gezeigt, daß die Haltbarkeit und Wartungsfreiheit wesentlich von einer sorgfältigen Detailplanung und Ausführung abhängen.

Zur Instandsetzung und Verbesserung eines Flachdachs gehören folgende Maßnahmen:

- Dachabdichtung reparieren oder erneuern, ggf. in Verbindung mit der darunterliegenden Wärmedämmschicht.
- Vorhandene Wärmedämmung durch eine zusätzliche Dämmschicht verbessern.
- Dachbegrünung herstellen.

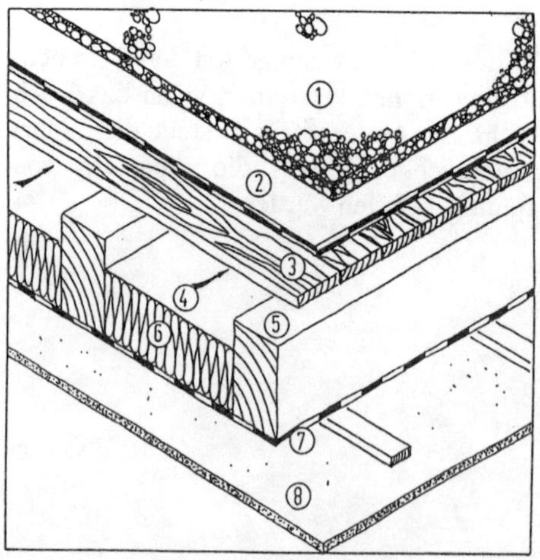

Abb. 84
Aufbau eines zweischaligen Flachdaches

1 Kiesschicht
2 Dachabdichtung
3 Schalung 22 mm
4 Belüftung 4 cm
5 Tragbalken 4 cm höher als die Dämmung
6 Dämmung 10 - 26 cm
7 Dampfbremse oder Winddichtung
8 Innenbekleidung auf Lattung

- Begehbaren Terrassenbelag herstellen.
- Gebäude aufstocken und mit einem geneigten Dach versehen.

Flachdächer können nach unterschiedlichen Prinzipien aufgebaut sein. Zur Beurteilung und Auswahl der richtigen Instandsetzungs- und Modernisierungsmaßnahme ist es notwendig, die wesentlichen Konstruktionsarten zu kennen.

Das *nicht wärmegedämmte Flachdach* über nicht beheizten Räumen besteht aus der Rohdecke, z.B. aus Stahlbeton oder Holzbalken mit Schalung, und einer zwei- oder dreilagig verklebten Abdichtung aus Bitumenbahnen. Eine Kiesschüttung schützt die Dachhaut (d.h. die Abdichtung) vor zersetzend wirkender Sonnenstrahlung, ein Dachablauf sorgt dafür, daß sich das Wasser nicht staut und über die Randaufkantung fließt.

Das *wärmegedämmte Flachdach* über beheizbaren Räumen kann mit oder ohne Hinterlüftung konstruiert sein. Beim üblichen, *nicht belüfteten Flachdach* (auch einschaliges Dach oder "*Warmdach*" genannt), liegt die Dämmschicht (z.B. aus Hartschaum - oder Mineralfaserplatten) zwischen Rohdecke und Dachhaut. Die Dämmschicht kann aber auch als Innendämmung unter der Rohdecke angebracht sein. Oder sie liegt auf der Dachhaut - und besteht dann aus feuchtigkeitsunempfindlichen Platten ("*Umkehrdach*").

Beim *wärmegedämmten, belüfteten Flachdach* (auch zweischaliges Dach oder "*Kaltdach*" genannt) liegt zwischen Dämm- und Dichtungsschicht ein Luftraum, der an den Dachrändern ein Entweichen des aus dem darunterliegenden Raum eindiffundierten Wasserdampfes ermöglicht, nach dem gleichen Prinzip wie bei der Unterspannbahn des Steildaches oder bei der hinterlüfteten Fassade. Die Dämmschicht kann ober- oder unterhalb der Rohdecke liegen. Das hinterlüftete Flachdach mit der Wärmedämmung auf der Rohdecke ist die technisch beste Form, es ist aber auch - wie sollte es anders sein - die teuerste.

Dachabdichtung sanieren

Das Ausbessern der Dachhaut ist nur sinnvoll, wenn die undichte Stelle genau lokalisiert werden kann und die übrige Dachhaut noch völlig in Ordnung ist. Ansonsten ist eine Erneuerung der ganzen Fläche ratsam, vor allem, wenn die Dachhaut Blasen geworfen hat und die Dachbahnen an der Randaufkantung spröde und rissig geworden sind.

Flachdachabdichtungen können in 2 Verfahren aufgebracht werden:

1. Bitumen- oder Teerdachbahnen werden in mindestens 3 Lagen auf einer Klebemasse ausgerollt und angepreßt.
2. Bitumen- oder Polymerbitumenbahnen werden mindestens zweilagig mit einem Gasbrenner punktförmig oder vollflächig auf dem Untergrund verschweißt. Wenn die Bahnen mit einem Plattenbelag oder mit mindestens 10 cm Boden bedeckt werden, ist auch ein loses Verlegen möglich. Beim punktförmigen Verschweißen oder beim losen Verlegen müssen allerdings die Stöße verschweißt werden.

Die zweite Abdichtungsart ist zuverlässiger. Jedoch sollten Arbeiten am Flachdach Fachfirmen überlassen werden, schon wegen der Gewährleistung. Die Ausführung darf nur bei Temperaturen über 4°C erfolgen und nicht bei regnerischem Wetter. Besondere Schwachstellen am Flachdach sind die Anschlüsse an die Dachentwässerung (z.B. Dachgully), an den Dachrand und an angrenzende Bauteile. Bei der Flachdachsanierung sind in der Regel auch neue Blechverwahrungen erforderlich.

Wärmedämmung verbessern

Die Dicke der Wärmedämmung beim Flachdach sollte über beheizten Räumen nicht weniger als 10 cm betragen. Die meisten alten Flachdächer sind wesentlich schlechter gedämmt, so daß eine nachträgliche Verbesserung fast immer sinnvoll ist. Selbstbaufreundlich ist die nachträgliche, raumseitige Verkleidung der Decke mit Dämmaterial, wobei darauf zu achten ist, daß bei Aufenthaltsräumen eine Mindestraumhöhe von 2,3 m erhalten bleibt.
Es können aber auch feuchtigkeitsunempfindliche Dämmplatten aus extrudiertem, geschlossenporigem Hartschaum oder aus Schaumglas als "Umkehrdach" auf der Dachhaut verlegt werden (beim "Kaltdach" unwirksam und daher nicht sinnvoll). Die Dicke der Dämmplatten wird durch die Tragfähigkeit der Decke begrenzt, denn die Platten müssen mit Kies oder ähnlichem in mindestens der gleichen Dicke belastet werden. Egal wie die Wärmedämmung aufgebracht wird, vorher sollte die Dachhaut in jedem Fall auf Dichtigkeit untersucht werden.

Die Arbeitsschritte zur Herstellung eines Umkehrdaches:

- Vorhandenen Kies zur Seite räumen und gegebenenfalls zwischenlagern;
- vorhandene Dachabdichtung instandsetzen, sofern erforderlich;
- feuchtigkeitsunempfindliche Dämmplatten verlegen, und zwar einlagig mit Hakenfalz oder zweilagig mit versetzten und dichten Stößen;
- Kiesschüttung, Plattenbelag oder Gründach aufbringen, mindestens so

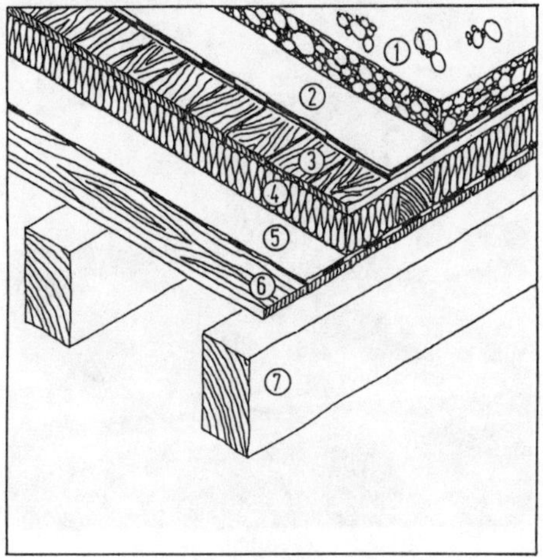

Abb. 85
Aufbau eines einschaligen Daches

1 Kiesschicht 3 - 5 cm
2 Dachabdichtung
3 Schalung, 22 mm auf Kantholz in Stärke der Wärmedämmung
4 Wärmedämmung 10 - 26 cm
5 Dampfsperre
6 Schalung 22 mm
7 Tragbalken

Begrünter Flachdachanbau - eine Aufwertung, auch ohne Terrassenfunktion.

Abb. 86
Begrünung eines vorhandenen Flachdaches mit zusätzlicher Dämmschicht

1	Vegetationsschicht 15 - 20 cm	NEU
2	Filtervlies	
3	Dränschicht 3 - 5 cm	
4	wurzelfeste Dichtungsbahn	
5	feuchtigkeitsunempfindliche Dämmschicht 4 - 20 cm	
6	bestehende Dachabdichtung	vorhanden
7	vorhandene Schalung	
8	vorhandene, nicht ausreichende Dämmung	
9	Tragbalken	

dick wie die Dämmplatten, gegebenenfalls vorher die Tragfähigkeit der Decke prüfen lassen.

Dachbegrünung

Flachdächer bieten sich an für eine Begrünung mit Gräsern und Kräutern. In dicht besiedelten Gebieten können Grasdächer einen merklichen Beitrag zur Klimaverbesserung leisten und Lebensraum für Insekten bieten. Eine Dachbegrünung ist allerdings absolut kein Ersatz für eine Wärmedämmung.
Im allgemeinen kann der vorhandene Kies gegen Boden in gleicher Stärke ausgetauscht werden. Soll die vorhandene Decke die Belastung einer dickeren Bodenschicht aufnehmen, ist dazu auf jeden Fall eine statische Prüfung erforderlich.

Ein einfaches Grasdach für ein bestehendes (einschaliges) Flachdach kann so aufgebaut sein:

- Tragende Decke, z.B. Betonplatte oder Holzbalkendecke;

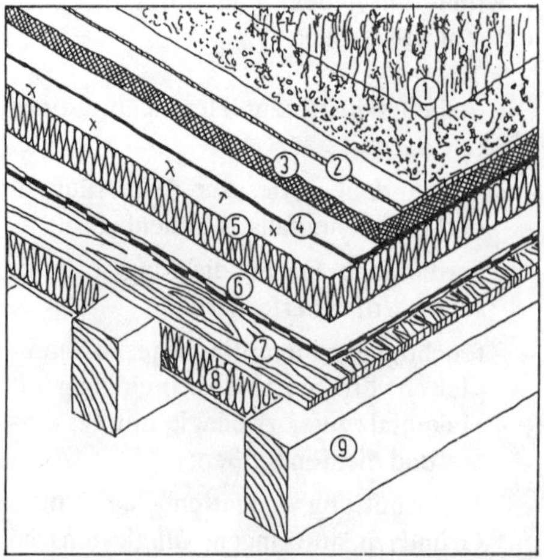

- Wärmedämmschicht unter oder auf der tragenden Deckenkonstruktion;
- Dachabdichtung aus 2 - 3 Lagen Dichtungsbahnen, lose verlegt mit verschweißten Stößen;
- Wurzelschutzfolie (wurzelfeste Kunststoffolie) als zusätzliche Lage (sofern nicht wurzelfeste Dichtungsbahnen verwendet werden), lose verlegt mit verschweißten Stößen;
- Entwässerung (Dachgully) mit verklebtem Anschluß;
- Dränschicht, z.B. Fadengeflechtmatten, 20 mm dick;
- Filtervlies (verhindert das Fortschwemmen feiner Bodenbestandteile);
- Bodenschicht für extensive Begrünung: Mutterboden vermischt mit Rindenhumus oder Blähton (bzw. Blähschiefer oder Lava);
- Vegetation, z.B. Grassoden (Trockenrasen) oder Einsaat mit Wildkräuterwiese oder mit Spezialmischung. Keine tief wurzelnden Pflanzen einsetzen, die die Dachdichtung beschädigen könnten.

Bei richtiger Auswahl der Pflanzen ist eine Bewässerung und Pflege der Begrünung nicht erforderlich. Im Laufe der Zeit stellen sich von selbst diejenigen Pflanzenarten ein, die diese extremen Standortbedingungen vertragen. Allerdings muß damit gerechnet werden, daß bei lang anhaltender Trockenheit die oberirdischen Pflanzenteile absterben.

Wer eine Dachbegrünung plant, sollte darüber hinaus wissen:

- Solange der Boden nicht durchwurzelt ist, kann das Dach bei Sturm "abgedeckt" und erheblich beschädigt werden. Um die nötige Auflast sicherzustellen, sollten Grassoden bevorzugt

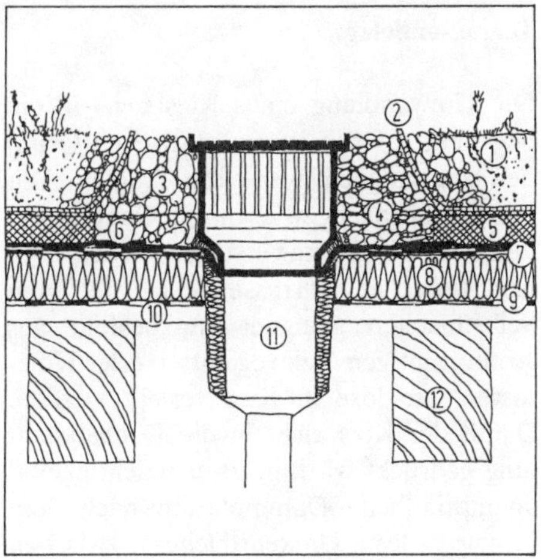

Abb. 87 oben links
Entwässerung eines begrünten Flachdaches
nach: Ohlwein, K.: Dachbegrünung. 1984

1 Vegetationsschicht 15 - 20 cm
2 Filtervlies
3 Kies
4 Wasserspiegel
5 Dränschicht 3 - 5 cm
6 wurzelfeste Dichtungsbahn
7 bestehende Dachabdichtung
8 Dämmung, vorhanden
9 Dampfbremse, vorhanden
10 Schalung, vorhanden
11 Syphon
12 Tragbalken

oder unter dem Mutterboden eine Kiesschicht angeordnet werden.

- Bisher gibt es noch keine Langzeitsicherheit hinsichtlich der Haltbarkeit von Wurzelschutzbahnen.

Konfektionierte Dachbegrünungssysteme sind in der Regel für anspruchsvolle Pflanzenarten oder für begehbare Dachrasen konzipiert. Für den Einsatz auf bestehenden Flachdächern eignen sich jedoch nur die leichten, nicht begehbaren Systeme mit geringem Gewicht und geringer Dicke.

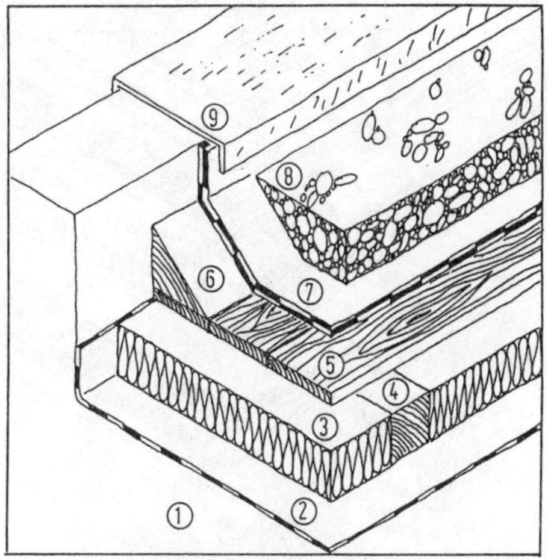

Abb. 88
Umwandlung eines Flachdaches mit Kies in ein Grasdach
A Vorhandenes Flachdach mit Kiesschüttung

1 Dachkonstruktion — vorhanden
2 Dampfbremse
3 Dämmung
4 Kanthölzer
5 Schalung
6 Holzkeil
7 Dachabdichtung
8 Kiesschüttung
9 Blechverwahrung

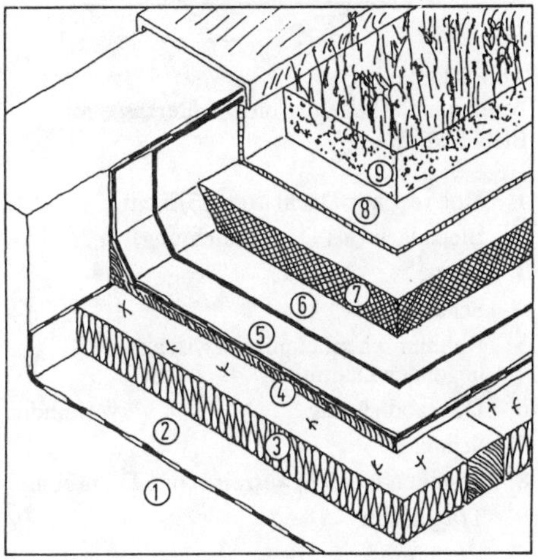

Abb. 89
Umwandlung eines Flachdaches mit Kies in ein Grasdach
B Grasdach bei vorhandenem Flachdach mit ausreichend hohem Dachrand

1 Dachkonstruktion — vorhanden
2 Dampfbremse
3 Dämmung
4 Schalung auf Kanthölzern
5 Dachabdichtung

Vorhandenen Kies abräumen

6 Wurzelschutzbahn — NEU
7 Dränschicht 3 - 5 cm
8 Filtervlies
9 Vegetationsschicht 15 - 20 cm

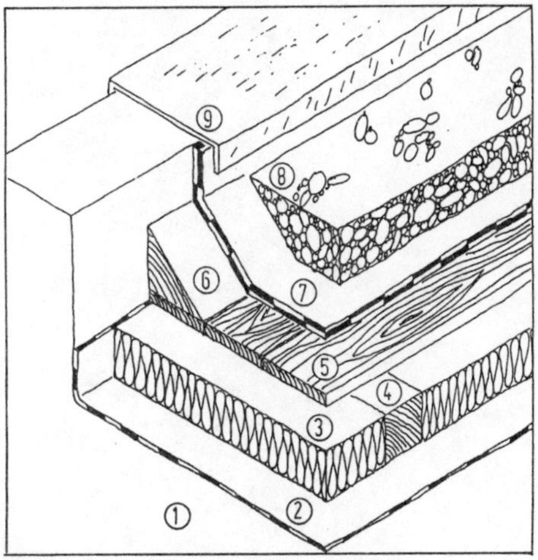

Abb. 90
Umwandlung eines Flachdaches mit Kies in ein Grasdach
C Grasdach bei vorhandenem Flachdach mit zu niedrigem Dachrand

1 Dachkonstruktion — vorhanden
2 Dampfbremse
3 Dämmung
4 Schalung auf Kanthölzern
5 Dachabdichtung

Vorhandenen Kies abräumen

6 Wurzelschutzbahn — NEU
7 Dränschicht 3 - 5 cm
8 Filtervlies
9 Vegetationsschicht 15 - 20 cm
10 zusätzliche Aufkantung (z.B. aus Naturstein) 20 - 25 cm hoch

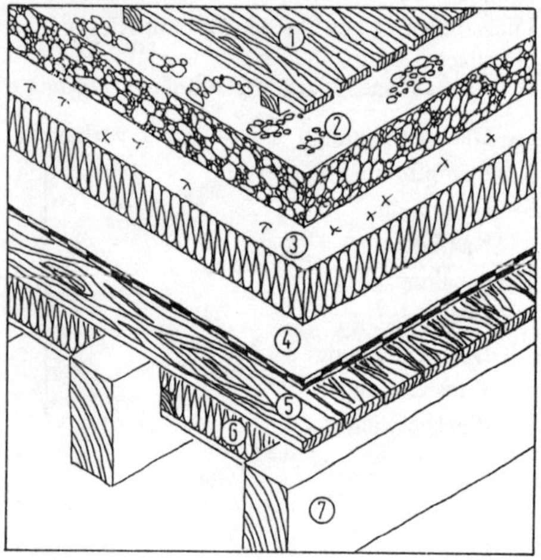

Abb. 91
Aufbau einer begehbaren Dachterrasse als Kiesdach mit Holzrost

1 Holzrost aus Dachlatten 3/5 cm — NEU
2 Kiesschüttung, Dicke wie Dämmplatten
3 feuchtigkeitsumempfindliche Dämmschicht 4 - 20 cm
4 Dachabdichtung — Vorhanden
5 Schalung
6 bestehende, nicht ausreichende Dämmung
7 Tragbalken

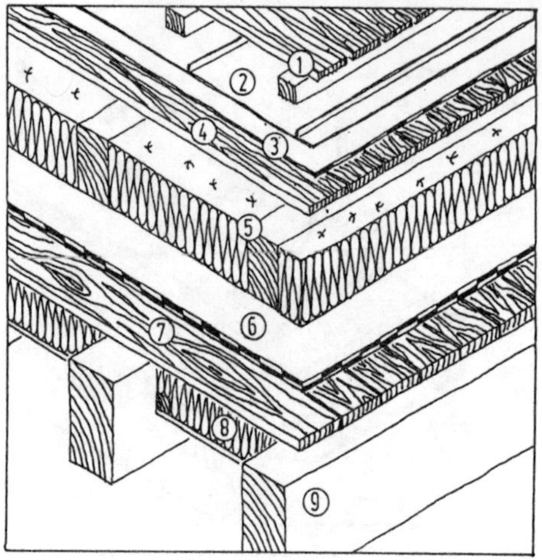

Abb. 92
Aufbau einer begehbaren Dachterrasse mit Blechabdichtung

1 Holzrost aus Dachlatten 3/5 cm — NEU
2 Blechdach (als Dachabdichtung)
3 Pappe
4 Schalung
5 Rahmenschenkel mit dazwischen liegender Dämmung 4 - 20 cm
6 Dachabdichtung — vorhanden
7 Schalung
8 bestehende, nicht ausreichende Dämmung
9 Tragbalken

Terrassenbelag

Die Umwandlung eines Kiesdachs in ein begehbares Dach ist aus statischen Gründen nur möglich, wenn die Tragfähigkeit der Decke nachgewiesen ist. Gegebenenfalls muß die Decke verstärkt werden.

Ein einfacher Terrassenbelag, der zum Selbstmachen geeignet ist, besteht aus großformatigen Gehwegplatten oder Holzrosten, die lose in Kies verlegt werden. Damit der Kies nicht in die Dachabdichtung gedrückt wird, müssen feuchtigkeitsunempfindliche Dämmplatten nach dem Prinzip des Umkehrdaches zwischen Dachhaut und Kies ausgelegt werden.

Ein begehbarer Terrassenbelag wird vielfach aus frostfesten keramischen Platten hergestellt. Sie werden in einem bewehrten, mindestens 4 cm dicken Mörtelbett auf einer Dränschicht verlegt, die über einen Gully oder über die Dachrinne entwässert wird. Zwischen Dränschicht und Dachabdichtung ist eine Gleitschicht, z.B. aus zwei PE-Folien erforderlich. Wegen starker, temperaturbedingter Längenänderungen müssen Plattenbelag und Mörtelbett in Abständen von 2 m durch Dehnungsfugen mit Bitumenverguß versehen werden. Die Herstellung eines keramischen Terrassenbelags ist wegen der zahlreichen Fehlerquellen nicht zum Selbermachen geeignet.

Bei allen Terrassen ist darauf zu achten, daß die Dachabdichtung an den Wandanschlüssen 15 cm über den Belag hinaus hochgezogen wird, auch an der Terrassentür, um das Eindringen von Feuchtigkeit zu vermeiden.

9. Geschoßdecken

9.1 Zusammenhänge

Geschoßdecken wurden etwa bis zur Jahrhundertwende fast ausschließlich als Holzbalkendecken errichtet. Lediglich über Kellerräumen waren wegen der Feuchtigkeit gemauerte Gewölbe üblich. Mit der Einführung industrieller, energieintensiver Verfahren zur Herstellung und Verarbeitung von Zement, Stahl, Beton und Ziegel zu Beginn des 20. Jahrhunderts fanden Stahlsteindecken und kurz darauf Stahlbetondecken rasche Verbreitung - zunächst über dem Sockel- und Untergeschoß sowie unter Bädern und Küchen. Nach 1945 wurde die Holzbalkendecke mehr und mehr durch Stein- und Betondecken verdrängt. Auch die Unempfindlichkeit gegen Feuer und Schädlingsbefall sowie die besseren Schalldämmeigenschaften trugen zur raschen Verbreitung der Stahlbetondecken bei. Inzwischen gewinnen Holzbalkendecken, die mit vergleichsweise geringem Energieaufwand hergestellt werden können, wieder zunehmend an Beliebtheit, besonders im Eigenheimneubau. Aufgrund der heute üblichen Konstruktions- und Abdichtungsmethoden können auch bei der Altbausanierung die typischen Schwächen alter Holzdecken weitgehend gemindert werden.

Die Qualität einer Geschoßdecke bezüglich Stabilität, Schall-, Wärme- und Brandschutz hängt von dem gesamten Deckenaufbau ab, also von

- der tragenden Rohdecke (Kap. 9.2, 9.3),
- der Deckenverkleidung (Kap. 9.4) sowie von
- dem Fußbodenaufbau (Kap. 10.2).

Der Zustand der tragenden Rohdecke wird meist erst während der Baumaßnahme sichtbar, wenn die Deckenverkleidung entfernt ist. Typische Schäden sind z.B.:

- bei Holzbalkendecken: Zerstörung durch Feuchtigkeit (Fäulnis) vor allem an den Balkenköpfen oder durch Schadinsekten; Durchbiegung, Vibration oder Schräglage von Holzbalken,
- bei Stahlsteindecken: Rostbildung an Stahlträgern.

Die *Tragfähigkeit* einer Decke wird durch die statische Berechnung so ausgelegt, daß die anzunehmende Verkehrslast (Nutzlast im kN/m^2) und das Eigengewicht der Decke mit Sicherheit getragen werden. Bei Eingriffen ins Tragwerk oder bei einer Vergrößerung der Verkehrslast ist ein neuer statischer Nachweis und eine Baugenehmigung erforderlich, z.B. wenn

- tragende Wände ausgebrochen oder eingebaut werden,
- nicht tragendes Mauerwerk eingebaut wird (Gefahr der Durchbiegung und Rißbildung),
- der Dachraum ausgebaut wird (Erhöhung der Verkehrslast),
- Deckenöffnungen hergestellt oder vergrößert werden (z.B. für eine Treppe oder für einen Schornstein).

Decken werden nicht nur durch senkrechte Lasten beansprucht. Mit ihrer waagerechten Scheibenwirkung tragen sie wesentlich zur Aussteifung und zur Standsicherheit des ganzen Gebäudes bei. Daher muß auch der Verankerung zwischen Decken und Wänden Aufmerksamkeit gewidmet werden, bei Holzbalkendecken auch der Verbindung der Deckenbalken untereinander z.B. durch die Schalung oder die Lattung.

Leichte Holzbalkendecken mit einfachem Dielenboden und Beton- oder Steindecken ohne schwimmend verlegten Fußboden erfüllen in der Regel nicht die heutigen Anforderungen an Schall- und Wärmeschutz, was besonders dann als störend empfunden wird, wenn die Decke zwei Wohnun-

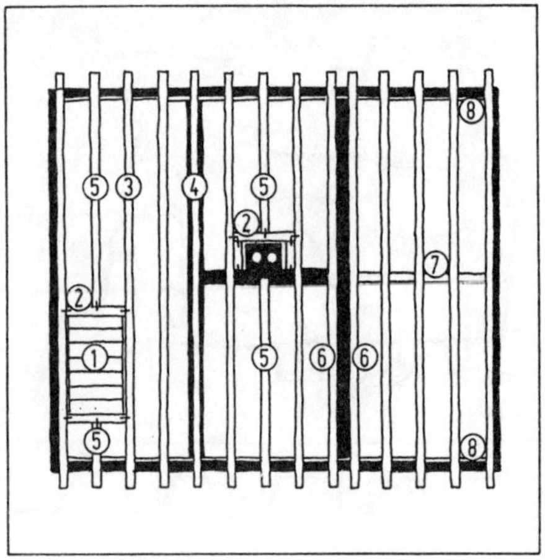

Abb. 93
Die Begriffe in einer Balkenlage

1 Treppenloch
2 Wechsel
3 ganze Balken (Binderbalken)
4 Bundbalken
5 Stichbalken
6 Streichbalken
7 Unterzug
8 Mauerlatte

Abb. 94
Balkenauflager in einer Steinwand (aufgelegt)

1 Mauerwerk
2 Streichbalken (zur Druckverteilung)
3 Deckenbalken

gen voneinander trennt (vgl. "Wohnungstrenndecken", DIN 4109).

Die schalldämmende Eigenschaft einer Decke wird geprägt vom Flächengewicht sowie von der Elastizität und der Anzahl der Schichten, die die Deckenkonstruktion bilden. Günstig ist eine Kombination aus schweren und weichfedernden Schichten.

Eine Verbesserung des Schallschutzes kann erreicht werden durch

- einen schwimmenden Fußboden (Naß- oder Trockenestrich auf Dämmplatten),
- eine schwere Füllung in den Feldern einer Holzbalkendecke (z.B. Ziegelsteine),
- eine abgehängte Deckenverkleidung (z.B. aus Bauplatten),
- einen federnden Bodenbelag (z.B. Teppich oder Linoleum-, Kork-Verbundbelag).

Wie beim Neubau gilt auch hier die Regel: je besser die Schalldämmung, umso höher die Kosten.

Wärmedämmschichten können grundsätzlich unterhalb oder oberhalb der Rohdecke angeordnet werden, bei Holzbalkendecken auch in den Deckenfeldern (Balkenzwischenräumen). Das Maß der erforderlichen Mindest-Wärmedämmung ist in der Wärmeschutzverordnung bestimmt (siehe Kap. 4.4).

Baurechtliche Anforderungen an den *Feuerwiderstand* von Decken sind in der jeweiligen Landesbauverordnung festgelegt. Im allgemeinen bestehen keine Brandschutzanforderungen für Decken in freistehenden Wohngebäuden mit nicht mehr als einer Wohnung, deren Aufenthaltsräume in nicht mehr als zwei (Voll-) Geschossen liegen (§ 5 Ausführungsverordnung zur Landesbauordung für Baden - Württemberg vom 2.4.1984). Falls notwendig kann der Feuerwiderstand durch entsprechende Deckenbekleidungen und Fußbodenaufbauten verbessert werden.

9.2 Holzbalkendecken

9.2.1 Bauarten alter Holzbalkendecken

Jahrhunderte lang war die Holzbalkendekke mit "Windelboden" üblich: Mit Strohlehm umwickelte Staken wurden zwischen den Holzbalken eingeschoben, auf die Balken Dielen genagelt und die Unterseite der Decke mit Lattung, Rohrgeflecht und Putz verkleidet. Statt mit Lehmwickeln wurde der Zwischenboden auch aus Brettschalung mit einer Schüttung aus Schlacke oder Spreu hergestellt.

Auch wenn zur sicheren Schadensbeurteilung und bei Eingriffen ins Tragwerk Fachleute hinzugezogen werden müssen, ist es von Vorteil, die wesentlichen Teile der Balkenlage mit ihrem Kräfteverlauf, die Ausbildung der Balkenauflager und die üblichen Zwischendeckenarten zu kennen und zu verstehen.

Tragende Balkenlage

Deckenbalken leiten die Deckenlast zu ihren Auflagern, also zu Wänden und Unterzügen. Dabei werden sie vorwiegend auf Biegung beansprucht. Das Maß der Durchbiegung hängt hauptsächlich von der Höhe des Balkenquerschnitts ab. Zur Begrenzung der Durchbiegung und der Vibration werden Deckenbalken heute aufgrund statischer Berechnungen so bemessen, daß die Durchbiegung nicht größer als 1/200 der Spannweite ist, wobei wirtschaftliche Spannweiten zwischen 3 und 4,5 m liegen; größere Spannweiten werden mit Unterzügen, also Balken und Pfetten, sowie mit Stützen überbrückt.

Etwa bis zur Jahrhundertwende wurden die Balkenabstände und -querschnitte nach alten Zimmermannsregeln bemessen. Die üblichen Balkenabstände betrugen

- bis 1,20 m bei handbehauenen Vollholzbalken (etwa bis 1870),
- 80 - bis 90 cm bei gesägten Vollholzbalken (etwa 1860 - 1940),
- 60 - 70 cm bei Halbholzbalken (etwa 1920 bis heute).

Beim Balkenquerschnitt ist ein Seitenverhältnis (Breite zu Höhe = b:h) von 5:7 günstig.
Die Bemessung der Deckenbalken wird im wesentlichen durch Verkehrslast, Spannweite und Balkenabstand bestimmt. Deckenbalken, die nicht bis zum Auflager durchlaufen können, z.B. wegen eines Schornsteins oder eines Treppenlochs, werden "ausgewechselt": ein Querbalken, der sogenannte "Wechsel" überträgt die Last auf die benachbarten Deckenbalken.
Vom Schornstein müssen Holzbalken einen Abstand von mindestens 5 cm einhalten. Der Zwischenraum wird mit nicht brennbarem Material gefüllt, z.B. mit vermörtelten Schamotteplatten, Dachziegeln oder Beton.
Deckenbalken haben auch die Aufgabe, die Wände, in die sie einbinden, auszusteifen. Hierdurch werden sie auf Druck und Zug in ihrer Längsrichtung beansprucht. Sie müssen daher an allen Balkenstößen und an ihren Auflagern fest verankert sein, z.B. durch Zuganker und Maueranker aus Stahl.

Abb. 95 oben
Balkenauflager in einer Steinwand (eingemauert)

1 Spaltklinker (sorgt für die Belüftung des Balkenkopfes)
2 Deckenbalken
3 Mauerwerk
4 Betongurt (zur Druckverteilung)
5 Belüftung
6 Pappe
7 Wärmedämmung

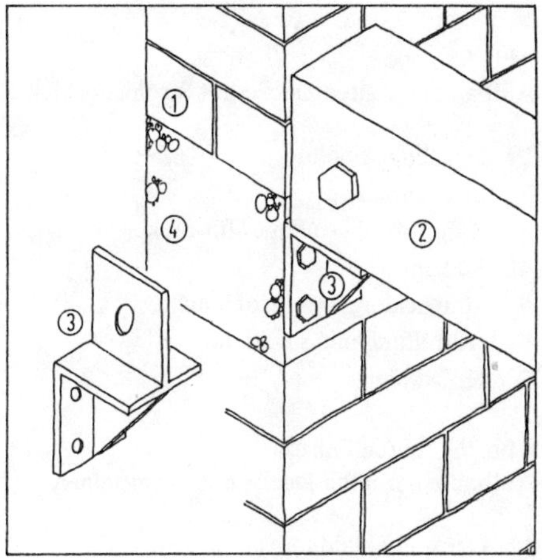

Abb. 96 Mitte
Balkenauflager an einer Steinwand mit Stahl-Konsole

1 Mauerwerk
2 Deckenbalken
3 Konsole
4 betonierter Quader

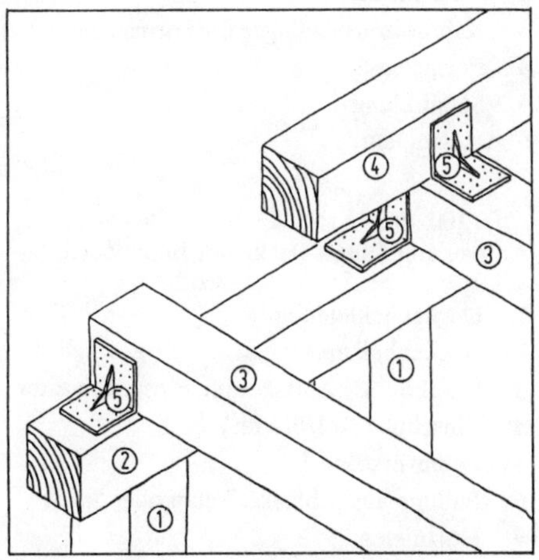

Abb. 97 unten
Balkenauflager bei einer Fachwerkwand

1 Pfosten
2 Rähm (Pfette)
3 Deckenbalken
4 Schwelle
5 Nagelbleche

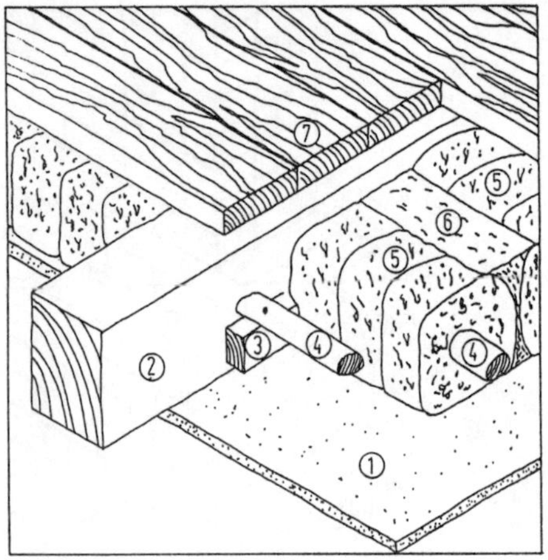

Abb. 98 oben
Aufbau einer alten Decke mit Strohlehmwickel

1 Deckenbekleidung
2 Deckenbalken
3 Kantholz als Auflager für Staken
4 Staken
5 Umwicklung aus Strohlehm
6 Auffüllung mit Strohlehm
7 Holzdielen

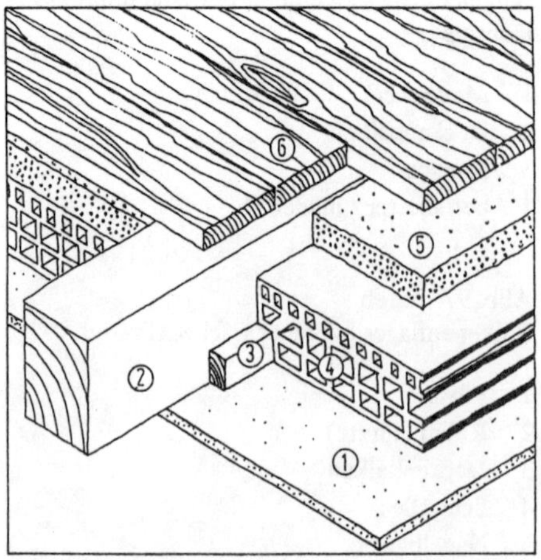

Abb. 99 unten links
Aufbau einer alten Decke mit Formsteinen

1 Deckenbekleidung
2 Deckenbalken
3 Kantholz als Auflager für Formsteine
4 Formsteine
5 Sandfüllung
6 Holzdielen

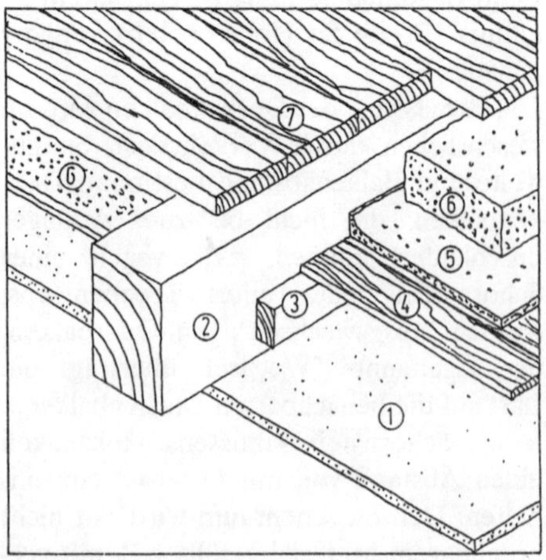

Abb. 100 unten rechts
Aufbau einer alten Decke mit Blindboden

1 Deckenbekleidung
2 Deckenbalken
3 Kantholz als Auflager für Einschubbretter
4 Einschub (Holzbretter)
5 Lehmverstrich
6 Füllung aus Schlacke, Lehm oder Spreu
7 Holzdielen

Balkenauflager

Am Balkenauflager werden die Kräfte vom Balkenkopf auf das darunterliegende Mauerwerk oder Fachwerk übertragen. Die Balkenauflager sind beim Altbau besonders gefährdete Stellen, weil die Balkenköpfe in der Wand oft der Feuchtigkeit z.B. durch Kondensat an einer Wärmebrücke ausgesetzt sind. Schadensanfällig sind auch Balken, die die Fassade durchdringen, z.B. bei Geschoßvorsprüngen oder bei Balkonen. Balkenköpfe müssen bei Mauerwerk am Auflager gegen eindringende Feuchtigkeit mit einer Bitumenpappe unterlegt werden. Das vollständige "Einpacken" von Balkenköpfen ist falsch, weil unvermeidbar eindringende Feuchtigkeit nicht mehr entweichen kann.

Zwischendecke

Der Teil zwischen den Deckenbalken, die Zwischendecke, erfüllt Schall-, Wärme- und Brandschutzfunktionen. Alte Zwischendecken bestehen z.B. aus:

- mit Strohlehm umwickelten Staken ("Windelboden"),
- eingeschobenen Brettern ("Blindboden") mit Füllung aus Schlacke, Lehm oder Spreu,
- Formsteinen.

Vorhandene Zwischendecken sollen nach Möglichkeit erhalten werden. Bei Blindböden kann es erforderlich sein, die Lattung nachzuschrauben oder die Gefache schall- oder wärmedämmend auszufüllen. Bei Windeldecken mit fest sitzenden Staken kann der Raum darüber folgendermaßen mit Lehm aufgefüllt werden:

- Jutegewebe auslegen,
- zur Verankerung an den Rändern verzinkte Nägel ein Stück weit in die Balken einschlagen,
- erdfeuchten (krümeligen), humusfreien Lehm einfüllen.

9.2.2 Reparaturen an Deckenbalken

Deckenbalken können durch pflanzliche und tierische Holzschädlinge so geschädigt sein, daß ihre Tragfähigkeit beeinträchtigt ist. Ist ein neuer Fußbodenbelag oder eine neue Deckenbekleidung geplant, sollten die Deckenbalken durch Öffnen des Bodens bzw. der Deckenbekleidung auf ihre Funktionsfähigkeit in den gefährdeten Bereichen geprüft werden.

Zu den Bereichen mit erhöhtem Schadensanfall gehören:

- Balkenköpfe im Mauerwerk,
- die Umgebung alter Ausgüsse, Abwasserleitungen, Dusch- und Badewannen,
- die Balkenauflager in nach unten vorspringenden Fassadenflächen,
- die Balkenauflager bei Sichtfachwerk, insbesondere bei ungeschützten Balkenköpfen (Hirnholz),
- die Auflager bei schadhafter Fassade mit Putzrissen,
- die Umgebung von defekten oder fehlenden Regenfallrohren, besonders auf der Wetterseite,
- Balken des Dachstuhls bzw. der obersten Geschoßdecke, besonders in der Nähe der Traufe.

Zur richtigen Ausbildung eines neuen Balkenauflagers einige Hinweise:

- Balkenkopf bei Mauerwerk mit Bitumenpappe unterlegen, zum Schutz gegen aufsteigende Feuchtigkeit.
- Bei einer von unten geschlossenen Decke zwischen Balkenkopf und Mauerwerk seitlich und oben 3 cm Luft lassen mit Verbindung zu den Balkengefachen.
- Zwischen der Stirnseite des Balkens und dem äußeren Mauerwerk eine mindestens 2 cm dicke Wärmedämmplatte einbauen, zum Schutz gegen Tauwasserbildung.

Holzkonstruktionen reagieren im Gegensatz zu hartem, sprödem Mauerwerk und Beton sehr elastisch auf Lastveränderungen. Bei deutlich spürbaren Durchbiegungen, Vibrationen oder Schieflagen sollten die Ursachen zwar erkundet werden, eine Mängelbehebung ist aber nicht in jedem Fall erforderlich.

9.2.3 Modernisierungs-Maßnahmen

Modernisierungsmaßnahmen an Geschoßdecken können das Ziel haben, technische Eigenschaften der Decke wie den Wärme- oder Schallschutz zu verbessern, aber auch z.B. durch Öffnungen in Teilen der Decke Grundrißveränderungen zu ermöglichen. Häufig werden mehrere Absichten gleichzeitig verfolgt, wobei die Zahl der technischen Möglichkeiten groß ist. In den nachfolgenden Abschnitten sollen einige typische Lösungsmöglichkeiten dargestellt werden.

Balken freilegen, verstärken, auswechseln

Das *Freilegen* von Deckenbalken kann erwünscht sein,

- um die Balkenlage sichtbar zu machen,
- um die lichte Raumhöhe zu vergrössern,
- um eine offene Verbindung zwischen 2 Ebenen zu schaffen.

Es empfiehlt sich, vor dem Freilegen das Aussehen der Balkenlage zu prüfen. Auch ist zu bedenken, daß beim Weglassen der Deckenbekleidung und der Zwischendekke die schall-, wärme- und brandschutztechnischen Eigenschaften der Decke schlechter werden.

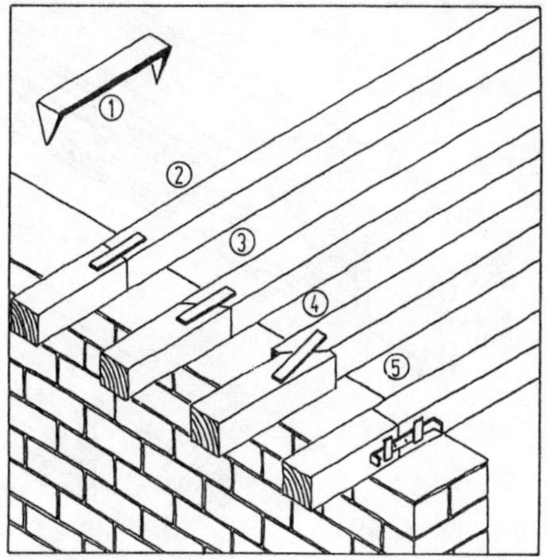

Abb. 101
Balkenstoß mit Klammern über einem Auflager

1 - 4 Balkenverbindungen mit Stoßklammern
5 Balkenverbindung mit einer Krampe und Stahllaschen (beidseitig)

Abb. 102
Reparatur von schadhaften Balkenköpfen am Auflager

1 schadhafter Balkenkopf
2 Bohlenlaschen
3 Kräfteverlauf

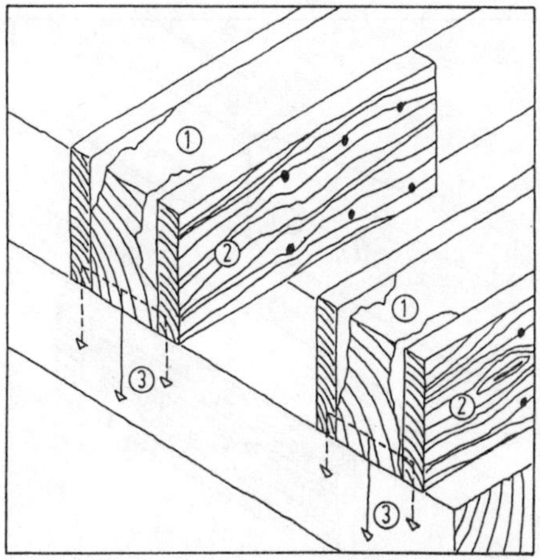

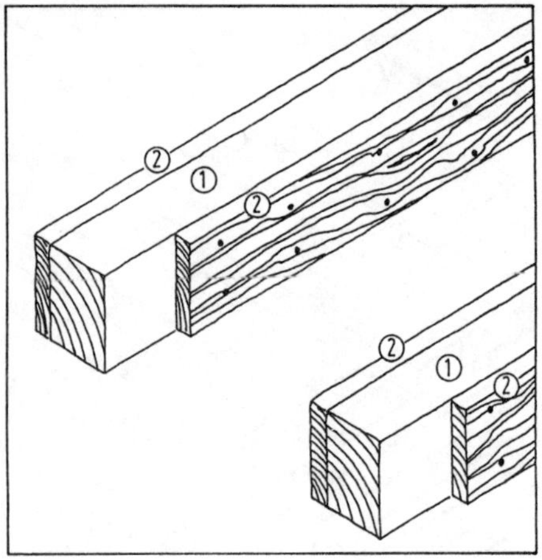

Abb. 103
Verstärkung von Deckenbalken durch beidseitiges Aufbringen von Bohlen

1 vorhandene Deckenbalken
2 aufgebrachte Balken

Abb. 104
Balkenstoß beim Austauschen von Balken

1 angeschifteter Balken verschraubt
2 stumpf gestoßene Balken mit Bohlenlaschen verschraubt

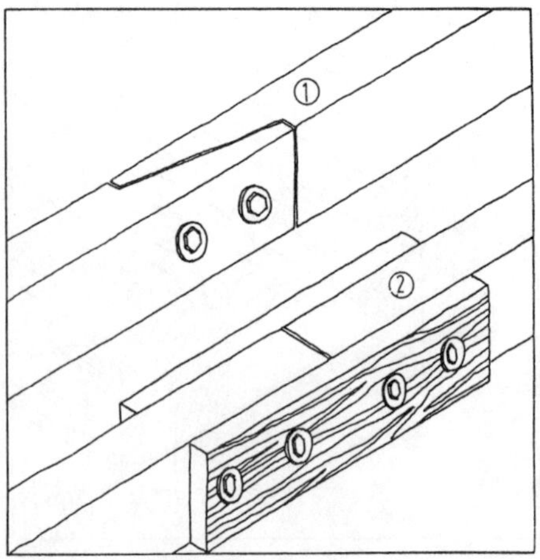

Ein *Verstärken* von Deckenbalken ist sinnvoll,

- um durch Fäulnis oder Schädlingsbefall geschwächte Balken zu verstärken,
- um das Vibrieren einer Decke (Schwingungen durch Begehen oder durch den Straßenverkehr) zu vermindern,
- um die Tragfähigkeit von Deckenbalken zu vergrößern, z.B. bei Durchbiegung der Balken oder unter geplanten Trennwänden.

Die Tragfähigkeit einer Decke kann erhöht werden, indem an die Deckenbalken ein- oder beidseitig jeweils eine etwa 4 - 6 cm dicke Holzbohle beigeschraubt oder eine zweite Balkenlage zwischen der vorhandenen Balkenlage eingebaut wird.

Deckenbalken werden *ausgewechselt* (Einbau eines Wechselbalkens),

- wenn eine Deckenöffnung hergestellt werden soll, die breiter ist als ein Balkenfeld,
- wenn ein abgefaulter Balkenkopf entlastet oder eine Fensteröffnung dicht unter einem Deckenbalken hergestellt werden soll.

Das Auswechseln eines Deckenbalkens (Kräfteverlauf siehe Kap. 9.2.1) sollte nur unter fachlicher Anleitung erfolgen. Bei auskragenden Balken (z.B. in der Verlängerung eines Balkons), bei Dachbalken oder bei mehrfeldrig wirkenden Balken kann ein Fehler bei der Ausführung die Standsicherheit gefährden.

Schallschutz verbessern

Die Schalldämmung alter Holzbalkendekken ist im allgemeinen schlechter als die von Stein- und Betondecken. Die maßgebenden Werte für die schalltechnische Qualität (siehe auch DIN 4109) sind das Luftschallschutzmaß (LSM) und das Trittschallschutzmaß (TSM); beide werden in Dezibel (1 dB = 0,1 Bel) angegeben. Diese Unterscheidung wird gemacht, weil sich Bauteile hinsichtlich der Leitfähigkeit von Luftschall (z.B. Sprechen, Radio) anders verhalten als bei Körperschall (Klopfen, Gehen). Je höher das Schallschutzmaß (in dB) ist, um so besser ist die schalldämmende Wirkung einer bestimmten Deckenkonstruktion.

In der Praxis der privaten Altbaumodernisierung werden gute Schalldämmwerte bei Holzdecken häufig deshalb nicht verwirklicht, weil der technische Aufwand und die Kosten zu hoch erscheinen. Ein schlechter Schallschutz kann jedoch für Bewohner unterschiedlicher Wohnungen zu lästigen Störungen und zu einer Beeinträchtigung des häuslichen Miteinanders führen.

Gewöhnlich genügt bei Decken eine Betrachtung des TSM, denn ein gutes TSM beinhaltet fast immer auch ein gutes LSM. Die Schalldämmeigenschaft einer Decke ist um so besser, je schwerer die Decke ist (Flächengewicht in kg/m^2), je besser die Schichten federn (dynamische Steifigkeit in MN/m^3) und aus je mehr Schichten die Decke aufgebaut ist. Eine 14 cm dicke Betondecke mit einem "schwimmend" (d.h. federnd) verlegten Zementestrich und mit Teppichboden hat beispielsweise ein TSM von 20 dB. Betondecke und Estrichplatten haben ein großes Gewicht, die Trittschall-Dämmplatten (z.B. aus Mineral- oder Kokosfilz, zwischen Rohboden und Estrichplatte) und der Teppichbelag wirken als federnde Schichten. Eine weitere Verbesserung des TSM um 7 dB könnte z.B. durch eine mit speziellen Metallschienen abgehängte Decke aus Naß- oder Trokkenputz erreicht werden.

Bei alten Deckenkonstruktionen hatten die meist 9 - 11 cm hohen Füllungen aus Lehm, Schlacke oder Sand die Funktion, das Gewicht zu vergrößeren.

Abb. 105 links oben
Verbesserung der Trittschalldämmung bei sichtbaren Deckenbalken Lösung A

1 Deckenbalken
2 Schalung, Dielung
3 Rieselschutz
4 Dämmstreifen
5 Lagerholz
6 Sandschüttung
7 Mineralfaser-Platte
8 Holzspanplatte

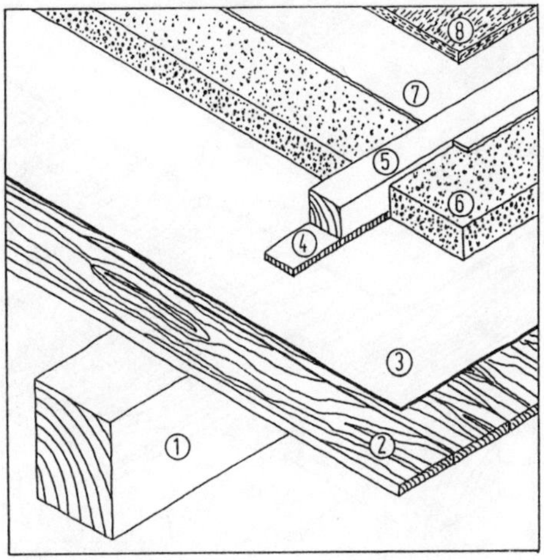

Abb. 106 links unten
Trittschalldämmende Deckenkonstruktion bei sichtbaren Deckenbalken Lösung B

1 Deckenbalken
2 Schalung oder Holzspanplatten
3 Filz
4 Gehwegplatten
5 Mineralfaser-Platten
6 Holzspanplatten

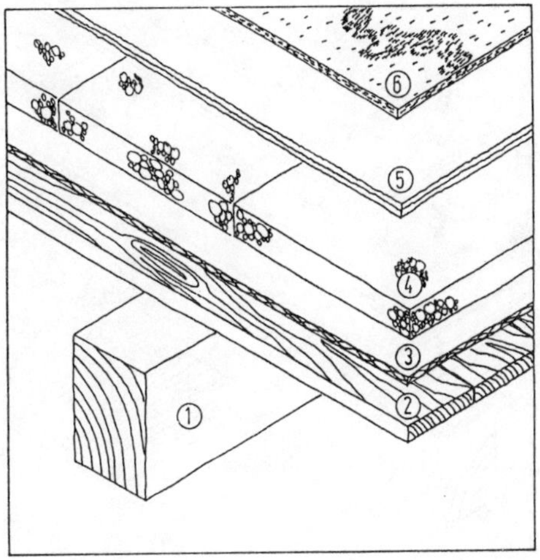

Abb. 107 rechts oben
Verbesserung der Trittschalldämmung bei teilweise sichtbaren Deckenbalken

1 Deckenbalken
2 Schalung oder Holzspanplatten
3 Kantholz
4 Dämmung
5 Holzspanplatten
6 Mineralfaser-Platten
7 Zement-Estrich oder Holzspanplatte

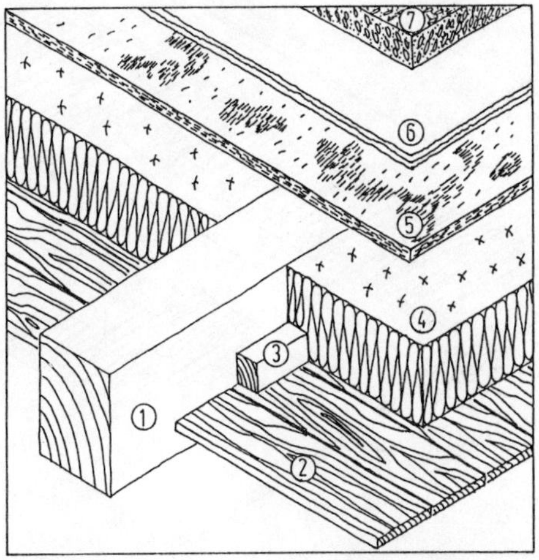

Abb. 108 rechts Mitte
Verbesserung der Trittschalldämmung bei Erhaltung der alten Decke Lösung A

1 - 4 vorhandene Decke
5 Dämmschicht
6 Holzspanplatte
7 Mineralfaser-Trittschallplatten
8 schwimmender Zementestrich

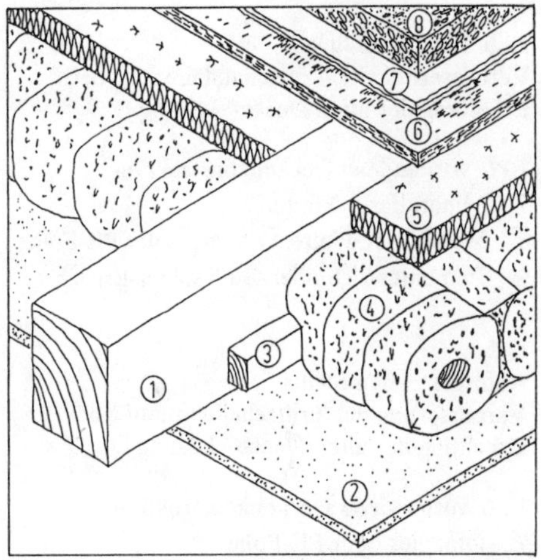

Abb. 109 rechts unten
Verbesserung der Trittschalldämmung bei Erhaltung der alten Decke Lösung B

1 Deckenbalken
2 Kantholz
3 Blindboden
4 Ölpapier
5 Magerbeton
6 Mineralfaser-Trittschallmatten
7 Holzspanplatten

vorhanden ↓ NEU ↓

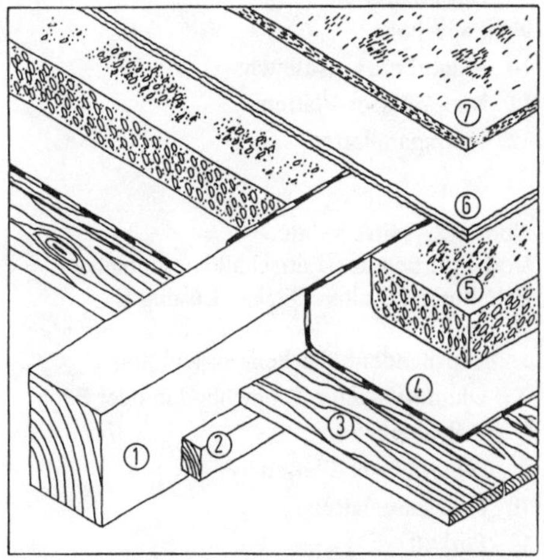

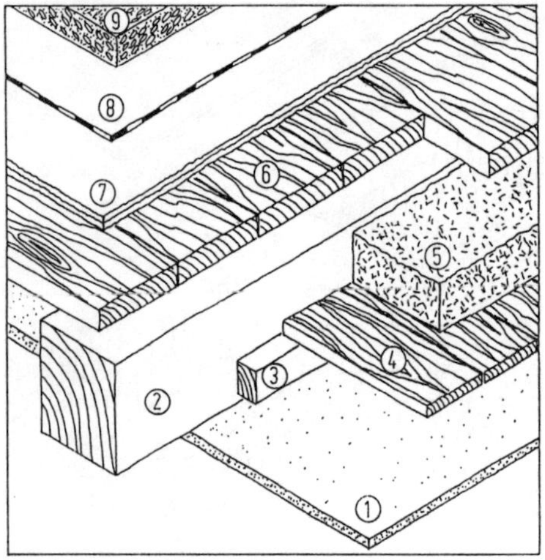

Abb. 110 oben links
Verbesserung der Trittschalldämmung bei Erhaltung der alten Decke Lösung C

1 - 6 vorhandene Deckenkonstruktion
7 Mineralfaser-Platten
8 Weichfaser-Platte, Ölpapier oder PE-Folie
9 Zementestrich oder Gußasphalt-Estrich

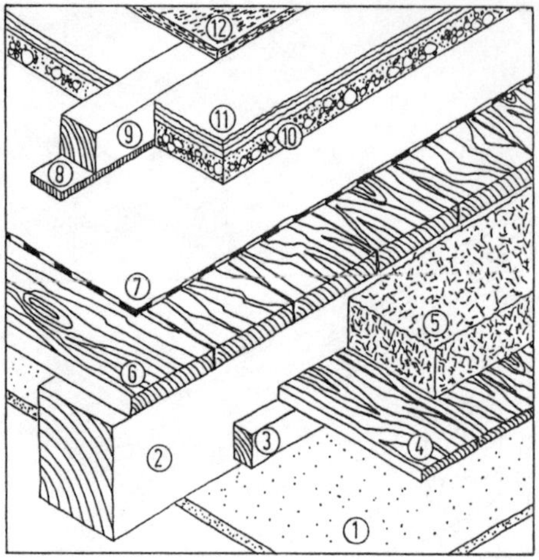

Abb. 111 oben rechts
Verbesserung der Trittschalldämmung bei Erhaltung der alten Decke Lösung D

1 - 6 vorhandene Deckenkonstruktion
7 Ölpapier oder PE-Folie
8 Dämmstreifen
9 Lagerholz
10 Magerbeton, erdfeucht
11 Mineralfaser-Platten
12 Holzspanplatten

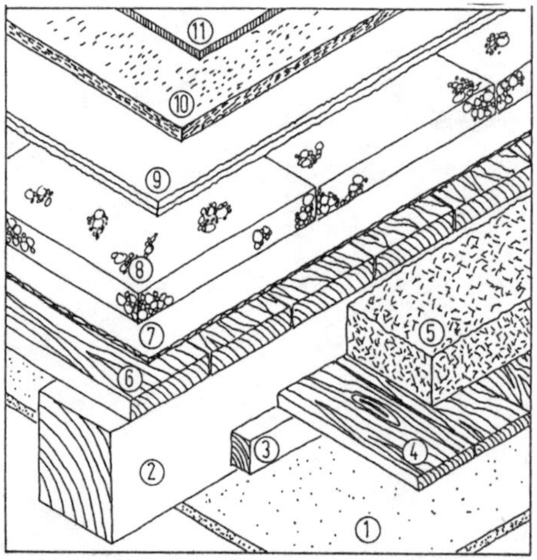

Abb. 112 Mitte rechts
Verbesserung der Trittschalldämmung bei Erhaltung der alten Decke Lösung E

1 - 6 vorhandene Deckenkonstruktion
7 Dämmfilz, alter Teppichboden oder Pappe
8 Gehwegplatten
9 Mineralfaser-Platten
10 Holzspanplatten
11 Parkett

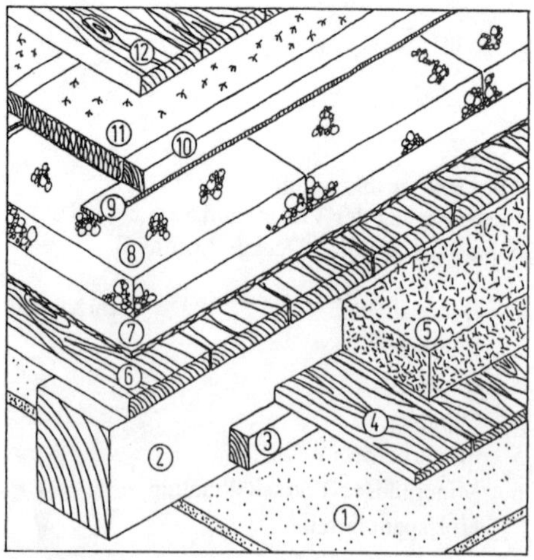

Einige Möglichkeiten zur nachträglichen Verbesserung des Schallschutzes von Geschoßdecken:

- Teppich mit 10 mm dicker Filzunterlegbahn verlegen (verbessert nur die Trittschall-, nicht die Luftschalldämmung),
- Aufbringen eines schwimmenden Guß- oder Trockenestrichs auf der vorhandenen Dielung,
- Einbau einer schweren Zwischendecke,
- Herstellung einer Deckenbekleidung mit Federschienen oder Federbügeln,
- eine Kombination der vorgenannten Möglichkeiten.

Beim selbstbaufreundlichen Trockenestrich, z.B. aus Gipsfaserplatten, können die Platten auf ebenem Untergrund direkt auf den Trittschalldämmplatten verlegt werden. Der Höhenausgleich bei Schräglage einer Decke kann durch eine Schüttung oder durch Rahmenhölzer erfolgen. Ein weiterer Vorteil der Trockenestriche liegt in der geringen erforderlichen Dicke, allerdings ist der Schallschutz nicht so gut wie bei Gußestrichen (siehe Kap. 10.2).
Der Einbau einer schweren Zwischendecke bietet sich an, wenn der Boden ganz geöffnet bzw. entfernt werden muß (z.B. bei einer Verstärkung der Deckenbalken) oder wenn ein guter Schallschutz ohne wesentliche Vergrößerung der Fußbodendicke erreicht werden soll.

Eine schalldämmende Füllung kann z.B. hergestellt werden aus

- einer bindigen Schüttung (z.B. Magerbeton, Stampflehm) auf Blindboden,
- Steinplatten oder Mauersteinen mit Filzunterlage (z.B. Gehwegplatten, Vollziegel),
- losem Schüttgut (z.B. geglühtem Sand, Siebschutt) auf Blindboden.

Sand und Siebschutt sind zwar preiswert und gut schalldämmend, benötigen jedoch einen Rieselschutz, und der ist unter den üblichen Bedingungen kaum dauerhaft dicht zu halten. Bindige Schüttungen wie Lehm werden erdfeucht eingebracht, festgestampft und müssen dann austrocknen können, wobei Holzteile durch eine Trennlage aus Ölpapier zu schützen sind. Die Ausführung von schall- und wärmedämmenden Deckenbekleidungen wird in Kap. 9.4 beschrieben.

Wärmeschutz verbessern

Durch die Keller- und die oberste Geschoßdecke geht bei Altbauten viel Heizenergie unnötig verloren. Die nachträgliche Wärmedämmung dieser Bauteile ist deshalb eine wichtige Maßnahme zur Verbesserung der Behaglichkeit und zum Schutz der Umwelt.

Als sinnvolle Dämmschichtdicke (Dämmstoffgruppe 040) werden empfohlen (gemäß Tab. 10 in Kap. 4.4):

- bei der Kellerdecke (und bei anderen Decken über unbeheizten Räumen) zwischen 4 und 9 cm,
- bei der obersten Geschoßdecke (und bei anderen Decken unter nicht beheizten Räumen) mindestens 10 cm.

Entscheidend für die Dämmwirkung einer Decke ist die Summe der Wärmedurchlaßwiderstände der Einzelschichten. Ob die Dämmschichten zwischen, über oder unter der Rohdecke (der Balkenlage) eingebaut werden, hat keinen Einfluß auf die Dämmwirkung, sondern wird durch den praktischen und finanziellen Aufwand bestimmt:

- Bei der Kellerdecke (meist eine Massivdecke) ist es im allgemeinen günstig, Dämmplatten (z.B. aus Kork oder

Abb. 113 Seite 128 rechts unten
Verbesserung der Trittschalldämmung bei Erhaltung der alten Decke Lösung F

1 - 6 vorhandene Deckenkonstruktion
7 Dämmfilz, alter Teppichboden oder Pappe
8 Gehwegplatten
9 Dämmstreifen
10 Lagerholz
11 Dämmung
12 Dielen

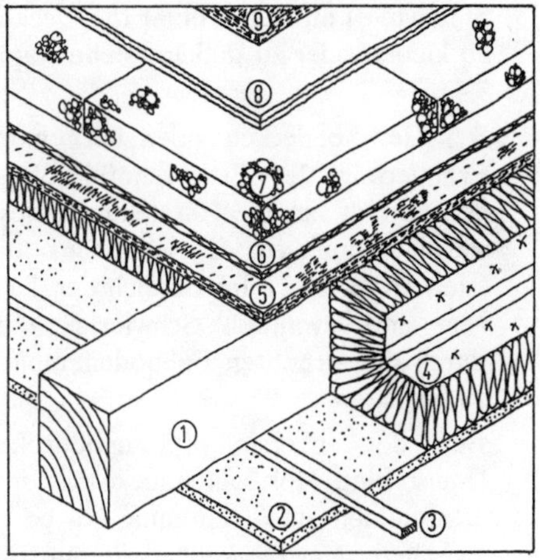

Abb. 114 oben
Schalldämmende Deckenkonstruktion

1 Deckenbalken
2 Deckenbekleidung
3 Leisten für Deckenbekleidung
4 Dämmung
5 Holzspanplatte auf Dämmstreifen
6 Filz oder Bitumenpappe
7 Gehwegplatten
8 Mineralfaser-Platten
9 Holzspanplatten

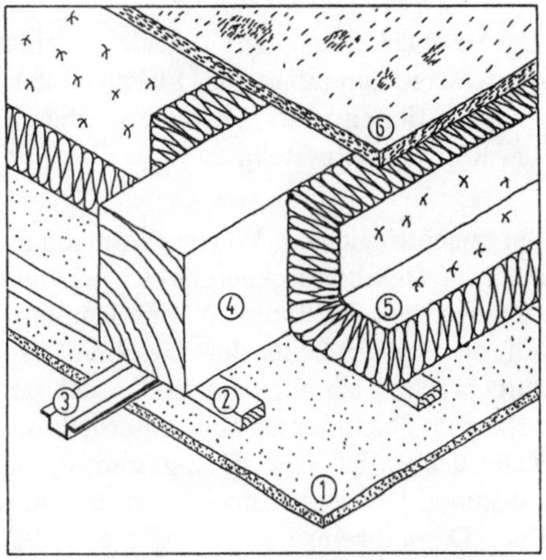

Abb. 115 Mitte
Schalldämmende Deckenverkleidung Lösung A

1 Deckenbekleidung
2 Unterkonstruktion
3 Federschiene
4 Deckenbalken
5 Dämmung
6 vorhandener Fußboden

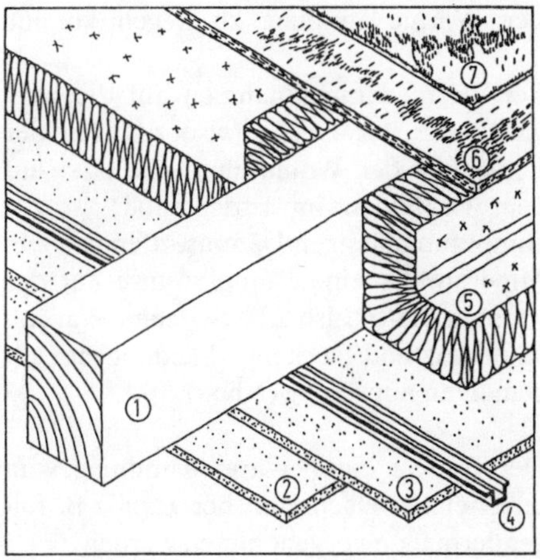

Abb. 116 unten
Schalldämmende Deckenverkleidung Lösung B

1 Deckenbalken
2 u. 3 2 Lagen Holzspanplatten oder Gipskartonplatten
4 Federschiene
5 Dämmung
6 u. 7 vorhandener Fußboden

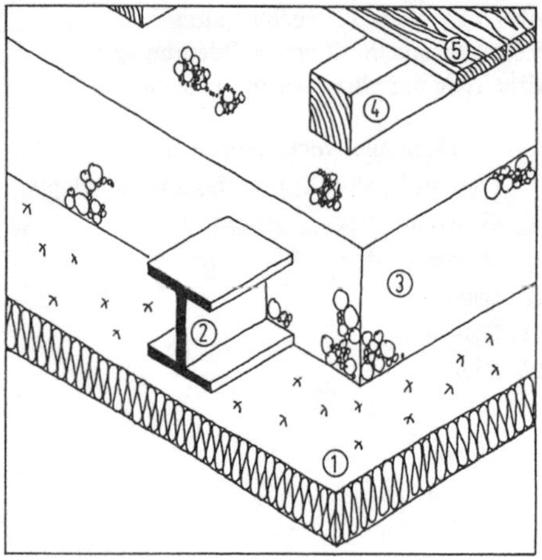

Abb. 117
Nachträglich von unten gedämmte Kellerdecke

1 Kork-, Hartschaum- oder Verbunddämmplatten
2 - 6 vorhandene Stahlsteindecke mit Holzfußboden

Abb. 118
Nachträglich von unten gedämmte oberste Geschoßdecke

1 Naßputz
2 Holzwolleleichtbauplatten
3 Dämmung
4 - 6 vorhandene Deckenkonstruktion

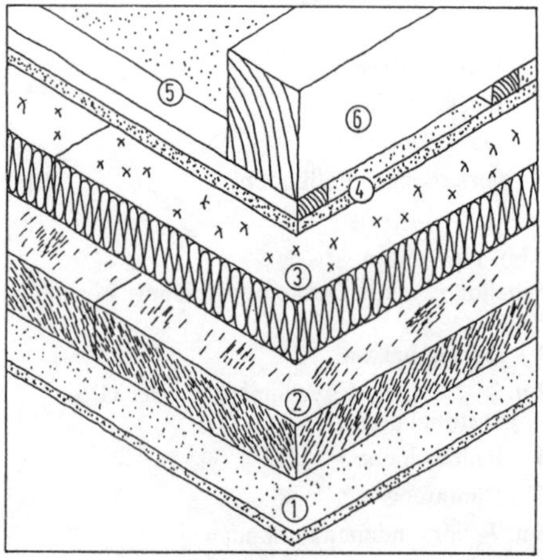

Steinwolle) im Keller unter die Decke zu kleben oder zu dübeln (siehe Kap. 9.4).

- Bei Gewölbedecken oder bei einer Erneuerung des Erdgeschoß-Fußbodens, bietet sich die Herstellung eines wärmedämmenden Estrichbodens an (siehe Kap. 10.2). Im Bereich der Türen sind eventuell Schwierigkeiten durch den erhöhten Fußbodenaufbau zu beachten.
- Bei der obersten Geschoßdecke (meist eine Holzbalkendecke) ist im allgemeinen eine Dämmung auf oder zwischen den Deckenbalken günstig (siehe Abb. 119/120).
- Möglichkeiten zur nachträglichen Wärmedämmung von Flachdachkonstruktionen und Terrassen sind in Kap. 8.5 dargestellt.

Bei nachträglichen Wärmedämmaßnahmen der Geschoßdecken gilt es prinzipiell zu beachten: wird die Wärmedämmung auf der *kalten* Seite der Geschoßdecke aufgebracht, also auf dem Boden des unbeheizten Dachraumes oder unterhalb der Kellerdecke, ist eine Dampfbremse bei trockenen Deckenkonstruktionen unnötig. Eine Dampfbremse kann sogar Schäden verursachen, wenn sie auf der kalten Seite der Wärmedämmung zu liegen kommt.

Bei Wärmedämmaßnahmen auf der *warmen* Seite der Decke (also z.B. auf der Unterseite der Wohnraumdecke oder auf dem Fußboden im Erdgeschoß) ist bei dampfdurchlässigen Dämmstoffen wie z.B. Mineralwolle eine Dampfbremse auf der warmen Seite (also z.B. zwischen Wärmedämmung und Deckenverkleidung) im allgemeinen notwendig (Abb. 120).

Der Einbau einer Wärmedämmung vom unbeheizten Dachraum her kann z.B. folgendermaßen vorgenommen werden:

- Bretterboden entfernen,
- Baupapier oder PE-Folie als Windschutz so in die Felder einlegen, daß die Ränder seitlich am Deckenbalken anliegen und mit Dachlatten dicht angedrückt und verschraubt werden können,
- Lagerhölzer parallel oder quer zu den Deckenbalken einbauen, z.B. Querschnitt 6 x 12 cm mit 60 - 70 cm Abstand,
- Dämmfilz (ohne Kaschierung) zwischen den Deckenbalken und den Lagerhölzern auslegen, Bodenbretter wieder verlegen.

Wird der Dachboden selten betreten, kann der Dämmstoff auf dem Bretterboden (vorher Windschutzpapier auslegen) auch einfach ausgebreitet werden. Darauf können einzelne Laufbohlen gelegt werden. Ist ein späterer Dachausbau vorgesehen, sollte der Boden als Estrich (Kap. 10.2) ausgebildet werden. Bei hohlen Balkenfeldern und "rieselfester", dampfbremsender Deckenbekleidung kann das Abmontieren der Bodenbretter umgangen werden, indem ein flockiger Dämmstoff (z.B. Zellulosedämmstoff) durch Bohrlöcher in den Hohlraum geblasen wird.

Brandschutz verbessern

In den jeweiligen Landesbauordnungen sind Anforderungen an den Feuerwiderstand von Deckenkonstruktionen festgelegt. Diesen Anforderungen genügen auch Holzbalkendecken, wenn

- die Deckenbalken mit feuerhemmendem Material verkleidet sind,
- Balken mit bestimmten Mindestquerschnitten eingebaut werden,
- der Boden als schwimmender Estrich ausgebildet wird.

So verlangt z.B. die Landesbauordnung Baden-Württemberg für Geschoßdecken

- keinen einzuhaltenden Feuerwiderstand (F 0) für Einfamilienhäuser ("freistehende Wohngebäude mit nicht mehr als einer Wohnung"), deren Aufenthaltsräume in nicht mehr als zwei Geschossen liegen;
- eine feuerhemmende Konstruktion (F 30) für Zweifamilienhäuser ("Wohngebäude mit nicht mehr als zwei Wohnungen"), wenn jeder Aufenthaltsraum mit einer höchstens 8 m langen Leiter von außen erreicht werden kann (Abstand zwischen Gelände und Oberkante Fensterbrüstung);
- eine feuerbeständige Konstruktion (F 90) bei sonstigen Gebäuden, also z.B. bei Gebäuden mit gewerblichen Räumen oder mit mehr als zwei Wohnungen.

Die Anforderungen an feuerhemmende Deckenkonstruktionen sind in DIN 4102 Teil 4, Abs. 5.1 und 5.2 beschrieben. Danach gilt z.B. eine Holzbalkendecke als feuerhemmend (F30), wenn

- die Balkenquerschnitte den heutigen statischen Anforderungen entsprechen und
- die Deckenbalken von oben mit Spanplatten oder Holzbohlen beplankt sind und mit einem schwimmenden Estrich (Zementestrich oder Spanplatte auf Mineralfaserplatten) versehen sind, sowie
- die Balken von unten mit Spanplatten, Gipskartonplatten, Holzwolle-Leichtbauplatten oder einer abgehängten Drahtputzdecke verkleidet sind,

wobei die in der DIN vorgeschriebenen Materialqualitäten und Ausführungsarten genau einzuhalten sind. Auch völlig oder teilweise freiliegende Holzbalkendecken können bei entsprechend bemessenen Balkenquerschnitten feuerhemmend sein.

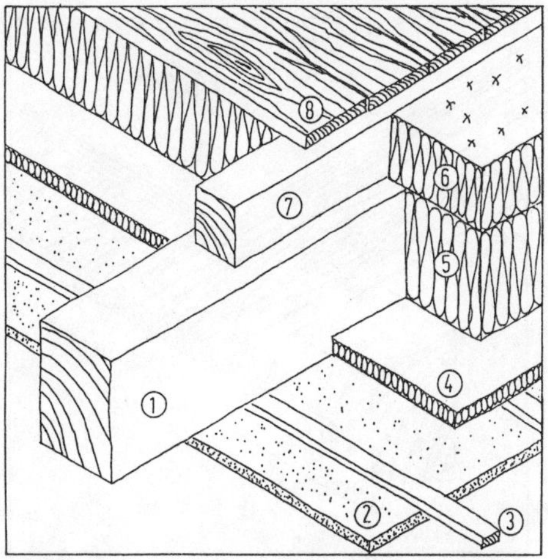

Abb. 119
Verbesserung des Wärmeschutzes der obersten Geschoßdecke Lösung A

1 Deckenbalken
2 Deckenbekleidung
3 Leisten für Deckenbekleidung
4 PS - Hartschaumplatte (als Dampfbremse)
5 Dämmung
6 Mineralfaser - Rollfilz
7 Lagerhölzer
8 Dielung (mit offenen Fugen)

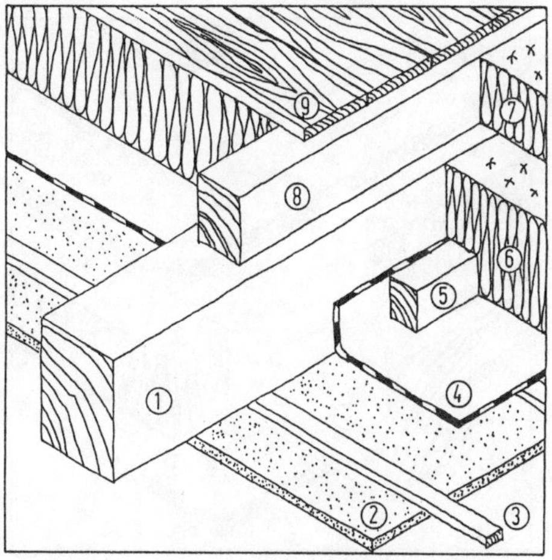

Abb. 120
Verbesserung des Wärmeschutzes der obersten Geschoßdecke Lösung B

1 Deckenbalken
2 Deckenbekleidung
3 Leiste für Deckenbekleidung
4 PE - Folie (als Dampfbremse)
5 Kantholz, verschraubt
6 u. 7 Dämmung
8 Lagerholz
9 Dielung

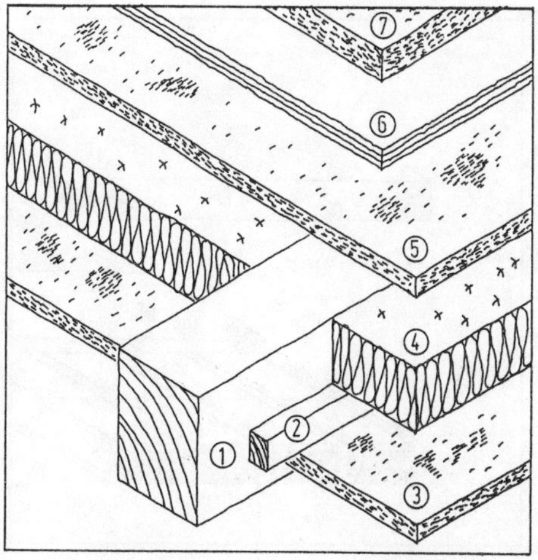

Abb. 121
Feuerhemmende Deckenkonstruktion mit teilweise freiliegenden Deckenbalken Lösung A

1 Deckenbalken
2 Kantholz
3 Deckenbekleidung
4 Dämmung (brandschutztechnisch nicht notwendig)
5 Holzspanplatten oder Dielung
6 Mineralfaser-Platten
7 schwimmender Estrich

Abb. 122
Feuerhemmende Deckenkonstruktion mit vollständig freiliegenden Deckenbalken Lösung B

1 Deckenbalken
2 Beplankung
3 Mineralfaser-Platten
4 schwimmender Zementestrich

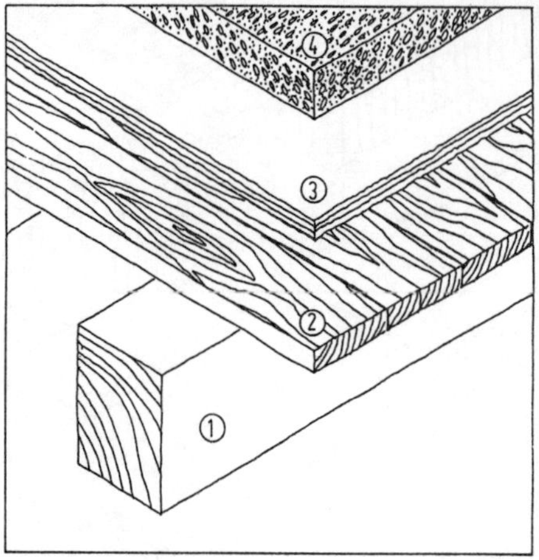

Abb. 123
Feuerhemmende Deckenkonstruktion mit vollständig verkleideten Deckenbalken Lösung C

1 Deckenbalken
2 Leisten für Deckenbekleidung
3 Gipskartonplatten
4 Dämmung (brandschutztechnisch nicht notwendig)

oder

3 Deckenbekleidung beliebig
4 Mineralfaser-Platten (brandschutztechnisch notwendig)
5 Beplankung (Holzspanplatten oder Holzschalung)
6 Mineralfaser-Platten
7 schwimmender Zementestrich

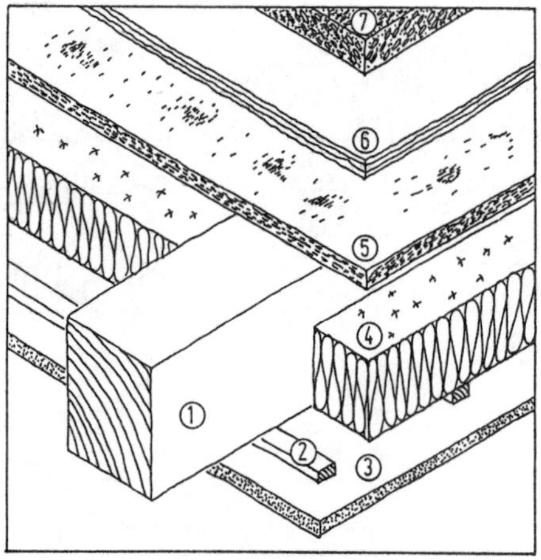

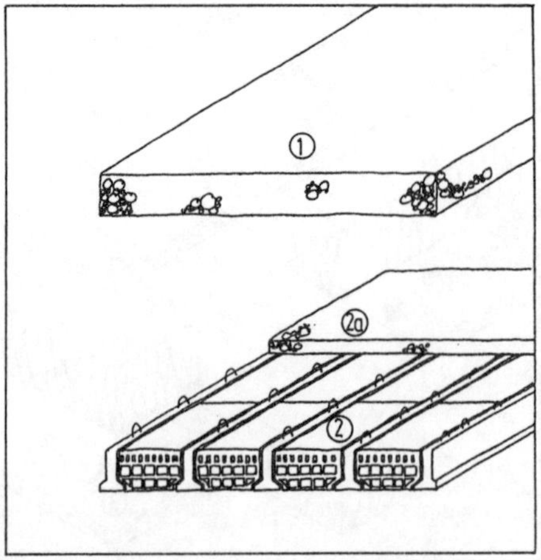

Abb. 124
Geschoßdecken aus Stein

1 Massiv - Deckenplatte aus Stahlbeton
2 Stahlbeton - Rippendecke mit Füllkörpern aus Ziegeln und
2a Druckplatte

Feuerbeständige Holzbalkendecken (F90) sind in der DIN nicht enthalten. Es gibt jedoch Hersteller, die Systeme für feuerbeständige, nichtbrennbare Unterdecken (F 90 A) anbieten. Diese Deckenkonstruktionen bedürfen jedoch eines Prüfzeugnisses und einer amtlichen Zulassung.

9.3 Massivdecken

Massivdecken ist der Oberbegriff für Steindecken und Stahlsteindecken. Zu den Steindecken gehört z.B. jene oft über Ställen anzutreffende Decke aus Stahlträgern und dazwischenliegenden Steinplatten. Zu den Stahlsteindecken gehört z.B. die Stahlbetondecke. Für das Verständnis des Tragverhaltens ist die Unterscheidung nach Balkendecken und Plattendecken wichtig (siehe Abb. 124).
Balkendecken waren nach 1900 in einer Vielzahl verschiedener Bauarten im städtischen Geschoßwohnungsbau weit verbreitet. Bei den Balkendecken übernehmen Profilstahlträger oder Stahlbetonträger die Lastabtragung. Die Füllung (Hohlsteine, Platten, Vollziegel) ist statisch nicht mitwirkend - also ähnlich wie bei den Holzbalkendecken. Balkendecken mit gemauertem Gewölbe als Ausfachung (Abb. 125/126) wurden z.B. nach dem System der "preußischen Kappendecke" hergestellt. Wegen des waagerechten Gewölbeschubs mußten die Randbalken in der Außenwand stärker ausgebildet werden oder es wurden Zuganker im Randfeld angeordnet.

Bei *Balkendecken* mit gewölbten Kappen können Risse im Gewölbe der Randfelder und/oder an der Außenseite der Wand (die den Randbalken stützt) auftreten. Ursache dafür ist ein Gewölbeschub aufgrund einer fehlenden Verankerung oder einer zu geringen Aussteifung der Wand. Geeignete Instandsetzungsmaßnahmen werden am besten gemeinsam mit einem Architekten und einem Statiker festgelegt.

Bei *Plattendecken* ist die ganze Deckenplatte als flächenhaft tragendes Bauteil ausgebildet. Die Herstellung einer Deckenöffnung z.B. für einen Schornstein oder eine Treppe sollte nur in Zusammenarbeit mit einem Architekten und einem Statiker erfolgen.
Für die Ausführung von Maßnahmen zur Wärme- und Schalldämmung gelten dieselben Hinweise wie bei "Holzbalkendecken".

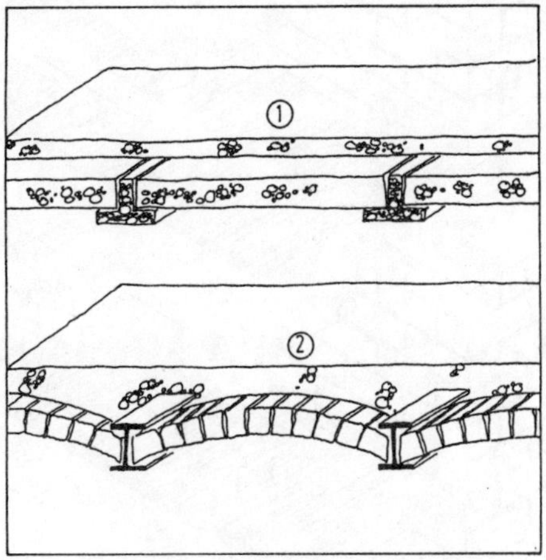

Abb. 125
1 Stahlbeton - Rippendecke mit Stahlbeton - Plattenfüllung und Druckplatte
2 Stahl - Profilträger mit gewölbter Ziegelfüllung (preußische Kappendecke) und Druckplatte

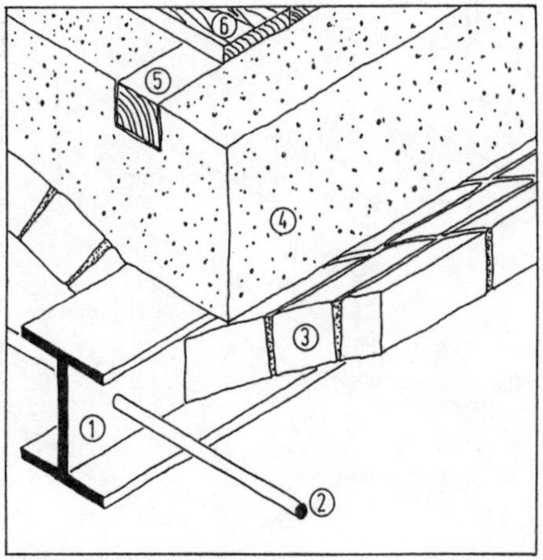

Abb. 126
Gewölbte Kappendecke

1 Stahlprofilträger
2 Zuganker
3 Ziegelgewölbe
4 geglühter Sand, Hüttenbims, Bimssand oder Schaumschlacke
5 Lagerholz
6 Holzdielen

9.4 Deckenbekleidungen

Traditionelle Deckenbekleidungen bestehen im allgemeinen aus einem glatten Deckenputz. Villen und städtische Bürgerhäuser wurden teilweise auch mit Stuckdecken und Holzvertäfelungen ausgestattet. Heute sind darüber hinaus Deckenverkleidungen aus Holzschalung oder Bauplatten sowie abgehängte "Unterdecken" üblich. Deckenverkleidungen dienen nicht nur der Optik, sondern auch dem Brand- und Schallschutz. Darüber hinaus können sie auch wärmedämmende Funktion übernehmen.
Im folgenden wird der Deckenputz bei Holzbalkendecken behandelt. Putzarten an Stein- und Stahlbetondecken siehe Innenputz (Kap. 11.4).

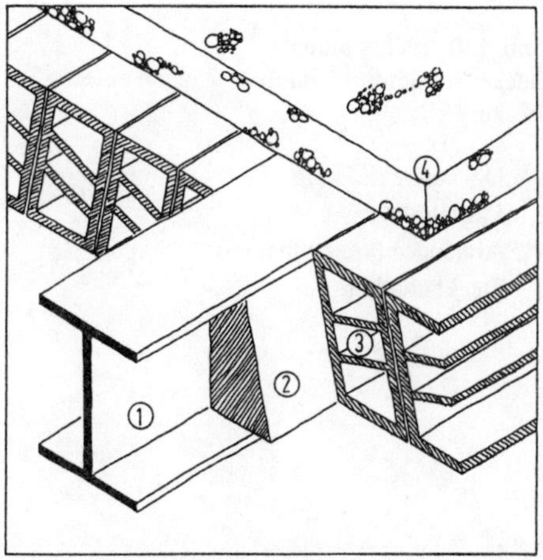

Abb. 127
Waagerechte Kappendecke

1 Stahlprofilträger
2 Keilstein
3 Ziegelhohlstein
4 Betonplatte (als Auflast)

Deckenputz reparieren oder erneuern

Meist ist die Unterseite der Holzbalkendecke mit einem Putzträger aus Lattung und Rohrmatten versehen. Bei schadhaftem Deckenputz wird zunächst durch

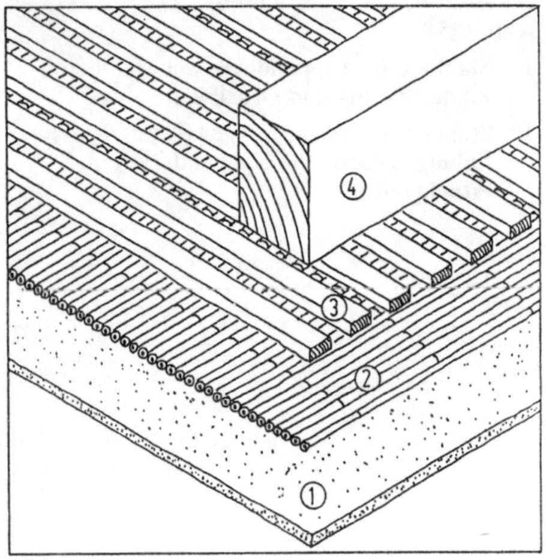

Abb. 128
Der Aufbau einer Rohrputzdecke

1 Putz
2 Schilfrohrgeflecht
3 Lattung
4 Deckenbalken

Abb. 129 rechts oben
Deckenverkleidung mit Holzverschalung oder Trockenputz

A (oben) Wandanschluß mit Schattenfuge

1 Mauerwerk (Wand)
2 Holzleiste
3 Holzschalung oder Trockenputz (Gipskartonplatten)
4 Unterkonstruktion
5 vorhandene Decke

B (unten) Wandanschluß mit Deckleiste

1 Mauerwerk (Wand)
2 Deckleiste
3 Holzschalung oder Trockenputz (Gipskartonplatten)
4 Unterkonstruktion
5 vorhandene Decke

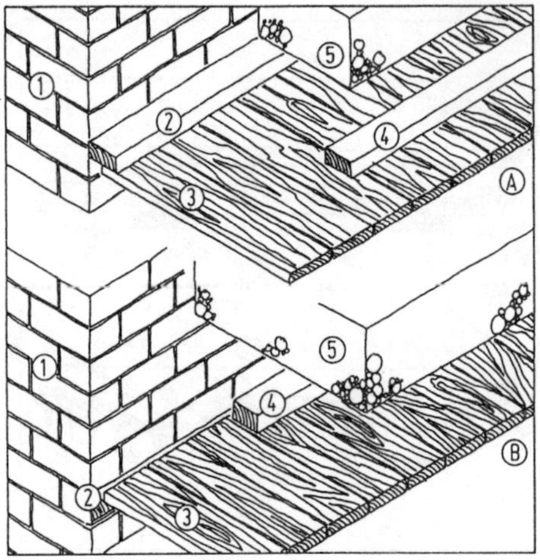

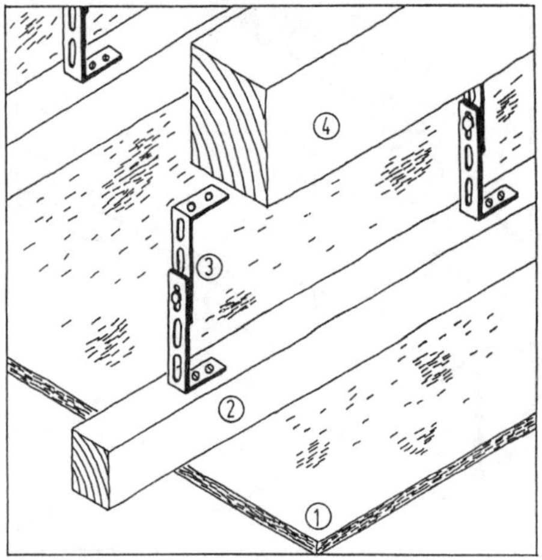

Abb. 130 rechts unten
Deckenverkleidung durch Abhängen einer Decke

1 Deckenbekleidung
2 Lagerholz
3 Abhänger (verstellbar)
4 Deckenbalken

leichtes Klopfen festgestellt, ob der Putz noch am Untergrund haftet. Einfache Risse können ausgebessert werden, indem sie mit einem dünnen Gewebe überspachtelt werden. Wenn hohl liegende Flächen festgestellt werden, ist eine vollflächige Erneuerung fällig.
Wer ein Haus mit Stuckdecken oder mit Deckenmalereien besitzt, sollte möglichst behutsam vorgehen und versuchen, diese Schätze zu erhalten. Voraussetzung dazu ist, daß alle Arbeiten an der Decke erschütterungsarm ausgeführt werden, also daß z.B. die Beseitigung lockerer Putzflächen und das Herstellen von Deckendurchbrüchen nur durch Schneiden und Bohren erfolgen. Stuckstreifen, z.B. am Deckenrand, können mit Hilfe einer Blechschablone verhältnismäßig leicht mit der gleichen Mörtelart (Gips-, Kalkgips- oder Kalkputz) ergänzt oder ausgebessert werden. Deckendurchbrüche für Installationsleitungen sollten vermieden bzw. an zentraler Stelle zusammengefaßt werden; weiterhin sollten diese Decken nach Möglichkeit nicht durch den Einbau von Trennwänden verunstaltet werden.

Neuverputzen einer Decke:

- Boden mit Wellpappe und Kunststofffolie abdecken, Arbeitsgerüst aufstellen,
- alten Putz und altes Rohrgeflecht entfernen,
- Deckenbalken auf Schäden untersuchen,
- vorhandene Lattung neu verschrauben (Schnellbauschrauben),
- ggf. Installationsleitungen in die Decke verlegen,
- neue Rohrmatten oder Holzwolle-Leichtbauplatten an der Lattung befestigen,
- neuen Putz (Dicke = 10 - 12 mm) aufbringen.

Gips-, Kalk- und Kalkgipsputze haben auf die Raumluftfeuchtigkeit eine ausgleichende Wirkung, sofern sie nicht durch weitgehend dampfdichte Anstriche oder Kunststofftapeten überdeckt werden. Das Naßverputzen einer Decke erfordert Erfahrung und wird am besten Fachleuten überlassen. Anstelle des Naßputzes können auch Trockenputzplatten oder eine Holzschalung an der Decke angebracht werden.

Trockenputz, Deckenverkleidung, abgehängte Decken

Als Trockenputz wird eine Verkleidung mit Bauplatten, z.B. Gipskartonplatten bezeichnet. Diese Bauart ist für den Selbstbau besser geeignet als das Verputzen mit Mörtel. Bei unebenen Decken kann jedoch das waagerechte Ausrichten der Unterkonstruktion (Lattung) für Ungeübte recht zeitraubend sein. Die Deckenverkleidung wird entweder direkt an der Rohdecke bzw. an den Deckenbalken befestigt oder als abgehängte Decke ausgebildet (Abb. 129 - 132).

Bei Deckenbekleidungen und abgehängten Decken läßt sich mit verhältnismäßig geringem Mehraufwand der Schall-, Wärme- oder Brandschutz der Decke verbessern. Beim Abhängen der Decke sind jedoch mögliche nachteilige Auswirkungen auf die Raumproportionen, Fensteranschlüsse und Elektroinstallationen (Deckenauslässe, Zugänglichkeit von hochliegenden Verteilerdosen) zu bedenken.

Die Befestigung am Deckenbalken bzw. an der Rohdecke muß ausreichend, dauerhaft und sicher sein und mit bauaufsichtlich zugelassenen Befestigungsmitteln erfolgen. Einzelheiten über zuverlässige Verankerungen aus Metall sind in DIN 18168 Teil 1 und 2 beschrieben. Da auch in Innenräumen z.B. zwischen Stahl- und Aluminiumteilen Kontaktkorrosion auftreten kann, ist auf Korrosionsschutz und die Verträglichkeit der Befestigungsmittel mit eventuell verwendeten Holzschutzmitteln zu achten.

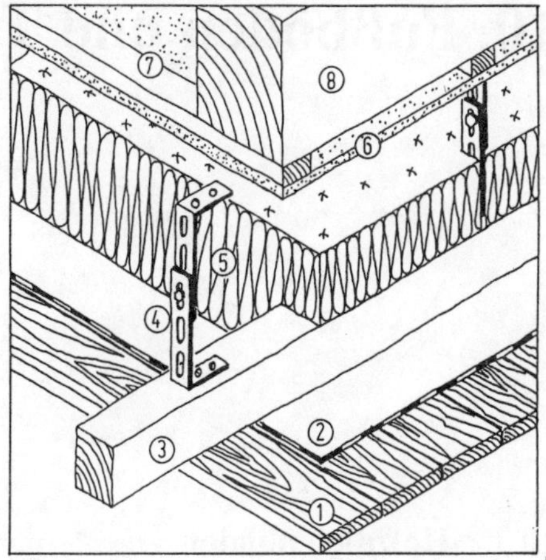

Abb. 131
Abgehängte Decke, wärmedämmend

1 Holzschalung
2 Dampfbremse
3 Lagerholz
4 Abhänger (verstellbar)
5 Dämmung
6 Deckenbekleidung
7 Unterkonstruktion
8 Deckenbalken

NEU

vorhanden

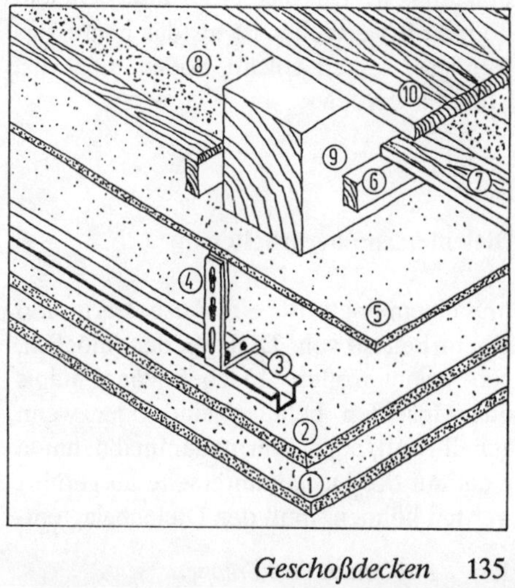

Abb. 132
Abgehängte Decke, schalldämmend (TSM = 0 dB)

1 Gipskartonplatte
2 Gipskartonplatte
3 Federschiene
4 Abhänger
5 - 10 vorhandene Deckenkonstruktion

10. Fußböden und Treppen

10.1 Holzdielenböden

Bei der am häufigsten anzutreffenden historischen Fußbodenart, dem einfachen Dielenboden, sind die Bretter zumeist direkt auf die Deckenbalken genagelt. Wegen des besseren Schallschutzes werden Dielenböden heute auf Lagerhölzern verlegt, die mit einem Dämmstreifen aus Kokos- oder Mineralfaser unterlegt werden. Als Fußbodenholz sind gespundete Bretter (Nut-Feder-Bretter) aus Fichte und nordischer Kiefer üblich, daneben werden auch heimische Kiefer, Eiche und Lärche eingesetzt. An den Brettstößen ist immer mit Fugen zu rechnen, denn Vollholz "arbeitet" bei Schwankungen der Raumluftfeuchtigkeit. Da das Holz alter Dielenböden oft wertvoller ist als das heute verwendete, sollten solche Böden möglichst erhalten werden.

Dielenboden überarbeiten

Im allgemeinen ist ein Ausbessern und Überarbeiten von Dielenböden möglich. Nur wenn größere Flächen von Fäulnis oder Insekten befallen sind oder wenn Schall- und/oder Wärmedämmaßnahmen nicht auf der Deckenunterseite ausgeführt werden können, muß der Dielenbelag entfernt oder überbaut werden. Häufig verbirgt sich auch unter nachträglich aufgebrachten PVC- und Teppichböden ein schöner Dielenbelag, der nur darauf wartet, freigelegt und abgeschliffen zu werden. Einzelne beschädigte Bretter können ausgetauscht werden. Bei Brettern, die beim Gehen knarren, wird durch Nachnageln oder Verschrauben wieder eine fester Verbund mit dem Untergrund erreicht. Nach solchen Vorarbeiten geht es an die Oberflächenbehandlung: die alte Wachs- oder Farbschicht entfernen, Oberfläche reinigen, Unebenheiten mit der Schleifmaschine (mit direkter Staubabsaugung) glätten, Oberfläche imprägnieren (siehe Kap. 15).

Neuen Dielenboden herstellen

Wenn es die Höhenverhältnisse erlauben, sollte ein neuer Dielenboden schwimmend verlegt werden. Das heißt, zwischen Dielen und tragender Deckenkonstruktion wird eine starre, schalleitende Verbindung vermieden, indem die Bodenbretter auf Lagerhölzer genagelt oder geschraubt werden und diese Lagerhölzer wiederum frei ("schwimmend") auf Kokos- oder Filzstreifen liegen (z.B. Mineralfilz, Anwendungstyp T oder TK). Die Lagerhölzer dürfen also nicht am Untergrund befestigt werden. Der Raum zwischen den Lagerhölzern wird mit schallschluckendem Material ausgefüllt, z.B. Kokosfaser- oder Mineralfilzmatten (Anwendungstyp W oder WZ).

Ein schwimmender Fußbodenaufbau ist im allgemeinen mindestens 6 cm hoch (z.B. 2 cm Dämmung, 4 cm Estrich), was zu Problemen an Türen und Fenstern (Brüstungshöhe) führen kann. Zur Verringerung der Höhe können die Lagerhölzer bei Holzbalkendecken auch im Balkenzwischenraum angeordnet werden (Abb. 137), bei ausreichend Platz ist es einfacher, den neuen Fußbodenaufbau auf dem vorhandenen Boden zu errichten. Bei schiefen Holzbalkendecken empfiehlt sich zum Niveauausgleich an den Deckenbalken seitlich eine Bohle von mindestens 45 mm Dicke anzubringen und darauf die Lagerhölzer zu verlegen (siehe Abb. 136). Das nicht ganz einfache Ausfluchten der Höhe wird im folgenden Kapitel näher beschrieben. Angaben über den Wandanschluß sowie weitere übertragbare Lösungen zur Verbesserung des Wärme- und Schallschutzes sind ebenfalls dort zu finden.

Abb. 133 links oben
Traditionelle Holzbalkendecke mit Dielenfußboden (mit leichter Füllung, ohne Blindboden)

1 Dielung 22 - 25 mm
2 Füllung aus Schlacke 5 - 10 cm
3 Deckenbalken
4 Lattung 3/5 cm
5 Schilfrohrmatten 1,5 cm Ø
6 Putz 1,5 cm

Abb. 134 links unten
Traditionelle Holzbalkendecke mit Blindboden und Dielenfußboden

1 Dielung 22 - 25 mm
2 Deckenbalken
3 Füllung aus Schlacke 5 - 10 cm
4 Blindboden (Einschub) 22 mm
5 Holzleiste 5/5 cm
6 Lattung 3/5 cm
7 Schilfrohrmatten 1,5 cm Ø
8 Putz 1,5 cm

Tabelle 31
Empfohlene Abmessungen für Holzdielenböden aus gespundeten und gehobelten Brettern

Nach: Entwicklungsgemeinschaft Holzbau (EGH), Aussteifende Holzbalkendecken. München 1987

Abstand der Lagerhölzer bzw. Deckenbalken	Dicke der Bodendielen
50 cm	19,5 mm
70 cm	22,5 mm
90 cm	25,5 mm
105 cm	28,5 mm
125 cm	35,5 mm
Lagerhölzer (zweiseitig gehobelt)	25,5/50 mm
übliche Brettbreiten	95, 115, 135 mm
Unter schweren Möbeln oder stark belasteten Flächen soll der Abstand der Lagerhölzer kleiner sein.	

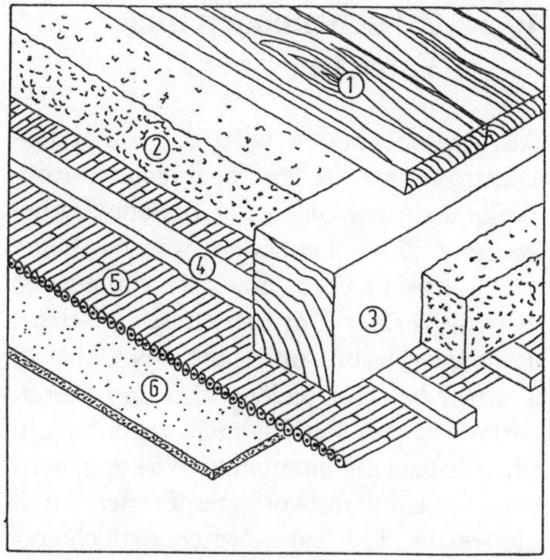

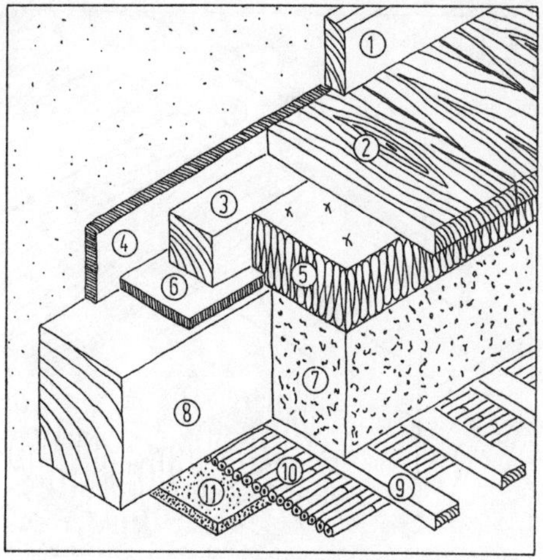

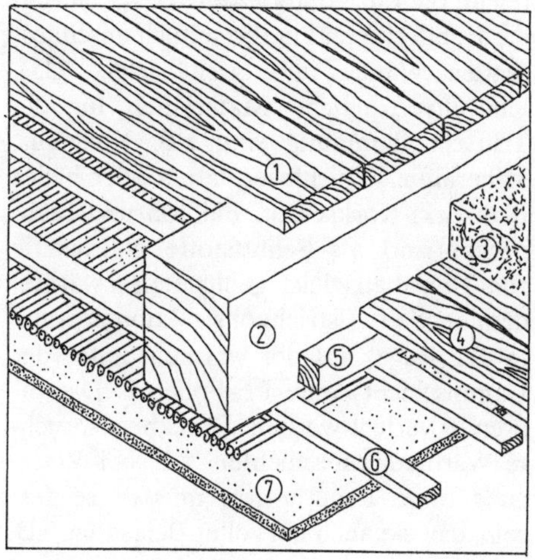

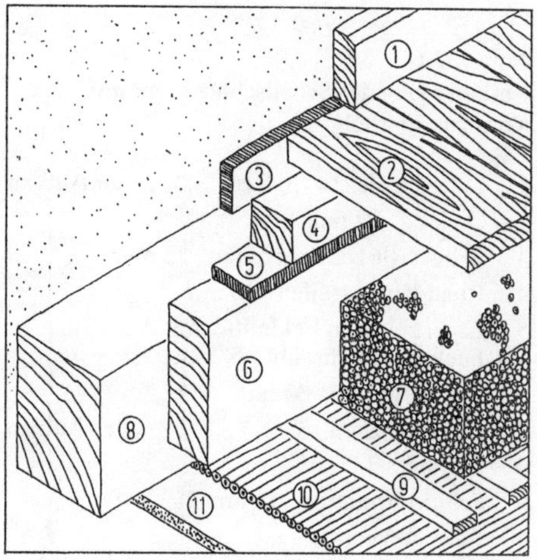

Abb. 135 rechts oben
Verbesserung des Schallschutzes

neuer Aufbau
1 Fußbodenleiste als Wandanschluß 3/5 cm
2 Dielung 22 mm
3 Lagerholz 5/5 cm
4 Randdämmsteifen 15 mm
5 Dämmfilz 2 - 3 cm
6 Trittschall-Dämmstreifen 15 mm
7 leichte Schüttung oder Blindboden mit Schüttung - 5 cm

alter Aufbau
8 Deckenbalken
9 Lattung 3/5 cm
10 Schilfrohrmatten 1,5 cm Ø
11 Putz 1,5 cm

Abb. 136 rechts unten
Ausrichten schiefer Böden mit aufgeschraubten Bohlen

neuer Aufbau
1 Fußbodenleiste 3/5 cm
2 Dielung 22 mm
3 Randdämmstreifen 15 mm
4 Lagerhölzer 5/5 cm
5 Trittschall-Dämmstreifen 15 mm
6 aufgeschraubte Bohle 14 cm breit
7 leichte Perlite- oder Blähton-Schüttung oder Blindboden mit Schüttung 5 cm

alter Aufbau
8 Deckenbalken
9 Lattung 3/5 cm
10 Schilfrohrmatten 15 mm Ø
11 Putz 1,5 cm

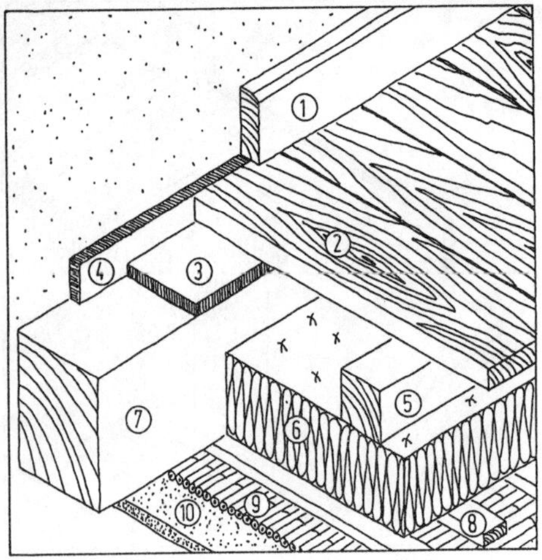

Abb. 137
Verbesserung des Schallschutzes mit minimaler Konstruktionshöhe

1	Fußbodenleiste 3/5 cm	neuer Aufbau
2	Dielung 22 mm	
3	Trittschall-Dämmstreifen 15 mm	
4	Randdämmstreifen 15 mm	
5	Lagerhölzer in Feldmitte, mit der Dielung verschraubt 5/5 cm	
6	Dämmfilz 20 - 30 mm	↓
7	Deckenbalken	alter Aufbau
8	Lattung 3/5 cm	
9	Schilfrohrmatten 15 mm Ø	
10	Putz 1,5 cm	↓

10.2 Zwischenböden und Estriche

Als Zwischenboden wird die Fußbodenkonstruktion zwischen der tragenden Rohdecke und dem Geh- oder Bodenbelag bezeichnet. Zwischenböden werden heute fast immer in Form eines schwimmenden Estrichs verlegt. Der Estrich ist eine ebene Bodenplatte zur Aufnahme des Gehbelages. Nur bei Holzdielenböden und Fertigparkett ist ein Estrich nicht erforderlich. Eine trittschalldämmende Wirkung wird beim schwimmend verlegten Estrich durch die weiche, federnde Zwischenschicht erreicht, die die Weiterleitung des Schalls in die Rohdecke und in die seitlich anschliessenden Wände unterbricht (Abb. 135). Umweltverträgliche Materialien für die Trittschalldämmung sind z.B. Kokosfilz, Mineralfilz, Weichfaserplatten oder heller Blähkork; Korkschrot, Blähton und Blähperlite sind als Schüttstoffe gleichzeitig zum Niveauausgleich geeignet. Bei wärmedämmenden Estrichkonstruktionen muß in der Regel auf der warmen Seite (der Dämmschicht) eine PE-Folie als Dampfbremse verlegt werden. Druckbeanspruchte Wärmedämmschichten, z.B. bei Verlegung ohne Lagerhölzer, müssen so fest sein, daß sie auch bei voller Belastung, z.B. durch schwere Schränke oder Küchengeräte, nicht zusammengedrückt werden.

Estrichplatten können als Guß- oder Trockenestrich hergestellt werden. Gußestrichplatten aus Zementmörtel oder aus Asphalt werden an Ort und Stelle als weiche Masse eingebaut und bilden nach dem Erhärten eine fugenlose Fläche. Für die Altbaurenovierung und für den Selbstbau besser geeignet sind Trockenestriche.

Trockenestrich

Ein Trockenestrich besteht aus Gipskarton-, Gipsfaser- oder Holzspanplatten, die - im Gegensatz zum geschütteten und geglätteten Gußestrich - trocken auf einer Dämmschicht verlegt werden. Unter ökologischen Gesichtspunkten sollten die zementgebundenen Holzspanplatten gegenüber den kunstharzgebundenen bevorzugt werden, da sie keine Foraldehyddämpfe abgeben.

Im Vergleich zum Gußestrich hat ein Trockenestrich folgende Eigenschaften: geringe Konstruktionshöhe (25 mm), niedriges Gewicht; schlechterer Schallschutz, sofern das Flächengewicht nicht durch zusätzliche Maßnahmen erhöht wird. Er federt beim Begehen und ist für den Selbstbau gut geeignet.

Keramische Fliesen dürfen auf Trockenestrich nur verlegt werden, wenn die Abmessungen 20 x 20 cm nicht überschreiten, und nur in Verbindung mit einem dauerelastischen Kleber und einer dauerelastischen Verfugung.

Verschiedene Trockenestrich-Konstruktionen sind in Abb. 138 - 142 dargestellt. Die Trittschalldämmwerte TSM beziehen sich auf die gesamte Deckenkonstruktion, wobei als vorhandene Rohdecke eine Holzbalkendecke mit Füllung, unterseitiger Lattung, Putz, Putzträger und Dielenboden zugrunde gelegt wurde. Das angegebene Verbesserungsmaß VM_H bezieht

Tabelle 32
Gebräuchliche Abmessungen für Trockenestrich aus zementgebundenen Spanplatten

Plattendicke	Abstand der Lagerhölzer bei elastischen Bodenbelägen	bei keramischen Fliesen	bei erhöhter Linienlast[1)]
18 mm	55 cm	45 cm	15 cm
22 mm	70 cm	55 cm	25 cm
25 mm	80 cm	65 cm	35 cm

[1)] z.B. unter schweren Einbaumöbeln oder unter Trennwänden, gilt für alle Bodenbeläge sich auf die Estrichkonstruktion allein und gilt für verschiedene Holzbalken-Rohdecken. Zum Vergleich: das Verbesserungsmaß VM_H für einen Zementestrich beträgt etwa 16 dB.

Schwimmende Trockenestriche können vollflächig oder auf Lagerhölzern verlegt werden. Am einfachsten und preiswertesten ist die vollflächige Verlegung auf einer ca. 20 mm dicken Dämmschicht, was allerdings nur bei weitgehend ebenem und waagerechtem Untergrund möglich ist. Spielt die Höhe des Fußbodenaufbaus keine Rolle, kann der Estrich auch auf einen vorhandenen Bodenbelag aufgebracht werden.

Ist eine Trockenschüttung zum Niveauausgleich erforderlich, muß unter der Schüttung als Rieselschutz ein Baupapier eingelegt werden, das an allen Wänden etwa 10 cm hochzuziehen und besonders an den Ecken sorgfältig abzudichten ist. Zwischen Schüttung und Estrichplatte sollte eine Trittschallschutz- und Flächendruck-Ausgleichsplatte (z.B. eine Weichfaserplatte oder eine spezielle Mineralfaserplatte) verlegt werden. Wenn die Deckenbalken von oben freigelegt wurden, kann der Niveauausgleich auch durch seitlich an den Balken angeschraubten Bohlen hergestellt werden (vgl. Abb. 136), der Estrich wird dann auf Lagerhölzern verlegt.

Die Verlegung auf Lagerhölzern bietet sich auch an, wenn mit dem Estrich eine Wärmedämmung eingebaut werden soll. Die Lagerhölzer haben die Aufgabe, den für den weichen Wärmedämmstoff erforderlichen Hohlraum zu schaffen (Abb. 141) und dienen zugleich, unterlegt mit Trittschall-Dämmstreifen, als Unterkonstruktion zur schallbrückenfreien Befestigung der Estrichplatten.

Der Abstand der Lagerhölzer voneinander bei verschiedenen Estrichstärken und Bodenbelägen ist in Tab. 32 angegeben. Im übrigen sind die Verlegehinweise der Plattenhersteller zu beachten.

Die Trittschalldämmung einer Estrichkonstruktion kann wirkungsvoll erhöht werden, indem unter der üblichen Trittschalldämmschicht zusätzlich schwere Platten, z.B. Gehwegplatten auf einer Filzunterlage verlegt werden (Abb. 140).

Niveauausgleich durch eine Trockenschüttung (vgl. Abb. 139):

- Die Waagerechte in etwa 1 m Höhe an den Wänden umlaufend markieren, z.B. mit einer Schlauchwaage (Wasserpegel in einem durchsichtigen Schlauch), behelfsweise auch mit einem Richtscheit (gerades Brett und Wasserwaage).
- Ein Zentimeter oberhalb der höchsten Fußbodenstelle die Höhe der aufzubringenden Trockenschüttung an der Wand markieren und mit Hilfe der vorher angelegten Markierungen entlang der Wände anzeichnen.
- Bei Holzdielenboden: knarrende Dielen verschrauben, Rieselschutzpapier auslegen.
- Schüttgut zu zwei kleinen, waagerechten Deichen aufschütten, parallel im Abstand von ca. 1,30 m. Jeweils eine gerade Latte auf die beiden Deiche legen und waagerecht ausrichten, Schüttung dazwischen einbringen und mit passend geschnittenem (eingekerbten) Brett abziehen.
- Dämm- und Ausgleichsplatten verlegen (z.B. Mineralfilz-, Weichfaser- oder Korkplatten).
- Bei mehr als 5 cm Schütthöhe die Schüttung mit einem Brettstampfer verdichten.

Zement- und Gußasphaltestriche

Am Einsatzort gegossene Estriche aus Zementmörtel oder Asphalt sind stabiler als Trockenestriche und bei der Altbau-

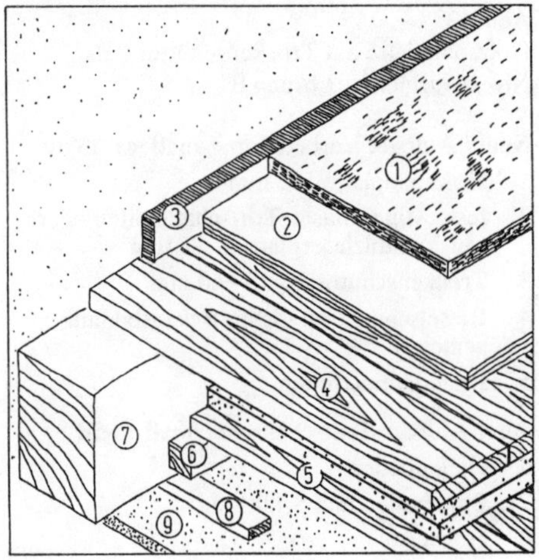

Abb. 138
Verbesserung des Schallschutzes mit schwimmend verlegter Holzspanplatte Lösung A

Neuer Aufbau (Höhe ca. 40 mm): Verbesserung des Trittschallschutzes VM_H ca. 9 dB

1 Holzspanplatte 22 mm
2 Mineralfaser-Trittschallmatten 25 mm
3 Randdämmstreifen 15 mm

Alter Aufbau: vorhandenes Trittschallschutzmaß TSM ca. 10 dB

4 Dielung
5 Blindboden mit Schüttung
6 Holzleiste
7 Deckenbalken
8 Lattung
9 Putz auf Putzträger

Quelle für Abb. 138 - 142: Gösele, K.: Schallschutz mit Holzbalkendecken. Schriftenreihe Informationsdienst Holz, Entwicklungsgemeinschaft Holzbau, Düsseldorf 1982

Abb. 139
Holzspanplatte auf Trockenschüttung als Niveauausgleich   Lösung B

Neuer Aufbau: Verbesserungsmaß ca. 13 dB
1 Holzspanplatte 22 mm
2 feste Mineralfaser-Trittschallmatten oder weiche Holzfaserplatten 25 mm
3 Trockenschüttung 10 - 50 mm
4 Rieselschutz (auf dichte Eckausbildung achten)
5 Randdämmstreifen

Alter Aufbau: Trittschallschutzmaß 10 dB
6 Dielenboden
7 Blindboden und Schüttung
8 Holzleiste
9 Deckenbalken
10 Lattung
11 Putz und Putzträger

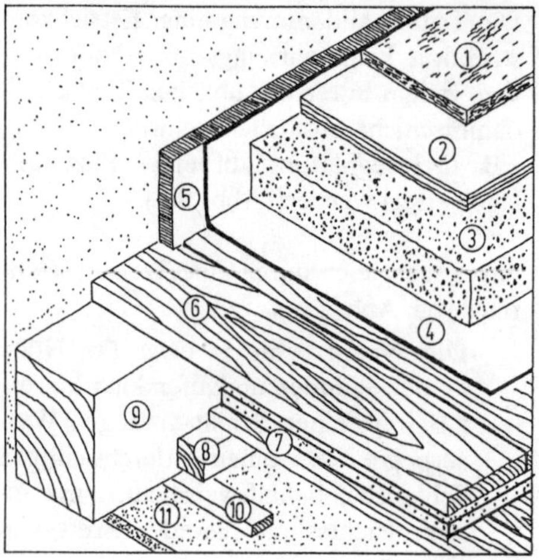

Abb. 140
Trittschallverbesserung mit Gehwegplatten
Lösung C

Neuer Aufbau: VM_H ca. 31 dB
1 Holzspanplatte 22 mm
2 Mineralfaser-Trittschallmatten 15 mm
3 Gehwegplatten 40 mm
4 Filzunterlage
5 Randdämmstreifen 15 mm

Alter Aufbau: Trittschallschutzmaß 10 dB
6 Dielenboden
7 Blindboden und Schüttung
8 Holzleiste
9 Deckenbalken
10 Lattung
11 Putz und Putzträger

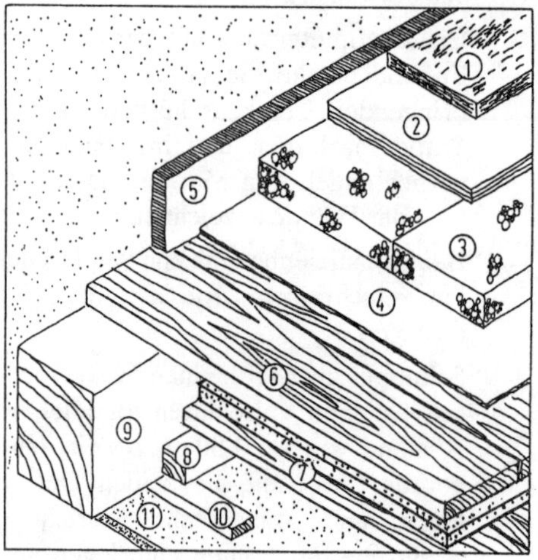

renovierung dort sinnvoll, wo keramische Fliesen verlegt, oder Böden wasserdicht ausgebildet werden sollen. Ihre Herstellung erfordert Übung und wird am besten Fachfirmen überlasen. Gegossene Estriche können auf allen festen und ausreichend tragfähigen Untergründen hergestellt werden, ungeeignet sind Holzdecken mit starker Durchbiegung.

Naßestriche werden in der Regel schwimmend auf Kokosfaser- oder Mineralfaser-Trittschalldämmplatten verlegt. Ein Niveauausgleich kann wie beim Trockenestrich durch eine Trockenschüttung hergestellt werden. Für einen wärmedämmenden Estrich dürfen nur feste oder nicht zusammendrückbare Dämmplatten (Anwendungstyp WD) verwendet werden.

Aus *Zementmörtel* hergestellte Estrichplatten sind 40 - 50 mm dick und entsprechend schwer. Der Mörtel wird üblicherweise maschinell gemischt und mit einem Schlauch zum Einsatzort gepumpt, kleinere Mengen können auch von Hand gemischt und verteilt werden. Sind als Bodenbelag keramische Fliesen vorgesehen, so wird der Estrich mit einem Stahlgewebe bewehrt. Ein Zementestrich kann nach 3 - 4 Tagen begangen, aber erst nach 4 Wochen mit einem Bodenbelag versehen werden.

Zur Herstellung des etwas teureren, ca. 25 mm dicken Estrichs aus *Gußasphalt* wird der flüsige Asphalt in Eimern heiß zum Einsatzort getragen und bei einer Temperatur von 210 - 250°C eingebaut - eine Tätigkeit, die recht unangenehm ist. Ein Gußasphaltestrich ist feuchtigkeitsundurchlässig, sofort trocken, kann auch bei winterlicher Witterung verarbeitet, und nach 2 - 3 Stunden Abkühlzeit benutzt bzw. mit einem Belag versehen werden. Diese Eigenschaften sind es, die den Asphaltestrich gegenüber dem Zementestrich auszeichnen. Im fertigen Zustand sind beide Arten gleichwertig.

Erdberührte Böden

Fußböden, die unmittelbar ans Erdreich angrenzen, also Kellerböden und Böden nicht unterkellerter Räume, müssen gegen aufsteigende Feuchtigkeit geschützt werden, (Kap. 6.5), es sei denn, ein feuchtkaltes Raumklima ist belanglos oder erwünscht, z.B. zur Obstlagerung. Als Bitumen- und Kunststoffbahnen zur Feuchtigkeitsabdichtung noch nicht bekannt waren, wurden Räume mit einem erdberührten

Boden nur zu landwirtschaftlichen Zwekken (Viehstall, Scheune, Milchküche) oder als Nebenräume (Keller, Flur) genutzt. In einfachen Keller- und Wirtschaftsräumen sind als Bodenbelag geeignet: gestampfter Lehm; Lehmsand mit Oberbelag aus Splitt oder Feinkies; gestampfter, gemischtkörniger Schotter (sog. Siebschutt); Natursteinplatten oder -pflaster; Backsteinpflaster (als Flachschicht); Betonplatten. Möglichkeiten und Maßnahmen zur Herstellung eines feuchtigkeitssperrenden Unterbodens sind in Kap. 6.5 dargestellt. Darauf kann dann jeder Bodenbelag aufgebracht werden.

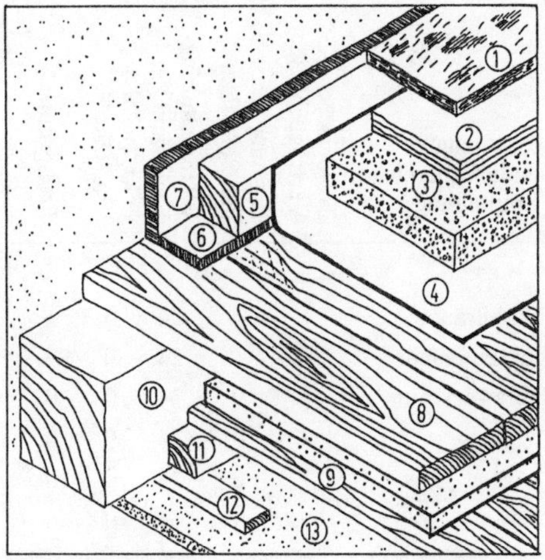

Abb. 141
Trittschallverbesserung durch Sandschüttung
Lösung D

Neuer Aufbau: VM_H ca. 22 dB
1 Holzspanplatte 22 mm
2 Wärmedämmschicht 30 - 40 mm
3 Sandschüttung 30 - 40 mm
4 Rieselschutz (auf dichte Eckausbildung achten!)
5 Lagerholz 5/5 cm
6 Trittschall-Dämmstreifen 20 mm
7 Randdämmstreifen 15 mm

Alter Aufbau: Trittschallschutzmaß 10 dB
8 Dielenboden
9 Blindboden und Schüttung
10 Deckenbalken
11 Holzleiste
12 Lattung
13 Putz und Putzträger

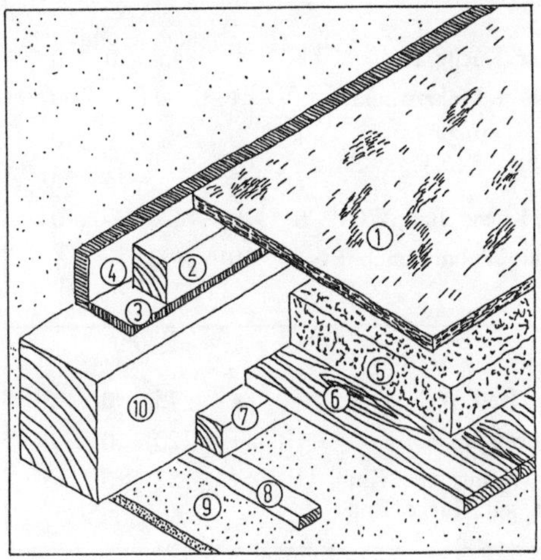

Abb. 142
Entfernen des alten Dielenbodens und Neukonstruktion auf Lagerhölzern Lösung E

Neuer Aufbau
1 Holzspanplatte 22 mm
2 Lagerholz 5/5 cm
3 Trittschall-Dämmstreifen 15 mm
4 Randdämmstreifen 15 mm

Alter Aufbau
5 Schüttung
6 Blindboden
7 Holzleiste
8 Lattung
9 Putz auf Putzträger
10 Deckenbalken

10.3 Bodenbeläge

Bodenbeläge werden im allgemeinen auf den Estrich geklebt. Da die meisten Baukleber gesundheits- und umweltbelastende Stoffe enthalten, liegt es nahe, Verlegetechniken zu bevorzugen, die ohne Kleber auskommen, oder die weniger umweltbelastenden Klebstoffe der Naturfarbenhersteller einzusetzen.

Klebfrei verlegt werden:
- keramische Fliesen im Mörtelbett,
- Spannteppiche,
- genageltes Stabparkett.

Auch Holzdielenböden werden ohne Kleber verlegt. Sie gehören jedoch strenggenommen nicht zu den Bodenbelägen, weil sie freitragend (ohne Estrich) verlegt werden (vgl. Kap. 10.1)
Die Wahl eines Fußbodenbelages hängt ab von der Beanspruchung und vom Pflegeaufwand des Bodens, der gestalterischen Wirkung und den Kosten (vgl. Tab. A8 im Anhang 1). Aus gestalterischen Gründen sollten auf einem Geschoß nicht zu viele unterschiedliche Beläge verwendet werden. Die bevorzugten Anwendungsbereiche verschiedener Fußbodenbeläge zeigen Tab. 33.

Parkett und Holzpflaster

Parkett- und Holzpflasterböden aus Vollholz sind robust, pflegeleicht, "natürlich" und fußwarm. Parkett aus Eiche, Buche und Esche ist in Form von Stab- oder Mosaikparkett erhältlich, Holzpflaster kann

Baustoff (Hauptinhaltsstoffe)	Verlegeart	bevorzugte Anwendungsbereiche (Empfehlung)	ökologische Verträglichkeit	Eignung für den Selbstbau	Wärmeeindring-koeffizient [1] b in kJ/(m²hK)	"Fußkälte"	Preisgruppe [2]
HOLZ							
Dielen (Fichte/Tanne)	genagelt	Wohnräume	+	+	24	0	+
Stabparkett(Fi./Ta.)	genagelt	Kinderzimmer	+	+	24	0	+ -
Mosaikparkett (Eiche)	geklebt	Mehrzweckraum	+	0	34	0	0
Fertigparkett	genagelt		+	0	24	0	0
Holzpflaster	geklebt		+	0	24	0	0
Industrieparkett (Eiche)	geklebt		+	0	34	0	0
FLIESEN und PLATTEN							
Fliesen o. Platten	im Mörtelbett	Flur, Küche, Bad,	+	0	45-	0-	0 -
(unglasiert)	geklebt	Wohn- + Mehrzweckr.	-	+	84		0
Fliesen o. Platten	im Mörtelbett	WC	+	0			0 -
(glasiert)	geklebt		-	+			0
Betonwerkstein	im Mörtelbett	Flur, Küche, Bad, WC	0	0	(120)	-	0 -
Naturwerkstein, z.B. Marmor	im Mörtelbett	Flur, Wohnräume	+	0	190	-	+ -
ELASTISCHE BELÄGE (Bahnenware)							
PVC		Bad, WC	-	+	45	0	0
Kork	geklebt[3]	Wohnräume	+	+	(20)	0	0
Linoleum		Flur, Wohnräume, Kinderzi., ggf. Küche, Bad	+	+	32	0	0
TEPPICH (Bahnenware)							
Kunstfaser	geklebt[3]	Wohnräume	-	+	(15)	+	+
Naturfaser "biologisch"		+	+	(10)	+	0	
Naturfaser-Spannteppich	gespannt		+	-	(10)	+	-

[1] nach König, H.: Wege zum Gesunden Bauen. Klammerwerte ( ) sind geschätzt.
[2] einschließlich Unterkonstruktion (wenn möglich Lattung statt Estrich)
[3] möglichst mit Klebeband, mit Naturharz- oder mit Dispersionskleber.

Tabelle 33
Fußbodenbeläge

auch aus Kiefer oder Fichte hergestellt werden. Als Fertigparkett werden industriell hergestellte, fertig versiegelte Fußbodenelemente aus Vollholz oder Holzwerkstoff bezeichnet.

Stabparkett besteht aus 22 mm dicken Parkettstäben oder -riemen, die mit Nut und Feder vollflächig auf den Untergrund geklebt oder - besser - auf eine Holzunterkonstruktion (vorhandener Dielenboden, Spanplatten, Lattung) verdeckt genagelt werden.

Bei *Mosaikparkett* sind 8 mm dicke Lamellen schachbrettartig oder im Streifenmuster auf einem Geweberücken zu Platten zusammengesetzt, die auf den Estrich geklebt werden.

Fertigparkett wird in Platten (in unterschiedlichen Größen und in Dicken von 13 bis 24 mm) mit fertig versiegelter Oberfläche geliefert, meist als furnierte Span- oder Sperrholzplatte mit Nut und Feder. Es kann wie Trockenestrich-Platten z.B. direkt auf einer Filzunterlage oder auf einem vorhandenem Teppichboden verlegt werden.

Holzpflaster besteht aus 25 bis 40 mm dikken Holzklötzen, deren Hirnholzfläche als Lauffläche dient. Durch Quellen und Schwinden des Holzes können Fugen im Bodenbelag entstehen. Dieser Bodenbelag ist sehr strapazierfähig, kann wegen seiner relativ großen Einbauhöhe jedoch am Altbau nicht überall eingesetzt werden. Die Verlegung erfolgt mit einem schubfesten Kunststoffkleber und in Form von geradlinigen, durchgehenden Längsfugen. Bei größeren Bodenflächen und an Wandanschlüssen sind Dehnfugen auszubilden. Oberflächenbehandlung von Parkett siehe Kap. 15.

Keramische Fliesen

Bei Tonfliesen wird je nach Rohmaterial und Brenntemperatur unterschieden zwischen Steingut- bzw. Irdengut-Fliesen und (den bei höheren Temperaturen gebrannten) Steinzeugfliesen. Während die Erstgenannten durch das Aufbringen einer Glasur feuchtigkeitsunempfindlich werden, sind Steinzeugfliesen auch ohne Glasur wasserdicht und zudem frostbeständig.
Fliesen sind robust und pflegeleicht, deshalb werden sie gern für intensiv genutzte Böden z.B. in Dielen, Mehrzweckräumen, Bädern, Küchen und in der Umgebung von Feuerstellen gewählt. Daß Fliesenböden fußkalt sind, hängt direkt mit ihrer guten Wärmeleit- und -speicherfähigkeit zusammen und darf nicht mit einer schlechten Wärmedämmung der Fußbodenkonstruktion gleichgesetzt werden.
Eine preiswerte und gute Alternative zu den üblichen Klinkerplatten ist die Verwendung von Biberschwanz-Dachziegeln. Bei der Verlegung wird die Nase auf der Ziegelrückeite abgeschlagen.
Unglasierte Fliesen verschmutzen leichter als glasierte, deshalb wird ihre Oberfläche im Wohnbereich meist mit Naturölgrundierung und Wachs behandelt.
Glasierte Fliesen sind in Küchen und Toiletten beliebt, um eine ungleichmäßige Verfärbung des Bodens durch Fett- bzw. Urinspritzer zu verhindern. Bei Fliesen mit roten, gelben oder braunen Glasuren sind erhöhte radioaktive Werte möglich, ebenso bei unglasierten roten Fliesen, wenn Rotschlamm zu ihrer Herstellung verwendet wurde.
Alle keramischen Bodenplatten können im Mörtelbett ("Dickbett") verlegt werden, Platten mit ebener Rückseite können auch geklebt werden ("Dünnbett"), möglichst mit umweltfreundlichem Dispersionskleber. In Räumen mit starker oder dauernder Feuchtigkeitseinwirkung sollten jedoch bevorzugt mineralische (hydraulisch erhärtende, kunststoffvergütete) Dünnbettmörtel zur Anwendung kommen. Reaktionsharzkleber und andere Kunststoffkleber sind aus Umweltschutzgründen besser zu vermeiden.
Die Herstellung eines wasserdichten Fliesenuntergrundes wird in Kap. 13 beschrieben.

Fliesen im Mörtelbett (Dickbett) verlegen:

- 25 mm dickes Zementmörtelbett aufbringen (1 Raumteil Zement, 5 bis 6 Raumteile Flußsand) und glatt abziehen.
- Fliesen verlegen, mit Wasserwaage und Gummihammer, Fugenbreite 2 bis 10 mm (saugfähige keramische Fliesen sollten vorher gewässert werden).
- Verfugung mit feinem Zementmörtel - nachdem der Verlegemörtel erhärtet ist (Fliesen vorher vornässen), Mischungsverhältnis 1:3. Randfugen an den Wänden mit Kunststoffdichtungsmasse oder mit Gummi-Fugenband schließen.
- Auf nichtglasierten Fliesen kann der Zementschleier mit 5% iger Salzsäure beseitigt werden, anschließend mit klarem Wasser nachspülen. Vorsicht! Salzsäure ist stark ätzend. Hände und Augen schützen! Zum Verdünnen Salzsäure ins Wasser gießen, niemals umgekehrt.

Fliesen im Dünnbettverfahren (mit Kleber) verlegen:

- Der Untergrund muß völlig eben, ausgehärtet und trocken sein (Alter des Zementestrichs mindestens 28 Tage).
- Kleber 2 - 4 mm dick auf den Boden mit einer Kammkelle aufziehen.
- Fliesen verlegen.
- Verfugen und Reinigen wie oben.

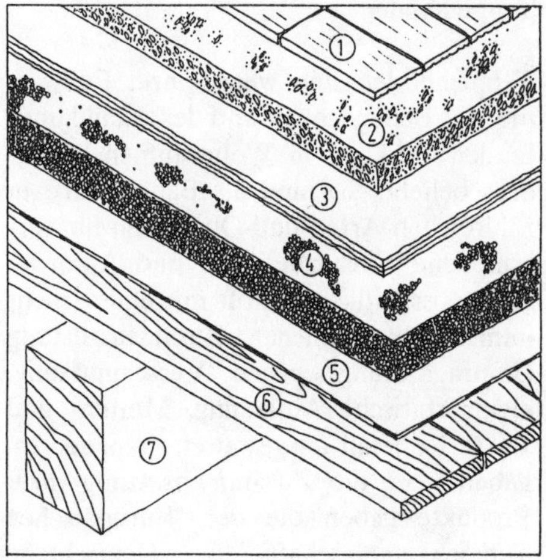

Abb. 143
Fußbodenaufbau mit Klinkerbelag auf schwimmendem Estrich (bei sichtbaren Deckenbalken)

1 Klinker geklebt oder im Mörtelbett 1,5 cm
2 Zementestrich (schwimmend) 4 - 6 cm mit Drahteinlage
3 Mineralfaser-Trittschallmatten 20 - 30 mm
4 Perliteschüttung als Niveauausgleich 3-5 cm
5 Bitumenbahn
6 Dielung 22 mm
7 Deckenbalken

Teppichböden

Teppichböden sind wegen ihrer Fußwärme, der Behaglichkeit und der schalldämpfenden Wirkung in Wohnräumen besonders beliebt. Sie sind als Bahnenware in zahlreichen Arten und Qualitäten für verschiedene Einsatzbereiche und Anforderungen erhältlich und oft mit einer (nicht immer unbedenklichen) Zusatzausrüstung (Imprägnierung) gegen Verschmutzung, elektrostatische Aufladung, Motten- und Bakterienbefall ausgestattet. Genaue Angaben über die Zusammensetzung ihrer Produkte geben die der "Europäischen Teppichgemeinschaft für Deutschland e.V." angehörenden Hersteller durch Prüfzeugnisse, die kostenlos beim "Deutschen Teppichforschungsinstitut e.V." in Aachen bezogen werden können.

Aus hygienischer Sicht sollten Teppiche als Bahnenware sparsam verwendet werden und eher Einzelstücke, die besser zu reinigen sind, z.B. auf Keramik- oder Holzfußböden ausgelegt werden. Unter ökologischen Gesichtspunkten sind dabei statt Teppichböden aus Kunstfasern solche z.B. aus Baum- oder Schurwolle, Sisal, Kokos *ohne* Zusatzausrüstung (siehe oben) zu bevorzugen.
Das Verspannen von Teppichen ist die beste, allerdings auch teuerste Verlegemethode. Die Mehrkosten machen sich bei hochwertigen Teppichen jedoch im Laufe der Zeit durch eine längere Haltbarkeit bezahlt. Zum Verspannen geeignet sind Textilgewebe, also gewebte Teppiche und Tufting-Teppiche. Ihre Ränder werden dabei unter Spannung auf Nagelleisten aus flachen Holz- oder Metallschienen geheftet, die auf den Untergrund geschraubt sind. Bei größeren Flächen müssen die einzelnen Bahnen vorher zusammengenäht ("konfektioniert") werden. Als Unterlage für den Teppich dient ein Spannfilz, der so dick wie die Nagelleiste ist. Diese Technik erfordert Erfahrung und wird nur noch von wenigen Firmen ausgeführt.
Relativ umweltfreundlich, gut und leicht zu handhaben sind alle selbstklebenden Verlegearten: hier ist besonders das Doppelklebeband zu nennen, mit dem der Teppichboden nur an den Rändern und -stößen fixiert werden muß.

Verlegen von Teppichboden mit Doppelklebeband:

- Teppich 24 Stunden im Raum auslegen, damit er sich der Raumtemperatur anpassen kann.
- Wenn Stücke angesetzt werden sollen: auf gleiche Florrichtung achten, dünnen Teppich mustergenau aufeinanderlegen und beide Schichten mit einem Schnitt durchtrennen - bei dikkem Teppich entlang der Florgasse schneiden.
- Teppich ausrichten und beschweren (damit er beim Arbeiten nicht verrutscht), danach mit Teppichmesser paßgenau zuschneiden.
- Teppichränder zurückschlagen, doppelseitiges Klebeband auf dem Boden befestigen, Teppich auflegen und anreiben.
- Fußleisten anbringen.

Ist eine vollflächige Verklebung von Teppichen nicht zu vermeiden, so empfiehlt es sich, lösungsmittelfreie Dispersionskleber und die Kleber der Naturfarbenhersteller zu bevorzugen. Dispersionskleber können jedoch nicht für feuchtigkeitsempfindliche Textilteppiche verwendet werden, z.B. solche mit Juterücken.
Als Untergrund sollte ein sauberer, trokkener, ebener und rißfreier Boden oder ein gut haftender Altbelag (kann auch ein Teppichboden sein) zur Verfügung stehen. Bei unebenem Untergrund, z.B. bei Fliesen oder Holzdielen, wird eine 22 mm dikke Bauplatte mit dünner Filzunterlage wie ein Trockenestrich verlegt.

Linoleum und andere elastische Beläge

Elastische Beläge wie Linoleum, Kork, PVC und Gummi, sind als Platten- oder Bahnenware erhältlich. Die synthetischen Beläge - PVC, Gummi und mit PVC beschichteter Kork - sollten auch hier wegen möglicher umweltschädigender Ausdünstungen besser gemieden werden.
Das Naturprodukt *Linoleum*, das neuerdings wieder in vielen Farben und Mustern hergestellt wird, besteht aus einem gefärbten Gemisch aus feingemahlenem Kork- oder Holzmehl, aus oxidierten Harzen und Leinöl sowie aus einem Jutegewebe als Trägerschicht und wird als Bahnenware geliefert. Für eine verbesserte Trittschalldämmung gibt es auch Verbundplatten mit einer Unterseite aus Kork oder Korkment. Linoleum lädt sich elektrostatisch nicht auf, es ist unempfindlich gegen Fette, Öle, Malfarben, Farb- und Filzstifte - und auch gegen Zigarettenglut. Linoleum bekommt jedoch unter starker Punktlast (z.B. unter schmalen Schrankfüßen) bei Dauereinwirkung Druckstellen und verträgt keine länger anhaltende Feuchtigkeit. Da Linoleum bei Kälte brüchig wird, darf es im Winter nicht in ungeheizten Räumen verlegt werden. Daß Linoleum regelmäßig gewachst werden muß, ist ein verbreiteter Irrtum! Eine Pflege mit echter Schmierseife im Wischwasser wirkt reinigend und rückfettend zugleich und sorgt dafür, daß das Linoleum nicht spröde wird.
Korkplatten und *-bahnen* werden hergestellt aus dem Rindenschrot der Korkeiche sowie aus Natur- oder Kunstharzklebern. Korkböden haben ähnliche Eigenschaften wie Holzböden, die Oberfläche

kann auch in der gleichen Weise behandelt werden (siehe Kap. 15.5). Korkböden sind gegen Dauereinwirkung schwerer Punktlasten etwas weniger empfindlich als Linoleum.
Bahnenware kann mit Klebeband verlegt werden. Für die vollflächige Verklebung von Kork und Linoleum bieten die Naturwarenhersteller Naturharzkleber oder lösungsmittelfreie Dispersionskleber z.B. auf Acrylatbasis an.
Linoleum und Kork sollten 24 Stunden vor der Verlegung im Raum ausgebreitet werden, damit sie sich der Raumtemperatur anpassen können. Rollen sind stets stehend zu lagern. Für normale Beanspruchung in Wohnräumen wird Linoleum in einer Dicke von 2 oder 2,5 mm verwendet, in Räumen mit Publikumsverkehr auch mit 3 - 4,5 mm. Kork wird entsprechend seiner Beanspruchung mit einer Stärke zwischen 3 und 6 mm verlegt.

10.4 Holztreppen

Häufig sind alte Treppen das handwerkliche Herzstück des Hauses, das unbedingt erhalten bleiben sollte. Das Reparieren knarrender, ausgetretener Stufen und defekter Geländerstäbe ist in den meisten Fällen preiswerter und im Ergebnis schöner als der Ersatz durch eine neue Treppe. Die Erhaltung alter Treppen ist in Mehrfamilienhäusern auch aus baurechtlichen Gründen empfehlenswert, denn für neue Treppen gelten die aktuellen Vorschriften, die in Altbauten oft nur schwer eingehalten werden können.

Treppen überarbeiten

Knarrt eine Treppe beim Begehen, so sind Wangen, Tritt- und Setzstufen nicht mehr ausreichend fest verbunden. Ist die Treppe von hinten zugänglich, können bei einer gestemmten Treppe die Keile zwischen Stufen und Wange herausgestemmt und neue, dickere Keile eingeleimt werden. Das Knarren kann auch beseitigt werden, indem die Trittstufen hochgekeilt werden, und von hinten in den Falz zwischen Setz- und Trittstufen Dreiecksklötze oder eine Leiste geleimt werden. Dabei wird an der obersten Stufe begonnen und dann stufenweise nach unten gearbeitet. Bei Treppen mit verschraubten oder genagelten Stufen wird Knarren folgendermaßen beseitigt (wieder bei der obersten Stufe beginnend): Verbindungen an der Rückseite der Setzstufe lösen, Trittstufe hochkeilen, Setzstufe hochdrücken, neu vernageln oder anschrauben. Unter Umständen kann es auch sinnvoll sein, die Setzstufen von hinten aufzudoppeln (Sperrholzbrett aufleimen und verschrauben).
Ist die Treppe nicht von hinten zugänglich, erfolgt das Verspannen der jeweils hochgekeilten Stufe durch Aufdoppeln der

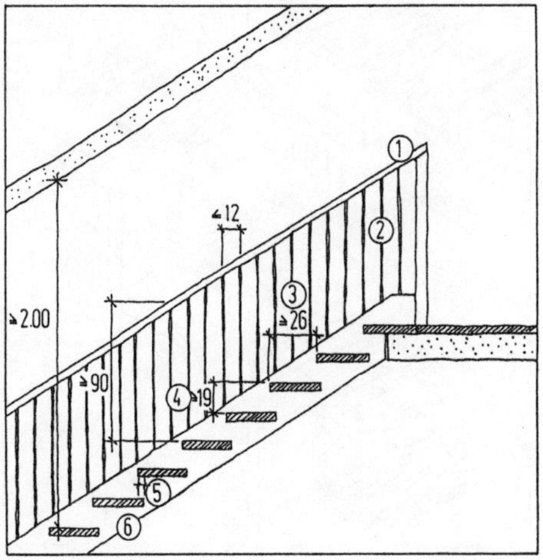

Abb. 144
Die Bezeichnungen und Maße der Treppe

1 Handlauf
2 Geländerstab
3 Auftritt
4 Steigung
5 Unterschneidung
6 Wange

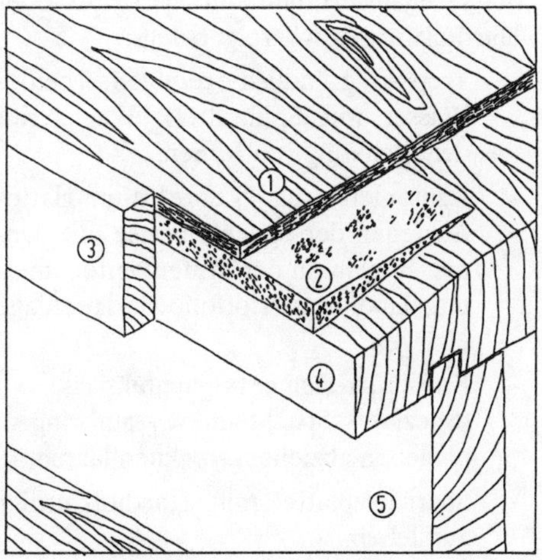

Abb. 145
So können ausgetretene Stufen repariert werden

1 Sperrholzplatte mit Hartholzfurnier
2 Kunstharz-Zement-Spachtelmasse
3 Hartholzleiste zum Kantenschutz
4 alte Trittstufe
5 Setzstufe

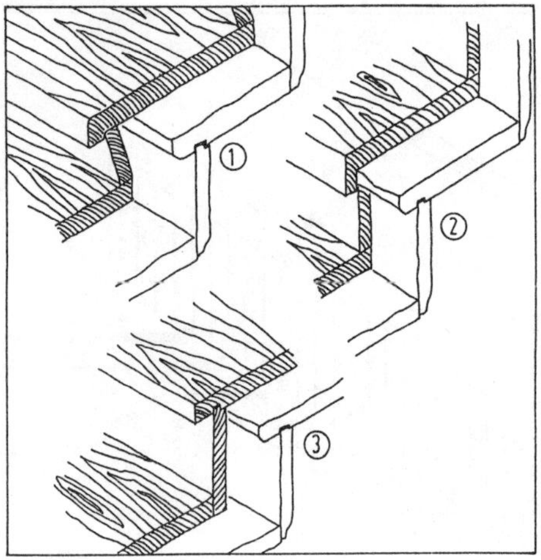

Abb. 146
Drei Möglichkeiten, wie eine alte, ausgetretene oder beschädigte Treppe aufgedoppelt werden kann (bei ausreichend hoher Wange)

Abb 147
Eine einfache aufgesattelte Treppe

1 Wechsel oben
2 aufgeschraubte Tritte
3 Wange
4 Wechsel unten

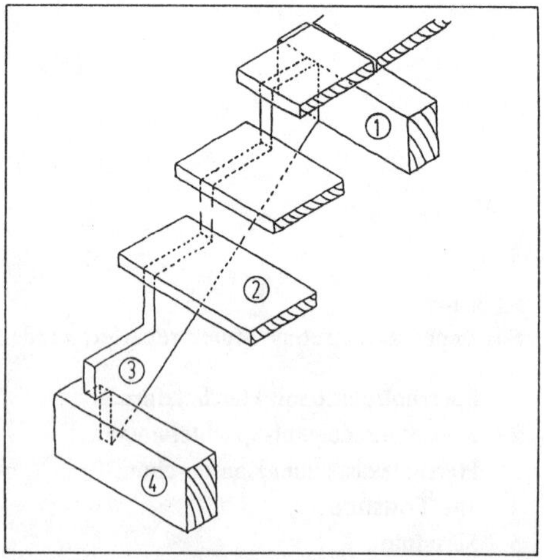

Setzstufe oder dadurch, daß unter den Stufenvorsprung eine Leiste geleimt und geschraubt wird. Die Schraubenköpfe werden in der Leiste versenkt, die Löcher ausgekittet. Wird die Setzstufe aufgedoppelt, sollte die Trittstufe so hochgekeilt werden, daß sie in der Mitte 0,5% überhöht ist (also 0,5 cm bei 100 cm Treppenbreite) und die Setzstufe mit Spannung eingebaut wird.

Liegen beide Treppenwangen frei, kann das Knarren auch durch den Einbau von Treppenschrauben beseitigt werden. Dazu werden im Abstand von etwa 5 Stufen in Wangenmitte Löcher gebohrt, in die Stahlstäbe mit Gewinde eingesetzt und mit Unterlegscheiben so verschraubt werden, daß die Wangen fest zusammengezogen werden.

Ausgetretene Treppenstufen sind nicht selten Ursache von Unfällen. Sie können auf drei Arten repariert werden:

- durch Herstellen eines neuen Belages,
- durch Aufdoppeln der Tritt- und Setzstufen,
- durch Austauschen bzw. Ersetzen der Trittstufen.

Zur Herstellung eines neuen Belages wird die vorhandene Stufe mit einer Spachtelmasse egalisiert und mit Sperrholz oder Hartholzfurnier wie folgt belegt:

- Treppe gründlich reinigen (heißes Wasser mit Spülmittel), Wachs mit der Ziehklinge entfernen,
- Kantenleiste als "Lehre" zum glattes Abziehen der Spachtelmasse mit dünnen Nägeln an der Stufenkante anheften, dabei Kunststoffolie als Trennlage einlegen,
- Kunstharz-Zement-Spachtelmasse (Spezial - Spachtelmase) aufbringen, planeben abziehen, trocknen lassen,
- Sperrholzplatte mit Hartholzfurnier aufkleben.

Als dauerhafter Kantenschutz kann zusätzlich eine Hartholzleiste angebracht werden. Dazu wird die alte Treppenstufe bis auf einen 12 mm breiten Überstand abgesägt. Die Hartholzleiste wird so angeleimt und verschraubt, daß sie mit dem aufzubringenden Belag eben ist.

Das vollständige Aufdoppeln der Tritt- und Setzstufen macht zwar unter Umständen weniger Arbeit als das oben beschriebene Neubelegen, ist jedoch nur möglich, wenn Treppenwange und Geländer überhoch sind (vorgeschriebene Mindesthöhe für Treppengeländer: 90 cm) und wenn die Anschlüsse von Treppenan- und -austritt an den Fußboden passen.

Bei Treppen in Mehrfamilienhäusern kommt es häufig vor, daß die Geländer beschädigt sind oder nicht die heutigen baurechtlichen Anforderungen erfüllen. Weil neue Treppengeländer nicht zur alten Treppe passen und eine historisierende Neuherstellung sehr teuer ist, ist die Erhaltung und Wiederverwendung vorhandener Geländerteile in jedem Fall anzustreben. Dazu zwei Tips:

- Fehlen einzelne Geländerstäbe, können Stäbe vom obersten Treppenlauf als Ersatzteile verwendet werden. Oben wird ein neues, anderes Geländer angebracht.
- Wenn der Abstand zwischen den vorhandenen Stäben zu groß ist, können neue, glatte Stäbe dazwischen gesetzt werden.

Neue Treppe herstellen

Der Platzbedarf und die Gestaltung einer Treppe wird bestimmt vom menschlichen Schrittmaß und der Geschoßhöhe. Für ein bequemes Steigungsverhältnis gilt die Regel:

2 Steigungen + 1 Auftritt = 61 - 64 cm

Bei 2,75 m Geschoßhöhe ergeben sich z.B. 15 Stufen mit je 18,3 cm Steigung (Stufenhöhe) und 27,5 cm Auftritt (Tiefe). Die Gesamtlänge der Treppe ergibt sich aus der Summe der Auftritte minus 1 (Auftritt der obersten Stufe liegt schon auf Fußbodenhöhe). In unserem Beispiel beträgt die Länge der Treppe also 14 x 27,5 cm = 3,85 m. Wenn nicht genügend Platz vorhanden ist, kann die Treppe auch steiler sein, das Verhältnis Steigung/Auftritt sollte jedoch nicht weniger als 19 cm/ 26 cm betragen und muß der jeweiligen Landesbauordnung entsprechen.

Maßgebend für den Platzbedarf ist neben dem Steigungsverhältnis die Form des Treppenlaufs. Eine geradläufige Holztreppe mit aufgesattelten Stufen ist zwar gut für den Selbstbau geeignet, sie benötigt aber vergleichsweise viel Platz, besonders wenn die erforderlichen Verkehrsflächen seitlich und am Treppenan- und -austritt berücksichtigt werden. Relativ platzsparend und selbstbaufreundlich ist die zweiläufige gerade Treppe mit Podest (vgl. Abb. 66/67).

Baurecht zum Thema "Treppen" (in Baden-Württemberg):

- Treppenbreite mindestens 1 m, in Wohngebäuden mit nicht mehr als 2 Wohnungen und innerhalb von Wohnungen genügen 80 cm.
- Tragende Treppenteile aus Hartholz (Laubholz) oder aus nicht brennbaren Baustoffen; keine Anforderung für Wohngebäude mit nicht mehr als zwei Wohnungen und für Treppen innerhalb einer Wohnung.
- Die Treppe muß mindestens einen festen und griffsicheren Handlauf haben. Ausnahmen für Treppen innerhalb von Wohnungen sind zulässig.
- Der Treppenaustritt (oberste Stufe) darf nicht unmittelbar hinter einer Tür beginnen, die in Richtung der Treppe aufschlägt.
- Treppen müssen mit Geländer ("Umwehrung") gesichert sein, mindestens 90 cm hoch.
- Umwehrungen sind den Umständen entsprechend so auszubilden, daß Kleinkindern das Überklettern nicht erleichtert wird; Öffnungen nicht breiter als 12 cm. Gilt nicht für Umwehrungen in Wohngebäuden mit nicht mehr als zwei Wohnungen und innerhalb von Wohnungen.

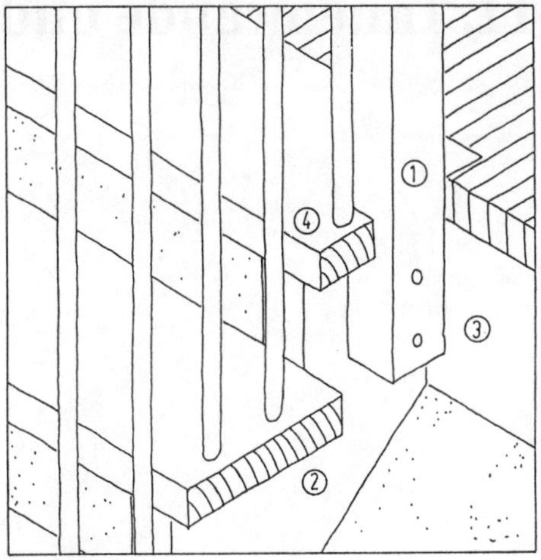

Abb. 148
Zum Selbstbauen: eine einfache aufgesattelte Treppe Detail A

1 Der Auftrittspfosten wird an der Wange angeschraubt.
2 Von Zimmermann gefertigte Wangen werden an den oberen Wechsel angelehnt und durch das Eigengewicht der Treppe angedrückt.
3 oberer Wechsel
4 Austrittstufe

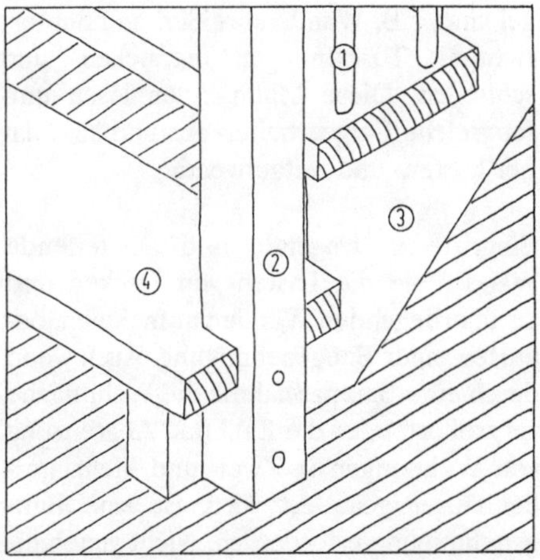

Abb. 149
Selbstbautreppe Detail B

1 Die Geländerstäbe werden in die Auftritte eingelassen
2 Der Antrittspfosten wird wieder an die Wange angeschraubt.
3 Die Wange wird unten entweder gegen den Wechsel gestoßen oder mit Hilfe von Stahlwinkeln auf dem Rohfußboden verschraubt.
4 Antrittstufe

11. Innenwände und Zimmertüren

Die häufigsten Maßnahmen an Innenwänden betreffen die Gestaltung der Oberflächen: Wände verkleiden, tapezieren oder streichen, Putz ausbessern, Türen streichen, usw.. Dabei kommt es darauf an, ein zum Charakter des Hauses passendes Material mit hoher Umweltverträglichkeit und guter Verarbeitbarkeit auszusuchen und die richtige Arbeitstechnik anzuwenden. Wenn Wandoberflächen allerdings feucht oder rissig sind, besteht die wichtigste Aufgabe zunächst darin, die Ursache dafür zu ermitteln und zu beseitigen.
Wesentlich aufwendiger sind Veränderungen, wie sie bei größeren Modernisierungs-, Um- und Ausbauvorhaben die Regel sind, z.B. Wände abreißen und neu errichten, Türöffnungen herstellen und schließen. Diese Maßnahmen lösen umfangreiche Folgearbeiten aus und sind daher kosten- und zeitaufwendig.

Eingriffe in tragende und aussteifende Wände, die die Lasten von Decken und darüberliegenden Wänden aufnehmen, bedürfen einer Baugenehmigung. Auch wenn durch eine Baumaßnahme die Wohnfläche vergrößert, oder die Zahl und Abgrenzung von Wohnungen in Zwei- und Mehrfamilienhäuser geändert wird, ist eine Baugenehmigung erforderlich. Nicht genehmigungsbedürftig ist dagegen die Veränderung von nichttragenden Wänden innerhalb von Wohnungen.
Trennwände werden überwiegend aus etwa 12 cm dickem Mauerwerk errichtet oder aus ausgemauerten Fachwerkwänden, die aus Gründen des Brandschutzes verputzt sind. Heute werden sie vielfach auch aus dünnen, großformatigen Wandplatten gemauert oder als "Leichtbauwand" aus einem beplankten Ständerwerk errichtet.
Alte Türen sollten bei Umbaumaßnahmen möglichst erhalten werden, denn die Neuherstellung in der alten Form kommt auf jeden Fall teurer. Das Gleiche gilt auch für Holzvertäfelungen.

11.1 Wandabriß und Wanddurchbrüche

Vor einer Veränderung des Wohnungsgrundrisses sollte, sofern keine genauen Pläne vorliegen, die bestehende Situation zunächst aufgemessen und in Bestandszeichnungen im Maßstab 1:100 und/oder 1:50 mit allen wichtigen Maßen dargestellt werden. Zu einer solchen Bestandsaufnahme gehört auch die Prüfung, welche Wände tragend oder aussteifend sind, sowie die Eintragung der vorhandenen Sanitärleitungen und -anschlüsse. Anhand dieser Zeichnungen kann der neue Grundriß entwickelt werden, wobei es Ziel einer wirtschaftlichen Umbauplanung ist, mit wenigen Veränderungen einen möglichst guten Wohnwert zu erreichen.
Ob eine Wand tragend oder nichttragend ist, kann ein Laie häufig nur schwer erkennen. Die Dicke der Wand allein ist kein sicheres Erkennungszeichen, denn auch tragende Wände sind oft nur 12 - 15 cm stark. Daher folgende Faustregel: immer wenn die Wand als Auflager für Deckenbalken dient, handelt es sich um eine tragende Wand; auch wenn Wände sich im darüber- und darunterliegenden Geschoß fortsetzen, kann angenommen werden, daß sie tragend sind.
Zwischenwände werden häufig durch die Durchbiegung der Deckenbalken belastet und wirken so mittragend. Vor dem Abbrechen einer vermeintlich nichttragenden Wand ist also immer zu prüfen, ob die Deckenbalken darüber durchlaufen oder nicht und ob nicht eine Wand im darüberliegenden Geschoß mitgetragen wird. Bei Betondecken sind tragende Wände im allgemeinen 17,5 oder 24 cm stark. Der Eingriff in eine tragende oder aussteifende

Wand erfordert immer das Einschalten eines Statikers.

Arbeitsschritte beim Herstellen einer Türöffnung in einer tragenden Wand oder beim Einbau eines Trägers:

- Lage der Öffnung markieren,
- Verlauf von Installationsleitungen prüfen,
- darüberliegende Decken und Wandteile abstützen,
- Arbeitsgerüst aufbauen,
- Putz und Wandkonstruktion entlang der Markierung mit Trennscheibe aufschneiden,
- Mauerwerk von oben nach unten abtragen,
- Türsturz (Betonfertigsturz oder T-Träger, ggf. nach Angaben des Statikers) einbauen, Öffnung darüber ausmauern,
- ggf. neue Elektroinstallation verlegen,
- Putz ausbessern, Fußleisten ergänzen.

Bei größeren Spannweiten, z.B. beim Zusammenlegen von Räumen, empfiehlt sich der Einbau von Stützen. Stützen können der Raumgliederung dienen und sind im allgemeinen wirtschaftlicher als kräftige Unterzüge. Bei Fachwerkwänden ist es sinnvoll, möglichst nur die nichttragende Ausfachung zu entfernen und das Holzständerwerk zu belassen. Eine eventuell störende Schwelle kann unter Umständen bis auf eine statisch erforderliche Mindeststärke ausgenommen werden.

Abbrucharbeiten bringen eine Menge Staub und Schmutz ins Haus, es empfiehlt sich daher,

- die umgebende Bausubstanz gegen Verschmutzung und Beschädigung gut zu schützen,
- die zu entfernende Wandfläche am Rand mit einer elektrischen Trennscheibe exakt und erschütterungsarm aufzutrennen,
- Schutt über ein Schuttrohr ohne Zwischenlagerung in einen Container zu befördern.

Für den Einbau eines Türpfostens und eines Türriegels in eine Fachwerkwand sollte nur abgelagertes oder technisch getrocknetes Holz mit 10 - 15% Holzfeuchte verwendet werden, um das "Arbeiten" des Bauteils gering zu halten. Als Holzverbindung bieten sich Nagelbleche an.

Nicht mehr benötigte Wandöffnungen werden mit möglichst schweren Steinen zugemauert (bessere Schalldämmung). Die notwendige Verbindung mit dem vorhandenen Mauerwerk kann durch kräftige Nägel erreicht werden, die etwa alle 50 cm in die Lagerfugen eingeschlagen werden. Beim Verputzen bleibt der Anschluß an den vorhandenen Putz im allgemeinen erkennbar. Wer das nicht möchte, muß die ganze Wand verkeiden oder mit einem neuen Oberputz versehen.

11.2 Trennwände einbauen

Neue Trennwände können in Massiv- oder in Leichtbauweise erstellt werden. Massive Wände sind aufgrund ihres hohen Gewichtes gut schalldämmend und wärmespeichernd, doch kann das hohe Gewicht bei Holzbalkendecken oder beim Dachausbau problematisch sein.
Für die Herstellung massiver Trennwände gibt es Bauplatten aus Gips, Bims- und Gasbeton im Format 25 x 50 bis 50 x 67 cm und Dicken von 6, 8, 10 und 11,5 cm. Gipsplatten dürfen im Spritzwasserbereich von Feuchträumen nur als hydrophobierte Platten verwendet werden.

Es spart Zeit und Mühe, wenn der Bauschutt direkt in einen Container oder auf einen LKW befördert wird. Damit es nicht so staubt, ist die Ladefläche beim Arbeiten mit einer Plane abgedeckt.

Leichtbauwände zeichnen sich, wie der Name schon sagt, durch ein wesentlich geringeres Gewicht aus. Sie werden als Gerippe aus Holz- oder Metallständern errichtet und anschließend mit Gipsbauplatten und/oder einer Holzschalung beidseitig verkleidet. Der Hohlraum wird mit schallschluckendem Dämmstoff, z.B. Mineral- oder Kokosfaserplatten (Anwendungstyp WZ), ausgefüllt. Leichte Holzständerwände sind für den Selbstbau gut geeignet.

Die an sich geringe Schalldämmung von Leichtbauwänden läßt sich merklich verbessern, indem Gipskarton-Bauplatten in zwei Schichten mit Federschienen oder Schwingholz auf einem doppelten, akustisch entkoppelten Ständerwerk (d.h. ohne Schallbrücken) angebracht werden. Anstelle der Gipskartonplatten können auch Gipsfaserplatten oder zementgebundene Spanplatten verwendet werden. Die Oberfläche dieser Platten ist so glatt, daß sie im allgemeinen direkt mit Tapete oder Fliesen beklebt werden kann. Wandflächen im Spritzwasserbereich von Feuchträumen, z.B. bei Duschen, müssen sorgfältig abgedichtet und fachgerecht an die Fußbodenabdichtung angeschlossen werden (vgl. Kap. 13.3).

Das Holz für Ständerwerk und Verschalung sollte trocken sein (Holzfeuchte max. 20%), damit sich die Wand in beheizten Räumen durch das Austrocknen auf 10% relative Feuchte und weniger nicht zu stark verformt. Die Mindestabmessung der Kanthölzer liegt bei 6 x 6 cm. Wenn im Hohlraum der Wand Abwasserleitungen verlegt werden sollen, sind entsprechend breitere Rahmenhölzer zu verwenden. Beim Anbringen der Rahmenhölzer an Wand, Boden und Decke wird ein Dämm- und Dichtungsstreifen aus Filz zwischen Befestigungsfläche und Holz gelegt.

Die Verbindung senkrecht aufeinanderstoßender Kanthölzer kann durch Nagelbleche erfolgen; maßhaltiger sind jedoch eingelassene Nagelverbindungen. Wo Einrichtungsgegenstände aufgehängt werden sollen, sind stabile Riegel einzubauen. Für die Aufhängung von Sanitärobjekten (Waschbecken, Hängeklos) sollten nur speziell dafür vorgesehene Metallkonstruktionen verwendet werden.

Arbeitsschritte zur Errichtung einer Holzständerwand:

- Lage der Wand einmessen und anzeichnen.
- Kanthölzer für Boden, Wand und Decke zuschneiden, vorbohren und mit Fugenband (Dämm- und Dichtungsstreifen) andübeln.
- Senkrechte Rahmenhölzer im Abstand von 60 cm montieren, Norm-Türmaße beachten.
- Beplankung auf einer Seite anbringen.

Tabelle 34
Schalldämmwerte von Trennwandkonstruktionen

Quellen: a) König, H.: Wege zum Gesunden Bauen. Freiburg 1985; b) EGH 7/78

Wandkonstruktion	Bewertetes Schalldämmaß R_w	Wirkung im Nebenraum
Gips-Wandpauplatten 8 cm	37 dB	Unterhaltungssprache verständlich
Hochlochziegel (1,4) 11,5cm	45 dB	noch eben verständlich
Holzständerwand, zweischalig, beidseitig 12,5 mm Gipskartonplatten	52 dB	hörbar, nicht mehr verständlich
Holzständerwand, einschalig, beidseitig 12,5 mm Gipskartonplatten	37 dB	Unterhaltungssprache verständlich

Tabelle 35
Anzustrebender Schallschutz bei Wänden

Quelle: RWE 83/84

Bauteil	Mindestwert	Vorschläge für erhöhten Schallschutz, mindestens:
Wohnungstrennwände von Doppel- und Reihenhäusern (Anforderungen nach DIN 4109 E2.79)	57 dB	67 dB
Trennwände ohne Türen, z.B. zwischen Wohn- und Schlafraum	42 dB	47 dB
Wände von "lauten Räumen"	57 dB	62 dB

- Ausschnitte für Elektrodosen mit Stichling, Dosenbohrer oder Stichsäge herstellen, Leitungen verlegen.
- Dämmplatten zuschneiden und einlegen, zweite Seite beplanken.
- Tür(en) einbauen.

Die Verkleidung des Ständerwerks kann mit Bauplatten, mittels Holzverschalung (vgl. Kap. 11.4) oder als Naßputz auf Putzträgerplatten (Kap. 7.3.3) ausgeführt werden.

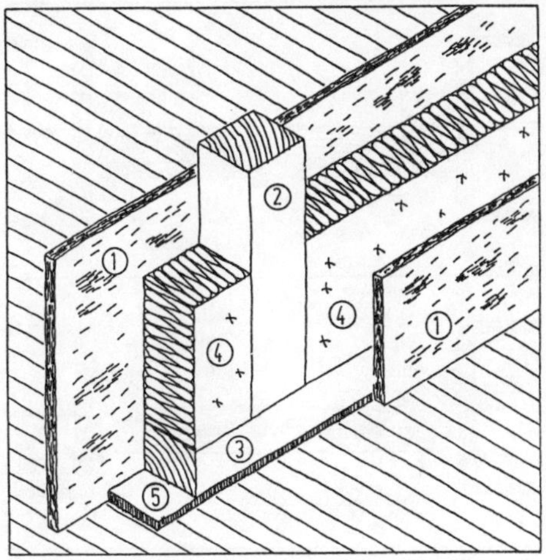

Abb. 150
Einfache Holzständerwand

1 Beplankung mit Holzspanplatten oder Gipskarton-Platten
2 Holzpfosten
3 Holzschwelle
4 Dämmschicht zur Hohlraumdämpfung
5 Dämmstreifen

Abb. 151
Doppelte Holzständerwand (schalldämmend)

1 DoppelteBeplankung mit Holzspanplatten oder Gipskarton-Platten
2 Pfosten des Holzständerwerks (dürfen sich nicht berühren)
3 Rahmenschenkel als Schwelle
4 Dämmstreifen
5 Dämmschicht zur Hohlraumdämpfung

11.3 Zimmertüren und Innenverglasung

Das Renovieren alter Türen eignet sich gut zum Selbermachen. Je nach Zustand der Tür kann es erforderlich sein,
- die Beschläge zu reinigen, zu streichen, zu fetten, zu befestigen oder zu versetzen,
- bei verzogenen Türen mit Füllung den Rahmen rechtwinklig auszurichten und mit aufgeschraubten Stahlwinkeln auf beiden Seiten zu stabilisieren,
- den Anstrich zu erneuern.

Türen überarbeiten

Wenn das Türblatt in sich verzogen ist, so daß die Türe nicht mehr umlaufend anliegt, besteht eine einfache Verbesserungsmöglichkeit darin, auf das vorhandene Türfutter eine eingefälzte Leiste mit Dichtungsgummi aufzuschrauben. Diese Leiste kann als neues Element farblich abgesetzt werden oder in der Farbe des Türrahmens gestrichen werden.
Türen, Fenster, Wandvertäfelungen und Sockelleisten aus Holz waren im ländli-

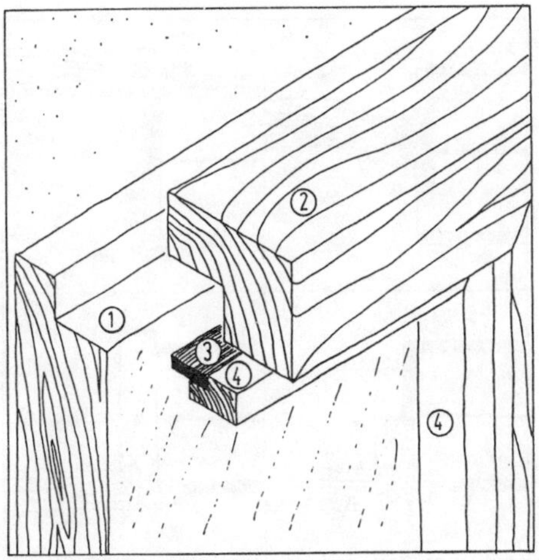

Abb. 152
Abdichten einer Tür

1 Türblatt — vorhanden
2 Türfutter
3 Dichtungsgummi — Neu
4 gefälzte Leiste

chen Raum meist naturbelassen. Die Reinigung erfolgte bei Nadelhölzern mit Salmiaklösung und bei Laubhölzern mit Natronlauge. Wer in seinem Haus noch solche unlackierten Teile antrifft, sollte sie möglichst in ihrer historischen Form erhalten. Denn Anstriche an Zimmertüren und Holzvertäfelungen dienen vorwiegend der farblichen Gestaltung, für die Haltbarkeit sind sie nicht erforderlich (siehe Kap. 15.3).

Türen herstellen

Einfache Fertigtüren können im Altbau architektonisch durchaus vertretbar sein. Ein glattes Türblatt, das sich bewußt von den alten Türen unterscheidet, ist besser und ehrlicher als verfehlte Nachahmungen mit Leistenzierrat und verschnörkelten Türdrückern.

Bei der Herstellung der Türöffnungen sollten aus Kostengründen die Normbreiten (Rohbaumaße 63,5; 76; 88,5; 101 cm) und die Normhöhen (201 bis 213,5 cm) eingehalten werden. Bei sehr schmalen Türöffnungen ist zu bedenken, daß Einrichtungsgegenstände wie Waschmaschine oder Kühlschrank nur durch Türen passen, deren lichte Breite größer als 60 cm ist. Preiswerte Fertigtürblätter gibt es als Sperrholztüren mit Wabeneinlage und als Röhrenspantüren. Die besseren und schwereren Kompakttürblätter bestehen aus Span- oder Tischlerplatten.

Schöner ist es, alte Türblätter aus Gebäuden der gleichen Stilepoche zu beschaffen. Der passende Türrahmen muß im allgemeinen neu hergestellt werden, da sich alte Türrahmen nur mit erheblichem Aufwand einigermaßen heil ausbauen lassen. Wo vorhandene Türblätter nicht auf Anhieb passen, kann eigenes Gestaltungs- und Improvisationsvermögen weiterhelfen: beispielsweise kann ein zu schmales, in der Höhe aber passendes Türblatt so in

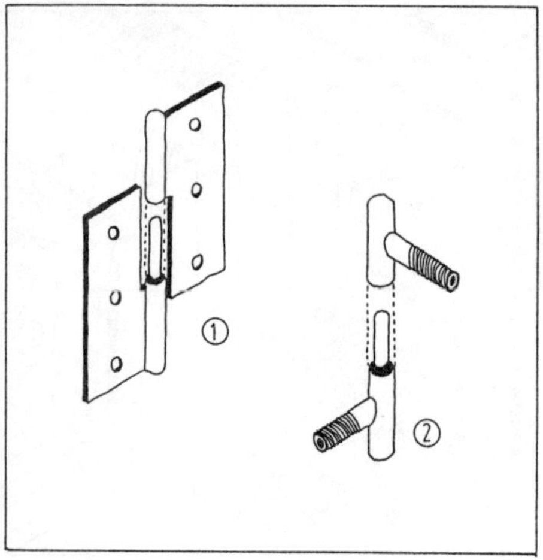

Abb. 153 oben links
Türbänder

1 Aufschraubband
2 Einbohrband

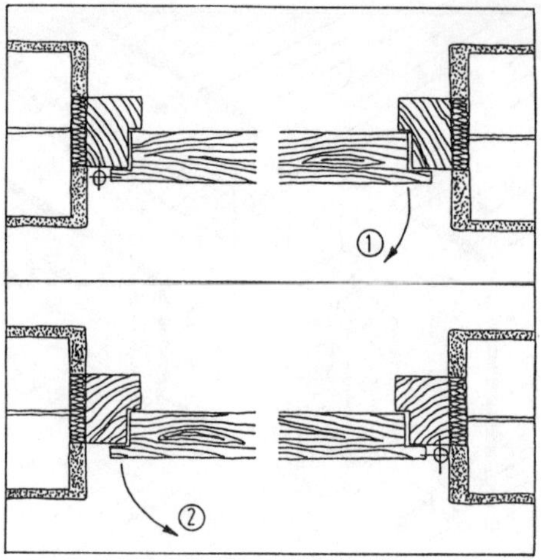

Abb. 154 oben rechts
Was bedeutet DIN links bzw. DIN rechts

1 DIN links ("links angeschlagen")
2 DIN rechts ("rechtsangeschlagen")

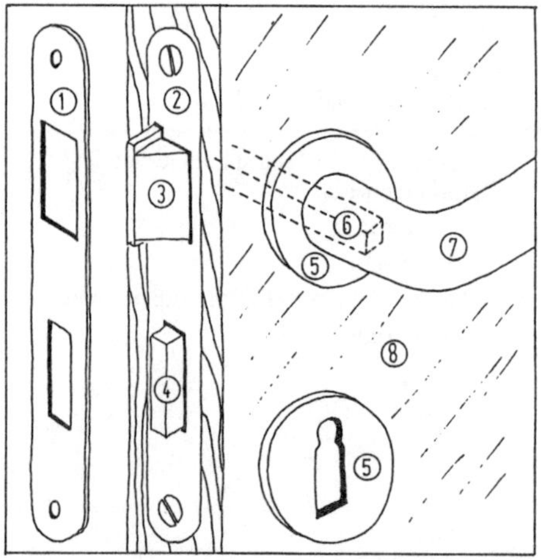

Abb. 155 Mitte
Schließanlage einer Tür

1 Schließblech
2 Stulpblech
3 Falle
4 Riegel
5 Rosette
6 Dorn
7 Drücker

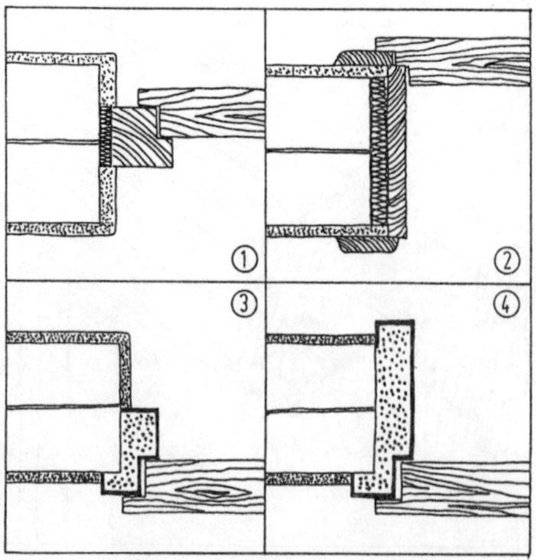

Abb. 156 unten
Verschiedene Arten von Türrahmen

1 Blockrahmen
2 Futterrahmen mit Bekleidung
3 Stahleckzarge oder Sparzarge
4 Stahlumfassungszarge

einen bestehenden Rahmen eingebaut werden, daß das "fehlende" Stück als feststehender Glasschlitz ausgebildet wird.
Wer Spaß am Schreinern hat, kann seine neuen Türen auch in Einfachbauweise selber anfertigen (siehe Abb. 158). Der Türrahmen besteht aus einem breiten Brett, der Türanschlag wird aus aufgeschraubten und verleimten Leisten gebildet, die mit einer Gummidichtung belegt sind. Das glattkantige Türblatt schlägt stumpf in den Türrahmen. Verstellbare Einbohrbänder ermöglichen ein genaues Ausrichten des Türblattes. Als Schloß und Drücker wird ein aufgeschraubtes Kastenschloß verwendet.

Innenverglasungen

Verglaste Innenwände lassen enge und dunkle Räume freundlicher und interessanter wirken und helfen bei der Belichtung von Fluren und Treppenhäusern. Sie sind besonders da angebracht, wo eine offene Raumverbindung wünschenswert, aber wegen Schall- und Geruchsbelästigungen oder aus heiztechnischen Gründen nicht sinnvoll ist, z.B. zwischen Diele und Wohnraum oder zwischen Küche und Eß-Wohn-Bereich.
Die Glasscheiben können hier ohne Rahmen in die Wandöffnung eingesetzt werden, bei Fachwerkwänden beispielsweise mit einfachen Glasleisten, was sich einfach und preiswert machen läßt und trotzdem gut aussieht. Bei verputztem Mauerwerk kann die Scheibe, ebenfalls ohne Holzrahmen, direkt in die Wandöffnung gestellt und eingeputzt werden. Um allzu leichten Glasbruch zu vermeiden, empfehlen sich hier dicke Gläser oder Einscheibensicherheitsglas, das auch für Ganzglastüren verwendet wird.

11.4 Wandputz und Wandverkleidungen

Das Verkleiden von Wandflächen mit Holzschalung, Gipskartonplatten oder mit anderen Bauplatten ist für den Selbstbau eher geeignet als das Naßverputzen. Andererseits schaffen Wandverkleidungen eine weitgehend ebene Fläche. Sie erfordern und unter Umständen eine platzraubende Unterkonstruktion. Holzverschalungen wirken aufgrund ihres hohen Sorptionsvermögens zwar ausgleichend auf das Raumklima, ihre starke optische Wirkung ist jedoch nicht in jeder Situation angemessen. Unter ökologischen Gesichtspunkten sind die altbewährten Mineralputze und Holzverschalungen zu bevorzugen. Bei Trockenputzen ist zu bedenken: wegen des Hohlraums zwischen Bauplatte und Wand ist die Befestigung von schweren Gegenständen nur mit Sonderkonstruktionen möglich, auf Fachwerkkonstruktionen kann eine Rißbildung auch bei armierter Fugenspachtelung nicht ausgeschlossen werden.

Fensterlaibungen und schmale Fensterbrüstungen (Heizkörpernischen) sind Wärmebrücken, die schwitzwassergefährdet sind bzw. übermäßige Energieverluste verursachen. Die nachträgliche Dämmung dieser Flächen ist besonders wichtig und oft die einzige vernünftige Lösung zur Bekämpfung von Schimmelpilzen. Sie stößt jedoch häufig auf praktische Grenzen, denn in der Umgebung der Heizkörper und neben den Bändern der Fenster ist meist nicht genügend Platz für eine zusätzliche, ausreichend dicke Dämmschicht. Eine "baubiologisch" nicht ganz einwandfreie aber platzsparende Lösung besteht darin, den vorhandenen Putz abzuschlagen und eine 20 - 30 mm dicke Verbundplatte (Hartschaum mit Gipskarton kaschiert) mit Klebemörtel anzubringen. Für die Wärmedämmung der Fensterlaibungen

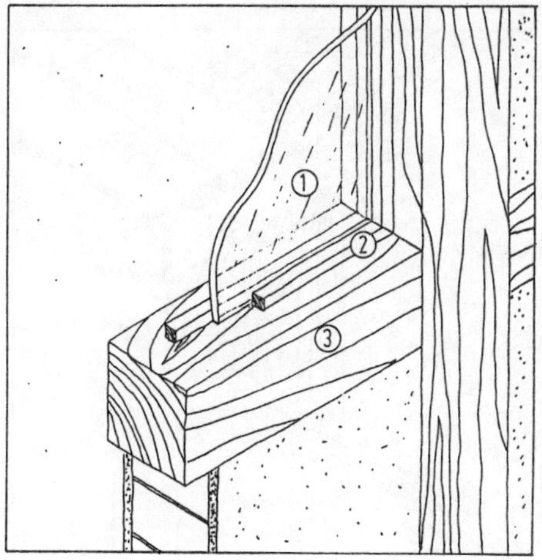

Abb. 157
Einbau einer Innenverglasung in vorhandenes Fachwerk

1 Einfachglas
2 Glashalteleisten
3 Fachwerk

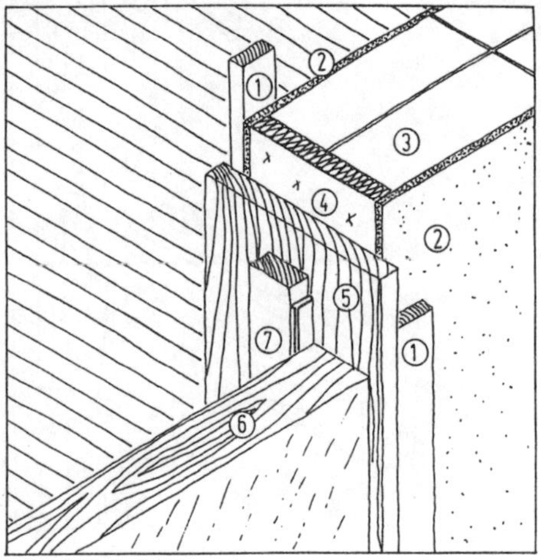

Abb. 158
Eine für den Selbstbau geeignete Türkonstruktion

1 Holzleiste
2 Putz
3 Wand
4 Dämmfilz (Fugendichtung)
5 Brett (Futter)
6 Türblatt
7 Anschlagleiste (Holz) mit aufgesetzter Dichtung

können auch dampfdichte Hartschaumplatten mit einer Bekleidung aus Sperrholz eingesetzt werden. Im Zuge dieser Arbeiten werden am besten auch die Anschlußfugen zwischen Fenster und Bauwerk neu gedichtet (vgl. Kap. 12.3). Wenn der Einbau neuer Fenster vorgesehen ist, sollte für die Laibungen eine mindestens 40 mm dicke Dämmung eingeplant werden. Ein Dämmen der Brüstungen (Heizkörpernischen) ist in jedem Fall sinnvoll, auch wenn dazu der Heizkörper abgenommen oder gar ein Stück vorgesetzt werden muß. Hinter die Heizkörper geklebte Alufolie allein ergibt keine wirksame Verbesserung.

Putz ausbessern und erneuern

Alte Innenputze an Wänden und Decken sind in der Regel einlagig aufgebrachte Kalkputze oder Kalkzementputze, seit 1950 werden auch Gipsputze und Kalkgipsputze verwendet. Zustand und Qualität eines alten Putzes hängen hauptsächlich von der Mörtelzusammensetzung und der Beschaffenheit des Untergrundes ab. Die häufigsten Putzschäden sind Risse, das Absanden durch nachlassende Bindekraft sowie abgeplatzte Stellen durch schlechte Haftung am Untergrund. Ein weicher, sandender Kalkputz kann durch Auftragen von Fluat- oder Alaunlösung in gewissem Rahmen wieder verfestigt werden, kleinere Risse und einzelne Fehlstellen lassen sich mit Füllspachtel leicht ausbessern. Größere Risse enstehen meist über nicht ausreichend verwahrten Holzteilen oder sind Anzeichen für mangelhafte Putzhaftung am Untergrund, sie können allerdings auch auf Risse im Mauerwerk zurückzuführen sein. Solche schwerwiegenderen Schäden werden genauso behandelt wie Risse in Außenwänden (Kap. 7.1).

Arbeitsablauf bei der Reparatur einzelner Risse im Wand- und Deckenputz:

- durch vorsichtiges Klopfen feststellen, wo Putzflächen hohl liegen;
- Arbeitsgerüst aufstellen;
- schadhafte Stellen aufschneiden und entfernen, Ränder vorsichtig abschlagen, Risse mindestens 6 cm breit freilegen (beim Abschlagen besteht die Gefahr, daß sich auch der intakte Putz lockert);
- Vorbereitung des Untergrundes und Aufbringen des Putzes wie beim Neuverputzen (siehe unten):
- zum Ausbessern möglichst die gleiche Mörtelart wie beim alten Putz verwenden (Mörtelzusammensetzung siehe Kap. 5.2.3).

Beim Herstellen und Schließen von Wandschlitzen für Installationsleitungen ist ebenso zu verfahren. Wenn die aufzutragende Putzschicht dicker als 20 mm würde, muß die Wandöffnung zuerst mit Mörtel geschlossen werden, um Schwindrisse zu vermeiden. Holzteile müssen mit Ölpapier und Streckmetall überbrückt werden (vgl. Kap. 7.4). Zu glatte Flächen, saugende Untergründe und Betonflächen werden als "Grundierung" mit einem Spritzbewurf aus Zementschlämme versehen. An rißgefährdeten Stellen kann ein Kunststoffgewebe in den Putz eingearbeitet werden.
Ausgebesserte Putzflächen bleiben im allgemeinen erkennbar, es sei denn, die Wand erhält im Ganzen einen neuen Oberputz, wird mit einer Rauhfaser- oder Untertapete beklebt oder wird mit Holz verschalt bzw. mit Bauplatten verkleidet.

Das Anbringen eines Naßputzes ist zum Selbstmachen wenig geeignet, außer bei kleinen Flächen. Fachfirmen erledigen diese Arbeit wesentlich schneller und besser. Unter Umständen können die Vorarbeiten in Eigenleistung ausgeführt werden.

Wegen ihrer guten Sorptionseigenschaften werden für Innenräume vorwiegend Kalk-, Kalkgips- und Gipsputze eingesetzt. Gips darf jedoch nicht in Feuchträumen eingesetzt werden.
Kalk- und Kalkzementputze können nach einer Trockenzeit von 3-4 Wochen ohne weitere Vorbehandlung mit dampfdurchlässigen Mineralfarben gestrichen werden, eine kostengünstige und umweltfreundliche Lösung. Kalkfarben können al fresco auf feuchtem Putz verarbeitet werden. Als Alternative zum Verputzen ganzer Wände ist es überlegenswert, ob das Streichen mit einer Kalkschlämme nicht eine günstigere und schönere Lösung darstellt (vgl. Kap. 15.2). Bei der Putzerneuerung an den Innenseiten der Außenwände sind außerdem die Fragen des Wärmeschutzes (vgl. Kap. 7.3) zu berücksichtigen.
Geeignete Putzmörtel mit Mischungsverhältnissen und Einsatzbereichen sind in Tabelle 16 zusammengestellt. Innen genügt im allgemeinen ein einlagiger, ca. 10 mm dicker Putz. Besonders einfach lassen sich fertig gemischte, sogenannte Werk - Trockenmörtel verarbeiten. Sie werden unter Wasserzugabe in der Putzmaschine oder mit einem Quirl im Bottich angerührt. Die meisten Werkmörtel enthalten jedoch chemische Hilfsstoffe, etwa in der Größenordnung von 5 - 10% des Bindemittelanteils.
Damit der Putz gut trocknet, werden die Räume möglichst zugfrei gelüftet und bei Bedarf schwach beheizt.
Wer experimentierfreudig ist, kann einen sehr umweltverträglichen Innenputz aus Lehm anbringen. Der Unterputz wird folgendermaßen hergestellt: 1 Teil grobkörniger Sand (Flußsand), 1 Teil Lehmschlämme (pastöser Brei aus mittelfettem Lehm), etwas gehäckseltes Heu (ca. 5 cm lange Fasern) oder Tierhaare. Beim Mischen des Sandes mit dem Lehmbrei wird soviel Wasser zugegeben, daß ein geschmeidiger Mörtel entsteht, der sich gut verrühren läßt. Vor der Ausführung wird an Putzmustern die Qualität des Lehmmörtels geprüft. Entstehen starke Risse, muß der Sandanteil erhöht werden, sandet der trockene Putz, wird der Sandanteil vermindert. Zur Armierung, z.B. über Holzfachwerk, kann ein Glasfaser- oder Kunststoffgewebe eingearbeitet werden, Streckmetall und Jutegewebe sind in Verbindung mit Lehm ungeeignet.

Trockenputz

Als "Trockenputz" wird üblicherweise die Verkleidung der Wände (und Decken) mit Gipskarton- und Gipsfaser- oder auch mit Spanplatten bezeichnet. Die Platten werden mit Klebemörtel direkt auf das Mauerwerk gesetzt oder auf eine Unterkonstruktion aus Holzleisten genagelt bzw. geschraubt. Die glatte Oberfläche erleichtert gerade beim Selbstbau die Gestaltung: Tapezieren mit Tapete oder Rauhfaser, Bekleben mit Fliesen oder einfach Streichen der Platten.
Neben den Standardausführungen in verschiedenen Formaten sind Sonderausführungen im Handel, z.B. "Akustikplatten" zur besseren Schalldämmung, Verbundplatten zur Wärmedämmung oder besonders feuerbeständige Ausführungen. Als Gipskartonplatten für Feuchträume dürfen nur hydrophobierte Platten verwendet werden (Kennzeichnung der Platten: grün für Feuchträume, rot für Brandschutz). Da Industriegips eine erhöhte Radioaktivität aufweist, sollten nur solche Gipsplatten verwendet werden, die ausschließlich aus Naturgips hergestellt wurden. Bei Holzspanplatten sind die zementgebundenen gegenüber den kunstharzgebundenen zu bevorzugen.
Der Untergrund muß fest, schwind- und rißfrei, sowie gegen aufsteigende oder durchschlagende Feuchtigkeit geschützt sein. Wenn der Untergrund aus festem Mauerwerk besteht, können die Platten mit Mörtelbatzen aufgeklebt werden.
Auf gestrichenen, verputzten oder gefliesten Flächen sowie auf Flächen, die nicht planeben sind, ist dagegen eine Unterkonstruktion aus Latten erforderlich. Dabei wird die Unterkonstruktion zunächst durch Unterlegen mit dünnen Holzbrettchen ausgerichtet und erst dann fest angeschraubt. Stärke und Abstand der Latten sind abhängig von der Plattengröße und -dicke. Die Plattenhersteller geben hierzu im allgemeinen eigene Empfehlungen. Bei 12,5 mm dicken Gipskartonplatten an Wänden sind Latten mit einem Querschnitt von 24 x 48 mm und einem Abstand von max. 65 cm (z.B. 62,5 cm bei 125 cm Plattenbreite) üblich.
Bei Holzständerwänden dient das Ständerwerk zugleich als Unterkonstruktion zum Befestigen der Platten. Die meisten Hersteller von Bauplatten geben übersichtliche Arbeitsanleitungen für Handwerker und Heimwerker heraus. Es empfiehlt sich daher, die Hersteller der am Ort üblichen Fabrikate wegen detaillierter Produktinformationen direkt anzuschreiben.
Öffnungen für Elektrodosen und Installationen sollten vor der Montage der Platten hergestellt werden, z.B. mit dem Hohlwanddosenfräser oder durch Aussägen mit der Stichsäge. Danach werden die Stöße von Gipskartonplatten mit Gipsspachtel und Bewehrungsgewebe geschlossen und in einem zweiten Arbeitsgang durch Nachspachteln geglättet. Gipsfaserplatten können ohne Bewehrungsstreifen verfugt werden.
Für die Feuchtigkeitsisolierung von Wandbekleidungen im Spritzwasserbereich von Feuchträumen gelten besondere Bedingungen (vgl. Kap. 13.2).

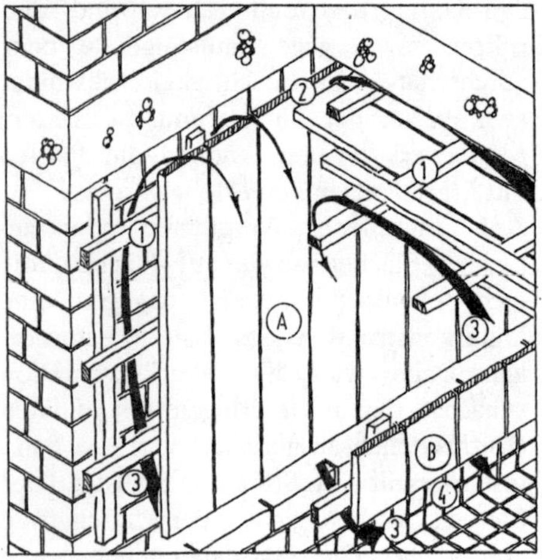

Abb. 159 oben
Konstruktion von Holzverschalungen in Naßräumen

- A Anschluß Wand/Decke
- 1 Lattung/Konterlattung
- 2 Belüftung über Schattenfuge
- 3 Belüftung
- B Anschluß Wand/Boden
- 4 Abstand der unteren, abgeschrägten Schalung vom Boden 5 - 10 cm

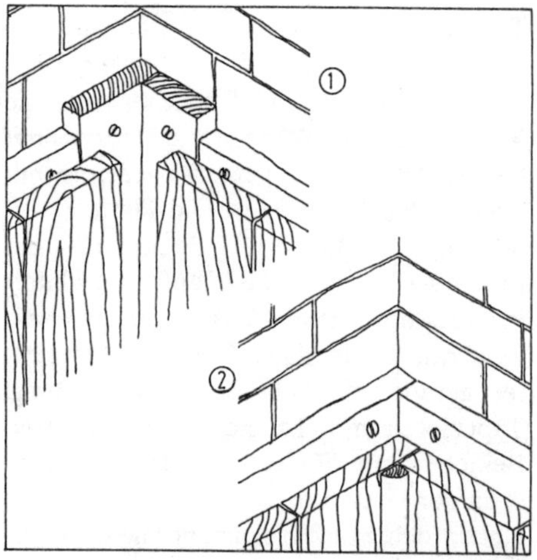

Abb. 160 Mitte
Die Gestaltung von Innenecken und Deckenanschlüssen

- 1 Ausführung mit einer Schattenfuge
- 2 Ausführung mit stumpf gestoßener Schalung und aufgesetzter Eckleiste

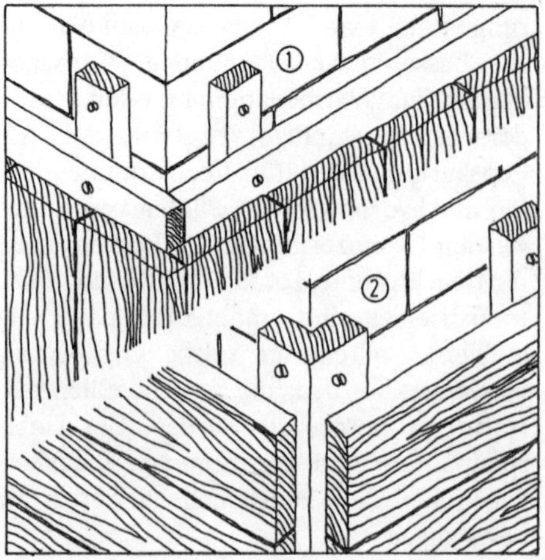

Abb. 161 unten
Die Gestaltung von Außenecken

- 1 Stumpf gestoßene Schalung
- 2 Schalung mit einer Negativecke

Holzverkleidung

Eine gute und für den Selbstbau sehr geeignete Möglichkeit der Wandverkleidung ist die Verschalung mit Brettern aus heimischen Holzarten, z.B. Kiefer, Fichte oder Lärche. Aus Skandinavien importierte, "nordische" Hölzer sind zwar hochwertiger, angesichts des Transportaufwands ist jedoch trockenes, einheimisches Nadelholz der Güteklasse I oder II vorzuziehen. Völlig unangebracht ist die Verwendung exotischer Hölzer im Innenbereich.

Für eine Innenschalung geeignet sind Bretter in einer Dicke von 16 - 24 mm und einer Breite bis ca. 18 cm. Es müssen ja nicht immer die in der Fläche recht unruhig wirkenden Profilbretter vom Baumarkt sein; in den meisten Sägewerken gibt es Nut-Feder-Bretter, die glatt aneinander stoßen ("Spundschalung") oder solche, die an den Kanten abgeschrägt sind (gespundete oder parallel besäumte Fasebretter). Bei Holz aus dem örtlichen Sägewerk ohne Plastikverpackung besteht außerdem eher die Gewähr, daß keine Konservierungsgifte verwendet wurden. Beim Holzeinkauf ist darauf zu achten, daß das Holz trocken ist, denn sonst entstehen nach der Verarbeitung zu breite Fugen.

Die Bretter für Verschalungen müssen nicht unbedingt gehobelt sein. Es kann sogar besonders schön aussehen, ungehobelte Bretter nur zu schleifen. Genauso gibt es Alternativen zu der allgemein praktizierten verdeckten Befestigung: eine mit Schnellbauschrauben sichtbar befestigte Schalung ist nicht nur stabil, sondern drückt auch eine besondere gestalterische Absicht aus. Ob die Bretter senkrecht oder waagerecht, diagonal oder in Mustern angebracht werden, bleibt im Innenraum weitgehend der gestalterischen Freiheit überlassen. Für die Anschlußfugen (z.B. an Fußböden und Fensterrahmen) ist die Ausbildung sowohl mit Schattenfuge als auch mit Deckleiste möglich.

Eine Hinterlüftung ist bei Holzverschalungen an Innenwänden nur in intensiv genutzten Feuchträumen und schlecht wärmedämmenden Außenwänden erforderlich. Holz im Innenbereich muß nicht unbedingt gestrichen werden, sondern kann genauso gut unbehandelt bleiben (siehe Kap. 15.3).

12. Fenster und Außentüren aus Holz

12.1 Zusammenhänge

Fenster und Außentüren verdienen besondere Aufmerksamkeit, handelt es sich doch hier um stark bewitterte, empfindliche und teure Bauteile, die den Charakter der Fassade prägen, das Raumklima beeinflussen und sich erheblich auf den Heizenergieverbrauch auswirken. Da alte Fenster und Außentüren in vielen Fällen nicht nur reparaturbedürftig sind, sondern auch nicht den heutigen Ansprüchen an Wärmeschutz und Winddichtigkeit genügen, kommt es leider nur allzu oft zu einem vorschnellen, teuren und nur scheinbar zweckmäßigen Austausch. Der Einfachheit halber ist im folgenden überwiegend von Fenstern die Rede, die Aussagen gelten jedoch sinngemäß auch für Außentüren aus Holz, insbesondere also für Haustüren.

Grundsätzlich sollten Fenster und Türen - soweit möglich - durch Instandsetzung bzw. einfache Verbesserungen erhalten werden. Gegen den radikalen Ersatz durch neue Fenster gibt es mehrere gute Gründe:

- Alte Fenster mit kleinteiliger Untergliederung und schmalen Rahmen sehen am Altbau schöner aus als neue Fenster, die aus technischen und finanziellen Gründen meist nicht mehr die ursprünglichen Rahmenproportionen haben.
- Maßnahmen an vorhandenen Fenstern bis hin zur Herstellung von neuen, einfachverglasten Vorsatz- bzw. Zusatzfenstern können überwiegend in Eigenleistung ausgeführt werden und kommen ohne aufwendige Bauarbeiten (Ausbrechen der alten Rahmen, Einputzen der neuen) aus.
- Die Wärmedämmung von alten Fenstern mit zwei Scheiben (als Verbund-, Kasten-, Vorfenster) ist ähnlich gut wie die von neuen Fenstern mit Isolierverglasung.
- Wo nur Einfachfenster vorhanden sind, kann die Wärmedämmung und Winddichtigkeit durch zusätzliche innere oder äußere Vorfenster kostengünstig verbessert werden.
- Auftretendes Kondenswasser zwischen den Scheiben alter Doppelfenster kann durch den Einbau von Fugendichtungen behoben werden.

Voraussetzung ist jedoch, daß sowohl die Stabilität des Rahmens als auch eine ausreichende Wärmedämmung und Fugendichtigkeit erhalten oder (wieder-) hergestellt werden kann. Ob und mit welchem Aufwand diese drei Bedingungen erfüllt werden können, sollte nach detaillierter Begutachtung für jedes Fenster einzeln entschieden werden.

Falsch konstruierte und nicht gewartete Fenster, bei denen das Holz weitgehend seine Festigkeit verloren hat, müssen dagegen ersetzt werden. Wegen der mit dem Austausch verbundenen Bauarbeiten bietet es sich an, die Fenstersanierung zusammen mit anderen Instandsetzungs- und Modernisierungsmaßnahmen durchzuführen.

12.2 Glasfalz erneuern

Fensterkitt, der brüchig ist und sich von der Glasscheibe gelöst hat, muß ersetzt werden, weil sich sonst Wasser im Glasfalz staut und das untere Flügelholz von innen heraus fault. Bei kleinteiligen Fenstern ist auch heute noch die Verwendung eines freiliegenden Kittbettes angemessen, ansonsten werden Glashalteleisten mit Dichtungsmasse oder dünnem Kittbett verwendet.

Der herkömmliche Glaserkitt besteht aus Kreide (85%) und Leinöl (15%). Er ist preiswert und umweltverträglich, wird

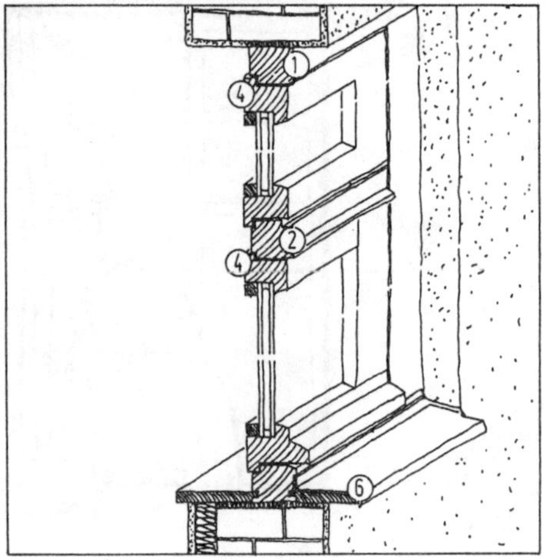

Abb. 162
Das Fenster und seine Einzelteile

1 Blendrahmen
2 Kämpfer
3 Sprosse
4 Flügelrahmen
5 Fensterstock
6 Fenstersims (außen)

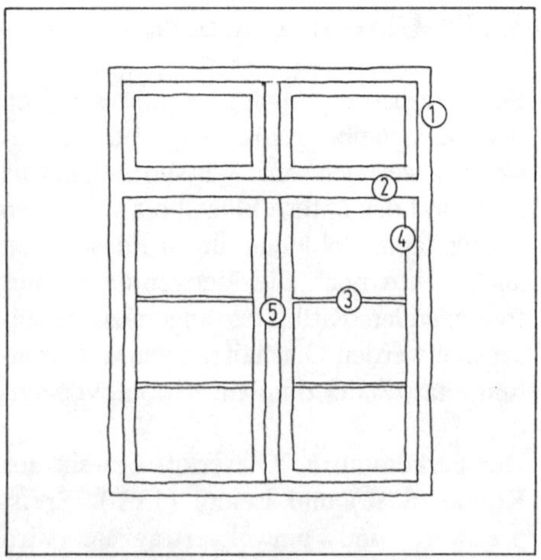

aber relativ schnell brüchig und reißt, besonders auf der Wetterseite. Um eine allzu schnelle Versprödung zu verhindern, muß das Kittbett wie der Fensterrahmen gestrichen werden. Alter Kitt kann mit einem kleinen Meißel leicht entfernt werden, wobei sich ein Bruch der Glasscheibe gelegentlich nicht vermeiden läßt.
Bei Isolierverglasung und großen Fensterflügeln werden heute durchweg plastisch oder elastisch bleibende Kunststoffkitte, sogenannte Versiegelungsmassen, Vorlegebänder und/oder trockene Dichtungsprofile eingesetzt. Bei einer Kitterneuerung sollte möglichst das gleiche Material verwendet werden, das vorhanden war. Der Einbau und die richtige Verklotzung von großformatigen Scheiben und von Isolierverglasung erfordern Fachkenntnis und Erfahrung und sollten daher Fachleuten überlassen werden.

12.3 Wärmetechnische Verbesserungen

Konstruktiv intakte Fenster können durch eine Reihe von (Selbsthilfe-) Maßnahmen durchaus den heutigen Anforderungen an Wärmeschutz und Winddichtigkeit angepaßt werden. Anhand der folgenden Fragen lassen sich Art und Umfang der Verbesserungsmaßnahmen ermitteln:

- Sind die Fugen zwischen Flügel und Blendrahmen (d.h. der Fensterfalz) wind- und regendicht? (Untersuchung mit Handrücken, Räucherstäbchen oder Kerzenflamme an einem windreichen Tag bei geöffneten Zimmertüren)
- Sind die Fugen zwischen Blendrahmen und Bauwerk wind- und regendicht? (Untersuchung wie oben)
- Bei Fenstern mit Einfachverglasung: Erlaubt die vorhandene Konstruktion (Rahmenstärke, Beschläge) und die Falztiefe das Einsetzen von Isolierglasscheiben oder ist genügend Platz für ein Vorsatzfenster vorhanden?
- Bei Verbundfenstern: Bildet sich im Scheibenzwischenraum häufig Kondenswasser?

12.3.1 Fugen dichten

Fenster und Außentüren müssen im geschlossenen Zustand dicht sein. Das ist bei alten Fenstern und Türen häufig nicht der Fall, was zu Zugerscheinungen, trockener Raumluft im Winter und übermäßigem Heizenergiebedarf führt. Daher gehört eine Prüfung und gegebenenfalls die Abdichtung der Tür- und Fensterfugen zu den vorrangigen Maßnahmen an jedem Altbau.
Nun kommt es vor, daß nach solchen Abdichtungsmaßnahmen oder nach dem Einbau neuer (dichtschließender) Fenster hier und da Feuchtigkeitsschäden und Schimmelbildung an Außenwänden und Fensterlaibungen auftreten. Dies läßt sich vermeiden, wenn die Bewohner ihre Lüftungsgewohnheiten umstellen (d.h. in regelmäßigen Abständen lüften) oder die Außenwände wärmegedämmt werden. Es wäre jedoch falsch, wegen solcher Probleme auf eine Fensterabdichtung zu verzichten und dadurch unnötig Heizenergie herauszulüften. Eventuell kann anstelle der Bedarfslüftung auch eine gezielte Mindest-Dauerlüftung eingestellt werden, indem nachträglich ein kleiner Teil der eingebauten Falzdichtung wieder entfernt wird.
Neue Holzfenster dichten erheblich besser als alte; alle Räume mit Feuerstellen (z.B. Kachelofen, offener Kamin) benötigen

deshalb beim Einbau wirksamer Fensterdichtungen eine zusätzliche Frischluftzufuhr. Außer bei kleinen Einzelöfen oder bei sehr großem Raumvolumen ist im allgemeinen eine 150 cm^2 große Öffnung in der Wand oder in der Türe zu benachbarten Räumen erforderlich, oder die notwendige Verbrennungsluft wird durch einen Luftkanal von außen direkt in die Umgebung des Verbrennungsraumes geleitet.

Dichtung zwischen Flügel und Blendrahmen

Zunächst sollten die Beschläge geprüft und sofern möglich und nötig nachgestellt werden. Mit Hilfe der Kerzenprobe kann dann festgestellt werden, wo und an welchen Stellen Fenster oder Außentüren nicht dicht schließen.
Fugen zwischen Blendrahmen und Fensterflügel werden durch den Einbau eines weich federnden Dichtungsprofils abgedichtet, das in den Falz geklebt, geschraubt oder genagelt wird. Haushaltswarengeschäfte und Baumärkte bieten für diesen Zweck eine Vielzahl von Profilen. Bei der Auswahl kommt es darauf an, ein Profil zu wählen, das von der Dicke her in die zu dichtende Fuge paßt. Besser und dauerhafter als geklebte Dichtungen sind EPDM- oder Silikonprofile, die in eine nachträglich eingefräste Nut am Fensterflügel eingesteckt werden. Unter Umständen muß der Falz dazu einige mm abgefräst werden, damit genügend Platz für das Dichtungsband entsteht.
Bei sehr starken Unebenheiten im Falz ist das Ausfüllen mit einer dauerelastischen Dichtungsmasse sinnvoll. Das Verfahren ist ein wenig heikel - es erfordert Geschick und eine umsichtige Vorgehensweise, damit nicht durch überschüssige Dichtungsmasse die Kanten verkleben. Die Arbeitsschritte im einzelnen: Rahmen mit Salmiakgeist (Verdünnung 1:10) säubern, Kantenränder mit Kreppband abkleben, Falz mit Primer streichen, Dichtstrang auftragen und glätten, Trennfolie aus Alu (oder Ölpapier) auflegen, Fenster schliessen, nach etwa 2 Tagen die Trennfolie entfernen, entlang der Kreppbänder Trennschnitt machen, Kreppbänder entfernen. Durch Vorversuche mit Plastilin kann gegebenenfalls die richtige Dichtstoffdicke ermittelt werden. Alle Dichtungen sollen möglichst in einer Ebene lückenlos umlaufen.
Im Bereich der Haustürschwelle sollte eine Anschlagschiene vorhanden sein oder im Zusammenhang mit Arbeiten am Fußbodenbelag eingebaut werden. Wo das nicht zweckmäßig ist, kann im unteren Rahmenholz der Tür z.B. eine selbsttätige Andruck-Dichtungsschiene eingelassen werden.

Abb. 163 unten
So wird der Fensterfalz abgedichtet

1 undichtes Fenster
2 abgedichtetes Fenster
3 Falzdichtung

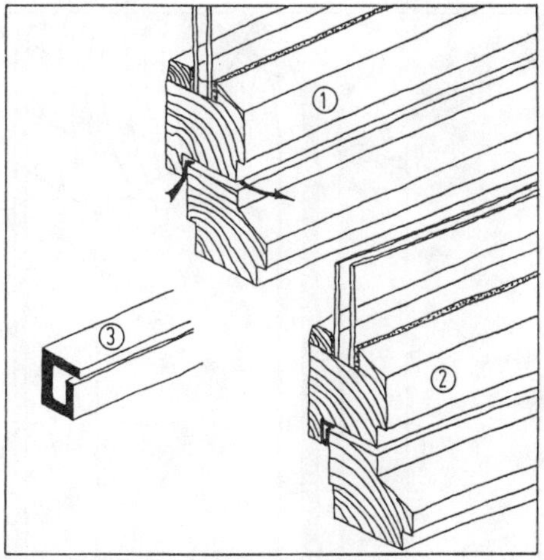

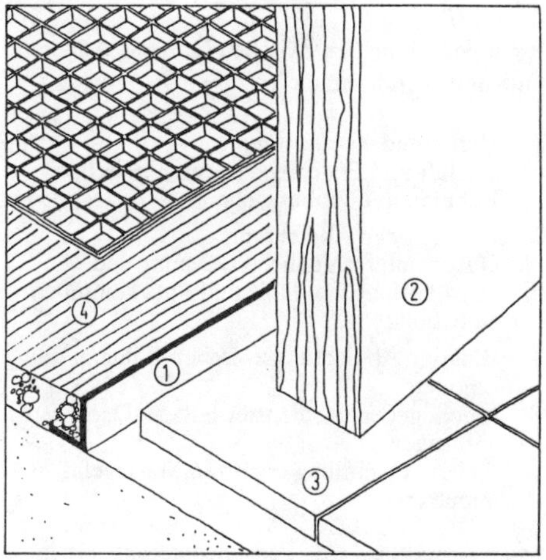

Abb. 164 oben
Mechanische Türenabdichtung bei durchlaufendem Fußboden

Beim Schließen der Tür (4) drückt der Bolzen (1) gegen eine am Türrahmen angeschraubte Metallplatte (2) und bewegt so die Dichtung (3) nach unten.

Abb. 165 Mitte
Sauberer Abschluß der Außentüre über eine Anschlagschiene

1 Anschlagschiene (Metall)
2 Türblatt
3 Bodenbelag innen
4 Belag außen

Abb. 166
Drei verschiedene Anschlußfugen zwischen Fenster und Wand

1 Fensteranschluß mit Maueranschlag
2 Fensteranschluß an glatte Laibungen
3 Anschluß an Fachwerk-Pfosten

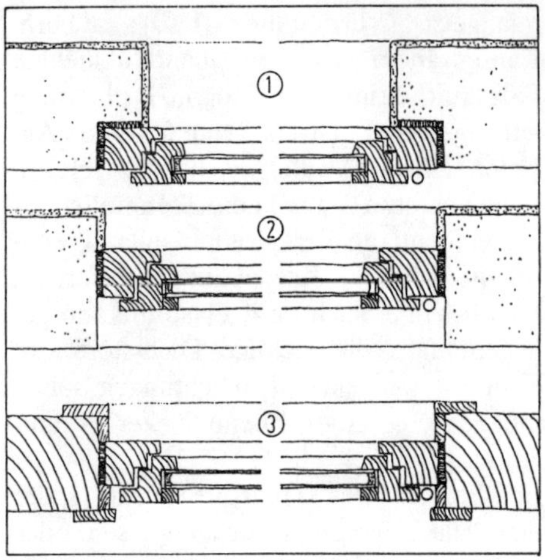

Abb. 167
Richtiges Abdichten zwischen Laibung, Außenputz und Blendrahmen

1 Vorgefundener Zustand:
Zugluft und Feuchtigkeit treten zwischen Rahmen und Laibung ein.
2 und 3 Falsche Abdichtung:
Durch unterschiedliche Dehnung und Schrumpfung von Holz und Putz kommt es zu Rißbildung.
4 Richtige Abdichtung zwischen Rahmen und Laibung
Innen: gegen das Fenster putzen, Deckleiste anbringen
Außen: Dämmung ergänzen, versiegeln, anputzen

nach: Arendt, C.; e.a.: Fenstersanierung. Hrsg. Arbeitskreis Bautechnik der Vereinigung der Landesdenkmalpfleger, München 1984

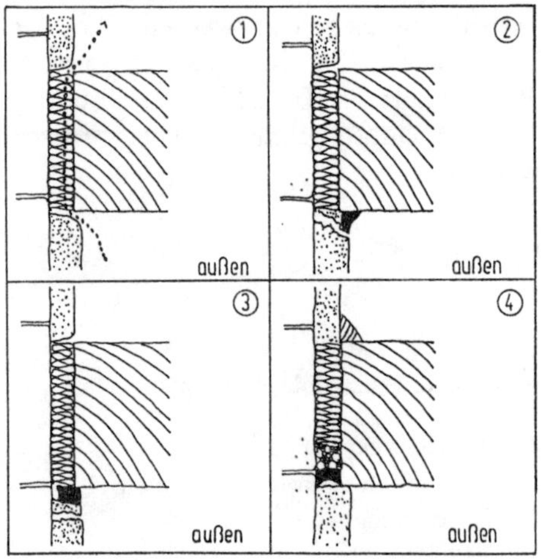

Abb. 168
Abdichten mit dauerelastischem Verfugungsmaterial

1 Abkleben der Fuge
2 Dichtungsmaterial
3 Außenwand
4 Blendrahmen

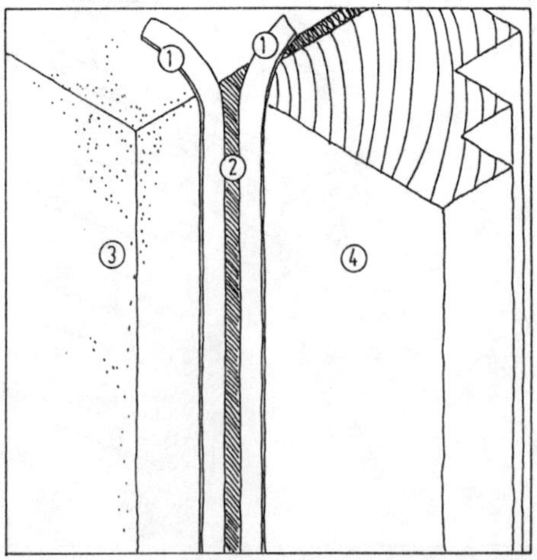

Dichtung zwischen Blendrahmen und Bauwerk

Während Fugen zwischen Blendrahmen und Bauwerk bei Mauerwerksbauten mit Fensteranschlag kaum Probleme aufwerfen, erfordern sie bei allen Wänden mit glatten Fensterlaibungen, vor allem beim Fachwerkhaus, besondere Aufmerksamkeit. Undichtigkeiten lassen sich auch hier mittels Kerzenprobe leicht feststellen; dabei darf der Bereich unter dem Fenstersims nicht vergessen werden.

Bei verputzten Fensterlaibungen wird zur Abdichtung zunächst der Putz auf der Raumseite entlang des Blendrahmens aufgeschnitten oder aufgeschlagen, um die Fuge völlig freizulegen und die Anschlüsse zu säubern. Holzleisten oder Holzverkleidungen, die an den Blendrahmen anschließen, müssen vorher entfernt werden. Da Fensterholz bei Temperatur- und Feuchtigkeitsschwankungen anders "arbeitet" als die angrenzende Wand, ist zum Abdichten eine dauerelastische Verbindung nötig.

Als einfaches und schnelles Verfahren hat sich in den letzten Jahren das Ausschäumen mit PU-Ortschaum bzw. bei kleineren Fugen das Ausspritzen mit Polysulfid- und Silikon-Dichtmassen durchgesetzt. PU-Ortschaum sollte unter Umweltgesichtspunkten möglichst gemieden werden.
Für die Haltbarkeit der Kunststoff-Dichtungsmassen ist es wichtig, daß der Dichtstoff nicht am "Grund" der Fuge haftet und daß Fugenbreite und Fugentiefe in einem bestimmten Verhältnis zueinander stehen. Deshalb und auch zur Begrenzung des Dichtstoffverbrauchs wird als Fugengrund ein spezielles Schaumstoffband (aus geschlossenzelligem Polyäthylenschaum) eingebaut. Größere Hohlräume sind vorher mit Rohseide oder Steinwolle auszustopfen. Vor dem Einspritzen der Dich-

tungsmasse werden die angrenzenden gereinigten Flächen mit Klebeband geschützt und, falls erforderlich, mit einem sogenannten Primer grundiert. Nach Erhärten des Dichtstoffes wird der Rand des Klebebandes mit einem Trennschnitt gelöst, das Klebeband entfernt und die Putzfläche oder Bekleidung der Laibung wieder ergänzt.

Früher wurde eine gewisse Dichtigkeit erreicht, indem zwischen Fenster und Bauwerk ein Bitumenwickel, ein Teerstrick oder ein Rohseidenstrick eingebaut wurde. Mauerwerksöffnungen wurden mit Anschlag hergestellt, Fenster in Fachwerkwänden erhielten innen und außen ein Fensterfutter mit Bekleidung (vgl. Abb. 166). Diese Methoden genügen jedoch nicht mehr den heutigen Ansprüchen an Dichtigkeit und schnelle Verarbeitung.

12.3.2 Doppelverglasung herstellen

Einfachfenster in beheizten Räumen entsprechen nicht mehr dem Stand der Technik und sollten zu Doppelfenstern umgerüstet oder durch neue Doppelfenster ersetzt werden. Zur Erhaltung und wärmetechnischen Verbesserung noch intakter Fenster bieten sich mehrere Möglichkeiten:

- Anbringen eines Vorsatzfensters auf der Innen- oder Außenseite,
- Austausch der einfachen Glasscheiben gegen eine Isolierglasscheibe,
- Einbau eines neuen Fensters mit Wechselrahmen auf dem alten Blendrahmen.

Die verschiedenen Doppelfensterkonstruktionen unterscheiden sich in ihrer Dämmwirkung kaum und entsprechen etwa dem Standard eines neuen Fensters mit Isolierverglasung.

Vorsatzfenster einbauen

In windreichen Gegenden des norddeutschen Flachlandes und in kalten Gebirgslagen sind Vorsatzfenster oder "Vorfenster" seit alters her Tradition. Solche Vorfenster waren innen oder außen so angebracht, daß sie im Sommer ausgehängt werden konnten. Sie lassen sich mit verhältnismäßig geringem Aufwand herstellen und in den meisten Fällen auch leicht nachträglich einbauen. Wer über etwas handwerkliches Geschick und eine

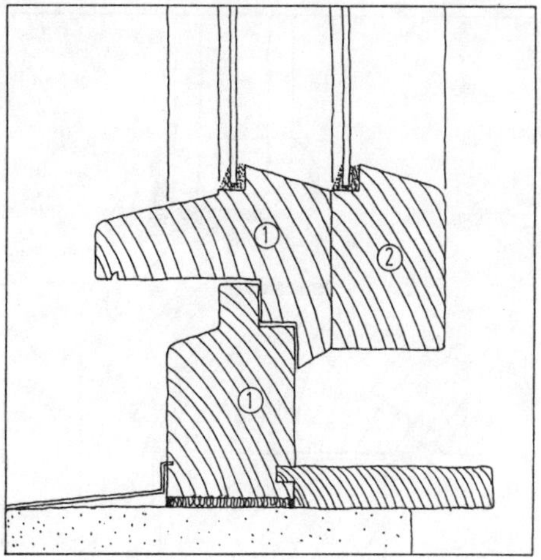

Abb. 169 oben
Aufdoppeln eines Einfachfensters zum Verbundfenster

1 altes Fenster (sollte noch gut erhalten und stabil genug sein, um noch einen Flügel zu tragen)
2 neues inneres Vorfenster (an das alte Fenster angehängt)

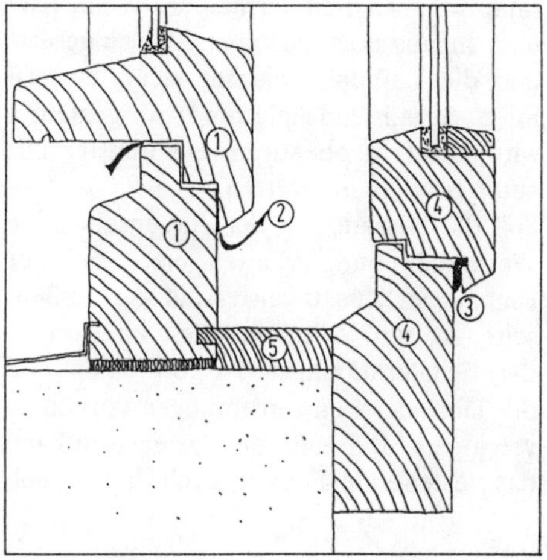

Abb. 170 Mitte
Einbau eines inneren Vorfensters

1 altes Fenster
2 Belüftung
3 Dichtung
4 neues inneres Vorfenster
5 abgesägter Fenstersims

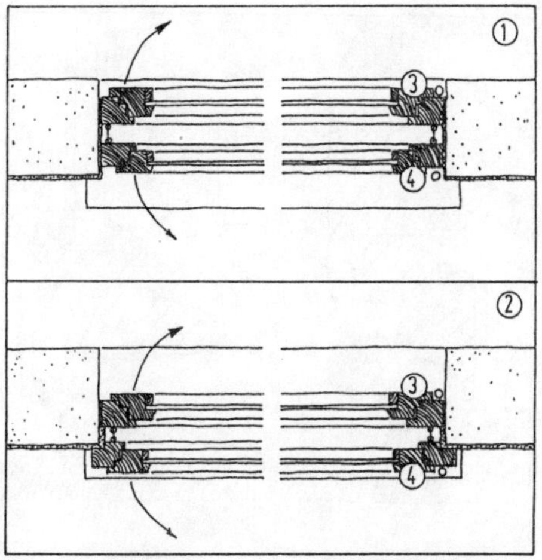

Abb. 171 unten
Zwei Mal ein äußeres Vorfenster

1 Bei ausreichender Laibungstiefe wird das Vorfenster in die Laibung eingestellt und mit Haken am Hauptfenster befestigt.
2 Wenn die Fensterlaibung nicht tief genug ist, wird das Fenster vor die Laibung gehängt. Bei dieser Version wird das Vorfenster jedoch stärker der Witterung ausgesetzt.
3 vorhandenes Fenster
4 neues äußeres Vorfenster

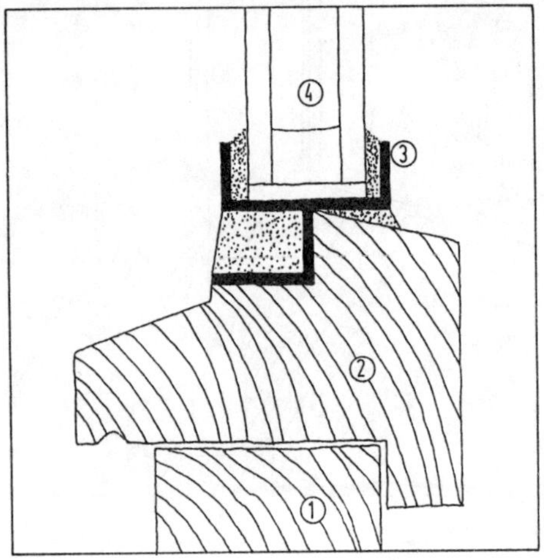

Abb. 172
Umgestaltung eines einfachverglasten Fensters zu einem mit Isolierverglasung

1 alter Blendrahmen
2 alter Flügelrahmen
3 Metallprofil
4 neue Isolierverglasung

Holzwerkstatt verfügt, kann sie - mit einfachen Aufschraubbeschlägen versehen - kostengünstig selber bauen.
Wenn die vorhandenen Fenster nach innen aufschlagen, wird das neue Zusatzfenster am besten auf der Raumseite vor der Wand oder in einem neuen Maueranschlag angebracht. Ein Zusatzfenster auf der Innenseite hat gegenüber einem äußeren den Vorteil, daß alte, häufig kleinteilig gegliederte Fenster in der Fassade erhalten bleiben. Das Vorfenster kann aus grösseren Scheiben bestehen und sollte mit einer guten Falzdichtung ausgestattet sein, um Kondenswasserbildung im Zwischenraum möglichst zu vermeiden. Wenn darüber hinaus noch dickeres Glas eingesetzt und die Laibung zwischen den Fenstern mit Schallschluckplatten ausgekleidet wird, entsteht obendrein ein Fenster mit guten Schalldämmwerten.
Soll die Fassade auf der Außenseite eine Wärmedämmung erhalten, bietet sich der Einbau der Zusatzfenster auf der Außenseite an, um Wärmebrücken im Bereich der Fensterlaibungen zu vermeiden und die Tiefe der Fensteröffnungen optisch zu verringern. Bei äußeren Vorfenstern kann das bestehende Fenster auch dann erhalten werden, wenn das Holz schon stark verwittert und stellenweise faul ist. Hier führt unter Umständen die bereits erwähnte, chemische Holzverfestigung oder ein Holzersatz durch Zweikomponenten-Holzfüllmasse zu brauchbaren Ergebnissen. Zur Vermeidung von Schwitzwasser müssen die Fugen des inneren Fensters gut abgedichtet werden.

Natürlich können die Vorsatzfenster auch mit Isolier- oder gar Wärmeschutzverglasung hergestellt werden. Zum Selbermachen sind solche Fenster dann allerdings nicht mehr geeignet. Außerdem gilt es zu bedenken, daß jede zusätzliche Glasscheibe gut 10% Lichtverlust im Raum bringt, bei einer Isolierverglasung einschließlich Rahmen gehen damit weit über 20% verloren.
Eine recht einfache, jedoch gestalterisch und technisch oft wenig befriedigende Lösung besteht darin, auf der Innenseite des Fensterflügels eine zweite Scheibe mit einem schmalen Randprofil oder einem dünnen Flügelrahmen (nach der Art eines Verbundfensters) anzubringen. Der Handel bietet für diesen Zweck auch verschiedene Profile aus Kunststoff oder Metall an.
Wer sich für eine derartige Einfachlösung entscheidet, sollte

- prüfen, ob der vorhandene Fensterflügel stabil genug ist für das zusätzliche Gewicht;
- darauf achten, daß die Fuge zwischen Flügelrahmen und Vorsatzscheibe dampfdicht ist;
- bedenken, daß der Scheibenzwischenraum für Reinigungszwecke zugänglich bleiben muß;
- auf ein gutes Aussehen achten.

Vorsatzscheiben aus Plexiglas haben zwar ein geringes Gewicht, sie sind jedoch kratzempfindlich und daher auf Dauer schwer sauberzuhalten.

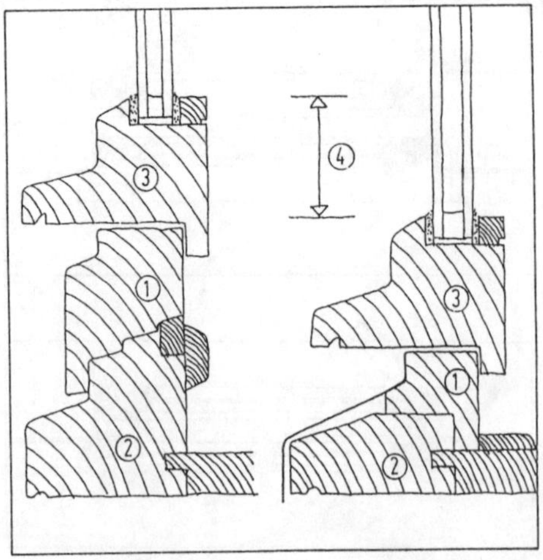

Abb. 173
Der Einbau neuer Fenster in den alten Blendrahmen

1 neuer Blendrahmen
2 alter Blendrahmen
3 neuer Flügelrahmen
4 Um die ursprüngliche Fenstergröße beizubehalten, wird der alte Blendrahmen abgenommen

nach: Arendt, C. e.a.: Fenstersanierung. Hrsg. Arbeitskreis Bautechnik der Vereinigung der Landesdenkmalpfleger, München 1984

Verglasung austauschen

Bei gut erhaltenen, stabilen Fenstern ist es möglich, die Einfachverglasung gegen eine Isolierverglasung oder Wärmeschutzverglasung auszutauschen. Neben der üblichen verklebten Isolierverglasung kann auch der Einsatz von randverschweißten Scheiben sinnvoll sein. Hierfür bietet der Markt spezielle Metallprofile, die mit dem Flügelrahmen verschraubt werden. Sie bilden die Auflagefläche und verbessern gleichzeitig die Tragfähigkeit des Flügels. Obwohl sich die Sache einfach anhört, sollte die Maßnahme allenfalls unter fachlicher Anleitung selbst ausgeführt werden, zumal die Isolierglasscheiben maßgefertigt werden müssen.

Neues Fenster mit Wechselrahmen

Wenn der Blendrahmen stabil und noch weitgehend intakt ist und die Fensterlaibung nicht beschädigt werden soll, kann ein neues Fenster mit Blendrahmen (siehe unten) auf den vorhandenen Blendrahmen montiert werden. Dazu wird der alte Blendrahmen abgenommen (d.h. verschmälert). Das Abarbeiten des Altrahmens mit Stichsäge, Hobel und Stecheisen und das Einsetzen des neuen Fensters kann in Eigenleistung erfolgen. Damit der doppelte Rahmen nicht zu breit und unproportioniert wirkt, sollte vom alten Blendrahmen so viel wie möglich abgenommen werden. Beim Einbau ist auf dichte Fugen und gute Wasserableitung zu achten.

12.4 Neue Fenster

Bei vollständiger Erneuerung der Fenster fallen nicht nur die Kosten des Fensters selbst an. Beim Herausbrechen der alten Fensterrahmen wird meist auch der Putz bzw. die Verkleidung der Laibung beschädigt. Wenn der äußere Fenstersims entfernt wird, kommen noch Ausbesserungen am Außenputz hinzu. Daher ist es sinnvoll, den Einbau neuer Fenster mit fälligen Arbeiten an der Fassade oder einer Wärmedämmung der Außenwand zu verbinden.

Gestaltungsgrundsätze

Neue Fenster müssen zum alten Haus passen. Häufig wird das "Gesicht" alter Häuser durch unsensible Fensterformen verunstaltet. Wesentlich für die optische Wirkung eines Fensters ist seine Maßstäblichkeit. Bei gut proportionierten Fenstern "stimmen" die Maßverhältnisse zwischen Fenster- und Fassadenflächen, Fensterformaten und Rahmenbreiten. Stehende Fensterformate, senkrechte und/oder waagerechte Fensterteilungen und schmale Rahmenbreiten werden allgemein als angenehm empfunden. Große, liegende, ungegliederte Fenster mit breiten Rahmen wirken klobig und zerstören die Fassade.
Das soll nun nicht heißen, daß nur Bleiverglasungen, Butzenscheiben und Sprossenfenster schön sind. Bei der heute üblichen Isolierverglasung sind "echte" Sprossen aus technischen Gründen etwa doppelt so breit wie beim alten einfach verglasten Fenster, so daß die Aufteilung der Glasfläche in viele kleine Isolierglasscheiben zu einem hohen Rahmenanteil führt und darüber hinaus wegen der Glaskosten fast unerschwinglich wird. Andererseits wirken Ersatz- und Scheinkonstruktionen, z.B. "Schwindelsprossen" vor der durchgehenden Scheibe, "Sprossen in Aspik" im Schei-

Der Wert alter Fenster wird nicht selten unterschätzt.

Neue Fenster, zum Altbau passend
Festverglasung mit Lüftungsflügeln

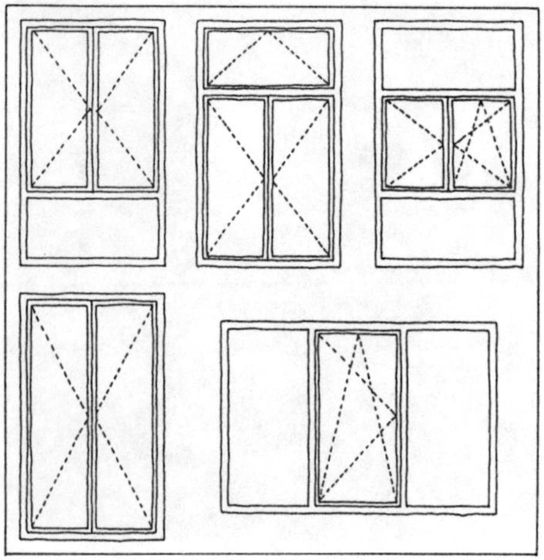

Abb. 174
Altbaugerechte Fensterteilungen (mit Festverglasungen und öffenbaren Flügeln)

benzwischenraum gestalterisch und technisch unbefriedigend.

Sinnvolle Möglichkeiten zur Gliederung neuer Fenster können darin bestehen,

- die Fensteröffnung in zwei oder mehrere Flügel zu teilen, wobei auch einzelne Flächen feststehend sein können;
- ein Verbundfenster zu wählen mit (echten) Sprossen in der äußeren Scheibe und mit einer durchgehenden inneren Scheibe.

Beschläge

Neue Fenster mit Isolierverglasung werden heute hauptsächlich als kombinierte Dreh-Kipp-Flügel mit verdeckten Einhandbeschlägen ausgeführt. Allenfalls bei einfach verglasten Fenstern kommen auch heute noch die preiswerteren, aufgeschraubten (sichtbaren) Beschläge in Frage. Bei mehrteiligen Fenstern besteht eine Möglichkeit zur Kosteneinsparung darin, Teile als feststehende Verglasung vorzusehen oder bei zweiflügeligen Fenstern (bzw. bei Fenstern mit Oberlicht) einen Flügel als Dreh- und den anderen als Kippflügel auszubilden.
Um in Schlafräumen während der Heizperiode das Bedürfnis nach kontrollierter Dauerlüftung bei niedrigem Energieverbrauch zu befriedigen, sind Beschläge praktisch, bei denen sich das Fenster in Stufen kippen läßt. Daneben werden von Beschläge-Herstellern sogenannte "Fensterlüfter" (wärmegedämmte Schieber mit verstellbarer Lüftungsöffnung) angeboten, die eine einigermaßen gezielte Einstellung der gewünschten Luftwechselrate ermöglichen. Diese Fensterlüfter gibt es inzwischen auch mit Wärmerückgewinnung nach dem Gegenstromprinzip; sie werden zusammen mit neuen Fenstern oder nachträglich am Rolladenkasten eingebaut.

Rahmenmaterial

Für den Fensterbau werden sowohl einheimische und exotische Hölzer als auch Metall und Kunststoff verwendet. Daß bei einer umweltbewußten Altbausanierung einheimische Hölzer bevorzugt werden sollten, braucht wohl nicht besonders betont zu werden. Wenig bekannt ist dagegen die Tatsache, daß Kunststoff- und Alufenster gegenüber dem "gütegesicherten" Holzfenster u.a. folgende Nachteile haben:

- Eine stärkere Längendehnung durch Erwärmung bedingt ein höheres Bauschadensrisiko.
- Bei Kunststoffenstern liegen kaum praktische Langzeiterfahrungen vor. In der Vergangenheit gab es Probleme wegen schneller Verschmutzung aufgrund von elektrostatischen Aufladungen und wegen mangelhafter Beständigkeit gegenüber der UV-Strahlung der Sonne.

Exotische Hölzer, z.B. Meranti oder Sipo, werden im Fensterbau wegen ihrer leichten Verarbeitbarkeit zwar bevorzugt, doch stehen Fenster aus einheimischen Nadelhölzern in ihrer Haltbarkeit den "Exoten" kaum nach. Da sprechen ökologische Gesichtspunkte wie hoher Transportaufwand und verantwortungslose Vernichtung des Urwaldes klar gegen die Verwendung exotischer Hölzer.
Für den Fensterbau geeignet sind möglichst feinjährige Hölzer von Kiefer (Föhre, Forche) und Fichte bzw. Tanne, wobei es keine einheitliche Meinung darüber gibt, welches dieser Hölzer für den Fensterbau besser geeignet ist.

Der Kern des Kiefernholzes zeigt eine rötliche Farbe, der Splint (äußere Holzschichten) erscheint dagegen viel heller, fast weißlich. Kiefernholz wird gegen einen Befall durch Bläuepilze im allgemeinen mit einem Pilzgift (Fungizid) behandelt, weil bläueverfärbte Flächen als Anstrichuntergrund problematisch sind. Abgesehen davon ist Kiefernholz ein hervorragender Farbträger und auch gut wetterbeständig. Wegen möglicher Harzaustritte sollte es mit einem möglichst hellen, dekkenden Anstrich versehen werden (daher "weiße" Fenster). Für dunkle und für lasierende Anstriche ist es weniger geeignet.

Fichten- und Tannenholz ist einheitlich weiß bis rötlich-gelb. Der Kern tritt farblich nicht in Erscheinung. Wegen des geringeren Harzgehaltes kann es auch dunkel gestrichen oder lasiert werden, ist dann aber etwas witterungsempfindlicher als Kiefernholz. Das Holz wird kaum von Bläuepilzen befallen, hat jedoch mehr "Schönheitsfehler", es ist astiger, neigt zur Rißbildung und enthält Harzgallen. Besonders hochwertig ist langsam gewachsenes Holz mit dichten Jahresringen aus höheren Gebirgslagen.

Verglasung

Verglasungen zwischen beheizbaren und unbeheizten Räumen bzw. zwischen Innen- und Außenraum werden heute nur noch aus mindestens zwei Scheiben hergestellt. Neben den alten Doppelfensterkonstruktionen wie Verbund-, Kasten- und Vorsatzfenster hat sich die 2-Scheiben-Isolierverglasung allgemein durchgesetzt. Isolierverglasungen bestehen aus zwei oder mehr Scheiben, die am Rand luftdicht miteinander verbunden und im Innern mit getrockneter Luft oder einem schlecht wärmeleitenden Gas gefüllt sind. Die Scheiben werden auf Bestellung nach Maß gefertigt und können später nicht mehr geschnitten werden. Die eigentliche Schwachstelle ist die Randverklebung aus einem Metallsteg und Polysulfid-Dichtmasse, die die mechanischen und thermischen Spannungen zwischen den Scheiben aufnehmen muß. Da Polysulfid unter Feuchtigkeitseinwirkung aufquillt, kann stehendes Wasser an der Verklebung z.B. durch unsachgemäß eingesetzte Scheiben frühzeitig zum "Blindwerden" führen.

Die Wärmeschutzverglasung ist eine 2-Scheiben-Isolierverglasung, bei der zur Verbesserung des k-Wertes eine Scheibe auf der Innenseite mit einer hauchdünnen, unsichtbaren Metallschicht bedampft wurde. Mit $k = 1{,}3 - 1{,}6\ W/m^2K$ wird die Wärmedämmwirkung der sehr viel schwereren Dreifach-Verglasung deutlich übertroffen, die aus diesem Grund zunehmend an Bedeutung verliert.

An bruchgefährdeten und absturzgefährdeten Stellen muß Einscheiben-Sicherheitsglas oder Verbundsicherheitsglas eingebaut werden. Bei Überkopfverglasungen (z.B. von Wohngewächshäusern) muß Verbundsicherheitsglas verwendet werden, um Verletzungen durch herabfallende Splitter auszuschließen. Für schalldämmende Verglasungen werden zwei oder mehr Scheiben unterschiedlicher Dicke kombiniert. Die verschiedenen Glassorten können miteinander zu Isolierverglasungen kombiniert werden, z.B. für den Dachbereich Einscheiben-Sicherheitsglas auf der Außen- und Verbundsicherheitsglas auf der Innenseite.

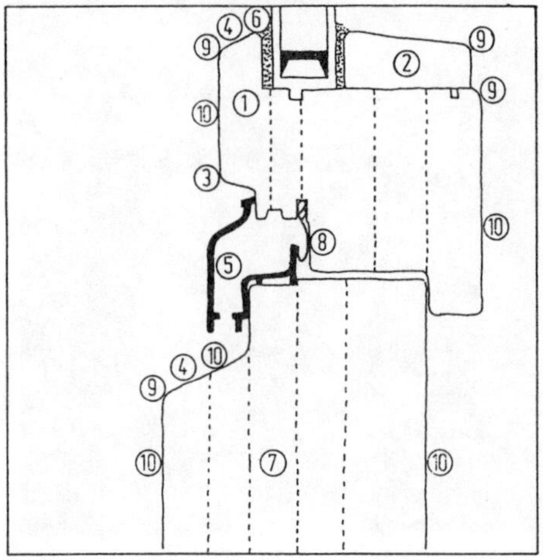

Abb. 175
Das gütegesicherte Holzfenster

1 Glasfalz im Kernholz
2 Glasleiste innen
3 keine Wassernasen
4 äußere Profile abgeschrägt
5 funktionsgerechte Regenschiene
6 Versiegelung der Glasfälze
7 Rahmenverbindung mit Doppelzapfen
8 zusätzliche Dichtung
9 Kanten abgerundet
10 geschlossene Lackoberfläche

nach: Menk, H.: Hölzer für den Fensterbau. in Deutsche Bauzeitung 7/86

Fensterläden können eine lange Lebensdauer erreichen ...

Neue Fenstertür mit Klappläden: auch in Isolierglasausführung zweiflügelig und mit schmalen Profilen möglich.

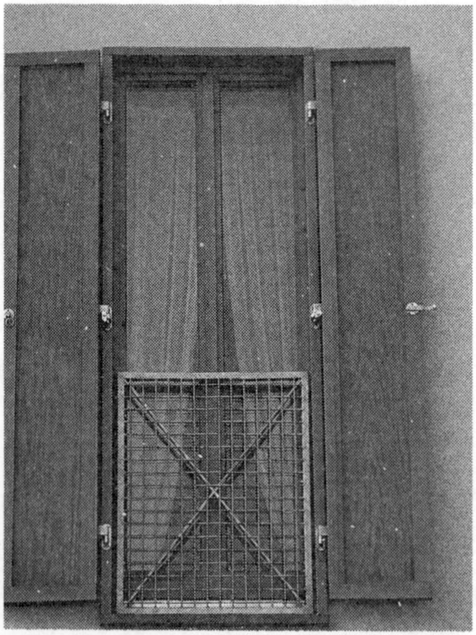

12.5 Fensterläden und Fensterbank

Klapp- und Rolläden

Neben dem Zweck der Verdunkelung erfüllen Klappläden auch die Funktion des Witterungs-, Sicht- und Einbruchschutzes und sind darüber hinaus ein wichtiges Gestaltungsmittel zur Gliederung der Fassade an historischen Gebäuden. Aus diesem Grund sollten Klappläden überall dort, wo sie noch vorhanden sind oder es einmal waren, erhalten oder wiederhergestellt werden - selbst dann, wenn Rolläden praktischer wären oder bereits in Form von Minirolläden eingebaut wurden!

Klappläden lassen sich wärmedämmend ausbilden. Sie müssen dann allerdings winddicht sein, das heißt, sie müssen paßgenau gefertigt sein (z.B. aus Brettern oder aus wetterfestem Sperrholz) und im geschlossenen Zustand dicht an Fensterlaibung und Sims anliegen.

Nachträglich angebrachte Mini-Rolladenkästen aus Metall verunstalten die Fassade, denn sie verdecken den oberen Teil des Fensterrahmens, stehen oft aus der Fassadenfläche heraus und passen hinsichtlich Material und Farbgebung im allgemeinen nicht zum Stil alter Häuser.

Andererseits sind Rolläden bequem zu bedienen, weshalb sie am Altbau trotz ihrer häufig unbefriedigenden Ästhetik immer wieder verwendet wurden und werden. Sie bieten darüber hinaus im geschlossenen Zustand einen gewissen zusätzlichen Wärmeschutz, sofern der Raum zwischen Rolladenfläche und Fenster einigermaßen winddicht ist.

Da Fensterläden auch nicht zu jedem Haustyp passen, kann der nachträgliche Einbau von Rolläden also durchaus sinnvoll und gestalterisch vertretbar sein. So läßt sich z.B. bei der Erneuerung überhoher Fenster der Rolladenkasten oberhalb des neuen Fensters recht unauffällig unterbringen. Ansonsten bieten die Erneuerung des Fassadenputzes oder eine neue Verkleidung der Außenwand eine gute Gelegenheit, den alten Fenstersturz auszubrechen und höherzulegen, um Platz für den Rolladenkasten zu schaffen. Um den Durchmesser des aufgerollten Rolladen-Ballens möglichst gering zu halten, empfiehlt sich die Verwendung schmaler Holzprofile und einer dünnen Welle. Noch geringere Ballendurchmesser sind nur mit einwandigen Aluprofilen zu erreichen, die jedoch kaum zusätzliche Wärmedämmung bringen und von der Materialwahl her keine besonders umweltverträgliche Variante darstellen.

Rolladenkästen wirken in Altbauten oft wie ein Kälteloch; hier lohnt sich eine zusätzliche Dämmung und Abdichtung der Fugen, z.B. durch Einkleben von Korkplatten in den Kasten sowie durch eine Falzdichtung des Deckels.

Abb. 176
Der Einbau eines neuen Fensters mit Vorsatzrolladen

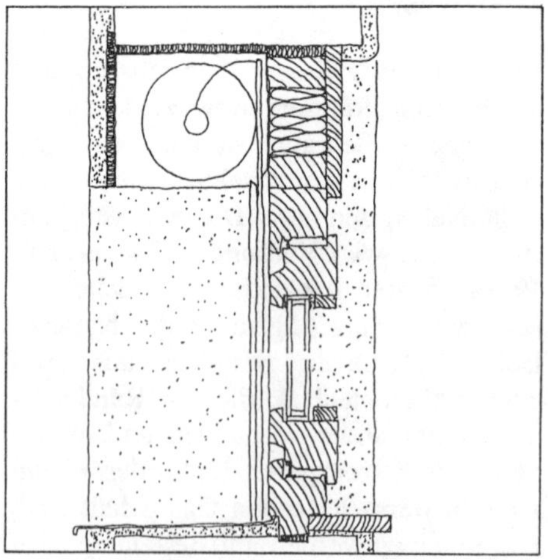

Fensterbank

Für die äußeren Fenstersimse finden hauptsächlich die Materialien Holz, Blech, Naturstein, Betonwerkstein (Terrazzo) oder Vollziegel Verwendung. Schäden an der Oberfläche und undichte Anschlußfugen zu Fenster und Laibung geben Anlaß zu Reparaturmaßnahmen. Bei Simsen ohne seitliche Randaufkantungen können kleinere Fugen mit einer dauerelastischen Masse abgedichtet werden. Verwitterte Teile von Steinfensterbänken sollten abgeschlagen und ggf. mit passend eingefärbter Spezial-Spachtelmasse ausgebessert werden. Bei gemauerten Fensterbänken werden lockere Mörtelfugen ausgekratzt und mit Traßkalkmörtel neu verfugt. Intakte oder ausgebesserte Steinflächen können wie Fassaden aus Sichtmauerwerk durch Hydrophobieren (Kap. 7.1) geschützt werden.

Stark verwitterte Fenstersimse müssen vollständig erneuert werden. Ein Austausch kann auch bei durchgehenden Steinfensterbänken erforderlich sein, wenn es am Fenstersims innen Kondenswasserprobleme mit Stock- und Schimmelflecken gibt. Auch wenn die Fassade mit einer Wärmedämmung versehen wird, ist in der Regel eine neue Fensterbank nötig. Dünne Fenstersimse aus Holz oder Naturstein können z.B. mit Zink- oder Kupferblech verkleidet und dadurch bei Bedarf verbreitert werden (dicke, mit Blech verkleidete Stein-Fensterbänke sehen allerdings unschön aus). Bei der Verwendung von Blechen ist das Korrosionsproblem (siehe Blechverwahrung bei Dächern) zu beachten. Neue Holzsimse sollten nur aus wetterbeständigem Holz, z.B. aus dem Kernholz von Eiche oder Kiefer gefertigt werden.

12.6 Fenster- und Türöffnungen

Die Herstellung neuer und das nachträgliche Vergrößern vorhandener Türöffnungen ist ein wesentlicher Eingriff, der unter gestalterischen, bautechnischen, baurechtlichen und finanziellen Gesichtspunkten gut durchdacht werden sollte. Deshalb wird es in vielen Fällen sinnvoll sein, ein solches Vorhaben mit einem Architekten zu besprechen, denn ein ungünstig proportioniertes oder in der Fassade schlecht plaziertes Fenster kann das Erscheinungsbild eines alten Hauses erheblich beeinträchtigen. Außerdem bedarf die Herstellung und Änderung von Fensteröffnungen in Außenwänden grundsätzlich einer Baugenehmigung.

Neue Fenster oder eine Türöffnung, die auf oder dicht an der Grundstücksgrenze liegen, werden nur in Ausnahmefällen und unter bestimmten Auflagen gestattet. Technisch einfach ist die Vergrößerung einer Fensteröffnung zu einer Türöffnung in einer gemauerten (massiven) Wand sowie die Herstellung von Öffnungen in Fachwerkwänden. Ansonsten wird der Einbau eines tragenden Tür- oder Fenstersturzes erforderlich. Wie eine Öffnung in einer tragenden Wand hergestellt wird, ist in Kapitel (Kap. 11.1) näher beschrieben.

Wo früher das Scheunentor war, ist jetzt die Verglasung der großzügigen Eingangshalle.

Ein Garagentor, schön, zeitgemäß und zum alten Haus passend. Daß die Wandöffnung verändert wurde, darf für jeden erkennbar bleiben.

13. Badeinbau und Baderneuerung

Je nachdem, ob ein neues Bad eingebaut oder ein vorhandenes saniert wird, sind eine ganze Reihe von Gewerken betroffen: Maurer-, Zimmerer-, Fensterbau- und Verglasungsarbeiten, Sanitär-, Elektro- und Heizungsinstallationen, Abdichtungs-, Estrich-, Putz- und Fliesenarbeiten usw.. Die meisten anfallenden Arbeiten wurden schon an anderer Stelle behandelt, nachfolgend sollen nur einige Besonderheiten beim Bad beschrieben werden.
Die Neuherstellung eines Badezimmers erfordert eine gründliche und fundierte Planung, insbesondere hinsichtlich Lage und Größe (sofern wählbar), Ausstattung, Installationstechnik und Feuchtigkeitsabdichtung.
Für den Selbstbau geeignet sind vor allem die Rohbauarbeiten und die Herstellung der Oberflächen von Wänden, Boden und Decke. Installations- und Abdichtungsarbeiten an Wand- und Bodenflächen erfordern qualifizierte handwerkliche Fähigkeiten. Im Zweifelsfalle ist es sinnvoller, diese Arbeiten Fachleuten zu überlassen, da hier eine unsachgemäße Ausführung hohe Folgekosten verursachen kann.

Bei der Festlegung des Standortes für ein neues Badezimmer sind vor allem folgende Fragen von Bedeutung:

- Wo steht innerhalb der Wohnung ein geeigneter Platz zur Verfügung? Kann z.B. das Ende eines zu langen Flures oder der Teil eines zu großen Zimmers genutzt werden?
- Läßt sich in einem nicht genutzten Gebäudeteil ein Platz finden, z.B. im Dach- oder Scheunenraum?
- Kann ein Eingriff in tragende Wände vermieden werden?
- Läßt sich das Bad in die Nähe von Schlafräumen legen?
- Befindet sich der Standort in der Nähe der vorhandenen Installationen, vor allem in der Nähe einer Abwasserleitung?
- Wie wird der Raum belüftet?
- Wie groß soll das Bad sein, welche Ausstattung ("Sanitärobjekte") soll darin untergebracht werden?
- Ist eine Baugenehmigung erforderlich?

Wenn es irgend möglich ist, sollte das Bad an einer Außenwand liegen, damit es über ein Fenster belichtet und belüftet werden kann. Ein innenliegendes Bad ist wenig attraktiv und benötigt eine Lüftungsanlage. Das gleiche gilt für innenliegende Toilettenräume und Kleinküchen.

13.1 Größe und Ausstattung

Die Ausstattung eines Bades ist abhängig vom zur Verfügung stehenden Platz und von den individuellen Komfortansprüchen. Der Wasser- und Energieverbrauch ist beim Duschen nur etwa halb so groß wie beim Baden. Daher sollte auf jeden Fall eine Duschmöglichkeit vorgesehen werden; um Kosten und Platz zu sparen kann die Duschvorrichtung auch in die Badewanne integriert werden. Vorhänge und handelsübliche Duschtrennwände bieten zwar einen recht guten Spritzschutz, gestalterisch oft besser sind jedoch baulich hergestellte Trennwände mit Fliesenbelag in Verbindung mit einem gut abgedichteten Vorbereich.
Bade- und Duschwannen bestehen im allgemeinen aus emailliertem Stahlblech. Sonderformen werden aus Acryl und anderen Kunststoffen gefertigt. Ein mit Fliesen hergestellter Duschboden (ohne Wanne) sieht zwar einfach und schön aus, erfordert aber eine aufwendige Wand- und Bodenabdichtung und ist auf Dauer meist schadensanfällig.
Bei den Armaturen kommt es auf eine zuverlässige Technik und gute Bedienbarkeit an. Formenvielfalt und Preisspannen bei Wasserarmaturen sind erheblich. Ein-

hebel-Armaturen erlauben eine schnelle Regelung und helfen dadurch Wasser sparen, wobei Ventile mit keramischen Dichtungen länger halten und zuverlässiger arbeiten als solche mit Gummidichtungen. Neue Armaturen sind heute grundsätzlich mit einem Perlator (Luftsprudler) ausgerüstet. In Verbindung mit einem Durchflußbegrenzer lassen sich dadurch erhebliche Mengen an Trinkwasser ohne Komforteinbuße einsparen. Durchflußbegrenzer (Kosten im Installationshandel ca. 10 DM) können auch nachträglich auf jede Armatur aufgeschraubt werden.

Für den Wasserzulauf bei Waschbecken gibt es sowohl Beckenarmaturen (mit Einloch - Befestigung am Waschbecken) als auch Wandarmaturen. Beckenarmaturen sind preisgünstiger, weil sich die Leitungen unterhalb des Waschbeckens leicht montieren lassen. Wandarmaturen erleichtern dagegen die Reinigung des Waschbeckens und sehen oft formal besser aus.

Wassertoiletten gibt es in stehender und wandhängender Ausführung: Das Standklosett ist preiswerter, der Abwasseranschluß kann nach unten oder nach hinten erfolgen, der Spülkasten wird in der Regel sichtbar angebracht. Hängetoiletten erleichtern die Reinigung des Raumes und sehen eleganter aus. Zur Befestigung von Traggestell und Spülkasten sind vorgefertigte Montagewände im Handel. Anstelle der alten Toilettenbecken, die 9 l Spülwasser brauchen, sollten bevorzugt die neuen 6 l-Becken eingebaut werden, die sich äusserlich nicht von den alten Becken unterscheiden. Inzwischen gibt es besonders wassersparende Toiletten auf dem Markt, deren Becken so geformt ist, daß zur einwandfreien Funktion (Fortschwemmen der Fäkalien) nur noch ein Spülwasservolumen von 4 l benötigt wird. Dann sollte sich natürlich auch die Wassermenge im Spülkasten entsprechend dosieren lassen.

Weiße und einfache, aber funktionsgerechte Sanitärobjekte in Verbindung mit gut gestalteten Details sind nicht nur preiswerter, sondern auf Dauer auch angenehmer anzuschauen als extravagante Lösungen in Modefarben.

13.2 Wandoberflächen

Wandfliesen sollten nur dort verwendet werden, wo Spritzwasser auftritt, also in der unmittelbaren Umgebung von Dusche, Badewanne, Waschtisch und WC. Ansonsten sind sorbtionsfähige Materialien wie z.B. Kalkputz, Kalkgipsputz und Holz für das Raumklima und die Raumwirkung günstiger.

Wandfliesen werden am besten auf einen Putz aus hochhydraulischem Kalk oder auf planebene Gasbetonplatten geklebt. Auf rohem Mauerwerk müssen sie im Mörtelbett verlegt werden. Bauplatten - auch imprägnierte - sind nicht feuchtigkeitsbeständig und daher als Untergrund ungeeignet.

Eine Holzverschalung im Bad ist unproblematisch, wenn das Bad gut belüftet wird und das Holz nicht auf kalten (ungedämm-

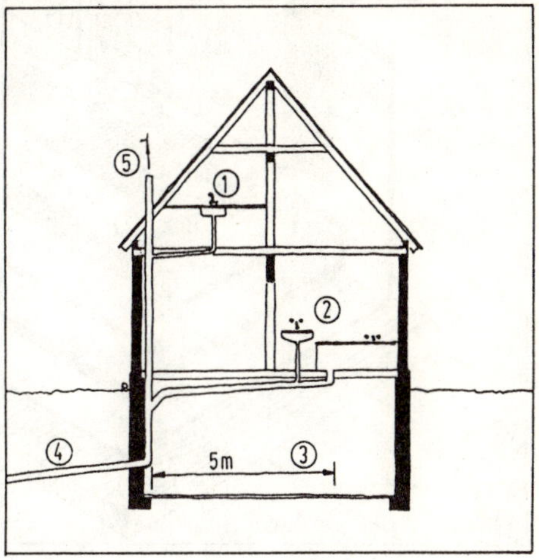

Abb. 177
Badeinbau: Anschluß an vorhandene Abwasserleitungen

1 Zapfstelle
2 Bad
3 Abwasser-Anschlüsse mit querlaufenden Anschlußleitungen, 50 - 100 mm Ø, Gefälle 2 - 5%. Beachten: max. Entfernung zum entlüfteten Fallrohr 5,0 m !
4 vorhandene Grundleitung, 100 - 150 mm Ø, Kontrollschacht, 2% Gefälle
5 vorhandenes Fallrohr, 100 mm Ø, Entlüftung über Dach

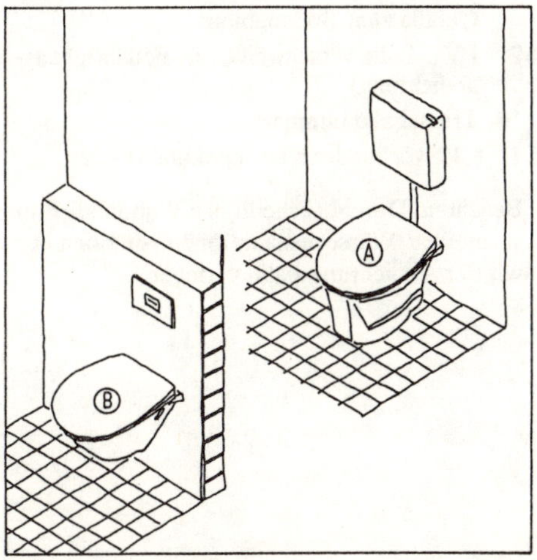

Abb. 178
WC - Ausführungen

A Bodenstehende Ausführung
- Abfluß rückseitig zur Wand oder zum Boden
- sichtbar montierter Spülkasten

Kostengünstige Lösung, dafür aber etliche unbequeme Schmutzecken.

B Wandhängende Ausführung
- Abfluß rückseitig zur Wand
- Toilette an Traggerüst in der Vormauerung montiert
- Spülkasten in der Vormauerung integriert

Etwas aufwendigere Lösung, dafür formschöner und bequem zu reinigen.

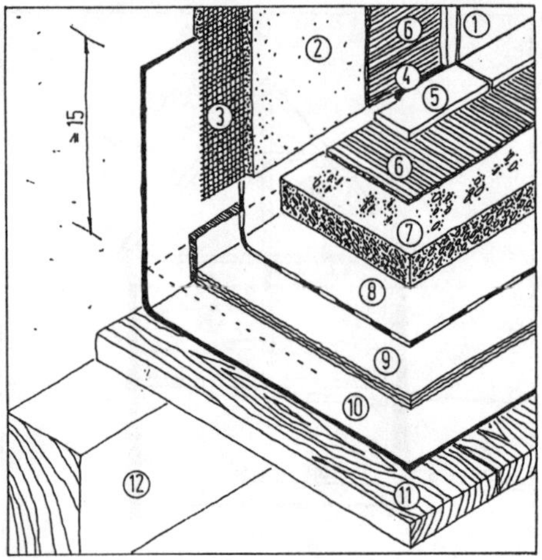

Abb. 179
Naßraum - Abdichtung: Standard-Ausführung
Anschlußdetail Wand - Boden

1 Wandfliesen
2 Schwarzkalk- oder Kalkzement-Wandputz
3 Gewebearmierung
4 elastische Kittfuge
5 Bodenfliesen
6 wasserdichter Dünnbettkleber für Wand + Boden
7 schwimmend verlegter Zementestrich, bei vorgesehenem Bodenablauf als Gefälle-estrich
8 PVC-Folie verschweißt (als Feuchtigkeits-abdichtung)
9 Trittschalldämmung
10 Feuchtigkeitsabdichtung, wandseitig hochgezogen
11 + 12 vorhandene Deckenkonstruktion

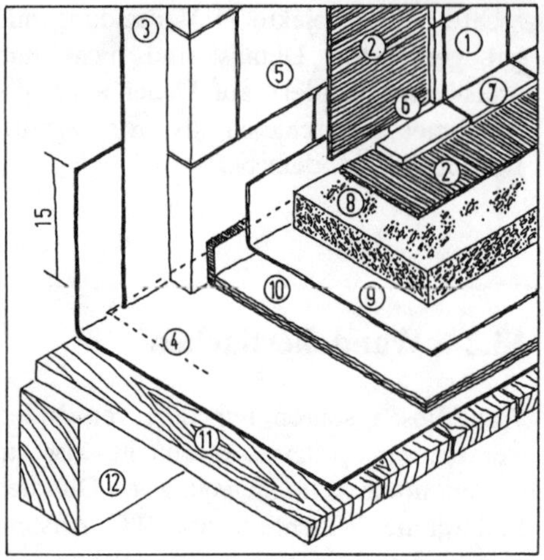

Abb. 180
Naßraum - Abdichtung: verbesserte Ausführung für spritzwasserintensiven Bereich
Anschlußdetail Wand - Boden

1 Wandfliesen
2 Dünnbettkleber für Wand + Boden
3 Feuchtigkeitsabdichtung Wand, oben mit mechanischer Befestigung, unten geklebt
4 Feuchtigkeitsabdichtung Boden, wandseitig hochgezogen
5 Vormauerung, z.B. Gasbetonplatten 5 - 7,5 cm
6 elastische Kittfuge
7 Bodenfliesen
8 schwimmend verlegter Zementestrich, mit Gefälle zum Bodenablauf
9 PVC-Folie verschweißt (als Feuchtigkeits-abdichtung)
10 Trittschalldämmung
11 + 12 vorhandene Deckenkonstruktion

Beachten: Durchbrüche in der Wandabdichtung vermeiden. Wasserinstallationen von oben her vor der Abdichtungsbahn verlegen.

ten) Außenwänden angebracht wird. Sie sollte mit Abstand vor der Wand befestigt sein (Luftschicht). Eine Hinterlüftung ist nur dann erforderlich, wenn das Holz starkem Spritzwasser ausgesetzt ist. Für die Ausführung der Hinterlüftung gelten die gleichen Regeln wie bei hinterlüfteten Fassaden.

Verlegen von Wandfliesen:

- Eventuell erforderliche Vorarbeiten: vorhandene Fliesen und Mörtel abschlagen, wo erforderlich ebenen Untergrund aus Zementputz oder Bauplatten (Trockenputz) herstellen.
- Flieseneinteilung festlegen, (nach Begabung und Anspruch).
- Kleber mit Zahnspachtel auftragen, Fliesen ansetzen, ausrichten und anpressen.
- Fliesen schneiden: Schnittlinie anzeichnen, mit Fliesenschneider und Winkel anritzen; von hinten mit Fliesenhammer entlangklopfen, über einen Bleistift abknicken oder mit der Fliesenzange durchbrechen.
- Runde Aussparung herstellen: Mehrere Löcher ringförmig nebeneinander vorbohren, verbleibende Stege mit kleinem Meißel ausstemmen; oder Fliese teilen und mit Papageienzange ausbrechen.
- Nach Erhärten des Klebers Fugenmasse mit Gummispachtel ganzflächig aufbringen, feucht nachwischen, nach kurzer Zeit mit trockenem Lappen oder Schwamm säubern.
- Dauerelastisches Verfugen aller Anschlüsse zwischen verschiedenen Bauteilen oder verschiedenen Materialien (z.B. Wandecken, Wannenrand, Rosetten der Armaturen usw.).

13.3 Badabdichtung und -entwässerung

Kein Fliesenbelag ist wasserdicht. Durch Undichtigkeiten der Fugen kann Wasser eindringen und Schäden verursachen, die erst nach Jahren festgestellt werden und unter Umständen nur mit hohen Kosten zu beseitigen sind (besonders wenn sie tragende Holzkonstruktionen betreffen). Durch Wasser beanspruchte Böden und Wandflächen müsen daher eine zusätzliche Abdichtung in Form von Dichtungsbahnen (aus Bitumen oder Kunststoff) erhalten. Ersatzweise können auch wasserdichte Fliesenkleber in Verbindung mit wasserdichtem Fugenmörtel zur Anwendung kommen. Wichtig ist, daß die Abdichtung an sämtlichen Anschlüssen sorgfältig hergestellt wird. Das sich auf der Bodenabdichtung sammelnde Wasser muß verdunsten oder über einen Bodenablauf wegfließen können.

Ob ein Bad mit einem Bodenablauf ausgestattet wird, ist oft eine Ermessensfrage. Der Zwang zum Einbau eines Bodenablaufs nach DIN 1986 wird von der Rechtsprechung (nach Wasserschäden) nicht bestätigt.

Ein Bodenablauf sollte vorgesehen werden,

- wenn im Bad eine Waschmaschine aufgestellt wird,
- wenn häufig mit Spritzwasser zu rechnen ist (Kinder, Duschen ohne Spritzwasserschutz),
- wenn eine bequeme Fußbodenreinigung gewünscht wird.

Ein Bodenablauf hat jedoch nur dann einen Sinn, wenn auch der Boden einschließlich der Wandanschlüsse sicher abgedichtet wird. Um ein Austrocknen des Geruchsverschlusses zu verhindern, wird im allgemeinen die Badewanne oder Dusche durch den Bodenablauf entwässert.

Auf eine Bodenentwässerung und -abdichtung kann verzichtet werden,

- wenn darauf geachtet wird, daß auf dem Boden kein Wasser stehen bleibt,
- wenn die Dusche nicht übermäßig benutzt wird und die Verfugung der Fliesen auch am Anschluß zur Duschwanne dauerhaft dicht ist,
- wenn die Waschmaschine mit einem Sicherheitsventil gegen Auslaufen ausgestattet ist,
- wenn eine fertige Duschzelle eingebaut wird.

Der nachträgliche Einbau eines Bodenablaufs in vorhandene Decken ist nicht immer möglich. Beim Einbau ist auf den dichten Anschluß in zwei Ebenen zu achten, damit sowohl das oberflächliche Wasser auf dem Bodenbelag als auch das eingesickerte Wasser auf der darunterliegenden Dichtungsbahn richtig abgeleitet wird.

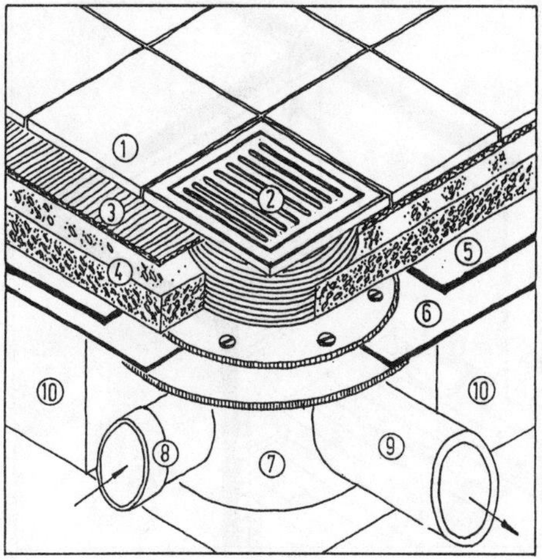

Abb. 181
Bodeneinlauf in Naßräumen

1 Bodenbelag, z.B. Fliesen
2 Gully-Abdeckrost
3 Klebebett
4 Gefälleestrich
5 Trittschalldämmung
6 Feuchtigkeitsabdichtung, mit Gully-Flansch wasserdicht verklebt
7 Ablauf-Topf mit Geruchsverschluß und Schmutzfangkorb
8 Zufluß, z.B. von Wanne oder Dusche
9 Abfluß zum Fallrohr
10 Deckenkonstruktion

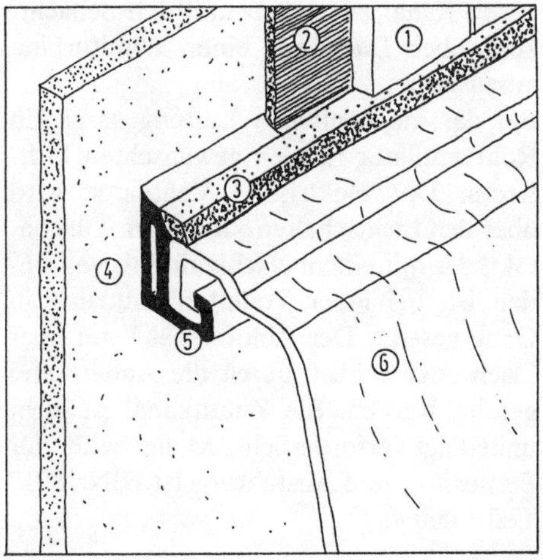

Abb. 182
Wandanschluß von Dusche und Badewanne - Normalausführung mit zusätzlichem Dichtungsprofil

1 Wandfliesen
2 Dünnbettkleber
3 elastische Kittfuge
4 Wandputz
5 Dichtungsklemmprofil umlaufend
6 Dusch- bzw. Badewanne

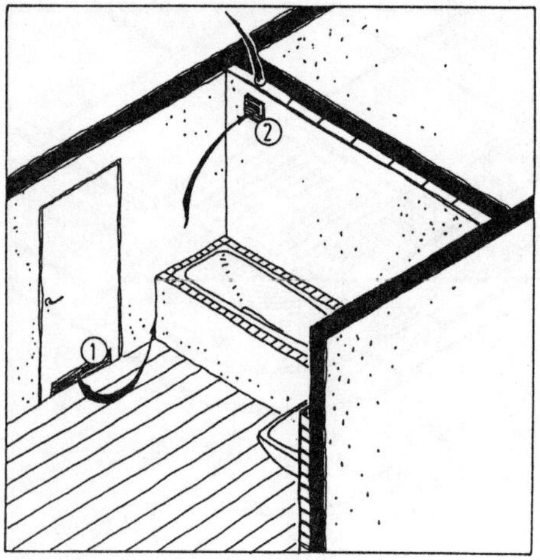

Abb. 183
Be- und Entlüftung innenliegender Naßräume

1 Zuluft z.B. vom Flur über Türausschnitt, mind. 150 cm^2
2 Abluft nach außen (Dach oder Außenwand), 100 mm Ø, mit Rohrventilator, Betätigung kombiniert mit Lichtschalter. Die Verwendung eines einstellbaren Nachlauf-Relais ist zu empfehlen.

13.4 Künstliche Lüftung innenliegender Bäder

Innenliegende Bäder und Toilettenräume müssen, sofern sich diese "Notlösung" nicht vermeiden läßt, be- und entlüftet werden. Zu diesem Zweck werden ein oder mehrere Abluftrohre oder -schächte über Dach bzw. nach draußen geführt. Die Zuluft muß von einem Nachbarraum (bei Toiletten kein Aufenthaltsraum) durch eine unverschließbare Öffnung nahe am Fußboden (z.B. ein 2 cm breiter Türschlitz) oder von außen über einen Kanal einströmen können. Die Abluft kann entweder per Schwerkraft (Kamineffekt) oder durch einen Ventilator angetrieben im Luftschacht nach draußen bewegt werden.
Die Schwerkraftentlüftung arbeitet geräuscharm, wartungsfrei und ohne Strom, sie verursacht jedoch unter Umständen ein stärkeres Auskühlen des Raumes. Außerdem erfordert sie größere Kanalquerschnitte als die mechanische Entlüftung mit Ventilator. Maßgebend für Bemessung und Ausführung ist DIN 18017 Teil 1 und 2. Damit es wegen des geringen Auftriebs im Sommer bei Toiletten nicht zu Geruchsbelästigungen kommt, empfiehlt es sich, die Zuluft über einen besonderen Kanal zuzuleiten und den Schachtkopf über Dach mit einer Windturbine auszustatten.
Bei der mechanischen Lüftung sorgt ein Rohrventilator für den gewünschten Luftstrom. Der elektrische Ventilator wird über den Lichtschalter oder einen Türkontakt, der mit einem Nachlaufrelais verbunden ist, bei jeder Toilettenbenutzung in Gang gesetzt. Der Abluftkanal kann über Dach oder seitlich durch die Außenwand geführt werden. Ein Zuluftkanal ist nicht unbedingt erforderlich. Maßgebend für Bemessung und Ausführung ist DIN 18017 Teil 3 und 4.

13.5 Baderneuerung

Als Alternative zum Einbau einer neuen Boden- und Wandabdichtung kann es in bestimmten Fällen sinnvoll sein, den Naßraum auf die Dusche zu beschränken und eine rundum abgedichtete Fertigduschzelle einzubauen. Neben den üblichen Duschzellen aus Alurahmen und Plexiglasfüllung gibt es spezielle Modelle, die aus Kunststoff fugenlos und absolut wasserdicht hergestellt sind. Ihre Außenseiten sind zum Fliesenkleben vorbereitet.
Stockflecken und Schimmelbildung im Bad sind Folgen einer zu hohen, andauernden Luftfeuchtigkeit in Verbindung mit niedrigen Wand - Oberflächentemperaturen. Schimmeltötende Sprays und Anstriche können keinen dauerhaften Erfolg bringen. Vielmehr kommt es darauf an, die Luftfeuchtigkeit durch vermehrtes Lüften zu senken und die Raumtemperatur durch Heizen und/oder wärmedämmende Maßnahmen anzuheben. Wenn die Flächen ausgetrocknet sind, können sie gereinigt und gegebenenfalls ausgebessert werden .
Erneuerungsbedürftige Fliesen müssen nicht unbedingt entfernt werden. Wenn die alten Fliesen noch gut am Untergrund haften, können die neuen Fliesen mit einem geeigneten Dünnbettkleber auf die alten geklebt werden. Die Oberfläche der alten Fliesen muß vorher mit einem Winkelschleifer aufgerauht werden. Schadhafte Übergänge bzw. Anschlüsse werden vorher aufgeschlagen und ausgebessert.

rechts
Neuer Badeinbau in Raum mit Tonnendecke: durch geschickten Umgang mit einfachen Materialien wird auch ohne vergoldete Armaturen Eleganz und Atmosphäre erzielt.

14. Haustechnik

Zur Haustechnik gehören Lüftung und Heizung, die Sanitärinstallation (Wasserver- und Abwasserentsorgung) und die Elektroinstallation einschließlich Blitzschutz. Diese Gewerke erfordern in besonderem Maße fundierte fachliche und handwerkliche Kenntnisse. Aus Sicherheitsgründen dürfen Arbeiten an Elektro- und Gasinstallationen nur von Fachbetrieben mit einer besonderen Zulassung ausgeführt werden. Schon aus diesem Grunde sind viele Arbeiten im Bereich der haustechnischen Anlagen für Laien wenig geeignet, zumal falsche Planung oder Ausführungsmängel nachträglich meist nur mit hohen Kosten korrigiert werden können. Eigenleistungen werden sich in diesem Bereich daher hauptsächlich auf einfache Vor- und Folgearbeiten beschränken, die mit den ausführenden Fachhandwerkern abzustimmen sind.
Vor der praktischen Ausführung bleibt den Hauseigentümern/innen die wichtige Aufgabe der Konzeption und Vorplanung, besonders im Hinblick auf die Gesundheits- und Umweltverträglichkeit der haustechnischen Systeme. Außerdem gilt es, die Ausführung mit anderen Baumaßnahmen am Haus gut zu koordinieren.

Sind mehrere Installationsgewerke erforderlich, so empfiehlt sich im allgemeinen folgende Reihenfolge einhalten:

1. Sanitär und Lüftung
2. Heizung
3. Elektroinstallationen.

Bei allen Gewerken erfolgt zunächst die "Rohmontage", das Verlegen der Leitungen. Nach Fertigstellung der Oberflächen erfolgt die "Fertigmontage", d.h. der Einbau der Ausstattungsgegenstände und Armaturen.

Neben baulichen Gegebenheiten und praktischen Erwägungen sollten die folgenden Grundregeln einer ökologischen Haustechnik berücksichtigt werden:

- Das wichtigste Ziel ist ein sparsamer Umgang mit Energie und Brennstoffen. Warmwasser- und Warmluft-Zentralheizungen mit modernen Heizkesseln können ebenso wie Einzelfeuerstätten zu einer rationellen Energienutzung beitragen, sofern sie gut auf den Wärmebedarf des (modernisierten) Gebäudes abgestimmt sind und richtig betrieben werden.
- Elektrischer Strom sollte nicht zur Wärmeerzeugung nicht verwendet werden, also nach Möglichkeit auch nicht zur Warmwasserbereitung oder zum Kochen. Für die Waschmaschine gibt es inzwischen Lösungen, um den Stromverbrauch für das Aufheizen des Wassers auf ein Minimum zu beschränken. Erd- oder Flüssiggas läßt sich dagegen umweltfreundlich, d.h. mit gutem Wirkungsgrad und geringen Emissionen, für alle Bereiche der Wärmeerzeugung nutzen.
- Einrichtungen zur Nutzung der Sonnenenergie sollten bei der Ausgabenplanung zunächst einmal hintenanstehen. Erst wenn die konventionellen und kostengünstigeren Möglichkeiten zur Energieeinsparung wie gute Wärmedämmung der Gebäudehülle, optimierte Heizungsanlage (Gas oder Fernwärme) und energiesparende Lüftung ausgeschöpft sind, ist es sinnvoll, in größerem Umfang in die Solartechnik zu investieren.
- Bei der Wasserversorgung und Abwasserentsorgung sollten am Ort vorhandene Resourcen rationell und - wenn möglich - nach den Prinzipien einer ökologischen Kreislaufwirtschaft genutzt werden. Wesentliche Elemente dazu sind neben einfachen Wasser-

sparmaßnahmen die Regen- und Grauwassernutzung als Beitrag zur Wasserversorgung und auf der Entsorgungsseite dezentrale Techniken wie Komposttoilette, Mehrkammerfaulgruben mit Pflanzenklärstufe oder Abwasserteiche.

14.1 Lüftung und Wärmerückgewinnung

Der Heizenergiebedarf eines Gebäudes setzt sich zusammen aus den Wärmedurchgangsverlusten durch die Hülle und den Lüftungsverlusten (Kap. 4.2). Mit zunehmender Wärmedämmung der Gebäudehülle steigt der Anteil der Lüftungsverluste am Gesamtverlust. Bei der Durchführung von Wärmedämmaßnahmen verdient die Lüftung des Hauses daher besonderes Augenmerk.
Wird durch nachträgliche Wärmedämmmaßnahmen für die Gebäudehülle ein mittlerer k-Wert von 0,3 W/(m^{2}K) oder weniger erreicht, ist es neben der Abdichtung aller Fenster- und Türfugen zur Senkung der Luftwechselrate auf Werte von 0,5-0,7 1/h in vielen Fällen sinnvoll und wirtschaftlich, die Lüftungs-Wärmeverluste durch eine Abluft-Wärmerückgewinnung zu einem Teil wieder ins Haus zurückzuholen. Die Technik einer solchen Anlage ist recht einfach: die Luft aus Bad, Küche und WC (wo Gerüche und Feuchtigkeit vorwiegend entstehen) wird über Luftkanäle mit Hilfe eines Ventilators abgesaugt und über einen Wärmetauscher ins Freie geleitet. Die von außen nachströmende Frischluft wird im Wärmetauscher vorgewärmt und über Kanäle an einige zentrale Stellen im Haus geführt (vgl. Abb. 184). Durch eine elektrische Regelung des Ventilators läßt sich die Luftwechselrate im Haus einfach und bedarfsgerecht dosieren. Auf diese Weise läßt sich etwa die Hälfte der Energie zurückgewinnen, die sonst durch Lüftung verloren ginge.
Das Wärmerückgewinnungsgerät mit Ventilator für ein Einfamilienhaus ist etwa 90 x 90 x 30 cm groß und findet im Keller oder auf dem Dachboden am besten unter bzw. über den Sanitärräumen Platz. Die Luftkanäle mit einem Querschnitt von etwa 100 - 300 cm^2 (z.B. 12 cm Durchmesser) können beispielsweise im Flur unter der Decke verlegt und zu einem zentralen Steigkanal geführt werden. Auf der Grundlage einer fachgerechten Planung und Dimensionierung kann die Montage der Anlage mit etwas handwerklichem Geschick auch im Selbstbau ausgeführt werden.
Die Kosten für eine fertig eingebaute Anlage liegen bei einem Einfamilienhaus (140 m^2 Wohnfläche) in der Größenordnung von 10.000 DM, ein Bausatz kostet etwa die Hälfte. Die Energieeinsparung beträgt bei einem nach "schwedischem Standard" gedämmtem Haus etwa 25% bezogen auf das gleich gut gedämmte Haus ohne Wärmerückgewinnung und unter Berücksichtigung des Energieverbrauchs durch den Ventilator. Voraussetzung für eine tadellose Funktion solcher Anlagen sind allerdings gut abgedichtete Fenster und Türen sowie eine dichte Gebäudehülle. Bei fachgerechter Planung und richtiger Montage dürfen Probleme wie Schallübertragung, Staub- und Geräuschentwicklung nicht auftreten.

14.2 Die Heizung

14.2.1 Die "Brennstoff-Frage"

Die Wärmeverluste des Gebäudes müssen während der Heizperiode, also etwa von

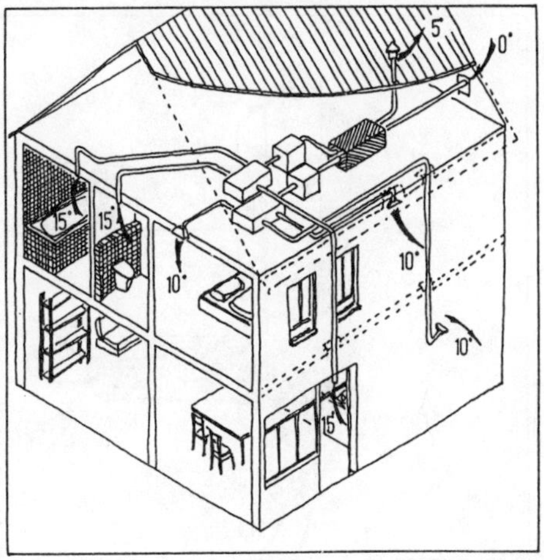

Abb. 184
Abluft-Wärmerückgewinnung - nachträglicher Einbau bei vorhandener Heizungsanlage.

Unterbringung des Wärmetauschers und der horizontalen Leitungsführung z.B. auf dem Dachboden oder unter der Kellerdecke.

Quelle: Fa. Schrag-Aldes, 7333 Ebersbach/Fils

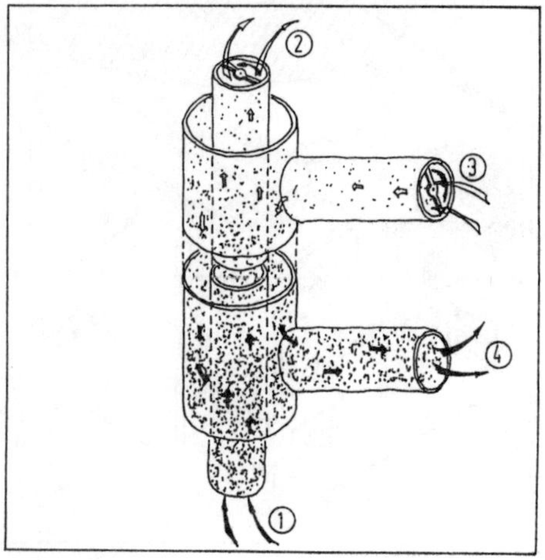

Abb. 185
Gegenstrom-Wärmetauscher
(Funktionsschema)

1 Raumabluft (Fortluft-Eingang)
2 Fortluft nach außen, abgekühlt (Fortluft-Ausgang)
3 Zufuhr Außenluft (Außenluft-Eingang)
4 Raumzuluft, erwärmt (Außenluft-Ausgang)

Die warme Fortluft durchströmt das innere Rohr und gibt ihre Wärme dabei an die Frischluft ab, die das äußere Rohr durchströmt.

Ende September bis Ende April, durch eine Wärmezufuhr von außen ausgeglichen werden, um im Haus ein behagliches Raumklima (Kap. 3.1) zu erhalten. Neben der Entscheidung für das eine oder andere Heizungssystem steht zunächst einmal die Wahl eines geeigneten Energieträgers bzw. Brennstoffes. Das Problem der Wärmeverteilung im Haus läßt sich weitgehend unabhängig vom Brennstoff und von der Art der Wärmeerzeugung lösen.

Die wichtigsten Heizenergiequellen sind nach wie vor die fossilen Brennstoffe, wobei die Umweltbelastung durch Abgase etwa in der Reihenfolge Gas, Holz, Öl, Kohle zunimmt, wobei allerdings auch die Art der Feuerungstechnik noch eine Rolle spielt. Ob mit Öl oder Gas oder evtl. auch mit Festbrennstoffen geheizt werden soll, bleibt dabei der Entscheidung im Einzelfall überlassen. Die Betriebssicherheit ist bei modernen Gasheizungen genau so gut wie bei ölbetriebenen Anlagen.

Als Alternative zu den wohnungs- bzw. hauseigenen Einzelfeuerungsanlagen und zur besseren Nutzung der Abwärme aus unseren Kraftwerken wurden in den letzten Jahren vor allem die Häuser in Ballungsgebieten an die Fernwärmeversorgung aus Heizkraftwerken (Kohle und Gas) angeschlossen, die in Bezug auf Energienutzung und Umweltverschmutzung in der Regel besser abschneiden als viele, vor allem ältere Einzelfeuerungsanlagen. Darüber hinaus ist es natürlich erstrebenswert, unsere dauerhafte Energiequelle Sonne durch aktive und passive Systeme möglichst intensiv für die Heizung zu nutzen. Die Praxis zeigt allerdings, daß es hierzulande noch nicht möglich ist, ein Haus im Winter ausschließlich mit Sonnenenergie zu heizen.

Größere Änderungen an der Wärmeversorgung des Hauses bzw. ein Austausch des Heizkessels sollten Anlaß sein, die Wahl des Brennstoffes neu zu überdenken:

- Lagerbare Brennstoffe wie Holz, Öl, Flüssiggas oder Kohle bieten zwar die Vorteile der Vorratswirtschaft (Einkauf zu günstigen Preisen, Lagerung von Reserven für Krisenzeiten), erfordern jedoch einen besonderen Lagerraum im oder am Haus sowie bei Zentralheizungsanlagen in der Regel einen separaten Heizungsraum.
- Bei den leitungsgebundenen Energieträgern Erdgas und Fernwärme ist die Abhängigkeit vom Funktionieren der - allerdings recht gesicherten - öffentlichen Versorgung nachteilig. Dafür wird eine relativ "saubere" Energieform ins Haus geliefert, die gerade in kleinen Häusern ohne Lagermöglichkeiten und bei enger Bebauung ihre Vorzüge hat.
- Neben den räumlichen Gegebenheiten, den persönlichen Vorlieben und Komfortbedürfnissen sowie den Möglichkeiten, die der Umbau bietet, spielen natürlich auch die Kosten eine entscheidende Rolle: Was kostet der

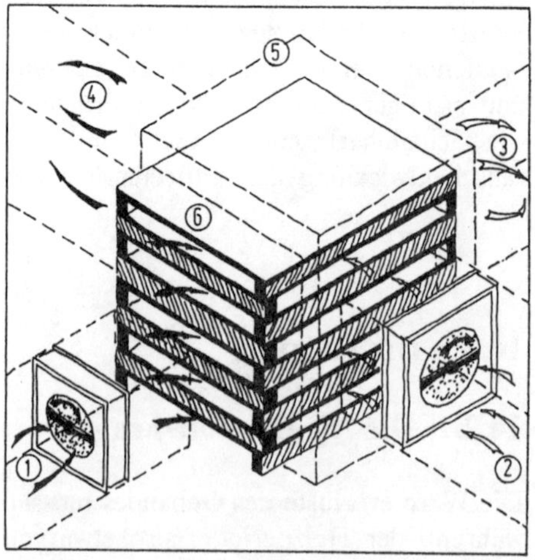

Abb. 186
Kreuzstrom-Wärmetauscher mit Ventilatoren für Zu- und Abluft (Funktionsschema)

1 Zufuhr der Raumabluft, ca. 15°C
2 Zufuhr Außenluft ca. 0°C
3 abgekühlte Fortluft ca. 5°C
4 erwärmte Außenluft ca. 10°C
5 Metallgehäuse
6 Metallplatten als Wärmetauscher

Anschluß an das Gas- oder Fernwärmenetz? Wann und mit welchen Kosten muß der alte Heizöltank erneuert werden? Wie hoch sind die spezifischen Brennstoffkosten bezogen auf 1 kWh? Welche Nebenkosten (Grundgebühren bei den leitungsgebundenen Energieformen, Wartung, Schornsteinfeger, usw.) fallen an?
Hier ist es in jedem Fall lohnend, sich vor einer Auftragsvergabe einen genauen Überblick über die Investitions- und Betriebskosten verschiedener Lösungen zu verschaffen.

Wegen der Komplexität dieser Aufgabe kann es durchaus - auch finanziell - sinnvoll sein, die Beratung und Planung eines Fachingenieurs in Anspruch zu nehmen und sich nicht allein auf die Aussagen des örtlichen Handwerkers zu verlassen.
Eine umfassende Abhandlung zum Thema Heizung würde den Rahmen dieses Buches sprengen. Daher werden nachfolgend nur einige Teilaspekte betrachtet, die für die Situation beim Altbau, für ein gesundes Wohnklima und den Umweltschutz besonders wichtig sind.

14.2.2 Einzelofen- und Kachelofenheizung

Die Systemfrage - Heizung mit Einzelöfen oder Einbau einer Zentralheizung - ist heute in den meisten Altbauten schon zugunsten der bequemeren und komfortableren Zentralheizung entschieden. Wer noch mit Einzelöfen heizt, kennt deren Nachteile:

- Brennstofflagerung und Materialtransport bei Holz, Kohle, Öl, ggf. Brennholzverarbeitung, Aschenbeseitigung;
- für jede Feuerstelle sind Kaminanschlüsse erforderlich;
- die Verbrennungsluft wird der Raumluft entnommen und erfordert höhere Luftwechselraten;
- hohe Emission von Schadstoffen bei alten Feuerstellen oder falscher Betriebsweise, insbesondere wenn Kohle oder Öl verheizt werden;
- vielfach schlechte Regulierbarkeit der Wärmeabgabe und schlechte Brennstoffausnutzung bei niedrigem Wärmebedarf in den Übergangszeiten.

Andererseits ist es durchaus möglich, wirklich gut wärmegedämmte Häuser mit nur 1-2 Einzelöfen pro Etage zu heizen. Durch den verringerten Wärmebedarf und entsprechend niedrigen Brennstoffverbrauch treten die Probleme des Materialtransportes und der Aschenbeseitigung mehr in den Hintergrund. Dort, wo gut funktionierende Einzelöfen vorhanden und die zugehörigen Schornsteine in Ordnung sind, kann also durchaus gut auf den Einbau einer Zentralheizung verzichtet werden. Dies gilt besonders in ländlichen Gebieten, wo genügend preiswertes Brennholz und Platz zum Lagern und Trocknen zur Verfügung steht.

Für das *Heizen mit Holz* empfehlen sich neben den Kachelöfen speziell dafür gebaute Öfen ohne Gitterrost und Aschenlade, die in Skandinavien weit verbreitet sind und inzwischen auch hier in vielfältigen Ausführungen von "elegant" bis "rustikal" angeboten werden. Die Wärmeabgabe solcher Öfen ist über die Luft- und Brennstoffzufuhr gut regelbar, und das Holz verbrennt bei guter Energieausbeute fast rückstandsfrei, so daß die Aschenbeseitigung sehr wenig Arbeit macht.

Der *Kachelofen* nimmt zwischen Einzelofen- und Zentralheizung eine Mittelstellung ein. So gibt es genügend Beispiele, wo allein mit dem Kachelofen eine ganze Wohnung oder ein kleineres Haus "zentral" geheizt wird. Wer Zeit für die regelmäßige Brennstoffbeschickung hat oder einen Gasbrenner einsetzt, kann bei nicht zu weitläufigem Wohnungsgrundriß mit dieser Form der Heizung gut zurechtkommen.
Auf der anderen Seite sind Kachelöfen als Luxus-Ergänzung zur vorhandenen Zentralheizung wieder in Mode gekommen. Ihre Beliebtheit verdanken sie der behaglichen Wärme, die sie produzieren, der "ursprünglichen, natürlichen" Heiztechnik und nicht zuletzt ihrem dekorativen Reiz für die Innenraumgestaltung.
Die immer wieder angeführte "gesunde Strahlungswärme" des Kachelofens kommt in einem gut wärmegedämmten Haus jedoch nicht mehr so sehr zur Geltung wie allgemein angenommen. Denn die Wandoberflächen können allein schon durch richtige Dämmung auf einem komfortablen Temperaturniveau von 17 - 19°C gehalten werden, so daß auch ein größerer Plattenheizkörper schon ein gutes Strahlungsklima im Raum erzeugt. Dagegen kann sich die thermische Trägheit des Kachelofens ungünstig auf den Energieverbrauch auswirken. Insbesondere im Herbst und Frühjahr, wenn wechselhafte Witterung unverhofft Sonnenenergie durch die Fenster ins Haus bringt, läßt sich die Wärmeabgabe des Kachelofens unter Umständen nämlich nicht schnell genug drosseln.
Soll der Kachelofen das ganze Haus beheizen, wird ein sogenannter "Warmluft-Ofen" eingebaut, der in der Wärmeabgabe besser regelbar ist als die schwereren "Grundöfen" mit gemauerten Zügen und bei dem auch nicht direkt angrenzende Räume über Warmluft-Kanäle versorgt werden können.
Die Kosten eines Kachelofens werden in hohem Maß durch die Kacheln bestimmt.

Erfahrungsgemäß liegen die Kosten für einen kompletten Warmluft-Kachelofen bei 10.000 bis 15.000 DM - für eine Zusatzheizung ein stolzer Betrag. Schließlich kann für dieses Geld schon eine einfache Warmwasser - Zentralheizung installiert werden. Wesentlich preiswerter sind Kachelöfen mit Sichtmauermerk oder verputztem Mauerwerk.

Um die Schadstoffmenge in den Abgasen zu begrenzen, kommt es darauf an, das Holz bei reichlicher Sauerstoffzufuhr rasch zu verbrennen. Da dichtschließende Fenster und Türen unter Umständen nicht genügend Verbrennungsluft in den Raum lassen, ist es sinnvoll, die Verbrennungsluft über ein Rohr (z.B. 10 cm Ø) aus dem Keller oder von draußen dem Ofen zuzuführen. Gleichzeitig werden dadurch unnötig hohe Luftwechselraten im Haus vermieden.

14.2.3 Die Zentralheizung

Die Zentralheizung ist heute auch in Altbauten das am meisten verbreitete System, und zwar entweder als Etagenheizung für eine Wohnung oder als Sammelheizung für das ganze Haus.
Ihre Vorteile liegen auf der Hand:

- bequemer, vollautomatischer Heizbetrieb mit nur einer Feuerstelle pro Wohnung bzw. Haus,
- gute Regulierbarkeit der Wärmeabgabe,
- Optimierung der Brennstoffausnutzung und Maßnahmen zur Minderung der Schadstoffemission sind mit vertretbarem Aufwand möglich,
- problemlose Wärmeverteilung auch bei schwierigen und weitläufigen Grundrissen,
- einfache Integration der Warmwasserbereitung in das Anlagensystem,
- keine Schmutz- und Staubbelastung durch Brennstoff und Asche in den Wohnräumen,
- für alle Brennstoffe sind geeignete Feuerungsanlagen verfügbar.

Über die Lebensdauer von Zentralheizungsanlagen läßt sich keine einheitliche Aussage machen: bei Stahl-Heizkesseln wird von 20 Jahren Betriebszeit ausgegangen. Gute Gußkessel können zwar wesentlich älter werden, doch sind 20 Jahre alte Kessel heute von der Technik her veraltet und unwirtschaftlich. Die Haltbarkeit der Rohrleitungen aus Stahl liegt bei etwa 30 - 50 Jahren, Stahlheizkörper halten im allgemeinen mindestens 20 Jahre, solche aus Grauguß 30 - 50 Jahre und mehr. Ob ein Leitungsnetz erneuert werden muß, sollte zusammen mit einem erfahrenen Handwerker entschieden werden.
Durch die Ölpreissteigerungen in den 70er Jahren und den Trend zum Energiesparen sind in den letzten 5 bis 10 Jahren neue Heizkessel und Steuerungstechniken entwickelt worden, die gegenüber Altanlagen eine erheblich bessere Brennstoffausnutzung und deutlich niedrigere Verluste bei der Wärmeerzeugung aufweisen. Anlagen, die älter als etwa 10 Jahre sind, arbeiten daher in den meisten Fällen mit einem vergleichsweise schlechten *Anlagen*-Wirkungsgrad und damit unwirtschaftlich und umweltbelastend, vor allem wenn durch Dämmaßnahmen (Isolierverglasung, Wärmedämmung im Dach- und Außenwandbereich) der Wärmebedarf des Hauses merklich reduziert wurde.
Der Anlagenwirkungsgrad (= nutzbare Heizenergie : Energieinhalt des eingesetzten Brennstoffs) ist nicht identisch mit dem vom Schornsteinfeger gemessenen Kesselwirkungsgrad (= feuerungstechnischer Wirkungsgrad), sondern berücksichtigt außerdem die gerade bei älteren Kesseln oft sehr hohen Stillstandsverluste (= Abkühlen des Kessels durch den Kaminzug und Wärmeabgabe an den Heizraum). Anhaltspunkte für eine schlechte Anlagentechnik liefern neben dem Meßprotokoll des Schornsteinfegers (der von ihm gemessene Kesselwirkungsgrad sollte wenigstens 88 - 90% betragen) auch eigene Beobachtungen wie z.B. zu warmer Heizungsraum, häufiges Anspringen des Brenners mit sehr kurzen Brennerlaufzeiten, überdurchschnittlicher Energieverbrauch. Im Zweifelsfall hilft hier die Prüfung durch einen unabhängigen Fachingenieur, der dann auch Empfehlungen für eine verbesserte Anlagentechnik und Hinweise auf empfehlenswerte Produkte geben kann.

Empfehlungen

Eine moderne Warmwasser-Zentralheizung sieht heute etwa folgendermaßen aus:

- Wärmeerzeugung durch einen Niedertemperatur-Heizkessel (Öl oder Gas), dessen Leistung dem neu berechneten Spitzen - Wärmebedarf des Hauses möglichst gut angepaßt ist. Als Vorlauftemperatur sollten je nach Außentemperatur 40 bis 70°C ausreichen. Der Jahreswirkungsgrad des Kessels sollte möglichst über 85% liegen. Hinweise auf gute Kesselfabrikate liefern z.B. die immer wieder aktualisierten Berichte der Stiftung Warentest.

  Die beste Brennstoffausnutzung bieten die sogenannten "Brennwert-Kessel" bzw. -thermen, die jedoch bei Öl gegenüber normalen Kesseln deutlich teuerer sind und in jedem Fall besondere Maßnahmen beim Schornstein erfordern.
- Alternativ dazu liefert der Fernwärmeanschluß, sofern möglich, schadstoffarme, aber nicht immer die preiswerteste Wärme.

- Trägheitsarme Steuerung der Kesseltemperatur nach Wärmebedarf und Außentemperatur mit Nachtabsenkung.
- Rohrleitungen und Heizkörper mit wenig thermischer Masse, d.h. Heizkörper mit geringem Wasserinhalt (z.B. Plattenheizkörper), Rohrleitungen mit kleinem Querschnitt und guter Wärmedämmung.
- Individuelle, automatische Steuerung der Raumtemperatur durch Heizkörper-Thermostatventile.

Gas-Außenwand-Thermen, die zugleich Heizwärme und warmes Brauchwasser liefern, sind bei der Altbausanierung oft sehr praktisch, da sie ohne Heizraum auskommen und teure Schornsteinsanierungen überflüssig machen. Ihre Leistung ist derzeit allerdings auf maximal 11 kW beschränkt. Immerhin lassen sich damit etwa 100 bis 150 m² Wohnfläche beheizen, bei sehr gutem Dämmstandard auch mehr.

Auch die in den letzten Jahren auf den Markt gekommenen Gas-Brennwertkessel bzw. -thermen eignen sich bei Leistungen bis 11 kW für einen Außenwandanschluß. Bei diesen Geräten wird das Abgas bis auf Temperaturen von 40 bis 70°C abgekühlt, um auch die in den Abgasen enthaltene Kondensationswärme zu nutzen. Zum einen lassen sich dadurch Wirkungsgrade von über 100% erzielen (bezogen auf den unteren Heizwert, der die Kondensationswärme eines Brennstoffs nicht mit einrechnet) und zum anderen müssen die kühlen Abgase nicht unbedingt "über Dach" geführt werden. Die Mehrkosten für diese Geräte und die zugehörige Abgasanlage werden, abgesehen von den Energieeinsparungen, häufig bereits durch die baulichen Vorteile ausgeglichen.

Auch bei Gasthermen ohne Schornsteinanschluß ist die "halbamtliche Schornsteinfegerlobby" zur gebührenpflichtigen Überprüfung der Anlage ermächtigt. Da die Vorschriften über Rauchgasableitung teilweise Ermessenssache sind, empfiehlt sich eine frühzeitige Abstimmung mit dem zuständigen Bezirksschornsteinfeger.

Wo kein Erdgasanschluß vorhanden ist, kann ein oberirdischer oder unterirdischer Flüssiggastank verwendet werden. Während Erdgas nur geringfügig teurer ist als Öl, sind die Kosten für einen Flüssiggastank und den Brennstoff im allgemeinen etwas höher als beim Öl. Gastanks können jedoch wesentlich kleiner gehalten werden als Öltanks, da der Flüssiggaspreis anders als bei Öl keinen kurzfristigen Schwankungen unterliegt. Ein zwei- bis dreimaliges Nachfüllen pro Jahr ist üblich. Gastanks müssen bestimmte Mindestabstände zu Gebäuden, Grundstücksgrenzen und befahrenen Flächen (3 bzw. 5 m) einhalten, die im einzelnen ggf. bei den Flüssiggaslieferanten erfragt werden können.

Ebenso wie Gastanks erfordern auch die Heizöltanks eine regelmäßige Kontrolle auf Dichtigkeit (Gefahr der Wasserverschmutzung!), was bei oberirdischen Tanks kein Problem ist. Bei Erdtanks gibt die Garantiebescheinigung des Tankherstellers einen Hinweis auf die Haltbarkeit. Obwohl Erdtanks in regelmäßigen Zeitabständen vom TÜV geprüft werden müssen, ist der Betreiber für die Dichtigkeit des Tanks verantwortlich und im Schadensfall haftbar. Normale Haushaftpflichtversicherungen decken speziell dieses Risiko im allgemeinen nicht ab.

Eine Feuerung mit Holz ist sinnvoll, wenn Brennholz preisgünstig zur Verfügung steht und wenn das Besorgen, Lagern, Trocknen und Nachlegen des Holzes nicht als zu unbequem empfunden wird. Es gibt heute spezielle Holzkessel mit thermostatischer Steuerung auf dem Markt, die durch Vorvergasung eine Brennstoffausnutzung von etwa 90% erreichen (feuerungstechnischer Wirkungsgrad), also

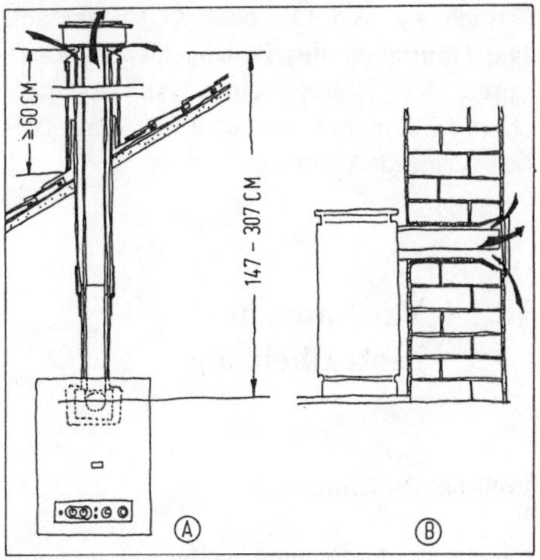

Abb. 187
Dezentrale Gasfeuerstätte (Stockwerk-Therme):
Therme als raumluftunabhängige Gasfeuerstätte mit eingebautem Ventilator

A Luft-Abgasschornstein über Dach, innerhalb des Systemangebots lieferbar. Durch Höhenbegrenzung des Schornsteins ist diese Variante auf den Einbau im Dachbereich begrenzt.

B Außenwandanschluß: notwendige Abstände zu Fenstern beachten, windabgekehrte Hausseiten bevorzugen.

Beachten: Standort der Therme auch in Küche oder Bad gut möglich!

Quelle: Schiedel GmbH, München

ähnlich wie ein Öl- oder Gasheizkessel. Die Häufigkeit des Holznachlegens kann durch den Einbau eines Heizungsspeichers (Wärmepuffer) auf 2 bis 3 mal täglich vermindert werden.

14.2.4 Varianten der Zentralheizung

Fußbodenheizung

Die Fußbodenheizung ist im allgemeinen längst nicht so vorteilhaft wie ihr Ruf, unabhängig davon, ob sie in Verbindung mit einer Warmwasser-Zentralheizung oder mit elektrischem Strom (siehe auch unter "Elektroheizung" weiter unten) betrieben wird. Die Vorteile einer Fußbodenheizung liegen im "thermischen Komfort", d.h. in der angenehmen und gleichmäßigen Wärmeverteilung, sowie darin, daß keine oder nur wenige Heizkörper erforderlich sind.

Die Nachteile sind:

- Mehrkosten gegenüber Heizkörpern von 15 bis 20%,
- Einschränkung in der Wahl des Bodenbelages (Holzdielen sind ungeeignet, Parkett ist bedingt geeignet),
- erhöhte Staubaufwirbelung,
- schlechte Regulierbarkeit der Wärmeabgabe infolge der thermischen Trägheit,
- hoher Fußbodenaufbau bei den meisten Systemen.

Da die Fußboden-Oberflächentemperatur aus gesundheitlichen Gründen nicht mehr als 28°C betragen soll und die maximale Wärmeabgabe dadurch beschränkt ist, kommen mäßig gedämmte Gebäude nicht ohne zusätzliche Heizkörper oder Einzelöfen aus. Planung und Ausführung von Fußbodenheizungen gehören in die Hände von Fachleuten! Die Dimensionierung der Anlage sollte dabei einem Fachingenieur überlassen werden.

Warmluftheizung

Die Funktionsweise einer modernen Warmluft-Zentralheizung ist der Warmwasserheizung sehr ähnlich. Anstelle der Heizungsrohre und Heizkörper übernehmen Luftkanäle mit Auslaßgittern in Boden, Wand oder Decke die Aufgabe der Wärmeverteilung. Die Wärmeerzeugung erfolgt auch hier durch einen Heizkessel, der die Wärme entweder unmittelbar (direkte Luftheizung) oder über einen Wasserkreislauf mit Wasser-Luft-Wärmetauscher (Komfort-Luftheizung) an den Luftkreislauf überträgt. Der Luftkreislauf kann relativ leicht um eine Einheit zur Abluftwärmerückgewinnung ergänzt, durch die sich bei gut gedämmten Gebäuden der Energiebedarf mit einfacher Technik noch einmal erheblich reduzieren läßt.

Weitere Vorteile dieses Heizsystems:

- Solare Wärmegewinne aus Räumen mit Verglasung nach Südost bis Südwest lassen sich relativ leicht in das System "einspeisen" und in alle gewünschten Räume leiten.
- Auch andere interne Wärmegewinne (z.B. durch Backofen, Kachelofen) sind im ganzen Haus verfügbar.
- Die Anlage kann bei Bedarf mit zusätzlichen Heizkörpern oder einer Fußbodenheizung ergänzt werden (z.B. für Räume mit erhöhtem Wärmebedarf wie Bad oder Gewächshaus).
- Die Technik ist einfach und haltbar. Die Luftkanäle können im Vergleich zu Heizkörpern und Heizleitungen weder undicht werden noch einfrieren.

Wegen schlechter Erfahrungen mit alten Anlagen in ungenügend gedämmten Häusern existieren vielfach Vorbehalte gegen die Luftheizung. Wenn die Anlage richtig geplant und eingebaut wird und wenn der Wärmeschutz des Hauses den heutigen Anforderungen entspricht, sind solche Vorbehalte jedoch unbegründet. Die dann erforderlichen Luftgeschwindigkeiten und -temperaturen sind so niedrig, daß es mit Ventilatorgeräuschen, Zugluft und Staub keine Probleme geben muß. Auch die Geruchs- und Schallübertragung in benachbarte Räume kann bei richtiger Ausführung weitgehend vermieden werden.

Als nachteilig oder im Altbau hinderlich können sich auswirken:

- der relativ große Platzbedarf für die Luftkanäle,
- der höhere Preis,
- die geringe Bekanntheit des Systems und mangelnde Erfahrung bei Fachplanern und ausführenden Unternehmen,
- die Schallübertragung durch die in den Zimmertüren vorzusehenden Luftschlitze (sofern erforderlich).

Hinweise auf versierte Fachplaner und ausführende Firmen können bei den Luftheizungsherstellern erfragt werden (vgl. Anhang 2).

Hypokaustenheizung

Bei dieser "alternativen" Heizung handelt es sich im Prinzip um eine Fußboden- oder Wandheizung mit Luft als Wärmeträger. Sie wird als vermeintlich "gesunde Strahlungsheizung" ähnlich wie die Kachelofenheizung besonders von Baubiologen hochgelobt. In ausreichend wärmegedämmten Gebäuden läßt sich ein angenehmes Strahlungsklima auch mit einer einfacheren Heizung erreichen. Gerade im Altbau sind der bauliche Aufwand und die Kosten für eine Hypokaustenheizung so hoch, daß es sinnvoller ist, diese Mittel für energiesparende Maßnahmen im Bereich der Wärmedämmung oder Heizungstechnik zu investieren.

Elektroheizung

Die Elektroheizung ist nur vordergründig eine saubere Heizung. Bei genauer Betrachtung zeigt sich, daß Nachtstrom-Speicheröfen und auch die Warmwasserheizung mit Nachtstrom-Wasserspeichern weder umweltfreundlich noch besonders wirtschaftlich sind:

- Im Kraftwerk muß mehr als dreimal soviel Energie eingesetzt werden wie beim Verbraucher ankommt. Daraus ergeben sich unnötig hohe Risiken (aus der Kernenergietechnik) sowie eine unnötig große Umweltbelastung und Rohstoffvergeudung (durch die Verbrennung fossiler Brennstoffe).
- Nachtstrom ist inzwischen kein Überschußstrom mehr, sondern eine Absatzstrategie der Energiekonzerne.
- Die Nachtspeicher-Einzelöfen haben relativ hohe Stillstandsverluste, im Heizbetrieb verursacht der Ventilator lästige Geräusche und Staubaufwirbelung.

Weitere Nachteile der Nachtspeicher-Einzelöfen: hohes Gewicht (bei Holzbalkendecken oft problematisch), häßliches Aussehen, teure Starkstrominstallationen im Haus, langer Antragsweg. Besonders teuer und energetisch noch unrationeller sind alle mit Tagstrom betriebenen Bedarfsheizungen, die den Strom "aus der Steckdose" entnehmen.

Wärmepumpen

Wärmepumpen sind Wärmeerzeuger, bei denen elektrischer Strom, Gas oder Öl dazu einsetzt wird, um der Umgebung (Luft, Boden oder Gewässer) Wärme zu entnehmen und sie für Heizzwecke im Gebäude nutzbar zu machen.
Für den geringen Wärmebedarf kleiner Gebäude stehen derzeit nur elektrisch betriebene Wärmepumpen zur Verfügung. Und die können nicht als ein Beitrag zum Umweltschutz bezeichnet werden, denn der energetische Gesamtwirkungsgrad ist mit 90% (bezogen auf den Primärenergieeinsatz im Kraftwerk) nicht besser als bei der direkten Verbrennung fossiler Brennstoffe im Haus. Darüber hinaus sind solche Anlagen im allgemeinen kaum wirtschaftlich, da neben der Wärmepumpe noch ein normaler Heizkessel bereitstehen muß, der die Spitzenleistung in den kältesten Monaten des Winters liefert. Entsprechend liegen die Kosten einer Wärmepumpenanlage für 150 m^2 Wohnfläche bei etwa 12.000 bis 20.000 DM.
Gas- oder dieselmotorgetriebene Wärmepumpen können dagegen Leistungsziffern bis zu 250% erreichen (d.h. das 2,5-fache des eingesetzten Brennstoffs wird als Nutzwärme geliefert), indem sie zusätzlich zur Energie aus der Wärmepumpe auch die Abwärme des Gas- oder Dieselmotors fast vollständig zu Heizzwecken nutzen. Damit wird die eingesetzte Primärenergie bedeutend effizienter umgesetzt. Anlagen dieser Art haben sich seit Jahren in der Praxis bewährt und werden von mehreren Firmen angeboten. Die kleinste Einheit bringt allerdings schon eine Wärmeleistung von 40 kW, so daß diese Lösung nur für größere Gebäude oder Hausblöcke mit einer Gesamtwohnfläche ab ca. 500 m^2 in Frage kommt. Einer allgemeinen Verbreitung solcher Anlagen in Mehrfamilienhäusern standen bislang die hohen Investitionskosten, mangelnde Information der Entscheidungsträger und je nach Anwendungsfall auch Probleme mit der Wirtschaftlichkeit entgegen.

14.3 Warmwasserbereitung

Welches Verfahren zur Warmwasserbereitung das preiswerteste und energetisch günstigste ist, hängt ganz wesentlich von der Art der Gebäudeheizung ab und muß daher für jeden Einzelfall neu überdacht werden.
Wo eine (modernisierte) Zentralheizung geplant oder vorhanden ist, erfolgt die Warmwasserbereitung am besten über einen zentralen, gut wärmegedämmten Speicher, der möglichst in der Nähe der wichtigsten Zapfstellen stehen und so bemessen sein sollte, daß er den Verbrauch eines Tag faßt. Für einen 4-Personen-Haushalt reichen etwa 300 l Speichervolumen. Die wärmedämmende Ummantelung sollte mindestens 8 cm dick sein. Bei einer solchen Auslegung arbeitet die Anlage auch im Sommer energiesparend und wirtschaftlich, da der Kessel zum Aufheizen des Speichers nur ein- oder zweimal pro Tag anspringen muß. Diese Lösung ermöglicht auch die - ggf. nachträgliche - Integration einer Solaranlage zur Warmwasserbereitung in das Anlagensystem, so daß der Heizkessel im Sommerhalbjahr ganz abgeschaltet werden kann. Der Standspeicher wird dazu mit einem zweiten Solar-Wärmetauscher ausgestattet, der im unteren Bereich des Standspeichers liegen sollte.

20 m² Sonnenkollektoren zur Brauchwassererwärmung, integriert in das Dach eines kleinen Kinderheims

Wo keine Zentralheizung vorhanden ist, empfiehlt sich die dezentrale Wassererwärmung mit Gas, und zwar entweder in einem Durchlauferhitzer oder in einem Standspeicher möglichst nahe bei den Verbrauchsstellen. In Gebieten ohne Erdgasversorgung bietet Flüssiggas in transportablen Gasflaschen ähnliche Vorzüge im praktischen Gebrauch. In einem genormten Gasschrank, der nur außen und unter Berücksichtigung vorgeschriebener Schutzabstände aufgestellt werden darf, werden jeweils zwei Gasflaschen untergebracht, eine zur Benutzung, die andere zur Reserve. Für Mehrfamilienhäuser ist ein kleiner Flüssiggastank (unter- oder oberirdisch) geeignet.
Elektro-Heißwasserspeicher oder gar Durchlauferhitzer erfüllen zwar denselben Zweck wie die Gasgeräte, umweltbewußte Hausbesitzer sollten jedoch, wenn irgend möglich, keinen Strom für Heizzwecke verwenden, auch nicht für die Warmwasserbereitung!

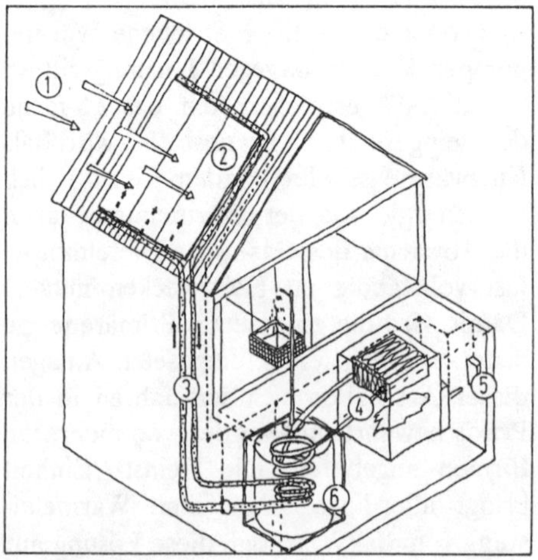

Abb. 188
Aktive Sonnenenergienutzung (Warmwasser-Kollektor)

1 Sonneneinstrahlung
2 Dachkollektor, südorientiert
3 Kollektor-Wasserkreislauf
4 Heizkessel der Zentralheizung
5 Steuerungsanlage
6 Bivalenter Brauchwasserspeicher

14.4 Sonnenenergienutzung

Sonnenkollektoren und Glasvorbauten liefern kostenlose und umweltfreundliche Sonnenenergie frei Haus. Bei fachgerechter Planung und Ausführung können sie auch unter mitteleuropäischen Klimabedingungen in nennenswertem Umfang zur Heizenergieeinsparung beitragen.

Warmwasserbereitung mit Sonnenkollektoren

Sonnenkollektoren kommen hierzulande überwiegend für die Brauchwassererwärmung zum Einsatz. Die Kollektoren (Flachkollektoren oder Vakuumkollektoren) werden an einer möglichst sonnenexponierten Stelle, in der Regel auf einer Dachfläche, angebracht. Bei Südorientierung und einem Neigungswinkel zwischen 30 und 45° ist zur Versorgung eines 4-Personen-Haushaltes eine Kollektorfläche von 5 bis 8 m² je nach Standort und Kollektortyp sinnvoll. Sie kann in Verbindung mit einem 300 bis 400 l-Brauchwasser-Speicher im Sommerhalbjahr den Warmwasserbedarf (ca. 200 - 300 l/Tag bei 4 Personen) zu 80 bis 90% decken und auch im Winterhalbjahr an sonnigen Tagen noch spürbare Beiträge zur Warmwasserbereitung leisten.
Liefern die Kollektoren im Winterhalbjahr oder während Schlechtwetterperioden nicht genügend hohe Temperaturen in den Speicher, muß nachgeheizt werden. Wo eine Zentralheizung vorhanden ist, geschieht dies über einen zweiten Wärmetauscher im oberen Teil des Brauchwasserspeichers. Eine Alternative ist die Nachheizung über eine thermostatisch gesteuerte Gastherme, die bei zu niedrigen Brauchwassertemperaturen automatisch anspringt. Die häufig praktizierte elektrische Zusatzheizung ist nicht sinnvoll, da die Vorteile der Sonnenenergienutzung

für die Umwelt durch den Stromeinsatz wieder weitgehend aufgehoben würden.

Leider sind die Preise für Sonnenkollektoren mit dem erforderliche Zubehör immer noch recht hoch. Entsprechend lang ist bei den derzeitigen Energiepreisen die Amortisationszeit solcher Anlagen. Bei Montage in Eigenleistung fällt die Rechnung merklich günstiger aus. Der Bau einer Kollektoranlage sollte daher erst ins Auge gefaßt werden, wenn die anderen wirtschaftlicheren Energiesparmaßnahmen am Gebäude durchgeführt sind (vgl. Kap. 4.3).

Für die Raumheizung ist der Einsatz von Warmwasser-Kollektoren in unserem Klima nicht sinnvoll, da das Strahlungsangebot im Winter für die Heizung nicht ausreicht und andererseits - von Versuchsanlagen abgesehen - derzeit noch keine leistungsfähigen Großspeicher für die Wärmespeicherung vom Sommer bis in den Winter hinein verfügbar sind.

Glasvorbauten

Nach Süden orientierte Glasflächen zur "passiven" Sonnenenergienutzung gewinnen zunehmend an Bedeutung. Zum Verständnis der Wirkung ist es wichtig, zwischen großzügiger Südverglasung von Wohnräumen, Wintergärten und Wohngewächshäusern zu unterscheiden.

Südfensterflächen mit Isolierverglasung bringen durch die Sonneneinstrahlung auch im Winter mehr Wärme ins Haus, als durch sie in der Nacht und an trüben Tagen verloren geht, sofern die Glasflächen nachts mit Rolläden o.ä. wärmegedämmt sind oder Wärmeschutzverglasung vorhanden ist. Neben einer guten Belichtung wirken die Fenster damit als "Sonnenkollektoren" mit positiver Energiebilanz.

Wohngewächshäuser sind beheizbare Glasräume mit einer ganzjährigen (meist subtropischen) Bepflanzung. Durch eine Beheizung muß gewährleistet sein, daß die Raumtemperatur nicht unter 5°C absinkt. Zur Begrenzung der Wärmeverluste sollte auch hier wenigstens eine Isolierverglasung, besser eine Wärmeschutzverglasung vorgesehen werden. Wohngewächshäuser dienen der Aufwertung der Wohnqualität und der Erweiterung des Wohnraumes. Solare Energiegewinne für das übrige Haus fallen wegen der erforderlichen Heizung im Gewächshaus kaum an, denn Gewinne und Verluste des Gewächshauses heben sich in der Energiebilanz etwa gegeneinander auf.

Gewächshäuser müssen so gestaltet werden, daß das Kondenswasser, das sich bei niedrigen Außentemperaturen an der Innenseite der Verglasung bildet, kontrolliert abgeleitet wird. Das ist gerade bei Holzkonstruktionen besonders wichtig. Die Herstellungskosten für ein Wohngewächshaus betragen ca. 1000 DM pro m^2 verglaste Fläche.

Wenn der Glasvorbau hauptsächlich der Sonnenenergienutzung dienen soll, sollte er als *nicht beheizter Wintergarten* in der Art einer verglasten Loggia bzw. Terrasse gestaltet werden. Zimmerpflanzen werden am besten in Töpfen und Kübeln gehalten, damit sie im Winter an einen frostfreien Platz gebracht werden können. Eine Einscheiben-Verglasung kann mit preiswertem Gewächshausglas hergestellt werden, höhere solare Gewinne und mildere Temperaturen im Winter sind jedoch mit Isolier- oder Wärmeschutzverglasung zu erzielen.

Für die energetische Optimierung sind Glashaus und Kernhaus als ein System zu betrachten, das folgende Merkmale aufweisen sollte:

- Die Glasflächen sollten überwiegend nach SSO bis SSW orientiert sein, wo-

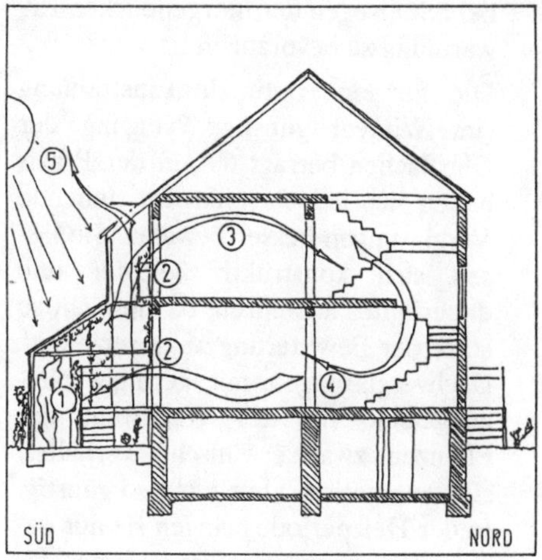

Abb. 189
Passive Sonnenenergienutzung:
Funktionsprinzip eines Anlehngewächshauses

1 durch Sonneneinstrahlung erwärmte Raumluft steigt im verglasten Vorbau nach oben
2 bewegliche Fenster- und Türabschlüsse zum Wohnraum
3 zugeführte erwärmte Raumluft
4 abgekühlte Raumluft
5 Abfuhr überschüssiger Warmluft im obersten Bereich des Vorbaues

bei SSO wegen der morgendlichen Erwärmung zu bevorzugen ist.

- Die für eine optimale Einstrahlung (im Winter) günstige Neigung der Glasflächen beträgt 60°, in der Praxis haben sich jedoch senkrecht stehende Verglasungen besser bewährt. Sie lassen sich konstruktiv leichter und dauerhafter ausführen, da sie nicht so stark der Bewitterung ausgesetzt sind. Dachverglasungen mit geringer Neigung sind für das Wachstum der Pflanzen zwar erwünscht, verhalten sich energetisch aber nicht so günstig. In der Heizperiode bringen sie nur geringe Wärmegewinne, im Sommer dagegen führen sie leicht zu einer Überhitzung im Gewächshaus.
- Die Wärme aus dem Wintergarten soll möglichst gut in alle Räume des Hauses verteilt werden können, z.B. durch natürliche Thermik (geöffnete Fenster und Türen zu Wintergarten und Treppenhaus) oder durch eine mechanische Lüftung (Luftkanäle mit Ventilator, Luftzentralheizung).
- Das Haus soll ein gutes Wärmespeichervermögen haben, um einerseits bei Sonnenschein viel Wärme aufzunehmen und abends wieder abgeben zu können und um andererseits im Sommer einer Überhitzung entgegenzuwirken. Stoffe mit einer hohen Wärmespeicherkapazität sind z.B. Ziegel, Kalksand- und Natursteine mit hoher Rohdichte, sowie Beton und Wasser.
- Die von der Sonne direkt beschienenen Wand- und Bodenflächen sollen einen dunklen Farbton und ein gutes Wärmespeichervermögen haben.
- Wenigstens eine der beiden Verglasungen, entweder die Wintergartenhülle oder die Verglasung zwischen Wintergarten und Kernhaus, sollte als Isolier- oder Wärmeschutzverglasung ausgeführt werden.
- Die Heizungsanlage soll möglichst schnell, raumweise und selbsttätig auf solare Wärmegewinne reagieren können. Günstige Systeme sind die Warmwasser - Zentralheizung mit Heizkörpern für Niedertemperaturbetrieb (und Thermostatventilen) und die Warmluftheizung. Kachelöfen und Fußbodenheizungen sind träge und erfüllen diese Forderung nicht.
- Ein günstiges Kosten - Nutzen - Verhältnis läßt sich bei Wintergärten erreichen, die weitgehend in den massiven Baukörper integriert sind. Weniger günstig sind Glashäuser, die vollständig vor einer Außenwand oder gar vor einer Gebäudeecke liegen.

Die Höhe des nutzbaren solaren Wärmegewinns ist nicht ganz leicht zu ermitteln. Eine Optimierung des Systems ist mit Hilfe computergestützter Rechenverfahren möglich. Jede technische Optimierung ist jedoch nur in Verbindung mit einem angemessenen Nutzerverhalten sinnvoll.

Für die Bauausführung von Wintergärten und Wohngewächshäusern gelten folgende weitere Regeln:

- Bei "Überkopfverglasungen" (auch Schräg- bzw. Dachverglasung genannt) müssen Vorkehrungen zum Schutz gegen herabfallende Scheibenteile getroffen werden, z.B. durch ein Gitter oder durch die Verwendung von Sicherheitsglas. Die gleichen Vorkehrungen sind bei größeren Absturzhöhen (z.B. in Baden-Württemberg ab 1 m) auch für senkrechte Glasflächen baurechtlich vorgeschrieben.
- Ein nächtlicher Wärmeschutz, z.B. mit innenliegenden, dicht schließenden Rollos ist in vielen Fällen sinnvoll, wird aber aus finanziellen und gestalterischen Gründen häufig nicht vorgesehen. Eine Wärmeschutzverglasung ist wärmetechnisch der einfachen Isolierverglasung mit nächtlichem Wärmeschutz überlegen.
- Um einer sommerlichen Überhitzung entgegenzuwirken, sind ausreichende Lüftungs- und Schattierungsmöglichkeiten vorzusehen, besonders bei Schrägverglasungen. Die Größe der Lüftungsöffnungen sollte etwa ein Zehntel der Glasfläche betragen. Eine außenliegende Schattierung, z.B. in Form von Rollmarkisen, ist wirksamer aber auch teurer als eine innenliegende Schattierung, z.B. in Form von Faltmarkisen oder Sonnensegeln.

14.5 Schornsteine

Mit Ausnahme der Außenwand-Gasthermen müssen sämtliche Feuerstätten an einen Schornstein angeschlossen werden, der die Abgase sicher über Dach leitet. Bei der Modernisierung von Heizungsanlagen werden besonders in älteren Häusern Maßnahmen am Kamin erforderlich. Schornsteine wurden etwa bis 1960 aus Ziegelmauerwerk oder Ziegelsplitt-Formteilen hergestellt, in der Regel mit recht großem Querschnitt und unzureichender Wärmedämmung, ausgelegt für Kohle- und Holzöfen mit hohen Abgastemperaturen. Werden moderne, energiesparende Heizkessel (Öl oder Gas) mit Abgastemperaturen von 160 - 180°C und weniger an solchen Kaminen betrieben, ist ein "Versotten" des Kamins die häufige Folge, weil die Rauchgase vor Erreichen der Schornsteinmündung zu stark abkühlen und kondensieren. Verrostete Reinigungstüren, brüchige Mörtelfugen und austretendes braunes Kondensat sind die sichtbaren Schäden.

Zur Sanierung sind folgende Maßnahmen möglich:

- Anbringen einer Wärmedämmung in den nicht beheizten Räumen (Dachraum) und am Kaminkopf (Kap. 8.3) bei leichteren Feuchteschäden und sonst intaktem Kamin.
- Verkleinern des inneren Schornsteinquerschnitts durch Auspressen mit Spezialmörtel durch Fachfirmen.
- Grundlegende Schornsteinsanierung durch Einsetzen eines Edelstahl- oder glasierten Tonrohres mit einer wärmedämmenden Ummantelung (z.B. Schüttung) in den alten Kamin (durch Spezialfirmen).

Wenn mehrere Feuerstätten an einen vorhandenen Schornstein angeschlossen werden sollen, ist zu beachten:

- An einen gemeinsamen Schornsteinzug dürfen bis zu 3 Feuerstätten für flüssige oder feste Brennstoffe angeschlossen werden. Feuerstellen für Gas müssen an einen eigenen, den Gasgeräten vorbehaltenen Zug angeschlossen werden.
- Ein eigener Schornsteinzug für jede einzelne Feuerstätte ist erforderlich z.B. bei einer Nennwärmeleistung von mehr als 20 kW (Zentralheizungskessel) - bei Gasfeuerstätten mit mehr als 30 kW - sowie für jede Feuerstätte mit Gebläsebrenner und für jeden offenen Kamin.

Neue Schornsteine werden heute aus einoder mehrschaligen Formschornsteinen hergestellt, da sie funktionssicherer sind als gemauerte. Besonders bewährt haben sich die Isolierschornsteine, bestehend aus dem Schamotte-Innenrohr, einer belüfteten Wärmedämmung und dem äußeren Mantelstein. Formschornsteine gibt es für einen und mehrere Züge in zahlreichen Querschnitten. Metall-Leichtschornsteine aus doppelwandigem Edelstahlblech mit zwischenliegender Dämmschicht können an Wandkonsolen innen und außen montiert werden. Innerhalb von Wohnungen müssen sie jedoch zusätzlich feuerbeständig ummantelt werden, z.B. mit Leichtbeton-Formsteinen.

Für die Planung und Ausführung eines neuen Schornsteins gibt es in den Bauordnungen der Länder und in der DIN 18160 zahlreiche Vorschriften. Einige wichtige Regeln sind im folgenden aufgelistet. In jedem Fall ist es günstig, Baumaßnahmen am Schornstein mit dem Bezirksschornsteinfeger abzustimmen.

Vorschriften für die Errichtung eines Schornsteins:

- Die Errichtung eines neuen Schornsteines ist genehmigungspflichtig.
- Die Schornsteinmündung muß möglichst nahe beim First liegen.
- Wenn der Schornstein nicht auf einem eigenen Fundament errichtet wird, ist die Tragfähigkeit des Bodens bzw. der Decke zu prüfen.

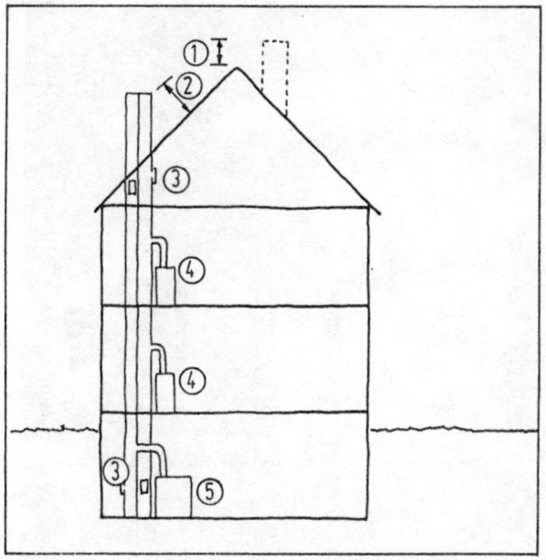

Abb. 190
Schornstein - Anlage
bei Planung und Ausführung beachten:

1 Mündung > 40 cm über Dachfirst
2 Mündungsabstand von der Dachdeckung > 100 cm
3 Putztüren
 - dürfen nicht in Aufenthaltsräume münden
 - Abstand untereinander max. 8 m
 - Abstand zwischen oberster Putztür und Kaminkopf max. 4,0 m
4 max. 3 Einzelöfen pro Kaminzug
5 max. 1 Zentralheizung pro Kaminzug

Beachten: Schornsteinquerschnitt auf das vorgesehene Heizungssystem abstimmen. Sicherheitsvorgaben und Brandschutz beachten!

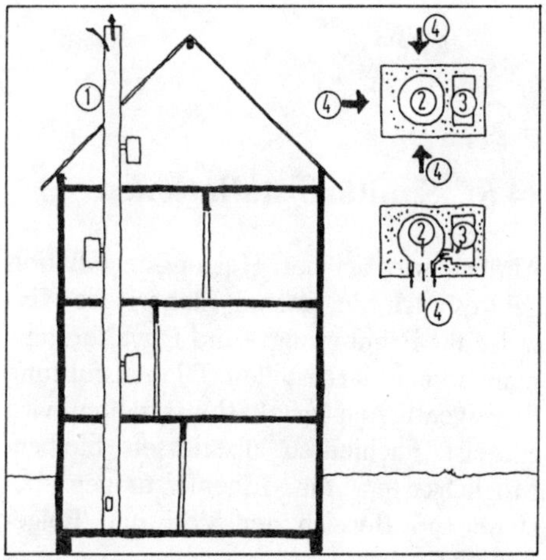

Abb. 191
Anschluß an zentralen Luft-Abgas-Schornstein (LAS-System: maximal 4 Anschlußstellen pro Zug, technische Richtlinien beachten

1 LAS - System (Schornstein)
2 Abgasführung
3 Zuluftführung
4 Anschlußmöglichkeiten für Therme

Erneuerung der Abwasserinstallation.
Im Vordergrund die Sanitär-Installationswand für hängende WC-Montage

- Reinigungsöffnungen sind in Abständen von 8 m anzuordnen. Die Putztür soll nicht in einem Aufenthaltsraum liegen; ggf. ist ein Vorraum oder eine Vormauerung mit Tür als Schleuse herzustellen.
- Schornsteine sind in Abständen von höchstens 5 m auszusteifen.
- Der Schornsteinquerschnitt ist nach DIN 18160 bzw. nach den Unterlagen der Hersteller zu ermitteln.
- Für die Anschlüsse von Feuerstätten sind bei Formschornsteinen spezielle Anschluß-Formstücke zu verwenden. Nachträglich erforderliche Aussparungen dürfen nur durch Bohren oder Schneiden, z.B. mit Trennscheiben, hergestellt werden. Stemmarbeiten sind nicht zulässig.
- Die Außenflächen von Schornsteinen müssen verputzt werden und von brennbaren oder schwer entflammbaren Baustoffen (z.B. Deckenbalken, Dachstuhl) mindestens 5 cm entfernt bleiben.
- Wandschlitze und Befestigungen an Schornsteinen sind unzulässig.

14.6 Sanitärinstallationen

Ähnlich wie bei der Heizungsinstallation geht es auch hier darum, planerische Hinweise für Erneuerungs- und Erweiterungsmaßnahmen darzustellen. Die Ausführung der eigentlichen Installationsarbeiten wird zumeist Fachleuten überlassen bleiben. Möglichkeiten für Eigenleistungen bestehen im Bereich der Vor- und Folgearbeiten.

Wasserversorgung

Die durchschnittliche Haltbarkeit von Wasserleitungsrohren aus verzinktem Stahl beträgt etwa 15 - 40 Jahre, sie hängt wesentlich von den Inhaltsstoffen bzw. der Aggressivität des Trinkwassers ab. Ob und wie dringend ein altes Leitungsnetzes erneuert werden muß, kann nur von erfahrenen Fachleuten beurteilt werden. Maßgebend für die Beurteilung ist die Dicke des Kalkansatzes, der Rostansatz und die verbliebene Materialstärke. Wenn allerdings bereits erste Undichtigkeiten an Leitungsrohren aufgetreten sind, sollten im Zuge von Umbaumaßnahmen sämtliche Wasserleitungen erneuert werden.
Bei einer Erweiterung oder (Teil-)Erneuerung des Leitungsnetzes gilt es zunächst die *Materialfrage* zu klären: Für Kalt- und Warmwasser-Leitungen im Haus können grundsätzlich verzinkte Stahlrohre, Kupferrohre (hart und weich) sowie neuerdings auch vernetzte Polyäthylen-Rohre (VPE) eingesetzt werden. *Kupferrohre* lassen sich biegen und (weich-) löten und können dadurch relativ leicht, schnell und mit einfachem Werkzeug verarbeitet werden; verzinkte *Stahlrohre* müssen dagegen vor Ort zunächst mit Außengewinde versehen und dann mittels Gewindefittings verschraubt werden, was schon wegen der erforderlichen Gewindeschneider keine Arbeit für Heimwerker ist. In der Haltbarkeit liegen Kupfer- und Stahlleitungen fast gleich. Obwohl Kupfer vom Material her teurer ist, wird es auch vom Handwerk wegen der kürzeren Montagezeiten zunehmend eingesetzt.
In allen Metall-Wasserleitungen gehen laufend kleinste Mengen des Metalls im Wasser in Lösung (bei Stahlleitungen z.B. nach Entleerung des Leitungsnetzes an der Braunfärbung des Wassers sichtbar). Trinkwasserleitungen aus Blei, die sich noch in so manchen alten Häusern finden, sollten wegen der gesundheitsschädigen-

den Wirkung von Blei unbedingt ersetzt werden. Aus demselben Grund dürfen Kupferrohre niemals in Fließrichtung vor Stahlrohren eingebaut werden, die Stahlrohre würden durch Korrosion binnen kurzer Zeit zerstört!
Die *VPE-Kunststoff-Rohre* (z.B. Fabrikat SANIPEX), die in einem gewellten Schutzrohr (Leerrohr) verlegt werden, vermeiden viele Nachteile der Metalleitungen: Sie lassen sich durch eine ausgeklügelte Systemtechnik (das "Rohr-in-Rohr System") sogar mit einfachen Werkzeugen auch von Heimwerkern leicht verarbeiten, korrodieren nicht und geben (nach heutigem Erkenntnisstand) keine schädlichen Stoffe an das Wasser ab - sind also für Neuinstallationen eine überdenkenswerte Alternative. Über die Lebensdauer der Leitungen in Hausanlagen liegen noch keine zuverlässigen Erfahrungen vor, doch lassen sich durch die Verlegung der Leitungen in Leerrohren defekte Stücke leicht austauschen.

Bei der Verlegung der Rohrleitungen bietet sich in Küche und Bad die sogenannte Vormauerung an. Die Leitungen werden nicht in Wandschlitzen, sondern auf der rohen Wand verlegt und anschließend durch eine Verkleidung oder eine dünne Mauer verdeckt, z.B. durch eine Vormauerung aus Kalksandstein-, Bims- oder Gasbetonplatten in einer Dicke von 5 bis 10 cm. Solche Mauerwerksflächen können gezielt zur Raumgestaltung eingesetzt werden, z.B. als Ablagesims, Duschtrennwand oder zur Wandbegradigung. In Bereichen, die nicht direkt dem Spritzwasser ausgesetzt sind, ist auch eine sichtbare Leitungsführung denkbar. Das kann bei überlegter Planung und sorgfältiger Ausführung gestalterisch sogar ganz reizvoll sein.

In ausreichend dickem Mauerwerk (> 11,5 cm) werden Rohrleitungen jedoch häufig in später zu verputzenden Wandschlitzen und Aussparungen geführt. Das hat vor allem folgende Vorteile:

- bequeme Montage,
- schall- und wärmedämmende Ummantelung,
- gestalterisch unproblematisch und sauber.

Es ist jedoch zu beachten, daß

- in tragenden und aussteifenden Bauteilen Schlitze statisch unzulässig sein können,
- im Mauerwerk keine waagerechten Schlitze hergestellt werden dürfen,
- in Trennwänden keine Schallbrücken entstehen,
- in Außenwänden Wärmebrücken vermieden werden.

Alle Wasserleitungen sollen mit Faserdämmstoffen ummantelt werden, Warmwasserleitungen zur Vermeidung von Wärmeverlusten, Kaltwasserleitungen zur Vermeidung von Schwitzwasser. Für freiliegende Leitungen empfiehlt sich eine nachträgliche Dämmung mit handelsüblichen Halbschalen oder mit Wickelmaterial. Eine Ummantelung schützt außerdem zusammen mit den Gummimanschetten der Rohrschellen vor einer Übertragung der Fließgeräusche.

Für vorhandene Tiefspülkästen gibt es heute praktisch in jedem Baumarkt für wenig Geld *Spülstromunterbrecher*, die durch ihr Gewicht das Schwimmventil nach dem Loslassen der Spültaste zurückstellen und auf diese Weise beträchtliche Mengen Wasser sparen. Bei den alten Hochspülkästen kann man sich selbst behelfen, z.B. indem die Glocke einige cm unterhalb der Wasserstandslinie angebohrt wird (Lochdurchmesser 6 - 8 mm). Beim Spülvorgang verbleibt das Wasser unterhalb der durchbohrten Stelle im Ka-

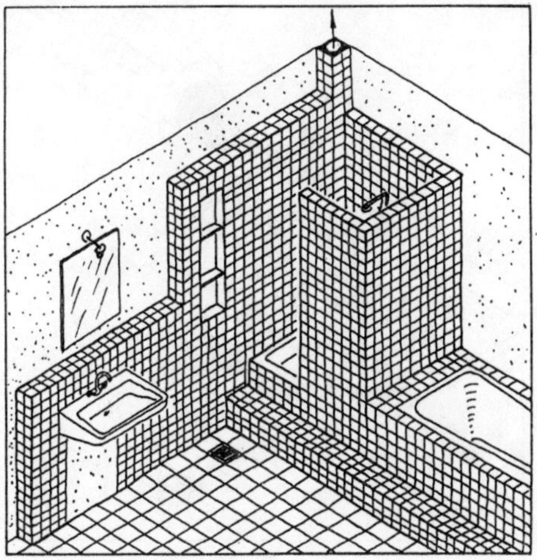

Abb. 192
Die Vormauerung im Sanitärbereich kann mehreren Zwecken dienen:

- Unterbringung der Installationsleitungen
- Unterbau für keramischen Wandbelag im Spritzwasserbereich, einschließlich dahinterliegender Abdichtung
- Raumgestaltung
- Wandbegradigung
- Duschtrennwand
- Simsablagen

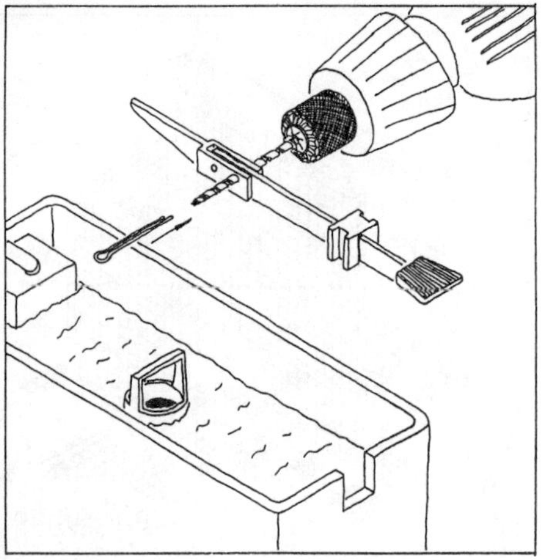

Abb. 193
Nachträglicher Einbau einer Spülwasserregelung

Den nur für das Ausfließen des Spülwassers gerichteten Betätigungshebel herausnehmen, Zwischengelenk mit Splint oder Schraube starr verbinden und Hebel wieder einsetzen. Nun kann durch Hochdrücken des Hebels das Abflußwasser reguliert werden.

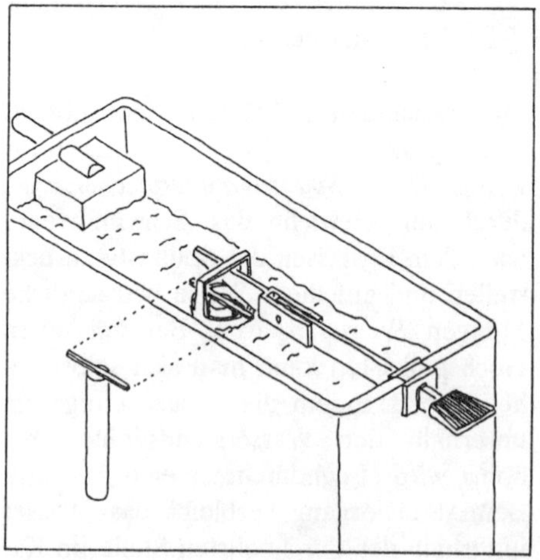

Abb. 194
Regulierung des Abflußwassers durch Einhängen eines Gewichtes (im Fachhandel erhältlich)

Läßt man den Betätigungshebel nach kurzem Spülen wieder los, wird dieser durch das eingehängte Gewicht sofort wieder nach oben gedrückt und der Spülvorgang wird gestoppt.

sten, wenn der Spülhebel nicht festgehalten wird.

Regenwassernutzung

Trinkwasser ist ein kostbares "Lebensmittel". Deshalb sollten bei Reparaturen und Neuinstallationen die Möglichkeiten der Wasserspartechnik konsequent umgesetzt werden: Abdichten tropfender Wasserhähne, Einbau von Durchflußbegrenzern bei Spül- und Waschbeckenarmaturen, Spülstrom-Unterbrechung bei Toilettenspülkästen, usw..

Doch nur 30 - 40% des im Haushalt verbrauchten Trinkwassers muß aus hygienischen Gründen diese Qualität haben. Die übrigen 60 - 70% - das sind täglich etwa 70 l pro Kopf - rauschen durch die Klospülung oder werden für Zwecke verbraucht, für die eine geringere Wasserqualität durchaus ausreichend wäre. Durch Nutzung des Regenwassers von den Dachflächen kann der Verbrauch an aufwendig aufbereitetem Trinkwasser erheblich vermindert werden.

Regenwasser ist weiches Wasser, es eignet sich daher nach einer einfachen Filterung außer für die Toilettenspülung und Gartenbewässerung gut zum Wäschewaschen. Wissenschaftlichen Untersuchungen zufolge ist die Qualität des Regenwassers dafür hygienisch völlig ausreichend; und aufgrund der geringen Wasserhärte wird sogar merklich weniger Waschmittel gebraucht, was die Kläranlagen und Flüsse entlastet.

Bei größeren Maßnahmen an der Wasserinstallation sollte daher stets eine zusätzliche Regenwasserleitung zu den Toilettenspülkästen und anderen Regenwasser-Verbrauchern gelegt werden, selbst wenn die Regenwasser-Sammelanlage erst später einmal realisiert werden soll. Zum Auffangen des Regenwassers eignen sich im Boden eingebaute Zisternen oder im Keller aufgestellte Kunststofftanks. Das Speichervolumen richtet sich nach dem Wasserbedarf und dem Angebot von den Dachflächen: für einen 4-Personen-Haushalt sind etwa 2 - 4 m^3 Speichervolumen bei einer angeschlossenen Dachfläche von 100 - 150 m^2 wünschenswert, doch können auch mit kleineren Volumina schon merkliche Trinkwassereinsparungen erzielt werden.

Das Schema einer Regenwasser-Sammelanlage mit ihren wesentlichen Elementen ist in Abb. 195 dargestellt:

- Speicher im Keller oder Zisterne in der Erde (dort Frostschutz durch Wärmedämmung der Behälterdecke und der Wände bis etwa 100 cm unter Gelände, z.B. mit feuchtigkeitsunempfindlichen Schaumglasplatten),
- Regenwasserfallrohr mit Klappe, Regenwasserablauf mit Schlammeimer und Sieb,
- Entleerungs- und Überlaufrohr,
- Trinkwasserzulauf, z.B. über Schwimmerventil, für den Fall, daß der Regenwasservorrat aufgebraucht ist,

- Hauswasserautomat mit Pumpe und Druckausgleichsbehälter,
- Feinfilter,
- Regenwasserleitungen aus Kunststoff (Metalleitungen würden zu schnell korrodieren).

Die Kosten einer Regenwasser-Sammelanlage (Fassungsvermögen 4 m^3) betragen je nach örtlichen Gegebenheiten ohne Selbsthilfe etwa 3.000 bis 7.000 DM. Abgesehen von der Kosteneinsparung durch Selbstbau kann es finanziell lohnend sein (z.B. in Reihenhausbebauungen), eine größere Anlage gemeinsam mit Nachbarn zu betreiben.

Abwasserentsorgung

Für Entwässerungsleitungen werden heute vorwiegend HT-Rohre (aus grauem, temperaturbeständigem Polyäthylen) eingesetzt, die in fast jedem Baumarkt angeboten werden. Sie sind preiswert und leicht zu verarbeiten; kleinere Reparaturen oder Neuinstallationen, z.B. der Anschluß eines Waschbeckens, können damit auch in Selbsthilfe ausgeführt werden. Eine längere Lebensdauer und bessere Schalldämmung bieten die Abflußrohre aus Gußeisen, die allerdings auch schwerer zu verarbeiten und erheblich teurer sind. Im privaten Wohnungsbau werden sie meist nur für die Verlegung in Zwischendecken oder als zentrale Fall- und Hausentwässerungsleitung eingesetzt.
Von Selbstbauern wird häufig unterschätzt, wie sehr es auch bei Arbeiten an Abwasserleitungen auf richtige Leitungsführung und fachgerechte Verlegung ankommt. Die wichtigsten Vorschriften über Dimensionierung der Leitungen und Ausführung des Netzes, wie sie in der DIN 1986 festgehalten sind, sollten unbedingt beachtet werden. Fehler bei der Verle-

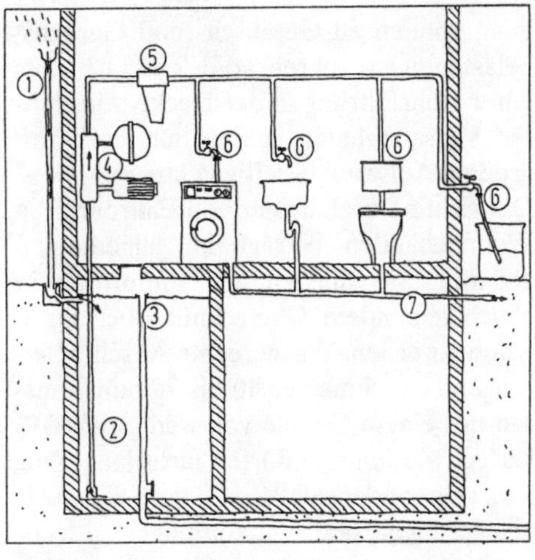

Abb. 195
Regenwassernutzung

1 Dachentwässerung
2 Zisterne als Vorratsbehälter
3 Überlauf mit Entleerung (zur Kanalisation oder Versickerung)
4 Saugpumpe mit Druckausgleich
5 Feinfilter
6 Zapfstellen für
 - Waschmaschine
 - Ausgußbecken
 - WC
 - Gartenbewässerung
7 Schmutzwasserabfluß

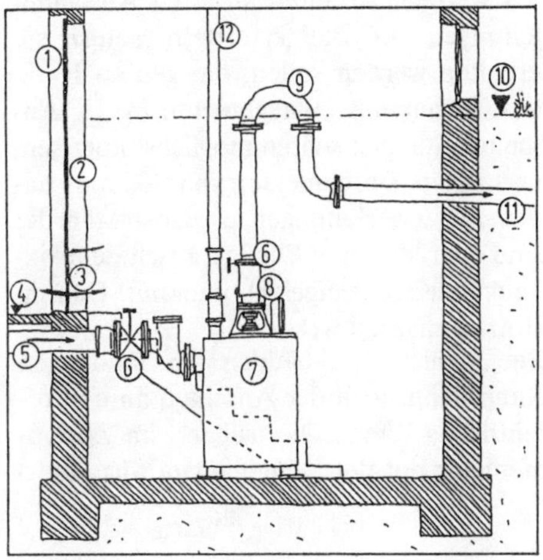

Abb. 196
Abwasser-Hebeanlage

1 Entlüftungsschlitze
2 Zugangstür
3 Zuluftschlitze
4 Kellerboden
5 Zufluß-Leitung
6 Absperrschieber
7 Hebeanlage mit Sammelbehälter, Schwimmerbetätigung und Pumpe
8 Rückflußsperre
9 Abflußleitung, über die Rückstauebene geführt
10 Rückstauebene, z.B. Straße
11 Abflußleitung außerhalb des Gebäudes in frostfreier Tiefe
12 Entlüftung über Dach

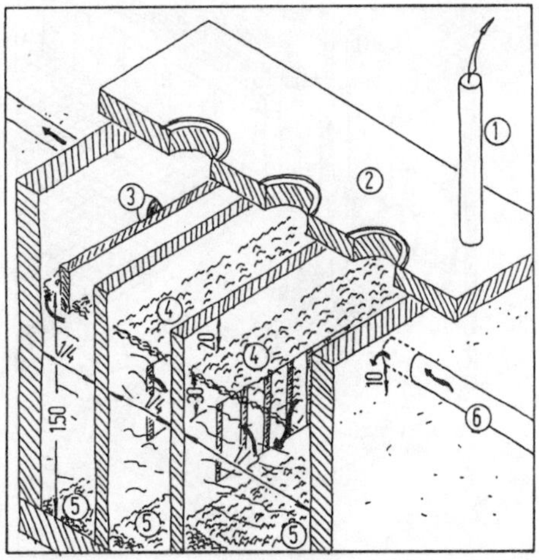

Abb. 197
Mehrkammer - Faulgrube

1 Entlüftung
2 Abdeckung mit Entleer-/Revisionsöffnung
3 Abfluß mit vorgesetzter Schleuse
4 Schwimmschlamm
5 Sinkschlamm
6 Zufluß

Grubenherstellung aus Ortbeton oder Betonfertigteilen

Abb. 198
Sumpfbeet - Abwasserreinigung

1 bestehende Gartenfläche
2 Zufluß vom Schlammfang
3 Bepflanzung, z.B. Rohrkolben, Schlif, Binsen
4 Schutzfolie, Schutzvlies
5 Teichfolie als Abdichtung
6 Dränrohr des Einlaufs
7 Dränrohr des Auslaufs
8 Stau und Kontrollschacht
9 Abfluß
10 durchwurzelter Bodenkörper, 80 cm stark

Abb. 199
Clivus Multrum - Trocken-WC

1 Entlüftung über Dach
2 Toilettensitz
3 Abwurfschacht für organische Küchenabfälle
4 Lüftungskanäle
5 Beschickungsklappe für Gartenabfälle
6 Entnahmeklappe für fertigen Humus
7 Zuluft
8 Kompost- / Humusbehälter
9 Nebenraum z.B. im Untergeschoß

Quelle: W. Berger Biotechnik, Hamburg 1984

gung können zu Geräusch- und Geruchsbelästigungen führen, die sich z.B. bei einer Rohrführung in der Decke oder hinter Vorsatzschalen später nur noch mit großem Aufwand beseitigen lassen.

Der lichte Durchmesser von Fallrohren in Wohngebäuden beträgt im allgemeinen 100 mm. Sie müssen zur Entlüftung in gleichbleibendem Querschnitt über Dach geführt werden. Waagerechte Anschlußleitungen (Durchmesser 40 bis 70 mm) müssen mit einem Gefälle von wenigstens 3% verlegt werden und dürfen nicht länger als 5 m sein, anderenfalls muß mit Schmutzablagerungen und Verstopfungen gerechnet werden. Arbeiten an alten Anschlußleitungen aus Blei erfordern, sofern sie erhalten werden sollen, die geübte Hand des Fachmanns. Waagerechte WC - Anschlußleitungen sollten möglichst kurz sein und einen Durchmesser von 100 mm haben. Abwasserleitungen, die frostgefährdet sind oder störende Fließgeräusche entwikkeln, müssen freigelegt und mit Dämmstoff ummantelt werden.

Bei manchen Gebäuden im ländlichen Raum fehlt noch der Anschluß an den öffentlichen Kanal. Die früher - im Zusammenhang mit der Düngung landwirtschaftlich genutzter Flächen - als unproblematisch angesehenen geschlossenen Abortgruben werden von den Aufsichtsbehörden heute nicht mehr oder nur mit Auflagen genehmigt. Bei jeder größeren, genehmigungspflichtigen Baumaßnahme wird ein Anschluß an die öffentliche Kanalisation gefordert. Dazu müssen neue Grundleitungen aus Steinzeug oder Kunststoff verlegt werden. Früher wurden zum Teil auch Betonrohre verwendet. Bei der Planung der Leitungsführung ist zu berücksichtigen, ob die öffentliche Entwässerung als Misch- oder Trennsystem ausgeführt ist. Beim Trennsystem müssen Regen- und Schmutzwasser auch am Haus in zwei getrennten Leitungen zu den beiden Sammelleitungen geführt werden. Bei längeren Hausanschlußleitungen ist alle 15 m ein Kontrollschacht vorzusehen.

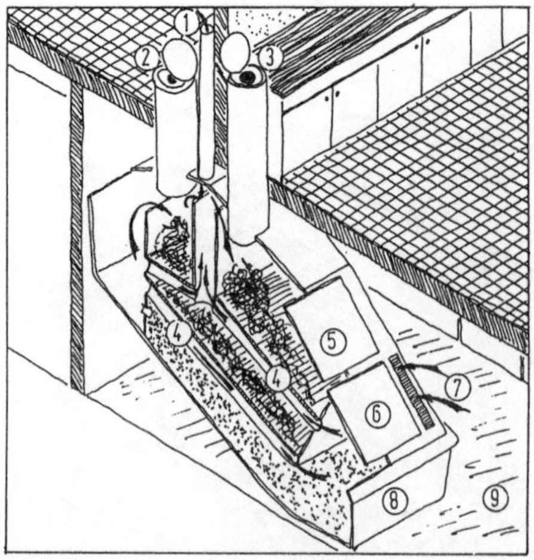

Bei der Entwässerung von Untergeschossen ist eine Sicherung gegen Rückstau aus der öffentlichen Kanalisation erforderlich, um bei heftigen Niederschlägen, wenn die Kanalisation den Wasseranfall nicht bewältigen kann, ein Zurückfließen in den Abwasserleitungen und eine Überschwemmung des Untergeschosses zu vermeiden. Dazu müssen entweder alle Abflußöffnungen oberhalb der maximalen Rückstauebene, d.h. dem Straßenniveau, liegen (was in Hanglagen meist auch für das Untergeschoß möglich ist), oder es ist ein Rückstauverschluß einzubauen. Über diesen Rückstauverschluß kann z.B. eine Waschmaschine und ein Waschbecken im Keller entwässert werden. Ist auch ein WC im Untergeschoß vorhanden, so muß das Abwasser mittels Abwasserhebeanlage über die Rückstauebene befördert werden. Auch stark belastete Dränleitungen müssen unter Umständen über eine Hebeanlage entwässert werden.

Liegt die öffentliche Kanalisation nicht in erreichbarer Entfernung, muß das Abwasser in einer örtlichen Kleinkläranlage ge-

reinigt werden. Dafür gibt es verschiedene Systeme, wie die Mehrkammer-Ausfaulgruben, Sandfiltergräben, Tropfkörper oder Pflanzenkläranlagen. Das gereinigte Abwasser kann zusammen mit dem Regenwasser in einen Vorfluter (Bach, Fluß) eingeleitet oder im Boden versickert werden. Die im Abwasser enthaltenen Feststoffe werden in einer Absetzgrube gesammlt und müssen regelmäßig zur Kläranlage oder auf landwirtschaftlich genutzte Flächen abgefahren werden. Der Bau einer solchen Anlage ist genehmigungspflichtig.
Eine Alternative zur Toilette mit Wasserspülung ist die Komposttoilette. Sie vermeidet jede Wasserverschwendung und -verschmutzung. Stattdessen verrotten Fäkalien, Küchen- und Gartenabfälle hygienisch einwandfrei und ohne Geruchsbelästigung in einem gut belüfteten und wärmegedämmten Behälter, der z.B.im Keller aufgestellt ist. Der ausgereifte Humus sammelt sich am unteren Ende des Kompostbehälters und kann über eine Entleerungsklappe zur Gartendüngung entnommen werden. Die Herstellungskosten für eine solche Anlage liegen einschließlich Einbau in der Größenordnung von 8.000 bis 10.000 DM. Dadurch kann jedoch unter Umständen der ebenfalls kostenträchtige Anschluß an einen weiter entfernt liegenden öffentlichen Kanal umgangen werden.

14.7 Elektroinstallationen

Die Zahl elektrischer Anlagen und Geräte im häuslichen Bereich hat in der Vergangenheit stark zugenommen. Wer will noch auf Waschmaschine, Kühlschrank und viele andere nützliche oder weniger nützliche Geräte verzichten? Die Erzeugung von elektrischem Strom ist jedoch mit großen Belastungen und Gefahren für Mensch und Umwelt verbunden, so daß zum umweltbewußten Bauen und Wohnen auch das Bemühen um sparsamen Stromverbrauch gehört. Strom sollte im Haushalt ausschließlich für Beleuchtung, zur Krafterzeugung (Motore in elektrischen Geräten), sowie für elektronische Geräte (Rundfunk, TV, EDV) und Steuerungsanlagen (Heizung, Waschmaschine) verwendet werden, nicht jedoch für Heizzwecke und die Warmwasserbereitung.

Hier einige Hinweise zum Stromsparen:

- Waschmaschine und Geschirrspülmaschine, sofern möglich, an die Warmwasser-Versorgung anschließen.
- Elektrische Warmwasserbereiter, Wäschetrockner und Heizlüfter vermeiden.
- Kühl- und Gefriergeräte mit optimaler Wärmedämmung verwenden, alte Geräte nachträglich mit Dämmplatten bekleben.
- Eine Einzelplatzbeleuchtung dort, wo das Licht wirklich gebraucht wird, ist effektiver und wohnlicher als eine helle Allgemeinbeleuchtung.
- "Stromsparlampen" verbrauchen nur etwa 15% der Energie von herkömmlichen Glühbirnen, bei wesentlich längerer Haltbarkeit. Stromsparlampen gibt es passend für die meisten Lampenkörper mit normalem Sockel.

Die Haltbarkeit einer häuslichen Elektroinstallation beträgt etwa 30 bis 50 Jahre. Veraltete oder unsichere Leitungen mit zu geringem Querschnitt oder unzureichender Isolation sollten im Zuge größerer Modernisierungsmaßnahmen erneuert werden. Arbeiten an elektrischen Anlagen dürfen aus Sicherheitsgründen nur von zugelassenen Betrieben unter Berücksichtigung der geltenden VDE-Vorschriften ausgeführt werden. In Absprache mit dem ausführenden Fachbetrieb können jedoch einige Arbeiten, wie Herstellen und Schließen der Schlitze, in Eigenleistung ausgeführt werden. Das Verdrahten der Schalter und Anschlüsse ist in jedem Fall Sache eines Fachbetriebes.

Wer davon ausgeht, daß die durch den elektrischen Strom verursachten elektrischen Felder ein gesundheitliches Risiko darstellen, kann dagegen eine der folgenden Vorsorgemaßnahmen ergreifen:

- Leitungen nicht ringförmig entlang der Wände verlegen, sondern sternförmig auf dem Fußboden. Das reduziert die Stärke der Wechselfelder im Raum.
- Leitungen in metallischen Schutzrohren (Stahlpanzerrohre) verlegen oder Kabel mit einer Ummantelung aus Metallgeflecht verwenden. Diese abgeschirmten Netzkabel sind jedoch relativ teuer.
- Netzfreischalter sorgen dafür, daß das Leitungsnetz nur dann mit 220 Volt versorgt wird, wenn ein Verbraucher, z.B. die Raumbeleuchtung, eingeschaltet ist. Wird kein Strom abgenommen, wird die Leitung zum Verbraucher "freigeschaltet", auf der Leitung liegt dann nur ein 12 Volt-Steuerstrom an.

Bei allen Maßnahmen gegen unerwünschte elektrische Felder sind auch die Leitungen in unmittelbar angrenzenden Räumen zu berücksichtigen. Die Befürworter solcher Maßnahmen sehen es als ausreichend an, wenn die Schlafstellen in einer Umgebung von 2 m frei von elektrischen Wechselfeldern sind.

Elektrische Anlagen im Haus

Bei der Erneuerung der Elektroinstallationen entfällt ein erheblicher Teil der Kosten auf den Schaltschrank mit Zähler-

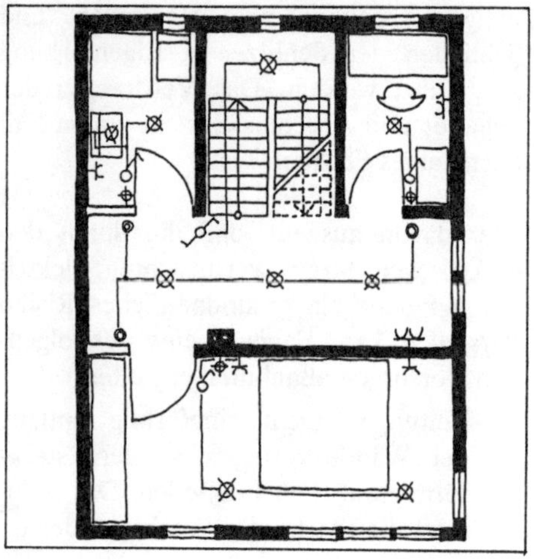

Abb. 200
Plansymbole für Elektroinstallation

- Leuchte allgemein
- Wandleuchte
- Steckdose, einfach
- Doppelsteckdose
- Schalter
- Wechselschalter
- Verteilerdose
- Tastschalter
- Leitungsverzweigung

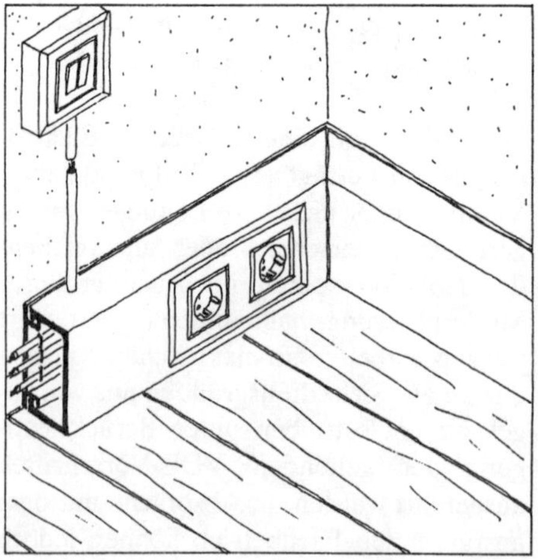

Abb. 201
Kabelkanal

1 handelsüblicher Kunststoff-Kanal in verschiedenen Größen und Farben, Montage meist im Sockelbereich
2 integrierte Anschlußdosen
3 Anschlüsse für Schalter, Lampen, etc. geschlitzt oder sichtbar verlegt

Preiswert, schnell, aber optisch nicht besonders ansprechend!

platz, da der alte meist nicht mehr den heutigen Anforderungen und Vorschriften entspricht. Bei der Planung des Zählerplatzes ist festzulegen: die Leistung des Zählers, die Zahl der Stromkreise und damit die Größe der Unterverteilung sowie die Montageart des Zählerschrankes - auf der Wand oder in einer Wandaussparung. Gebäude mit mehreren Wohnungen werden mit einem Hauptzähler an einer allgemein zugänglichen Stelle und mit Unterverteilplätzen in jeder Wohnung ausgestattet. Hausanschlußleitung, Hauptsicherung und Zähler sind Eigentum der Versorgungsunternehmen. Daher muß der Platz für die Montage des neuen Zählers immer mit dem Unternehmen abgestimmt werden.

Um Leitungsüberlastungen, Kurzschlüsse und Brandgefahr zu vermeiden, werden in zeitgemäßen Anlagen auch innerhalb einer Wohnung mehrere, einzeln abgesicherte Stromkreise installiert. Für die eigene Planung und die Verständigung mit den Fachleuten ist es hilfreich, die wichtigsten Begriffe und Symbole zu kennen (vgl. Abb. 200):

- Einfache Schalter dienen dazu, einen oder mehrere Verbraucher (z.B. Lampen) von einem Schalter aus zu bedienen.
- Mit Wechselschaltern können ein oder mehrere Verbraucher von 2 oder 3 Stellen aus geschaltet werden.
- Wenn ein Verbraucher von 3 und mehr Stellen aus bedient werden soll (z.B. Treppenhausbeleuchtung), so ist eine Relaisschaltung mit Tastschalter wirtschaftlicher.

Lichtschalter werden üblicherweise in der Nähe des Türdrückers in 100 bis 110 cm Höhe installiert, Steckdosen in 35 bis 40 cm Höhe. Einsparungen können erreicht werden, indem Steckdosen auf nur zwei Raumseiten angeordnet werden, z.B. in der Nähe der Tür (unter dem Lichtschalter) und an einer Querwand. Lampenauslässe werden gewöhnlich an der Decke angebracht, sie können aber auch kostengünstiger und flexibler als schaltbare Steckdose oberhalb des Schalters vorgesehen werden. Der Anschluß einer Hängelampe erfolgt dann mit einer "Affenschaukel" (loses Kabel mit Stecker). Das Verlegen von Leitungen in der Decke läßt sich unter Umständen auch einfach durch Wandleuchten umgehen.

Leitungen werden immer senkrecht und waagerecht bzw. rechtwinklig im Raum verlegt, nie schräg. Durch eine gut geplante Leitungsführung kann ein übermäßiger Aufwand vermieden werden. Die teilweise übliche Verlegung einer Ringverteilung 30 cm unter der Decke mit senkrechter Zuführung zu Steckdosen und Schaltern ist wegen der großen Schlitzlängen oft ungünstiger als eine Verlegung in Höhe der Steckdosen. Wenn die Estrichböden erneuert werden, empfiehlt sich eine Verlegung auf dem Rohboden bzw. in der Holzbalkendecke. In Wandschlitzen werden als Leitungsmaterial überwiegend die zweifach isolierten Mantelleitungen (NYM) verwendet. Auf zu verputzenden

Flächen können auch die preiswerten, aber empfindlicheren Stegleitungen (NYIF) verlegt werden.
Sind nur einzelne neue Leitungen erforderlich, bietet sich die Verlegung auf Putz an, z.B. oberhalb der Fußleisten mit Führung um die Tür herum oder im Boden als Türunterquerung. Für die feste Verlegung auf Putz sind Mantelleitungen (NYM- oder NYY-Kabel), abgeschirmte MH- und NSH-Leitungen, aber auch Flachkabel (NYFLY-Leitungen) geeignet.
Mehrere Leitungen können auf Putz hinter einer neuen Fußleiste oder in Fußleistenkanälen verlegt werden. Sind gleichzeitig auch Heizungs- und Sanitärleitungen zu verlegen, so kann eine gemeinsame kastenartige Verkleidung als Ablagefläche ausgebildet werden (vgl. Abb. 202). Das Einschlitzen der Wände mit nachfolgendem Beiputzen und neuem Anstrich würde einen deutlich höheren Aufwand erfordern. Für Verlegung in Kanälen sind ebenfalls NYM-Kabel (Mantelleitungen) zu verwenden.
In Bädern sind für Elektroinstallationen die vorgeschriebenen Schutzbereiche zu berücksichtigen (siehe Abb. 203). So müssen z.B. Steckdosen, Lichtschalter und Waschmaschine zu Wannen und Duschkabinen einen Abstand von mindestens 60 cm haben. Innerhalb des Bades verlegte Leitungen dürfen nur die Einrichtungen des Bades selbst mit Strom versorgen und keinen Metallmantel haben.

Blitzschutz

Ob eine Blitzschutzanalge für ein Wohnhaus erforderlich ist, ist weitgehend Ermessensache. Die Einrichtung einer Blitzschutzanlage empfiehlt sich,

- wenn die tragende Konstruktion und das Dach des Hauses aus brennbaren Baustoffen besteht (Holzfachwerk, Strohdach),
- wenn das Gebäude in einer wasserführenden Bodenschicht steht,
- bei exponierter Lage (Hochhaus, Turm, Bergrücken),
- wenn die Gefährdung subjektiv als bedrohlich empfunden wird.

Für Mauerwerksgebäude mit harter Bedachung, die in Nachbarschaft gleich hoher oder höherer Gebäude stehen, sowie für Gebäude mit einem Dachständer (Strommast) ist eine Blitzschutzanlage im allgemeinen nicht erforderlich.
Die wesentlichen Bestandteile einer Blitzschutzanlage sind die metallischen Fangleitungen auf dem Dach, die Ableitungen zur Erde und die Erdung im Boden. Der Erder muß eine möglichst gut leitende Verbindung zum Erdboden herstellen. Er kann als Banderder waagerecht im Boden, z.B. entlang des Fundamentes, verlegt werden oder als senkrechter Staberder ausgebildet werden.
Die Kosten für den oberirdischen Teil einer solchen Anlage, die Auffang- und Ableitungen, betragen für ein freistehendes Wohnhaus etwa 2500 bis 3000 DM.

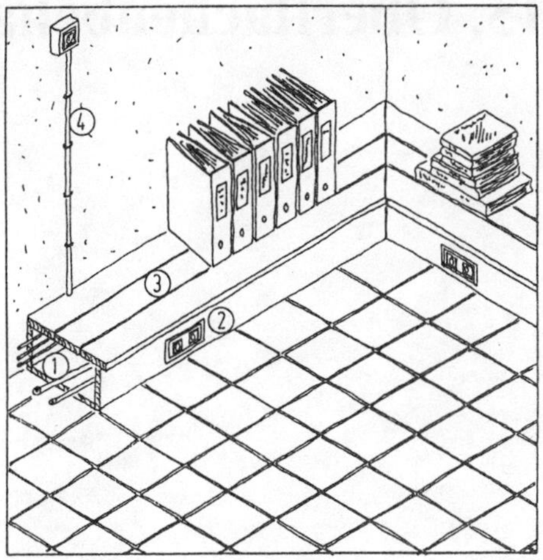

Abb. 202
Kabelkanal

1 selbst hergestellte Verkleidung der Leitungsinstallation im Sockelbereich (auch für Heizungs- / Sanitärleitungen)
2 eingebaute Anschlußdosen
3 Abdeckung als Ablage, Regalsockel o.ä.
4 Schalterleitung sichtbar im Schutzrohr verlegt, auf Putz montierter Schalter

Individuelle Lösung, optisch ansprechend!

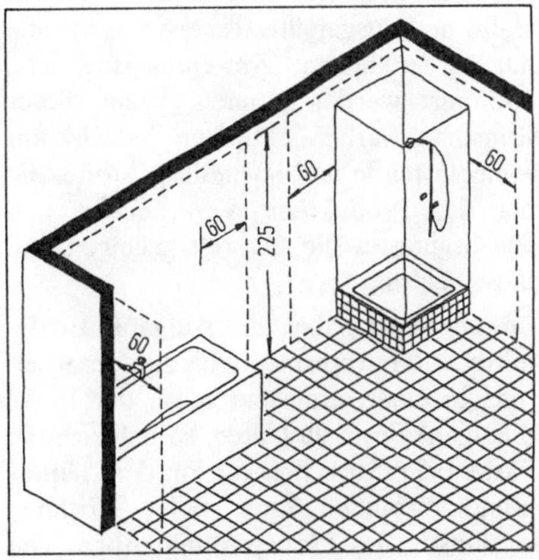

Abb. 203
Elektro-Schutzbereiche in Naßräumen

Für Elektroanschlüsse, Schalter, Steckdosen, Geräte, usw. Mindestabstände von den Sanitäreinrichtungen beachten.
Beim Waschtisch gilt: ebenfalls 60 cm Abstand nach allenSeiten ab Mitte Waschtisch gemessen.

15. Oberflächenbehandlung

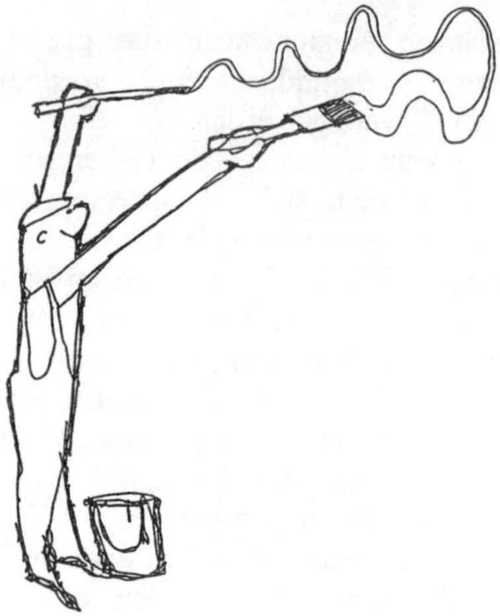

Das Angebot an Oberflächenbehandlungsmitteln ist sehr groß und so vielfältig, daß es den meisten Heimwerkern oft schwerfällt, ein geeignetes Mittel zu finden. Seit bekannt ist, daß viele Produkte zur Oberflächenbehandlung gesundheits- und umweltbelastende organische Lösungsmittel, chemische Zusätze und zum Teil schwermetallhaltige Pigmente enthalten, greifen umweltbewußte Heimwerker zunehmend auf die weniger schädlichen Produkte der Naturfarbenhersteller zurück. Für viele Anwendungsbereiche gibt es darüber hinaus noch andere umweltfreundliche Anstrichmittel, die z.T. sogar sehr preiswert selbst hergestellt werden können. Sie sind in der folgenden kleinen Materialkunde mitaufgeführt. Welche Beschichtungen für den jeweiligen Untergrund geeignet sind, kann Tab 37 - 39 entnommen werden.

Grundsätzlich betrachtet, bestehen nahezu alle Oberflächenbehandlungsmittel im wesentlichen aus den *3 Komponenten* Bindemittel, Lösungsmittel und Farbpigment:

Das *Bindemittel* ist der Stoff, der nach dem Verdunsten des Lösungsmittels den schützenden Anstrichfilm bildet und die Farbpigmente mit dem Untergrund verbindet. Art und Anteil des Bindemittels einer Farbe bestimmen ganz wesentlich die Eigenschaften des fertigen Anstrichs. Abgesehen von Kalk und Zement (in Kalk- und Kalkzementfarben) sowie Wasserglas (in Silikat-Farben) sind die meisten Bindemittel organischer Herkunft. Dabei werden die traditionellen Bindemittel (Zelluloseleim, Kaseinleim u.ä. für Wand- und Deckenfarben; Leinöl und andere trocknende Öle sowie Naturharze für Lasuren, Ölfarben und Lacke) aus biologischen Rohstoffen hergestellt und heute vorwiegend von den Naturfarbenherstellern angeboten. Das Gros des Malerhandwerks bevorzugt dagegen wegen der "überlegenen" Eigenschaften die Kunstharz-Bindemittel, die durch Kombination verschiedener Kunststoffe und ausgefeilte Rezepturen für alle nur erdenklichen Anwendungsbereiche optimiert werden können. Viele dieser Kunstharz-Farben enthalten jedoch umweltbelastende und hochgiftige Stoffe, die bei der Produktion, Verarbeitung und Entsorgung in die Umwelt gelangen und diese belasten.

Lösungsmittel haben die Aufgabe, Bindemittel und Farbpigmente bis zur Verarbeitung in einer streichbaren (in der Regel flüssigen) Form zu halten, so daß sich die Farbe beim Streichen gut mit dem Untergrund verbinden kann. Beim Trocknen verdunstet das Lösungsmittel. Abgesehen vom Lösungsmittel Wasser (bei Kalk-, Leim- und Dispersionsfarben) sind die meisten anderen Lösungsmittel (Kohlenwasserstoffe wie Terpentin, Testbenzin, Toluol, Xylol, Benzol, usw.) giftig und tragen in erheblichem Maße zur Umweltbelastung und zur Entstehung von Berufskrankheiten (bei Malern) bei. Auch die Naturprodukte der Naturfarbenhersteller, wie Balsamterpentin und Citrusterpene, sind in dieser Beziehung nicht harmlos und sollten daher nur sparsam verwendet werden.

Mit dem Umweltzeichen "Blauer Engel" werden solche Produkte ausgezeichnet, die die Umwelt im Vergleich zu herkömmlichen Erzeugnissen weniger belasten und deren Verbreitung das Umweltbundesamt fördern will. Bei den Anstrichmitteln sind das bisher im wesentlichen die wasserverdünnbaren Lacke und Lasuren ohne oder mit einem geringen Gehalt an organischen Lösungsmitteln. Andere umweltbelastende Inhaltsstoffe (Ausnahme: bleifreie und chromatarme Rostschutzfarben) werden bei der Vergabe des Umweltengels bisher unzureichend berücksichtigt.

Pigmente verleihen dem Anstrichmittel die Farbe; sie bestehen überwiegend aus sehr fein gemahlenen Mineralien oder Metallverbindungen, die teilweise in der Natur vorkommen (Erdfarben wie ocker, umbra, usw.) oder künstlich hergestellt werden. Je feiner ein Pigment gemahlen ist und je mehr Pigment eine Farbe enthält, umso besser ist die Deckkraft des Anstrichs. Neben der Art und Qualität des Bindemittels bestimmen daher auch Menge und Qualität des eingesetzten Farbpigments die Eigenschaften und den Preis der Farbe.

15.1 Materialkunde: Mittel zur Oberflächenbehandlung

Kalkfarben bestehen im wesentlichen aus weißem Luftkalk und Wasser: der Anstrich kann entweder aus gelöschtem Weißkalk (Kalkhydrat) hergestellt werden oder aus weißem Branntkalk, der jedoch zunächst wenigstens einige Tage in Wasser "eingesumpft" werden sollte. Der Kalk wirkt als Bindemittel und Weißpigment zugleich. Um andere Farbtöne zu erzielen, können dem Brei kalkechte Farbpigmente (Mineralfarben) zugesetzt werden. Kalkfarben erhärten durch Aufnahme von Kohlendioxid aus der Luft und eignen sich nur für mineralische Untergründe (jedoch nicht für stark gipshaltige Putze). Ungeeignet sind alle Untergründe, die bereits mit Dispersions-, Öl-, Lackfarben oder sonstigen Anstrichmitteln behandelt wurden. Die Haltbarkeit ist jedoch in Bereichen mit aggressiver Industrieluft eingeschränkt.

Kalkfarben sind preiswert, umweltfreundlich und auch fertig zubereitet im Handel erhältlich. Mehrmals möglichst dünn aufgetragen, entsteht ein preiswerter, wasserdampfdurchlässiger und wischfester Anstrich mit guten raumklimatischen Eigenschaften. Zur Verbesserung des Deck- und Bindevermögens der Kalkfarbe können folgende Stoffe zugesetzt werden:

- Kreide (bis 20%) oder Quarzmehl (bis 20%) als Füllstoff für Schlämmanstriche;

Anstrichmittel	Bindemittel (Hauptrohstoff)		Schädliche Inhaltsstoffe
Mineralfarben	Kalk Zement (Kali-) Wasserglas	Lösungsmittel Wasser	
Leimfarben	Zelluloseleim Kaseinleim (Quark) (Kalk-Kaseinleim)		
Dispersionsfarben	Pflanzenharze Kunststoffe		
Ölfreie Lacke	Acrylharz ("Dispersionslack") (Pflanzenharze [1])		
	Spirituslack (Schellack) Nitro-Celluloselack Chlorkautschuk- und Polymerisatlack	Organische Lösungsmittel: Terpentin, Testbenzin, Benzol, Toluol, Xylol, Alkohol, u.a.	Nitrozellulose, Weichmacher
Ölhaltige Lacke	Pflanzenöle u. -harze Alkydharz (Kunstharz)		Schwermetallhaltige Trockenstoffe
Kunstharz- und Kunststofflacke	Acrylharz (Kunstharzlack) PVC Phenol-, Harnstoff- und Melaminharz Polyurthan (DD-Lacke) Epoxidhard Polyester		Vinylchlorid Formaldehyd Isocyanat Epichlorhydrin Peroxide

[1] noch in der Entwicklung

Tabelle 36
Anstrichmittel und ihre Inhaltsstoffe

Kalkfarbe

50 kg gelöschter Weißkalk (1 Sach Kalkhydrat) in
40 - 60 l Wasser

einrühren (nicht umgekehrt), Schutzbrille und Hautschutzcreme verwenden, 48 Std. ziehen lassen, dann aufrühren und

1 - 2 kg Kochsalz sowie
0,5 kg Alaun

unterrühren, ggf. mit Wasser verdünnen oder mit Quarzmehl andicken, beim Verarbeiten häufig umrühren.

Kalk - Kaseinfarbe

1. Kalk einsumpfen

20 l gelöschter Weißkalk (Kalkhydrat) in
20 l Wasser

einrühren, 48 Std. stehenlassen, vor der Weiterverarbeitung gut durchrühren.

2. Kalk - Kaseinleim herstellen

1 l gelöschter Weißkalk (Kalkhydrat) in
1 l Wasser einrühren,
8 l Magerquark

glattschlagen und einrühren, 1 Std. stehenlassen und Leimprobe machen (siehe unten). Verarbeitung spätestens innerhalb von 3 Tagen.

3. Anstrich herstellen

Den eingesumpften Kalk (1.) und den Kalk-Kaseinleim (2.) vermischen und sofort verarbeiten, dabei häufig umrühren. Schutz für Augen und Haut nicht vergessen.

Hinweis:
Verdünnung mit fettarmer Milch oder mit Leimwasser (1 l Kalk-Kaseinleim und 4 l Wasser), nicht mit Wasser.

Leimprobe:
Fertigen Leim auf ein Glas streichen und trocknen lassen. Das Verhältnis von Kalk und Quark stimmt, wenn die trockene Leimschicht wie Milchglas (weißgrau-durchscheinend) aussieht. Ist das Aussehen gelbstichig, muß noch Kalk zugegeben werden.

Wenn der fertige Anstrich kreidet:
Gestrichene Fläche mit Lösung aus 1 l essigsaure Tonerde und 12 l Wasser übersprühen, z.B. mittels Pflanzenzerstäuber.

Kasein - Emulsionsfarbe

10 l Kalkkasein - Leim herstellen

(wie im Rezept für Kalk-Kaseinfarbe), in diese pastöse Masse

0,2 bis 0,5 l Leinölfirnis oder Standöl

einrühren, Pigmente zusetzen und gut verrühren. Der Grundanstrich sollte weniger Pigmente enthalten als der Deckanstrich.

- Weißzement (bis 30%) für Kalkschlämmanstriche auf Putz und rohem Mauerwerk;
- Cellulose- bzw. Kaseinleim (2 - 5%) oder Leinölfirnis, Kunstharz - Dispersionen, ggf. auch Schmalz oder Schmierseife (200 g auf 10 l) zur Verbesserung der Wasserbeständigkeit und Wischfestigkeit.

Auch auf unverputztem Mauerwerk kann mit Kalkschlämme gestrichen werden, wobei die Struktur des Mauerwerks unter der Kalkschlämme erkennbar bleibt. Durch die Zugabe von Quarzmehl wird die Schlämme in ihrer Konsistenz fülliger. Der Schlämmanstrich ersetzt dann die übliche Kombination aus Putz, Rauhfaser und Anstrich und läßt die Wandfläche lebendiger wirken als eine glatte Putzfläche - ein gutes Beispiel für das ökologische Prinzip des minimierten Aufwands.

Die Anstricharbeit wird in folgenden Arbeitsschritten ausgeführt:

- Untergrund staubfrei abbürsten oder abwaschen.
- Luftkalkhydrat (Weißkalk) mit Wasser anrühren und mindestens 48 Stunden stehen lassen - ggf. Zusätze einrühren (siehe oben) - oder fertige handelsübliche Kalkfarbe verwenden.
- Grundierung mit dünner Kalkmilch.
- Der Zwischen- und Deckanstrich kann nach 24 bis 48 Stunden erfolgen, mit wechselnder Streichrichtung. Das Ergebnis wird umso besser, je dünner und je häufiger die Farbe aufgetragen wird.
- Damit der Anstrich nicht kreidet, nicht bei trockener, sommerlicher Witterung streichen und nicht bei direkter Sonneneinstrahlung oder auf zu trockenem Untergrund: je länger die Trockenzeit, umso vollständiger kann der Kalk durch Aufnahme von CO_2 aus der Luft abbinden.

Kalk ist ätzend, bei der Verarbeitung sollte deshalb die Haut mit einer Schutzsalbe eingefettet und eine Schutzbrille getragen werden.

Kalk-Zementfarbenanstriche bestehen aus Weißzement und Kalkhydrat (Pastelltöne). Sie erhärten vorwiegend hydraulisch und sind dadurch deutlich wetterbeständiger als reine Kalkfarben. Auf mineralischen Untergründen sind sie lange haltbar - allerdings wiederum nicht in aggressiver Industrieluft. Zusätze von Kunststoffdispersionen können die Bindefestigkeit und Verarbeitbarkeit gegebenenfalls verbessern.

Mineral-Silikatfarbe wird als Zweikomponentenanstrich geliefert und unmittelbar vor der Verarbeitung aus Farbpulver und

Wasserglas als Bindemittel gemischt; sie muß dann sofort verarbeitet und bald verbraucht werden. Wasserglas ist freie Kieselsäure (flüssiges Kaliumsilicat, K_2SiO_3), die an der Luft zu einer glasartigen Masse erhärtet und sich durch Verkieselung chemisch mit dem Untergrund verbindet. Silikatfarben haben dadurch hervorragende Eigenschaften: sie sind wetterbeständig, wasserabweisend, dampfdurchlässig und beständig gegen Rauchgase und chemische Dämpfe. Der verhältnismäßig hohe Preis macht sich durch die sehr gute Haltbarkeit bezahlt. Da der Anstrich mit dem Untergrund ein dichtes Kristallgefüge bildet, ist er besonders gut zur Sanierung mürber, ausgelaugter Altputze geeignet.

Silikatfarben werden hauptsächlich auf Kalk- und Kalkzementputz, Ziegel, Kalksandstein, Sichtbeton, Faserzement und alten, festsitzenden mineralischen Anstrichen verwendet, sie können aber auch auf ungehobeltem Holz, Zink und Glas eingesetzt werden. Als Untergrund ungeeignet sind organische Altanstriche, z.B. Dispersionsfarben. Auf mineralischen Untergründen kann der Anstrich sowohl deckend als auch lasierend (so daß die Struktur des Untergrundes durchscheint) aufgebracht werden, wobei durch die Lasurtechnik eine besonders "lebendige" Oberflächengestaltung erreicht wird.

Silikatfarbenanstriche werden in zwei Arbeitsgängen aufgebracht, bei stark saugenden Untergründen ist zusätzlich noch eine Grundierung erforderlich. Bei Mauerwerk kann dem Schlußanstrich zum Erzielen einer Schlämmwirkung Sand- oder Quarzmehl zugegeben werden.

Neben den Mineral-Silikatfarben gibt es auch fertig gemischte und lagerungsfähige "Dispersions"- bzw. "Organsilikatfarben", die jedoch Kunststoffe enthalten.

Bei starker Sonneneinstrahlung sollte nicht gestrichen werden, um die chemische Verkieselung nicht durch zu schnelle physikalische Trocknung zu behindern. Silikatfarben ätzen! Augen und Haut, aber auch Fensterglas, Türen, Gesimse usw. sind zu schützen (Schutzbrille, Handschuhe, Abkleben).

Hydrophobierungsmittel werden eingesetzt, um mineralische Untergründe, insbesondere porös gewordenes Sichtmauerwerk, vor dem Eindringen von Feuchtigkeit zu schützen. Durch Hydrophobieren wird die Fassadenoberfläche wasserabweisend, ohne daß die Dampfdurchlässigkeit beeinträchtigt wird. Geeignete Untergründe sind Natur-, Ziegel- und Kalksandstein sowie Beton. Auch als Schlußbeschichtung für Kalkanstriche ist die Hydrophobierung bedingt geeignet.

Als umweltverträgliche Hydrophobierungsmittel sind in Alkohol gelöste Siloxane und Silane im Handel. Silikonharze in anderen, schärferen organischen Lösungsmitteln sollten wegen ihrer höheren Umweltbelastung gemieden werden. Alle Präparate werden ausschließlich durch Besprühen - nicht durch Streichen - auf den gut gereinigten Untergrund aufgebracht, bei stark saugenden Steinen mehrmals. Für weitere Deckanstriche können dann z.B. Silikatfarben verwendet werden.

Dispersionsfarben auf Kunststoff- oder Naturharzbasis sind aufgrund ihrer vielfältigen Einsatzmöglichkeiten, ihrer guten Haftung und Haltbarkeit sowie ihrer einfachen Verarbeitung und beliebigen Farbtönung wohl das gebräuchlichste Anstrichmittel für Wand- und Deckenflächen im Innen- und Außenbereich, obwohl sie deutlich teurer und auch nicht so umweltfreundlich sind wie mineralische Anstrichmittel und Leimfarben. Bei den Dispersionsfarben, auch Binderfarben genannt, handelt es sich um Emulsionen (feinste Tröpfchen) von Kunstharz- oder Naturharzbindemittel im wässrigen Farbbrei. Art und Qualität des Bindemittels bestimmen ganz entscheidend die Beständigkeit, den Einsatzbereich (innen und /oder aussen) und den Preis des Anstrichs.

Die Kunstharzdispersionen enthalten z.B. Polyacrylat, Polyvinylacetat mit Weichmacher, Polyvinylpropionat (PVP) oder Styrol-Butadien-Latex als Bindemittel in feinster Verteilung; zur Verbesserung der Eigenschaften werden meist noch diverse, zum Teil ebenfalls nicht sehr umweltverträgliche chemische Stoffe beigemischt. Alternativen zu Kunststoffdispersionen sind z.B. Silikatfarben für den Außenbereich sowie Kalk- oder Leimfarben und die sehr guten, aber teuren Naturharzdispersionen im Innenbereich.

Dispersionsfarben lassen sich auf nahezu allen Untergründen (außer auf Stahl) innen und außen verarbeiten und ergeben einen elastischen, frei abtönbaren und weitgehend feuchtigkeitsbeständigen Anstrich, der jedoch nicht immer genügend dampfdurchlässig ist (besonders problematisch bei Außenanstrichen). Das Streichen einer bisher unbehandelten Fläche erfordert 3 bis 4 Arbeitsgänge: Grundanstrich, 1 bis 2 Zwischenanstriche und den Deckanstrich. Auf gut erhaltenen, gesäuberten Altanstrichen genügt ein Erneuerungsanstrich.

Einige Tips für das Arbeiten mit Dispersionsfarben:

- Probeanstrich an wenig sichtbarer Stelle; zur Prüfung des Farbtons die Trocknung abwarten.
- Farbe zügig auftragen, häufiger umrühren; bei großen Flächen mit mehreren Personen arbeiten, um sichtbar bleibende Ansätze zu vermeiden.
- Fensterlaibungen, Gesimse, Balkone usw. zuerst streichen, dann die großen Flächen mit einer Farbwalze anlegen.

Leimfarbe

1. Leim anrühren

125 g Zelluloseleim (Glutinleim) mit

6,5 l Wasser

verrühren und (über Nacht) quellen lassen.

2. Farbbrei ansetzen

5 kg Kreidepulver mit

3 l Wasser

zu einem dicken Brei verrühren. Das Wasser nach und nach zugeben, Brei gut durchstampfen, so daß alle Klumpen zerkleinert werden.

3. Anstrich herstellen

Leimbrei nach und nach in den Farbbrei einrühren und gut durchmischen. Soviel Leimbrei zugeben, bis die Farbe leicht am Rührholz abfließt. Vor dem Verarbeiten noch eine Stunde quellen lassen.

4. Probeanstrich herstellen

Beim Auftragen soll die Farbe nicht schäumen, matt auftrocknen und wischfest sein. Wird der Anstrich nicht wischfest, muß noch etwas Leim zugegeben werden, glänzt der Anstrich beim Überreiben, ist zuviel Leim zugegeben worden.

Verdünnung ggf. mit Leimwasser aus 1 l Leimbrei und 3 l Wasser.

- Anstrichmittel verschiedener Hersteller nicht mischen.
- Bei rauhem Untergrund: Grundanstrich mit einer Bürste "einreiben".
- Nicht bei direkter Sonneneinstrahlung, Feuchtigkeit oder Frost streichen.

Leimfarben waren bis in die 60er Jahre hinein die klassischen Anstrichmittel für Innenräume. Da sie im allgemeinen nicht einfach überstrichen werden können, sondern nach mehrmaliger Erneuerung abgewaschen werden müssen, wurden sie durch die bequemer zu verarbeitenden, waschfesten Dispersionsfarben verdrängt.

Ausgangsstoff für Leimfarben ist der aus Pflanzen hergestellte Celluloseleim oder der aus Milch (Quark) hergestellte Kaseinleim. Leimfarben sind umweltverträglich, können preisgünstig selbst hergestellt werden und eignen sich für alle Innenanstriche auf Mauerwerk, Putz, Kalkfarbe und auf alter, gut haftender Leimfarbe, nach entsprechender Grundierung auch auf Holz, fester Dispersionsfarbe und fester Tapete. Leimfarben sind wasserdampfdurchlässig, wischfest aber nicht feuchtigkeitsbeständig (waschfest); sie dürfen daher nur in trockenen Räumen eingesetzt werden. Außerdem muß der Untergrund fest, saugend, fleckenlos und ph - neutral sein. Alkalische Untergründe, z.B. ein frischer Kalkputz, müssen vor dem Anstrich mit Fluat neutralisiert werden. Flecken sollten mit Dispersionsfarbe abgesperrt werden. Alte, gut haftende und nicht zu dick aufgetragene Leimfarbenanstriche werden mit Seife und Wasser gereinigt und dann ohne Grundierung überstrichen.

Bei neuem Putz (normal saugend) empfiehlt sich eine Grundierung mit verdünntem Leimbrei, oder besser noch mit Alaun (200 g Aluminiumkalisulfat auf 5 l Wasser). Der Deckanstrich wird am besten mit der Rolle aufgewalzt. Zwischen Grundierung und Deckanstrich sollten wenigstens 4 - 8 Stunden Trocknungszeit liegen.

Das *Lasieren* von Innenwandflächen *mit Pflanzenfarben* ergibt eine "lebendige" "schattierend-wolkige" Farbfläche, die sich in ihrer Wirkung von den üblichen dekkend gestrichenen Flächen unterscheidet. Auf den unbefangenen Betrachter wirkt eine in Lasurtechnik gestrichene Wand so, als ob die Farbe sich ein paar Zentimeter vor der Wand befände. Der Effekt ist darauf zurückzuführen, daß das Licht nicht nur an der Oberfläche der Farbschicht reflektiert wird. Ein Teil des Lichtes fällt durch die Lasurschicht hindurch auf den entsprechend hell gestrichenen Untergrund. Es wird dort reflektiert und durchdringt die Lasurschicht ein zweites Mal.

Solche Anstrichsysteme, die speziell von einigen Naturfarbenherstellern angeboten werden, bestehen im wesentlichen aus

- einer auf den Untergrund abzustimmenden Grundierung,
- einem weißen Zwischenanstrich auf Kasein-Bienenwachs-Harz-Basis und
- ein oder mehreren farbig pigmentierten Schlußanstrichen.

Geeignete Untergründe sind (in der Reihenfolge der Eignung):

- fester, völlig abgebundener (ph-neutraler) Putz, trocken, sauber und ohne durchschlagende Inhaltsstoffe,
- fest haftende Tapete,
- Gipskartonplatten,
- intakte Dispersionsaltanstriche.

Wandlasur-Pflanzenfarben sind für die Anwendung außen und in Feuchträumen nicht geeignet. Feuchtigkeitsbeständige Wandlasuren können mit Silikatfarben (siehe oben) hergestellt werden.

Tapeten
Im allgemeinen sind Wandflächen durch Möbel, Bilder, Pflanzen und Fensterbehänge genügend gegliedert, so daß selbst kleingemusterte Tapeten nur Unruhe in den Raum bringen. Beliebt sind deshalb die unbedruckten Rauhfasertapeten, die allerdings ebenso wie andere Tapetenarten auch zur "Verbesserung" ihrer Eigenschaften oft mit allerlei Chemie angereichert sind. Auch die Spezialkleister für schwere Tapeten oder Textiltapeten sind nicht immer frei von Schadstoffen. Hier bietet der "baubiologische" Fachhandel inzwischen relativ unbedenkliche Alternativprodukte an.
Da das Tapezieren im Altbau oftmals durch Unebenheiten der Wandflächen erschwert wird, sind Alternativen wie z.B. das Verkleiden mit Holz oder das Bespannen mit Stoffen aus Naturfasern (Jute, Leinen usw.) sehr beliebt. Doch die einfachste und preiswerteste Lösung ist nach wie vor, den Anstrich direkt auf den Innenputz oder das Mauerwerk aufzubringen, wie oben beschrieben.
Tapezieren ist vor allem dort sinnvoll, wo bereits tapeziert war, sowie auf glattem Putz und Gipskartonplatten. Wie bei Anstrichen gilt auch hier als wichtigste Regel: der Untergrund muß trocken und ausreichend fest sein; das Aussehen und die Haltbarkeit von Tapeten ist ganz wesentlich abhängig von der richtigen Beschaffenheit des Untergrundes.
Je nach Zustand der Wandflächen können folgende Vorarbeiten nötig sein:

- Vollständiges Entfernen der vorhandenen Tapete durch Abziehen, Abschaben, Abschleifen,
- Glätten der Putzfläche durch Spachteln,
- Ausbessern von Fugen, Rissen, Fehlstellen,
- Absperren von Teer-, Farb- und Ölflecken durch mehrmaliges Auftragen von Wasserglas oder Schellack (Spirituslack).

Für die Ausführung von Tapezierarbeiten sei hier auf die einschlägigen Heimwerkerbücher verwiesen. Im folgenden daher nur einige wichtige Hinweise:

- Leimfarbenanstriche und nicht wasserfeste Dispersionsanstriche sind als Tapeziergrund ungeeignet, sie müssen abgewaschen werden.
- Wo alte Tapeten nicht mehr überklebt sondern entfernt werden müssen, empfiehlt es sich, anstelle von Tapetenlöser eine einfache Seifenlauge (aus Schmier- oder Hartseife) zu verwenden. Dicke, mit Dispersionsfarbe gestrichene Tapeten lassen sich besser ablösen, wenn die Oberfläche mit einem Spachtel gitterförmig eingeschnitten oder mit einer Perforierwalze gelöchert wird.
- Normale Tapetenkleister aus Methylzellulose sind in Bezug auf schädliche Inhaltsstoffe weitgehend unbedenklich. Spezialkleister für schwere Tapeten und Textiltapeten enthalten dagegen umwelt- und gesundheitsbelastende Kunstharze.
- Einfache bedruckte Tapeten können als Altpapier entsorgt werden, mit Dispersions- oder Ölfarben getrichene Tapeten gehören in den Sondermüll.
- Untertapeten aus Kork, Latex-Schaumstoff oder Hartschaum sind nur in Sonderfällen sinnvoll. Weil sie relativ dünn sind, ist ihre wärmedämmende Wirkung äußerst gering. An Fensterlaibungen und Fensterstürzen können sie u.U. zur Verminderung von Schwitzwasser beitragen. Kartonkaschierte Untertapeten sind weniger druckempfindlich als unkaschierte.
- Es gibt auch Tapeten und Untertapeten mit einer Polyäthylen-Kaschierung zur nachträglichen Herstellung einer bauphysikalisch erforderlichen Dampfsperre bei Innendämmungen (vgl. Kap. 7.3).

Lacke und Lasuren werden hauptsächlich auf maßhaltigen Holzflächen, wie z.B. Türen und Fenstern, sowie auf Metallflächen eingesetzt und gelegentlich für abwaschbare Mauer-, Putz- oder Tapetenflächen verwendet.
Als Lacke bzw. Lackfarben werden filmbildende Anstrichmittel bezeichnet, die den Untergrund mit einer mehr oder weniger dichten Schutzschicht überdecken. Der Lackkörper, das Bindemittel, ist im allgemeinen farblos; Lackfarben enthalten zusätzlich farbige Pigmente. Als Lasuren werden Anstrichmittel bezeichnet, die aufgrund ihres höheren Lösungsmittelgehaltes und anderer Bindemittel überwiegend in den Untergrund eindringen und nicht oder nur sehr wenig filmbildend sind. Die Poren des Untergrundes werden nicht verschlossen, so daß der Feuchteaustausch ("Atmungsfähigkeit") weitgehend erhalten bleibt. Die Herstellung eines bestimmten Farbtons erfolgt bei Lasuren nicht durch Mischen der flüssigen Anstrichmittel, sondern durch Überlagern verschiedener Farbaufträge.
Lacke und Lasuren erfüllen bei Außenbauteilen neben der farblichen Gestaltung den wichtigen Zweck des Witterungsschutzes und der Werterhaltung, bei Innenbauteilen stehen die optisch-ästhetische Funktionen im Vordergrund. Da durch die Herstellung und Anwendung von Lacken und Lasuren in mehr oder weniger grossem Umfang Schadstoffe in die Umwelt gebracht werden, sollten sie sparsam eingesetzt und Produkte auf Naturöl- und Naturharzbasis sowie die mit dem Umweltengel gekennzeichneten Dispersionslacke ("Wasserlacke") bevorzugt werden.

Rostschutzanstriche geben Stahlteilen einen guten Korrosionsschutz, vorausgesetzt, vorhandene Roststellen werden durch Schleifen und Bürsten gründlich (bis auf das blanke Metall) beseitigt und die Oberfläche anschließend mit Salmiakgeist entfettet. Ist der Altanstrich wenig beschädigt, wird die Oberfläche gereinigt, angeschliffen (Schleifstaub nicht einatmen!) und dann mit einem Erneuerungsanstrich versehen.
Ein Neuanstrich besteht aus 1 bis 2 Grundanstrichen mit Rostschutzfarbe und zwei Deckanstrichen mit Lackfarbe. Als Rostschutzfarbe sind die relativ umweltfreundlichen Anstrichmittel auf der Basis von Zinkstaub und Zinkphosphat zu empfehlen, die in ihrer Schutzwirkung den umweltbelastenden Blei- und Zinkchromat-Pigmenten nicht nachstehen.

Wachs ist ein einfaches Mittel, um wirkungsvoll Poren zu verschließen. Holzbauteile lassen sich damit beispielsweise gegen das Eindringen von Staub und Schmutz schützen, die Oberfläche wird glatt und pflegeleicht ohne Beeinträchtigung der Diffusions- und Sorptionsfähigkeit des Untergrundes. Mit Wachs behandelte Holzflächen bleiben jedoch gegen länger einwirkende Feuchtigkeit empfindlich (Flecken mit Soda entfernen).
Bevor eine Fläche zum ersten Mal gewachst wird, sollte sie mit einer farblosen oder pigmentierten Imprägnierlasur (Naturharz- oder Dispersionslacklasur) ein bis zwei Mal grundiert werden, um ein übermäßiges Eindringen des Wachses in den Untergrund zu verhindern.
Das Wachs kann in zwei verschiedenen Verfahren aufgebracht werden: beim Kaltwachsen wird Wachsbalsam mit einem Ballentuch eingerieben. Kalt verarbeitbare Wachsbalsame enthalten allerdings im allgemeinen organische Lösungsmittel (Terpentin), und zwar um so mehr, je weicher sie sind. Flüssige, streichbare Wachse auf Lösungsmittelbasis (sogenannte Streichbalsame) sollten überhaupt nicht verwendet werden.
Beim Heißverfahren wird das Wachs geschmolzen (Vorsicht! Entzündungsgefahr) und dadurch verarbeitungsfähig gemacht. Das flüssige Wachs kann von Hand oder beim Fußboden wesentlich bequemer mit Hilfe einer Bohnermaschine mit Vorwärmgerät aufgebracht werden. Bei beiden Verfahren wird der Boden nach dem Aushärten der Wachsschicht mit dem Bohnerbesen (Blocker) poliert.
Während sich für Wandpaneele, Möbel und Holzbalken das recht weiche Bienenwachs durchaus gut eignet, sind für Fußböden härtere Pflanzenwachse oder synthetische Wachse angebrachter. Die Wachsschicht muß immer möglichst dünn aufgetragen werden, damit sie nicht zu einem klebrigen Schmutzfänger wird. Ein Nachwachsen mit Wachspaste oder Wachsbalsam ist nur in größeren Zeitabständen erforderlich. Wenn die Wachsschicht nach mehrfachem Auftrag zu dick geworden ist und der Schmutz haften bleibt, muß sie mit der Ziehklinge entfernt werden. Zur regelmäßigen Reinigung und Pflege eines gewachsten Fußbodens hat sich feuchtes Wischen mit Schmierseifenwasser gut bewährt.

Alkalische Abbeizmittel

1. Kalkbrei herstellen
1 l gelöschter Weißfeinkalk (Kalkhydrat) in
1 l Wasser einrühren.

2. Sodalösung herstellen
1 kg Soda in
1 l heißes Wasser auflösen.

3. Abbeizmittel herstellen
1 Teil Kalkbrei mit
1 Teil Sodalösung mischen.

Der Kalkbrei und das fertige Abbeizmittel sind ätzend - daher Haut und Augen schützen!

Die Aufbewahrung erfolgt am besten in einem Glas- oder Kunststoffbehälter; Metallbehälter können angegriffen werden. Keine Lebensmittel-Gefäße verwenden!

Als einigermaßen umweltverträgliche *Abbeizmittel* zum Aufrauhen oder Entfernen alter Lackanstriche sind anorganische Laugen wie z.B. Ätznatron (Natriumhydroxid) und Salmiakgeist zu bevorzugen. Diese Laugen wirken allerdings auch in starker Verdünnung noch sehr ätzend, also beim Arbeiten Augen und Haut schützen!
Alte kunstharzfreie Ölfarbenanstriche können auch mit dem wesentlich ungefährlicheren Soda abgebeizt werden. Umweltverträglich, aber sehr mühsam sind die mechanischen Methoden, Lack zu entfernen (Schleifen, Hobeln, Abziehen etc.).

15.2 Anstriche auf mineralische Untergründe

Anstriche auf Außenputze und Mauerwerk (mineralische Untergründe) erhöhen deren Haltbarkeit und dienen der farblichen Gestaltung der Fassade. Fassadenbeschichtungen müssen wasserabweisend aber auch dampfdurchlässig sein, besonders bei aufsteigender Feuchtigkeit im Mauerwerk. Um Schäden durch thermische Spannungen im Putzuntergrund zu vermeiden, werden helle Fassadenanstriche bevorzugt, die weniger Sonneneinstrahlung absorbieren und sich nicht so stark aufheizen.

Tabelle 37
Anstrichsysteme für verschiedene Untergründe im Außenbereich

Materialpreise siehe Tabelle A14 in Anhang 1

Allgemeine Hinweise:

- Wenn die Oberfläche bereits gestrichen wurde, ist der vorhandene Anstrich als Untergrund maßgebend.
- Vorbeugender Holzschutz siehe Kapitel 5.3
- Im konkreten Einzelfall sind Abweichungen möglich. Herstellervorschriften beachten!

UMWELTBELASTUNG →	keine			gering			stark			sehr stark		
ANSTRICHSYSTEM / UNTERGRUND	kein Anstrich	Kalk- und Zementfarben	Kalk-Kaseinfarben	Kaseinemulsionsfarbe	Silikatfarbe	Silan- und Siloxanpräparate (zur Hydrophobierung)	Naturharz-Dispersionsfarben	Kunststoff-Dispersionsfarben	Ölfarben- und Naturharzanstriche	Dispersionslacke und -lasuren	Kunstharzanstriche (auf Acrylharz- u. Alkydharzbasis)	Sonstige Kunstharzanstriche und Kunstharzversiegelungen
AUSSENANSTRICHE												
Sichtmauerwerk aus Naturstein	0	0	+	*	0	+	+	+	-	0	/	/
Sichtmauerwerk aus Ziegel, Kalksandstein,usw.; Beton	0	0	+	*	+	+	+	+	-	+	/	/
Beton	-	0	+	+	*	+	+	+	/	0	+	/
mineralischer Putz (Kalk-, Zement-)	-	0	+	*	+	0	+	+	/	-	0	/
Kunstharzputz ("Edelputz")		-	0	-	-	-	+	*	/	-	0	/
Holz, nicht maßhaltig, (z.B. Schalung, Sparren köpfe, Pergola)	*	-	*	+	-	-	+	+	+	0	+	+
Holz, maßhaltig (z.B. Sichtfachwerk, Fenster, Außentüren, auch innen)	-	-	0	-	0	-	-	-	+	*	+	+
Mineralfarbenanstrich (Kalk-, Zement-, Silikat-)	/	0	*	*	*	0	+	+	/	0	-	/
Dispersionsfarbe	/	-	-	-	-	-	*	+	/	-	-	/
Faserzement (früher Asbestzement)	/	-	+	-	*	+	+	+	0	+	0	/
Öl-, Lack- oder Lasurfarbe	/	-	-	-	-	-	*	+	+	*	+	/
Metalle	-	-	-	-	-	-	-	-	+	*	+	+

Technisch - wirtschaftliche Beurteilung (Zeichenerklärung)

* besonders empfehlenswert (in ökologischer Hinsicht)
\+ empfehlenswert
0 möglich oder bedingt geeignet (z.B. in bestimmten Fällen, nach Vorversuch oder nach Grundierung)
\- ungeeignet
/ nicht üblich

Auch bei Sichtmauerwerk aus natürlichen oder künstlichen Steinen kann ein Anstrich erforderlich sein, wenn die Steine nicht ausreichend witterungsbeständig sind. Sichtmauerwerk kann entweder farblos durch Hydrophobieren imprägniert oder wie die verputzte Wand farbig bzw. weiß gestrichen werden. Vormauersteine (z.B. Klinker) benötigen wegen ihrer dichten Oberfläche keinen Anstrich. Tab. 37 zeigt geeignete Anstriche für mineralische Untergründe.

Je nach Zustand der Fassade können folgende Vorarbeiten erforderlich sein:

- Schmutz und Staub durch Abwaschen oder Dampfstrahlen entfernen. Beim Abwaschen alter Anstriche verstopfen die Poren des Putzes, in diesem Fall muß die Oberfläche zusätzlich mit einer Stahlbürste gereinigt werden.
- Lockeren Altanstrich entfernen, am besten von Hand oder maschinell.
- Risse im Putz ausbessern, lockere oder weiche Putzflächen erneuern (vgl. Kap. 7.4).
- Grundieranstrich (evtl. putzfestigend) bei zu glattem, zu rauhem, zu saugfähigem oder zu wenig saugfähigem Untergrund. Zu glatte Flächen können

ANSTRICHSYSTEM / UNTERGRUND	kein Anstrich	Kalk- und Zementfarben	Kaseinfarben (Titanweiß o. Kalk)	Leimfarben [2]	Silikatfarben	Naturharz-Dispersionsfarben Kunststoff-Dispersionsfarben	Spirituslacke [2], Schellacke	Bienen- bzw. Pflanzenwachsbalsam	Ölfarben- und Naturharzanstriche (Lack oder Lasur)	Dispersionslacke und -lasuren (Reinacrylat, Wasserlacke)	Kunstharzanstriche, Lack o. Lasur (auf Acryl- und Alkydharzbasis)	Sonstige Kunstharzanstriche und Kunstharzversiegelungen
UMWELTBELASTUNG: keine ← gering … stark → sehr stark												
WAND UND DECKE												
Sichtmauerwerk aus Naturstein	*	+	+	+	0	+	0	0	0	0	0	/
Sichtmauerwerk aus Ziegel, Kalksandstein usw.; Beton	+	*	+	+	0	+	0	0	0	0	0	/
Putz (Kalk-, Zement-)	0	*	+	+	0	+	0	0	0	0	0	/
Gipskartonplatten	/	0	*	0	-	+	0	/	0	0	0	/
Holz (Verkleidungen, Zimmertüren[1]) europ. Holzarten	*	-	+	0	/	+	0	+	+	+	+	+
Tapete	0	-	-	0	/	+	0	/	0	0	0	/
Dispersionsfarbe	/	-	0	0	/	+	0	/	0	+	0	/
Kalk- und Kalkkaseinfarbe	/	0	*	+	/	+	0	/	0	0	0	/
Leimfarbe	/	-	-	+	/	-	-	/	-	-	-	/
Öl-, Lack- oder Lasurfarbe (Natur- oder Kunstharze)	/	-	-	-	/	0	0	+	+	+	0	/
Gipsputz + Gipsfaserplatten	/	-	-	0	-	+	-	/	0	0	0	/

Technisch - wirtschaftliche Beurteilung (Zeichenerklärung)

- * besonders empfehlenswert (in ökologischer Hinsicht)
- \+ empfehlenswert
- 0 möglich oder bedingt geeignet (z.B. in bestimmten Fällen, nach Vorversuch oder nach Grundierung)
- \- ungeeignet
- / nicht üblich

Tabelle 38
Anstrichsysteme für Wand und Decke im Innenbereich

Materialpreise siehe Tabelle A14 in Anhang 1

Allgemeine Hinweise:

- Wenn die Oberfläche bereits gestrichen wurde, ist der vorhandene Anstrich als Untergrund maßgebend.
- Vorbeugender Holzschutz siehe Kapitel 5.3
- Im konkreten Einzelfall sind Abweichungen möglich. Herstellervorschriften beachten!

auch durch Anschleifen, mit der Drahtbürste oder durch Sandstrahlen aufgerauht werden. Eine Grundierung ist grundsätzlich notwendig bei unterschiedlich saugfähigem Untergrund (z.B. bei Mischmauerwerk und bei verputztem Fachwerk).

- Teer- und andere Flecken mit Isoliermittel absperren.
- Frischen Kalk- oder Zementputz abbinden lassen oder mit Fluat neutralisieren. Kalk- und Zementputze binden langsam ab und bleiben lange Zeit alkalisch. Dispersionsfarben auf Kalkputz erst nach 6 Wochen streichen!
- Sinterschichten auf neuem Putz von Hand oder maschinell entfernen, unter Umständen auch durch Fluatieren. Ebenso müssen Fehlstellen im Putz wie Blasen, Risse usw. vor dem Anstrich beseitigt werden.

15.3 Anstriche auf Innenwände und Zimmertüren

Anstriche auf Wände und Türen im Innenbereich schützen gegen schnelles Verschmutzen und können durch ihren Farbton gewünschte optische Raumwirkungen schaffen.

Für Wandanstriche sollten nach Möglichkeit die umweltverträglichen Kalk- und Leimfarbenanstriche bevorzugt werden. Wo das von den Anforderungen her nicht möglich ist, empfiehlt sich die Verwendung von Naturharz-Dispersionsfarben oder der mit dem blauen Umweltzeichen versehenen Produkte.

Maßgebend für die Auswahl eines Anstrichmittels ist neben der Umweltverträglichkeit und Sorptionsfähigkeit die Abstimmung auf den Untergrund. Rohe Holz-, Putz- und Mauerwerksflächen lassen sich im allgemeinen eher mit einem

umweltverträglichen Anstrich beschichten als Altanstriche.
Tab. 38 gibt einen Überblick, welche Anstrichmittel für die verschiedenen Untergründe im Innenbereich geeignet sind.

15.4 Anstriche auf Holz im Außenbereich

Nicht maßhaltige Holzbauteile

Entgegen der allgemeinen Auffassung ist Holz wenig anfällig gegen Beanspruchung durch die Witterung, wenn durch Maßnahmen des konstruktiven Holzschutzes eine rasche und vollständige Wasserableitung und Austrocknung gewährleistet ist (vgl. Kap. 5.3). Ein Anstrich auf nicht maßhaltige Holzbauteile im Außenbereich, wie z.B. holzverkleidete Fassaden, ist nicht notwendig, wenn das natürliche Vergrauen des Holzes akzeptiert werden kann. Soll Holz im Außenbereich (Fassadenverkleidung etc.) aus ästhetischen Gründen dennoch gestrichen werden, kann mit einer deckenden Kalk-Kaseinfarbe oder Dispersionsfarbe, einer filmbildenden Lackfarbe (leicht getönt oder farbig) oder einer Lasurfarbe (ebenfalls leicht getönt oder farbig) gestrichen werden. Pigmentierte Lacke und Lasuren auf Holz sorgen dafür, daß das Holz seinen hellen Farbton behält. Lasuranstriche sind gut dampfdurchlässig und ermöglichen ein rasches Austrocknen. Sie müssen zwar häufiger erneuert werden als Lackfarben, dann reicht allerdings ein leichter Anschliff des Altanstrichs. Das Aufrauhen eines Lackfarbenanstrichs vor der Erneuerung ist dagegen erheblich mühsamer, und Risse in der Lackierung, die nicht sorgfältig ausgebessert werden, ziehen schnell größere Folgeschäden nach sich.

Maßhaltige Holzbauteile

Bei den maßhaltigen Holzbauteilen, z.B. bei Fenstern und Türen, für deren Funktion ein Quellen und Schwinden des Holzes ausgeschlossen werden muß, soll der Anstrich vor stärkeren Feuchtigkeitsschwankungen schützen.
Die meisten Holzfenster und Holztüren bei Altbauten sind mit einem deckenden Ölfarben- oder Kunstharzanstrich versehen. Dieser Anstrich sollte regelmäßig - etwa alle 10 Jahre - erneuert werden, besonders auf der Wetterseite. Bei Lasuranstrichen ist eine häufigere Erneuerung nötig. Wenn Haftung und Elastizität des Altanstrichs noch gut und das Holz noch intakt ist, kann der Altanstrich gereinigt, aufgerauht und mit einem Überholungsanstrich versehen werden. Durch die bevorzugte Anwendung wasserverdünnbarer Dispersions-Lackfarben ("Reinacrylatfarben") lassen sich stinkende und (gesundheits- und umwelt-) schädliche Lösungsmitteldämpfe beim Streichen vermeiden. Helle Farben sind auch hier günstiger als dunkle, weil sie sich bei Sonneneinstrahlung weniger erwärmen und daher länger halten.
Der alte Anstrich ist nur dann zum Überstreichen geeignet, wenn er ausreichend fest und elastisch ist. Dies kann mit Klebeband und durch Kratzen mit einem Messer festgestellt werden: das Klebeband wird auf dem Altanstrich fest angerieben und anschließend scharf abgerissen; löst sich dabei der alte Anstrich, so ist die Haftung am Untergrund ungenügend; löst sich gar der alte Anstrich einschließlich anhaftender Holzfasern, so ist die Holzoberfläche bereits zerstört und für einen Überholungsanstrich ebenfalls ungeeignet. Auch spröde Anstriche, die sich mit einem Messer partikelweise ablösen lassen, müssen vor einem Neuanstrich entfernt werden.
Mit Lösungsmittel kann festgestellt werden, ob der Altanstrich aus Öl- bzw. Kunstharzlack oder aus Dispersionslackfarbe besteht. Nitroverdünnung und Testbenzin lösen Öl- und Kunstharzanstriche nur schwach, Dispersionsanstriche dagegen stark an. Besteht der Altanstrich aus Dispersionslackfarbe, darf nur mit Dispersionslackfarbe weitergearbeitet werden.
Das Entfernen alter Anstriche erfolgt am besten mechanisch, d.h. durch Abschaben oder Abschleifen mit entsprechendem Spezialgerät (Schaber, Schleifmaschine, Spachtel). Beim Abschleifen sollte ein Atemschutz (Staubfilter) verwendet werden. Abbeizen und Abflämmen sind umweltbelastende Methoden, die besser unterlassen werden sollten.
Die so vorbereiteten Holzflächen werden dann mit einem neuen Anstrichsystem versehen, wobei die verschiedenen Schichten (Grundier-, Zwischen- und Deckanstrich) aufeinander abgestimmt sein müssen. Daher empfiehlt es sich, das Anstrichsystem **eines** Herstellers unter Einhaltung der entsprechenden Verarbeitungsvorschriften zu verwenden. Muß bei Holzfenstern die Glasversiegelung (oder der Fensterkitt) überstrichen werden, so wird auch die Glasscheibe ca. 1 mm überstrichen.
Auch der Innenanstrich der Fenster muß gewartet werden. Er soll mindestens so dampfdicht sein wie der Außenanstrich, anderenfalls kann es in den Fensterhölzern zu einem Feuchtigkeitsstau und zu Fäulnis kommen.

Die Anstrichtechnik ist bei den verschiedenen Lack- und Lasuranstrichen ungefähr gleich:

- Ist der Altanstrich als Untergrund für einen Erneuerungsanstrich geeignet, wird er folgendermaßen vorbereitet: Altanstrich mit Salmiakwasser (1 Teil Salmiak in 10 Teilen Wasser) abwaschen, trocknen lassen, mit feinem Schleifpapier (180er) leicht aufrauhen, entstauben, ggf. offene Holzver-

ANSTRICHSYSTEM / UNTERGRUND	kein Anstrich	Kalk- und Kalkzementfarben	Kaseinfarben (m. Titanweiß o. Kalk)	Silikatfarben	Silan- und Siloxanpräparate	Kunstharz-Dispersionsfarben	Spirituslacke[2] (Schellack)	Bienen- bzw. Pflanzenwachsbalsam	Ölfarben- u. Naturharzanstriche (Lack oder Lasur)	Dispersionslacke und -lasuren (Reinacrylat, Wasserlacke)	Kunstharzanstriche, Lack o. Lasur (auf Acryl- und Alkydharzbasis)	Sonstige Kunstharzanstriche und Kunstharzversiegelungen
← UMWELTBELASTUNG →	keine		gering							stark		sehr stark
BODEN												
Holz (roh), Kork	*	/	/	0	-	0	0	+	+	0	0	+
Linoleum (roh)	*	/	/	-	-	-	-	0	-	-	-	-
Fliesen (glasiert)	*	/	/	+	+	-	0	+	+	-	+	+
Zementestrich	0	/	/	+	+	+	0	0	0	0	0	+
Naturstein	*	/	/	0	+	-	0	-	0	0	0	0
Wachs	+	/	/	-	-	-	-	+	-	-	-	0
Versiegelung	+	/	/	-	-	0	0	0	0	0	0	+
Ölfarbe, Lack, Lasur	+	/	/	-	-	0	-	0	+	0	+	+
SONSTIGE UNTERGRÜNDE												
Metalle (kalt)	/	/	/	/	/	0	+	+	+	+	+	+
Heizkörper, Heizleitungen	/	/	/	/	/	-	-	-	+	+	+	0
Kunststoffe (z.B. Rohre)	/	/	/	/	/	-	-	-	0	-	0	0

Technisch - wirtschaftliche Beurteilung (Zeichenerklärung)
- * besonders empfehlenswert (in ökologischer Hinsicht)
- \+ empfehlenswert
- 0 möglich oder bedingt geeignet (z.B. in bestimmten Fällen, nach Vorversuch oder nach Grundierung)
- \- ungeeignet
- / nicht üblich

Tabelle 39
Anstrichsysteme für Fußböden und sonstige Untergründe

Materialpreise siehe Tabelle A14 in Anhang 1

Allgemeine Hinweise:
- Wenn die Oberfläche bereits gestrichen wurde, ist der vorhandene Anstrich als Untergrund maßgebend.
- Vorbeugender Holzschutz siehe Kapitel 5.3
- Im konkreten Einzelfall sind Abweichungen möglich. Herstellervorschriften beachten!

bindungen (Holzstöße z.B. bei Türen) keilförmig und tief aufkerben, grundieren und verkitten, Unebenheiten mit Spachtelmasse glätten, Spachtelstellen schleifen, Flecken mit Sperrgrund (z.B. Schellack) isolieren; danach Grundanstrich, Zwischenanstrich (nur bei Bedarf) und Deckanstrich aufbringen.

- Streichen auf rohes Holz bzw. von Lackresten gereinigtes Holz: Untergrund säubern, mit feinem Schleifpapier (180er) glätten und entstauben. Harzstellen und Äste mit Sperrgrund isolieren. Grundierung mit Holzschutzgrund (innen im allgemeinen ohne Pilz- und Insektengifte) anbringen, Risse im Holz mit Ölkitt oder Spachtelmasse verkitten. Danach zwei Zwischenanstriche und Schlußanstrich aufbringen (als Anstrichsystem, passend auch zur Grundierung).
- Lackanstrich auf Putz: Der Putz muß völlig abgebunden und ausgetrocknet sein, d.h. 2 bis 3 Jahre alt oder künstlich getrocknet (außer bei Dispersionslackfarben) und chemisch neutral sein (Probe mit Phenolphthalein oder Lakmuspapier, ggf. fluatieren). Ausbessern wie oben, danach Grund-, Zwischen- und Deckanstrich.

15.5 Anstriche auf Fußböden und Treppen

Fußbodenimprägnierungen und -versiegelungen haben die Aufgabe, einer Verschmutzung vorzubeugen und ein gleichmäßiges Aussehen zu erzielen.
Mit Lack versiegelte Holzfußböden sind pflegeleicht und feuchtigkeitsunempfindlich. Bei der umweltbewußten Renovierung sollten die wasserlöslichen Acryl-Siegellacke bevorzugt werden. In der Regel haltbarer sind allerdings die wenig umweltfreundlichen, weil lösungsmittelhaltigen PU-Fußbodenlacke. Versiegelungen eignen sich hauptsächlich für Parkettböden, auf Dielenböden ist eine Versiegelung wegen der unvermeidlichen Schwindfugen an den Dielenstößen nicht sehr sinnvoll.
Eine gute Alternative zur Versiegelung ist das Imprägnieren mit Naturharzimprägnierung und anschließender Wachsbehandlung, wobei die Böden allerdings empfindlich bleiben gegen länger andauernde Feuchtigkeitseinwirkung.
Auch ein roher Zementestrich kann vorübergehend oder auf Dauer ohne zusätzlichen Belag genutzt werden, sofern er in "Nutzestrich"-Qualität hergestellt wird. Er läßt sich wie ein Holz- oder Keramikboden imprägnieren oder mit einem Fußbodenanstrich versehen. Unter Umständen ist es auch möglich, durch vorheriges maschinelles Abschleifen einen terrazzoähnlichen Effekt zu erreichen.
Naturstein- und Betonwerksteinböden brauchen nicht behandelt zu werden. Poröses Material kann durch Hydrophobieren (vgl. 15.1) wasserabweisend gemacht werden. Durch eine ölige Imprägnierung kann die Farbe und Struktur des Steins intensiviert werden.

Abschleifen eines versiegelten Bodens:

- Lackschicht mit Teller- oder Bandschleifmaschine (Körnung 24) gleichmäßig und ohne Druck mit kreisender Bewegung bis auf das rohe Holz entfernen - nur Maschinen mit Absaugvorrichtung verwenden (der Schleifstaub ist giftig!);
- gegebenenfalls größere Unebenheiten mit dem Bandschleifer glätten;
- Feinschliffe mit Schwingschleifer (erst Körnung 40, dann Körnung 80);
- Boden mit Staubsauger reinigen;
- Risse mit farblich passendem Fugenkitt schließen, nach Trocknung fein schleifen (Körnung 80);
- Neue Oberflächenvergütung durch Wachsen, Versiegeln etc.

Vorbereitung eines Bodens zur erstmaligen Wachsbehandlung:

- Holzfußboden abschleifen.
- Bei unglasierten Klinkerböden den Zementschleier mit 5% iger Salzsäure entfernen, Boden mit klarem Wasser reinigen und völlig austrocken lassen. Vorsicht! Salzsäure ist stark ätzend, Hände und Augen schützen! Zum Verdünnen Salzsäure in das Wasser gießen - niemals umgekehrt!
- Zwei- bis dreimalige Grundierung mit Naturharzlasur (bei Holz jeweils mit vorherigem Feinschliff, z.B. mit Bandschleifer oder Stahlwolle).
- Wachsauftrag im Heiß- oder Kaltverfahren.

Anhang 1

Preise und Kosten im Vergleich

Die im folgenden angegebenen Preise sind Durchschnittswerte (Material- und Lohnkosten) für 1988 einschließlich Mehrwertsteuer. Sie dienen in erster Linie dem Vergleich verschiedener als Beispiel gewählter Ausführungsvarianten. Darüber hinaus können sie zu einer Berechnung der voraussichtlichen Maßnahmekosten verwendet werden. Eine für den konkreten Einzelfall genaue Kostenberechnung wird jedoch nur erreicht, wenn die wichtigsten Kosteneinflußfaktoren durch Zuschläge und Abzüge berücksichtigt werden, wie

- Regionale konjunkturelle Unterschiede: In wirtschaftsstarken Regionen sind die Baupreise höher als in wirtschaftlich schwachen, im Bereich der Großstädte höher als im ländlichen Raum.
- Die Gliederung des Gebäudes und seiner Teile: Stark gegliederte, kleine Räume und Bauteile erfordern einen größeren Zeitaufwand als wenig gegliederte große.
- Der Umfang der Maßnahme: Maßnahmen geringen Umfangs sind relativ teuer. Als mittlerer Umfang ist für die Preisangaben ein Wohngebäude mit 150 bis 200 m^2 Wohnfläche zugrunde gelegt.
- Die zeitliche Entwicklung der Baupreise: Die angegebenen Preise (1988) können mit Hilfe der regelmäßig veröffentlichen Baupreisindizes aktualisiert werden.
- Die Erreichbarkeit der Baustelle.
- Das Vergabeverfahren: Die Qualität der Planung, die Genauigkeit der Leitungsbeschreibung und die Zahl der eingeholten Angebote.

Die nach einzelnen Bauteilen gegliederte Liste ermöglicht es, sich einen schnellen Kostenüberblick über die wichtigsten altbautypischen Konstruktionen und Maßnahmen zu verschaffen. Die Kosten von Ausführungsvarianten können mit Hilfe der Materialpreisliste durch Zuschläge bzw. Abzüge rasch und relativ genau ermittelt werden.
Die in der Materialpreisliste genannten Beträge gelten für Abholung beim Händler im Rahmen des oben genannten Umfangs. Lohnkosten, Transport, Verschnitt sowie Zusatz- und Hilfsstoffe sind bei den Materialpreisangaben nicht enthalten.
Für die Ermittlung der Preis- und Kostenangaben wurden neben eigenen Bürounterlagen folgende Informationsquellen verwendet:

H. Schmitz: Altbaumodernisierung - Konstruktions- und Kostenvergleiche. Köln 1984

Th. Voelckner: Baupreise 1985/86. München 1985

Bundesminister für Raumordnung, Bauwesen und Städtebau: Selbstbau - Fibel. Bonn 1985

Die Baupreisentwicklung für Wohngebäude wird auf das Basisjahr 1980 (Index = 100) bezogen. Ausgehend von dieser Basis werden die Preisänderungen der Folgejahre in Punkten angegeben.
Index Mai 1988 = 115,5
Index Nov. 1991 = 139,7
Die Baupreissteigerung gegenüber dem Jahr 1988 können gemäß folgender Formel ermittelt werden, wenn der neue Index bekannt ist:

Steigerung in % = 100 x (neuer I./alter I.) - 100
= 100 x (139,7 / 115,5) - 100 = 20,95%

Die im folgenden genannten Bau- und Materialpreise sind nach dem Stand Mai 1988 in Tübingen ermittelt. Für den Zeitpunkt November 1991 sind sie z.B. um 21% zu erhöhen.
(Quelle: z.B. Statistisches Landesamt, Stuttgart)

Baukosten nach Bauteilen

Nummerierung entspricht den Kapitelnummern

6. Erdberührte Bauteile

6.2 Fundament tieferlegen:
Arbeitsraum vom Keller aus herstellen (ca. 50 cm breit und 40 cm tief), vorhandenes Fundament abschnittsweise unterfangen, neues Fundament aus Sperrbeton herstellen (als Vorbereitung für Tieferlegen des Bodens, also ohne jegliche Folgearbeiten) 580,- DM/m

6.3.2 Senkrechte Abdichtung von Kellermauerwerk auf der Außenseite:
Arbeitsraum ausheben (ca. 2 m tief), Mauerwerk reinigen, ggf. Fugen auskratzen, Abdichtung aufbringen, Bitumenwellplatten vorstellen, Dränage verlegen, mit Kies ummanteln, Arbeitsraum verfüllen, oberen Kiesstreifen einbringen; Abdichtung bestehend aus (alternativ):
- Ausgleichsputz, Sperrputz, Bitumenanstriche 370,- DM/m^2
- Verfugung, Spritzbewurf, zweilagiger Sperrputz 20 mm dick 380,- DM/m^2
- Ausgleichsputz, Dichtungsschlämme (mind. zweilagig) 385,- DM/m^2
- Ausgleichsputz, ggf. mit Flaschenkehlen, Voranstrich, Bitumenschweißbahn zweilagig (mit versetzten Stößen), Deckanstrich 440,- DM/m^2

6.3.2 Ringdränleitung
Kiesbett ca. 10 cm hoch herstellen, Tondränrohre (Nennweite 100 cm) mit mind. 1% Gefälle verlegen und an vorhandene Abwasserleitung (in der Nähe der Hauswand) anschließen, Rohre mit feinem Kies 25 cm hoch bedecken - ohne Herstellen und Verfüllen des Arbeitsraumes 55,- DM/m

Herstellung der Anschlußleitung:
Rohrgraben ca. 2,50 m tief maschinell ausheben, Aushubmaterial seitlich lagern, Grabenverbau herstellen, glasierte Tonrohre (Nennweite 100 mm) verlegen und an Kontrollschacht oder Straßenkanal anschließen, Graben mit Aushubmaterial verfüllen 280,- DM/m

Mehrpreis für Aushub bei Fels: 85,- DM/m

6.3.2 Senkrechte Abdichtung von Kellermauerwerk, auf der Innenseite:
Arbeitsraum vom Keller aus bis zur Fundamentsohle herstellen (ca. 70 cm breit und 40 cm tief), PE-Folie 0,5 mm dick anbringen, zweites Fundament betonieren, raumhohe Vermauerung aus
- Hochlochsteinen 11,5 cm dick 320,- DM/m^2
- Leichtziegel 30 cm dick, Kalkschlämme innen 410,- DM/m^2
- Bitumenwellplatte, 6 cm Schaumglas, Vormauerschale aus Hochlochsteinen 11,5 cm dick, Innenputz 15 mm dick (einlagig) aus Kalkmörtel 430,- DM/m^2

6.3.2 Waagerechte Abdichtung von Kellermauerwerk:
Maueraustauschverfahren:
Mauerwerk in Abschnitten aufstemmen, Dichtungsbahn zweilagig einziehen (mit versetzten Stößen), Öffnung ausmauern, Schlitz verputzen 210,- DM/m

Mauersägeverfahren:
Mauerwerk in Abschnitten aufsägen, Dichtungsmittel einpressen 265,- DM/m

Chromstahlblechverfahren:
mit Preßluft Edelstahlbleche einschlagen (mit Stoßüberdeckung) 265,- DM/m

Injektionsverfahren:
Bohrlöcher herstellen, Dichtungsmittel einlaufen lassen oder einspritzen
265,- DM/m

6.5 Schwimmender Zementestrich auf Lehmboden (erdberührt):
Vorhandenen Holzboden ausbauen, Magerbeton 14 cm stark einbauen, Abdichtung aus Bitumenschweißbahn herstellen, Trittschalldämmplatten d = 25 mm verlegen, Zementestrich aufbringen 175,- DM/m²

Mehrpreis für zusätzliche Wärmedämmung aus 6 cm dicken PS-Hartschaumplatten 12,- DM/m²

6.5 Trockenestrich auf vorhandenem Estrich (erdberührt):
Bitumenschweißbahn verlegen, Lagerhölzer 6/8 cm auf Trittschalldämmstreifen verlegen, Mineralfaser-Dämmmatten (Typ WL bzw. WZ) d = 60 mm zwischen den Lagerhölzern einlegen, Lagerhölzer mit Bitumenpappe abdecken, Holzspanplatte d = 22 mm verlegen 145,- DM/m²

Bodenaushub im Erdgeschoß 20 cm tief, einschließlich Ausbau einer evtl. vorhandenen Estrichplatte und Abfuhr
115,- DM/m²

7. Außenwand und Fassade

7.1 Sichtmauerwerk reinigen und imprägnieren:
Sichtmauerwerk aus Ziegel, Kalksandstein usw. reinigen (abwaschen) und farblos imprägnieren, einschließlich einrüsten 28,- DM/m²

Mehrpreis für Reinigung durch Sandstrahlen 4,- DM/m²

Mehrpreis für Fasadenanstrich, 2-3-fach
7,- DM/m²

7.3.2 Verputzte Dämmfassade ("Wärmedämmputz"):
Fassade einrüsten, Hartschaumplatte (d = 6 cm) auf dem vorhandenen Putz andübeln, armierten Mineralputz aufbringen 95,- DM/m²

Mehrpreise für
- alten Putz abschlagen, Grundierung aufbringen, Platten ankleben
16,- DM/m²
- Hartschaumplatten (d = 10 cm)
7,- DM/m²
- Mineralfaserplatten (d = 10 cm)
22,- DM/m²

7.3.2 Holzverschalte Dämmfassade:
Fassade einrüsten, Unterkonstruktion aus waagerechten Rahmenhölzern 4/6 cm, Hartschaum-Dämmplatten (PS, d = 6 cm) und senkrechten Rahmenhölzern 4/4 cm, Holzschalung 130,- DM/m²

Mehrpreise für
- Hartschaumplatten 9,- DM/m²
- Mineralfaser-Dämmpl. 20,- DM/m²

7.3.2 Vorgemauerte Dämmfassade (hinterlüftet):
Fassade einrüsten, Wandoberfläche reinigen, Hartschaum-Dämmplatten (PS 20, d = 6 cm) anbringen, 4 cm Luftschicht, Vormauerung aus Klinkern (d = 11,5 cm), Sichtverfugung, ohne Herstellung des Auflagers für die Vormauerschale 160,- DM/m²

Mehrpreise für
- Hartschaumplatten (d = 10 cm)
10,- DM/m²
- Mineralfaser-Dämmplatten (d = 10 cm) 24,- DM/m²

7.3.3 Innendämmung mit Putz:
Latten 30/50 mm auf vorhandenen Innenputz aufschrauben, Mineralfaser-Dämmplatten (d = 3,0 cm) einlegen, PE-Folie 0,2 mm aufbringen, Holzwolle-Leichtbauplatte befestigen, Stöße armieren, Naßputz aufbringen 85,- DM/m²

Mehrpreis für 5 cm Mineralfaser-Dämmplatte 5,- DM/m²

7.3.3 Innendämmung mit Gipskartonplatten:
Latten, Dämmplatten und PE-Folie wie oben, darauf Gipskartonplatte d = 12,5 mm, Stoßfugen armieren und verspachteln, Rauhfaser anbringen
80,- DM/m²

Tabelle A 1
Materialpreise: Mauerwerk für Außenwände

Mauerwerk Eigenschaften vgl. Tab. 14	Wärmeleitfähigkeit [1]	Preis [2] DM/m²
Gasbeton-Blocksteine nach DIN 4165	0,12	75,-
Bims-Vollsteine mit Schlitzen nach DIN 18152, z.B. Heklatherm	0,12	56,-
Leichthochlochziegel nach DIN 105 T2, Typ W, z.B. Poroton TE	0,15	45,-

1) Rechenwert λ_R in W/(mK) für Mauerwerk einschließlich Fuge aus Leichtmauermörtel
2) für eine Mauerdicke von 30 cm

Material Eigenschaften vgl. Tab. 14	Format Länge/Höhe	Preis DM/m²
MAUERWERK, 11,5 cm dick		
Vollziegel	24/7,1	48,-
Hochlochziegel	24/11,3	22,-
Kalksand-Vollsteine	24/7,1	35,-
Kalksand-Lochsteine	24/11,3	27,-
Gasbeton-Platten	49/24	21,-
Blähtonsteine	24/11,3	32,-
MAUERWERK, ca. 8 cm dick		
Gasbeton-Platten	50/25	24,-
Gipsdielen (Vollgips)	67/50	33,-
Bimsdielen	99/32	21,-

Tabelle A 2 oben
Materialpreise: Mauerwerk für Innenwände

Tabelle A 3 unten Materialpreise:
Bauplatten aus Holz- und Gipswerkstoffen

Bezeichnung (Format)	Dicke mm	Preis DM/m²
HOLZWERKSTOFFE		
Spanplatten mit Nut und Feder		
- V 100 E1 (205/92,5)	13 - 19	7,70 - 10,00
- V 100 G E1	16 - 22	10,00 - 12,50
Furnierplatten AW 100, Gabun (244/122)	12 - 22	38,00 - 44,00
Tischlerplatten	13 - 22	25,00 - 30,50
Zementgebundene Spanplatten mit Nut u. Feder, geschliffen, B1		
- Bauplatten (260/125)	18 - 22	35,50 - 42,50
- Fußboden-Verlegeplatten (62,5/125)	18 - 22	30,50 - 35,00
GIPSKARTONPLATTEN		
Bauplatte "GKB"	9,5 12,5	7,50 8,50
Feuerschutzplatte "GKF"	12,5	10,00
Bauplatte imprägniert	12,5	13,00
Baumarktplatte "Einmannplatte"	9,5	8,00
Verbundplatte mit Mineralfaser 50 mm auf 12,5 mm	62,5	37,50
Verbundplatte mit Polystryrol-Hartschaum 15 mm auf 9,5 mm, "Brüstungsdämmer"	24,5	9,50
GIPSFASERPLATTEN		
Wandbauplatte	10	8,80
Estrichelementplatte	10 20	7,60 17,40
Estrich-Verbundplatte 20 mm, mit PS-Hartschaum 20 mm	40	18,60
dito, jedoch mit 30 mm PS	50	19,80
dito, jedoch mit 10 mm Mineralfilz	30	19,80

Innendämmung wie vor, jedoch mit Gipskarton-Verbundplatten (12,5 cm GKB + 40 mm PS), geklebt (ohne Latten)
76,- DM/m²

7.3.3 Innendämmung mit Holz:
Latten 30/50 mm aufschrauben, Mineralfaser-Dämmplatten (d = 30 mm) einlegen, Dampfbremse aus 0,2 mm PE-Folie befestigen, Profilbretterverkleidung
120,- DM/m²

Mehrpreis für zusätzliche Lattung und Hinterlüftung 5,- DM/m²

7.5 Gerüst aufstellen:
Stahlrohrgerüst aufstellen, 4 Wochen vorhalten, abbauen 13,- DM/m²

8. Dächer
(Preise ohne evtl. erforderliches Schutz- oder Arbeitsgerüst)

8.2 Traghölzer des Dachstuhls verstärken oder erneuern:
Tragholz 10/14 cm, z.B. Stütze, Strebe, Sparren verstärken oder erneuern durch
- Aufschrauben eines Beiholzes 8/14 cm, mit Schraubbolzen und Einlaßdübeln 110,- DM/m
- Abbeilen der schadhaften Abschnitte, 4 cm tief, Einsetzen einer neuen Holzbohle 4/14 cm, Verschraubung mit Bolzen und Einlaßdübeln
115,- DM/m
- Ausbauen des vorhandenen Tragholzes (z.B. Stütze), Ersetzen durch ein neues Holz, einschl. Abstützen,
200,- DM/m

8.2 Pfette verstärken:
U-Stahl-Profil (20 cm hoch) seitlich anschrauben, einschl. Rostschutzanstrich
250,- DM/m

8.3 Ziegeldeckung reparieren:
- Austausch zahlreicher defekter Ziegel gegen gleichartige neue (Preis bezogen auf die gesamte Dachfläche)
20,- DM/m²
- Umdecken auf vorhandener Dachlattung, bei Ersatz bis zu 20% der Fläche, 45,- DM/m²

Bezeichnung	Güte-klasse	Holz-feuchte	Länge m	Breite cm	Dicke mm	Preis DM
Bretter und Bohlen,	I/II	15%	< 4,50	10 - 26	24	14,50/m²
parallel besäumt, rauh	I/II	15%	< 4,50	14 - 20	30	18,-/m²
	I/III	15-30%	3,0 ; 4,5	24; 29	45	25,-/m²
	II/III	25%	3,0 - 4,5	8 - 28	24	12,50/m²
dito, jedoch gespundet	I/II	15%	<4,50	10 - 26	24	16,-/m²
(Nut und Feder)	II/III	25%		10 - 26	24	13,-/m²
Hobelriehmen	I	15%	< 4,80	96	22	22,-/m²
	I	15%	< 5,40	111	25	24,50/m²
Latten, rauh	I - II			48	24	0,50 - 0,70/m
Kanthölzer (Rahmen)		25%		6	40	1,50/m
				5	50	1,60/m
				6	60	2,30/m
Bauholz, Schnittkl. A/B	II	30%				460,-/m³
Schnittklasse S		30%				515,-/m³
Bauholz Eiche		30%				1.700,-/m³
Brettschichtholz (Leimbinder)						1500-1700/m³

Holzart	Qualität	Oberfläche	Länge m	Querschnitt mm	Preis DM/m²
Fichte	A	gehobelt	3 - 5,10	14/96	15,-
	A	lackiert	3 - 5,10	14/96	21,-
	A	lackiert	3 - 5,10	14/121	21,-
	B	gehobelt	4,50 , 4,80	14/121	10,50
	A	gehobelt	3 - 5,10	19/111	18,50
	A	gehobelt	3 - 5,10	19/146	19,-
Kiefer	astrein	gehobelt	2,75	15/96	33,-
	astrein	lackiert	1 - 5	15/96	44,-
	rustikal	lackiert	3 - 5,10	14/121	25,-

Tabelle A 4 oben
Materialpreise: Bauschnittholz aus Fichte / Tanne

Preise für Bretter bei Abnahme von 50 m², bei Abnahme von 100 m² etwa 3% weniger.

Tabelle A 5 unten
Materialpreise: Profilschalung

Preise bei Abnahme von 50 m²

8.3 Unterspannbahn einbauen:

8.4.3 Ziegel abnehmen und lagern, alte Lattung entfernen und abfahren, Unterspannbahn und neue Lattung 24/48 mm aufbringen, vorhand. Ziegel neu verlegen 75,- DM/m²

8.3 Dachdeckung erneuern:
Dachziegel und Lattung entfernen, Unterspannbahn, neue Lattung und Konterlattung aufbringen, neue Dachziegel verlegen 90,- DM/m²
Mehrpreis für
- Biberdoppeldeckung 15 DM/m²
- Unterdach m. Holzschalung 4 DM/m²

8.3 Dachrinne aus Zinkblech reparieren:
Rinne reinigen, undichte Stellen löten, Rinne streichen 20,- DM/m

8.3 Dachrinnen erneuern:
einschließlich Entfernen der alten Rinnen, Rinneisen und Einlaufbleche,
- Rinnen aus Zinkblech 55,- DM/m
- Rinnen-Teilstücke aus Zinkblech, 70,- DM/m

8.3 Kaminkopf:
(einzügig) verputzen und neue Betonabdeckung herstellen,
- bei 0,75 m Höhe 145,- DM/St.
- bei 1,50 m Höhe 275,- DM/St.

8.3 Kaminkopf mit Dachplatten verkleiden:
Lattung, Steinwolleplatten, Konterlattung anbringen, Verwahrung aus Zinkblech, Dachplatten (Biberschwanzziegel oder Schieferplatten) aufnageln, Bleiabdeckung herstellen,
- bei 0,75 m Höhe 200,- DM/St.
- bei 1,50 m Höhe 340,- DM/St.

8.3 Kaminkopf abbrechen und neu herstellen:
aus Mauerwerk 11,5 cm dick, incl. Putz und Betonabdeckung,
- bei 0,75 m Höhe 360,- DM/St.
- bei 1,50 m Höhe 515,- DM/St.

8.4.2 Dachflächenfenster einbauen:
Dachteilfläche abdecken, Dachflächenfenster mit Isolierverglasung einbauen (Größe 75/140 cm), Dacheindeckung beiarbeiten 1.100,- DM/St.

Material	notwendige Dicke, um eine gleiche Dämmwirkung zu erreichen	Preis der Wärmedämmung DM/m²
MATTEN		
Mineralfaser, Typ W bzw. WL	10 cm	20,-
Kokosfaser	11 cm	(65,-)
PLATTEN		
Mineralfaser, Typ W bzw. WL	10 cm	25,-
Mineralfaser, Typ WV	10 cm	40,-
Mineralfaser, Typ WD	10 cm	60,-
Mineralfaser, Typ T	10 cm	(30,-)
Blähkork	11 cm	50,-
Schilfrohr (-Leichtbauplatte)	11 cm	40,-
Schaumglas	11 cm	135,- !
Kokosfaser	11 cm	(125,-)
Holzfaserplatten (Weichfaser)	14 cm	60,-
Holzwolle-Leichtbauplatte	27 cm (!)	(85,-)
Polystryrol-Hartschaum	10 cm	25,-
Polystyrol-Extruderschaum	10 cm	55,-
Polyurethan-Hartschaum	8 cm	40,-
SCHÜTTGUT		
Zellulose (Altpapier)	11 cm	15,-
Korkschrot (gebläht oder ungebläht)	11 cm	25,-
Mineralfaser (Granulat)	10 cm	15,-
Blähperlite	15 cm	30,-
Blähton	40 cm (!)	25,-

Einsatzbereiche und Materialeigenschaften siehe Tabelle 24
Der Preis gilt für die jeweils angegebene Dicke; er bezieht sich auf Schichten mit einem gleichgroßen Wärmedurchlaß-Koeffizienten von $\Lambda = 0{,}40$ W/(m²K).

Tabelle A 6 oben
Materialpreise: Dämmstoffe für den Wärme- und Schallschutz

Tabelle A 8 unten
Materialpreise: Bleche für die Dachentwässerung

Material	Haltbarkeit in Jahren	Preis je m Rinne (halbrund, U = 33 mm)
Verzinktes Stahlblech	15 - 20	41,- DM
Titanzink	20 - 40	43,- DM
Kupfer	40 - 80	46,- DM[1]

[1] Stark marktschwankend; siehe Notierungen der Kupferbörse

Tabelle A 7 unten
Materialpreise: Unterspannbahnen und Unterdächer

Material (Eigenschaften vgl. Tab. 30	Preis DM/m²
UNTERSPANNBAHNEN	
Papier-Unterspannbahn z.B. "Percalor-Diplex"	2,80
Gitterfolie z.B. "Deltafolie SPF"	3,20
Bituminiertes Vlies z.B. "Buzi-AK"	3,90
Schaumstoff-Unterspannbahn, z.B. "Difutec"	7,70
FESTE UNTERDÄCHER	
Faserzementplatten z.B. Eternit-Unterdach	13,50
Bitumenpappe (500er) auf Holzschalung	17,00
Bituminierte Weichfaserplatte	12,00

8.4.2 Dachgaupe einbauen:
Dachteilfläche abdecken, Dachgaupe zimmern, Seitenteile und Dach herstellen, Fenster (1,4 m breit) einbauen,
- Schleppgaupe 4.500,- DM/St.
- Spitzgaupe 6.500,- DM/St.

8.4.2 Dachterrasse (Grundfläche 9 m²):
Dachteilfläche abdecken, Sparren unterstützen und abschneiden, Seitenteile, Bodenentwässerung, Bodenabdichtung (einschl. Randabschlüsse) und Bodenbelag herstellen, 3,0 m breites Glaselement mit Balkontür einbauen
16.000,- DM/St.

8.4.3 Dachfläche wärmedämmen:
Mineralfaserplatten d = 10 cm zwischen den Sparren einbauen, PE-Folie als Dampfbremse und Profilschalung unter den Sparren anbringen 85,- DM/m²

zuzüglich Unterspannbahn einbauen, (siehe auch 8.3) 75,- DM/m²

Material	Preis[1] DM/m²	Preis incl. Lattung [1] DM/m²
Tonziegel -		
- Bieberschwanz - Doppeldeckung	40,-	44,-
- Falzziegel	29,-	33,-
- Flachdachpfannen	23,-	27,-
Betondachsteine "Frankfurter Pfanne"	20,-	24,-
Faserzement-Wellplatten (hellgrau/farbig)	28 - 34,-	32 - 38,-
Zedernholzschindeln, 3 lagig	29,-	37,-
Bitumenschindeln [2]	15 - 20,-	29 -34,-
Bitumenpappe[2], zweilagig, genagelt, geschweißt und bekiest	11 - 39,-	25 - 53,-
Stahlblech, verzinkt	14,-	18,-
Zinkblech	31,-	35,-
Kupferblech [3]	48,-	52,-

[1] Die Preise gelten bei einer Abnahme von 120 m² ab Lager, bei Tonziegeln und Betondachsteinen frei Baustelle. In den Preisen sind nicht enthalten: Formsteine (First, Ortgang, usw.), Lattung, Verschnitt, Blechabkantungen.

[2] Preise incl. Rauhspundschalung

[3] Der Kupferpreis ist starken konjunkturellen Schwankungen unterworfen.

Materialeigenschaften von Dachdeckungsmaterialien siehe Tabelle 28

Tabelle A 9
Materialpreise: Dacheindeckung

8.4.3 Dachfläche wärmedämmen (bei geringer Sparrenhöhe):
Mineralfaserplatten d = 6 cm zwischen den Sparren einbauen, Rahmenhölzer 4/4 cm unter den Sparren befestigen, Mineralfaserplatten d = 4 cm dazwischen einbauen, PE-Folie als Dampfbremse und Gipskartonplatte anbringen 165,- DM/m²

zuzüglich Unterspannbahn einbauen (siehe auch 8.3) 75,- DM/m²

8.5 Flachdachabdichtung erneuern:
vorhandene Dachhaut entfernen, neue Dachhaut fachgerecht dreilagig verlegen, 5 cm Kiesabdeckung aufbringen
85,- DM/m²

8.5 Flachdach-Wärmedämmung als "Umkehrdach":
Kiesschicht abräumen und zwischenlagern, 12 cm dicke Platten aus extrudiertem Hartschaum (feuchtigkeitsunempfindlich, nicht brennbar) fachgerecht verlegen, 12 cm Kiesschicht aufbringen
85,- DM/m²

8.5 Flachdach-Wärmedämmung als Innendämmung
siehe 9.4

8.5 Flachdachbegrünung auf vorhandener Dachabdichtung herstellen
(Tragfähigkeit prüfen):
Kiesschicht abräumen, Wurzelschutzfolie, Dränmatte und Filtervlies verlegen, Bodensubstrat mit Blähtonkugeln und Grassoden (ohne Dränageleitung) aufbringen, insgesamt ca. 10 cm dick 90,- DM/m²

9. Geschoßdecken

9.2 Balkenkopf austauschen:
schadhaften Balkenkopf freilegen (Bodendielen und Deckenputz auftrennen und entfernen), Balken abstützen, faulen Balkenkopf absägen, dann
- Bohlen mit Füllholz beidseitig anlaschen; Dielung, Fußleiste und Deckenputz ergänzen 680,- DM/St.

oder
- Wechselholz mit Balkenschuhen aus Stahl einbauen; Dielung, Fußleisten und Deckenputz ergänzen
800,- DM/St.

9.2 Deckenbalken austauschen
schadhaften Balken freilegen (Bodendielen und Deckenputz auftrennen und entfernen), Balken ausbauen, neuen Balken einbauen, Zwischenboden einbauen; Dielung, Fußleisten und Deckenputz ergänzen,
- Randbalken (Streichbalken)
295,- DM/m
- Feldbalken 355,- DM/m

9.2 Holzbalkendecke erneuern:
Vorhandene Decke ausbauen, schädlingbefallenes Holz verbrennen, Bauschutt abfahren, neue Deckenbalken verlegen, Zwischenboden einbauen (siehe unten), Dielenboden und Spanplatte aufbringen, Deckenverkleidung aus Gipskartonplatten auf Unterkonstruktion aus Holzlattung und Federbügeln anbringen. Art der Zwischendecke und technische Eigenschaften:
- Blindboden aus Schalung mit Schlakkefüllung oder Betonplatten einbauen, Spanplatte verlegen. Luftschallschutzmaß (LSM) ca. 0 dB, Trittschallschutzmaß (TSM) ca. 0 dB, Fußbodenaufbau (FBA) ca. 2 cm (ohne Gehbelag) 310,- DM/m²
- Blindboden aus Schalung mit Schlakkefüllung oder Betonplatten einbauen. Schwimmender Holzfußboden aus 21 mm Dielen oder 19 mm Spanplatte mit Lagerhölzer und 30 mm Mineralfaserdämmatte. LSM ca. 2 dB, TSM ca. 10 dB, FBA ca. 4 cm (ohne Gehbelag) 355,- DM/m²

- Schwimmender Trockenestrich (ohne Zwischendecke), bestehend aus 30 mm Holzbohlen (als Rohboden), 30 mm Betonplatten, 25/20 mm Mineralfaser-Dämmatten, 19 mm Spanplatten. LSM ca. 0 dB, TSM ca. 5 dB, FBA ca. 8 cm (ohne Gehbelag) 380,- DM/m²

9.2.3 Schalltechnische Verbesserung einer vorhandenen Holzbalkendecke mit Dielenboden:

- Schwimmenden Trockenestrich auf vorhandener Dielung verlegen: Mineralfaser-Dämmatte 25/20 mm (oder Perlite-Schüttung), darauf 25 mm Holzspanplatte. LSM ca. 2 dB, TSM ca. 3 dB, FBA ca. 4,5 cm (ohne Gehbelag) 45,- DM/m²
- Schwimmender Zementestrich auf vorhandener Dielung verlegen: 25/20 mm Mineralfaser-Dämmatte (oder Perlite-Schüttung), darauf Trennlage aus Ölpapier, 40 mm Zementestrich. LSM ca. 3 dB, TSM ca. 10 dB, FBA ca. 6 cm (ohne Gehbelag). Ausreichende Tragfhigkeit der Decke beachten! 35,- DM/m²

9.4 Abgehängte Decke

Lage der Deckenbalken ermitteln und markieren, druckbeanspruchbare Metallabhänger an Deckenbalken schrauben, Holz- oder Metallschienenrost herstellen und ausrichten, untere Beplankung (Deckenplatten) anschrauben, Fugen mit Gewebestreifen verspachteln. Art der Beplankung:

- 12,5 mm Gipskartonplatten (GKB) 75,- DM/m²
- 2 Lagen Gipskartonplatten (2 x 12,5 mm), LSM ca. 3dB, TSM ca. 0dB 85,- DM/m²
- 2 Lagen Feuerschutzplatten (2 x 15 mm), Ausführung gemäß Bauartzulassung. LSM ca. 0 dB, TSM ca. 3 dB, F 90 (feuerbeständig) 105,- DM/m²
- Verbundplatten aus 12,5 mm Gipskarton, 50 mm Mineralfaserdämmung und Dampfbremse, darauf 50 mm Mineralfilz. k-Wert ca. 0,4 W/(m²K) 115,- DM/m²

10. Fußböden und Treppen

10.1 Neuen Dielenboden herstellen:

Vorhandene Dielen abnehmen, neue Fußbodendielen aufbringen und abschleifen (ohne Oberflächenbehandlung) 69,- DM/m²

10.2 Trockenestrich aus Spanplatte (bei Holzbalkendecke):

Vorhandenen Dielenbelag abnehmen, Trittschalldämmstreifen auf den Balken verlegen, Fußboden-Spanplatte d = 22 mm schwimmend verlegen (ohne Bodenbelag) 69,- DM/m²

Mehrpreis für Lagerhölzer 30/50 (bei Klinkerboden oder für Wärmedämmung) und Mineralfaser-Dämmplatten 34,- DM/m²

Mehrpreis für zementgebundene Spanplatte 25,- DM/m²

10.3 Trockenestrich aus Gipsfaser-Verbundplatte (auf vorhandenem Dielenbelag):

Vorhandene Dielen prüfen und gegebenenfalls nachschrauben, Verbundplatten aus 20 mm Gipsfaserplatte und 10 mm Mineralfaserplatte als Element schwimmend verlegen (ohne Bodenbelag) 75,- DM/m²

Mehrpreis für Verbundelement aus 20 mm Gipsfaserplatte und 30 mm PS-Hartschaum 10 DM/m²

Mehrpreis für Herstellen eines Niveauausgleichs aus Perlite-Schüttung, 20 mm stark 29,- DM/m²

10.2 Schwimmender Zementestrich (auf Beton-Rohboden oder auf stabiler Holzbalkendecke):

Dämmschicht aufbringen (4 cm PS-Hartschaum, 3 cm Perlite-Schüttung oder 2 cm MF-Dämmplatten), Trennlage aus Ölpapier oder Wellpappe, Zementestrich aufbringen 58,- DM/m²

Mehrpreis für Gußasphaltestrich 11,- DM/m²

10.3 Spanplatte verlegen:

Spanplatte als neuer Zwischenboden auf vorhandenem Belag verlegen (z.B. auf altem Dielenboden) 37,- DM/m²

10.3 Fußbodenbeläge:

Materialpreise siehe Tab. A 10. Verlegen einschließlich Hilfsstoffe (Lohn- und Gemeinkosten), ohne Oberflächenbehandlung 10,- DM/m²

10.4 Holztreppen überarbeiten:

Stabilisierung durch Aufdoppeln der Setzstufe (nach vorherigem Hochkeilen), ohne Oberflächenbehandlung, je Stufe 39,- DM/St.

Mehrpreis für Oberflächenbehandlung der neuen Setzstufe 14,- DM/St.

Ausgetretene Stufen neu belegen: Holzleiste an Stufen-Vorderkante andübeln, Trittstufe mit Spachtelmasse einebnen und mit passend furnierter Sperrholzplatte (d = 6 mm) belegen, ohne Oberflächenbehandlung, je Stufe 77,- DM/St.

Mehrpreis für Oberflächenbehandlung der neuen Trittstufe 13,- DM/St.

Einzelne Stufe (Tritt- und Setzstufe) ausbauen und durch neue ersetzen 230,- DM/St.

Mehrpreis für Oberflächenbehandlung 27,- DM/St.

Neuen Geländerprofilstab als Einzelstück herstellen und einbauen, ohne Oberflächenbehandlung des vorhandenen Geländers 110,- DM/St.

Einsetzen glatter Geländerstäbe zwischen die vorhandenen Profilstäbe (bei übergroßem Abstand), einschließlich Oberflächenbehandlung, jedoch ohne Neuanstrich des vorhandenen Geländers, je m Treppenlänge 120,- DM/m

Neue Holztreppe, geradläufig, als gestemmte Wangentreppe (mit Tritt- und Setzstufen) aus Buche, herstellen und einbauen, einschl. Grundierung, bei 2,70 m Geschoßhöhe 6.000,- DM

Neue Holztreppe wie vor, jedoch als aufgesattelte Treppe (ohne Setzstufen) 7.000,- DM

Material[1]	Preise[2] DM/m² ab / im Mittel
HOLZ	
Dielen[3], Kiefer, 22 mm	25,-
Stabparkett[3], Eiche, 22 mm	80,-
Mosaikparkett, Eiche, 8 mm	43,-
Mosaikparkett, Esche, 8 mm 2. Wahl	37,-
Industrieparkett (Lamellen) Eiche, 22 mm	51,-
Fertigparkett[3], 15 mm	106,-
Fertigparkett[3], 22 mm	121,-
STEINPLATTEN	
Betonwerkstein	23,- / 29,-
Klinker, glasiert o. unglasiert	29,- / 46,-
Naturwerkstein	57,- / 91,-
ELASTISCHE BELÄGE (Bahnen)	
Kork	30,-
Linoleum	40,-
PVC	30,- / 50,-
Linoleum-Verbund	70,-
TEPPICH	
Kunstfaser, Nadelfilz	25,- / 30,-
Naturfaser (naturrein, Wolle, Sisal, Kokos, usw.)	40,- / 50,-
Naturfaser-Spannteppich	135,-

1) Eigenschaften siehe Tabelle 33
2) Preise ohne Hilfsstoffe und ohne Oberflächenbehandlung
3) Als Unterkonstruktion genügt eine Lattung, ein Estrich ist nicht erforderlich.

Bauart	Oberfläche	Preis in DM bei Rohbaumaß 88,5/201 A	88,5/201 B	101/213,5 A	101/213,5 B
WOHNRAUMTÜREN					
Hohlzellen	roh, ungrundiert	70	-	80	
	farbig lackiert	-	115	-	130
	Edelholzfurnier, lackiert	100-150	140-210	115-165	145-240
Röhrenspan, (Schalldämmaß R_w = 29 dB)	kunstharzbeschichtet	215	230	255	265
	Edelholzfurnier, lackiert	210-300	240-380	245-355	275-380
Vollspan (Schalldämmaß R_w = 33 dB)	kunstharzbeschichtet	265	280	305	315
	Edelholzfurnier, lackiert	230-320	260-400	265-375	295-400
Rahmen - Füllung; Kiefer-Vollholz, handwerklich gefertigt		-	550	-	600
ZARGEN für Wohnraumtüren					
Blockzargen	kunstharzbeschichtet	155	155	185	185
	Edelholzfurnier, lackiert	175	235	210	280
Bekleidungszargen	kunstharzbeschichtet	170	170	205	205
	Edelholzfurnier, lackiert	185	245	220	295
Blockzarge, Kiefervollholz handwerklich gefertigt	grundiert	-	180	-	180
Stahl-Umfassungszarge	grundiert	110	110	130	130

A stumpf, ohne Ausfräsungen, unlackiert (sofern nicht anders angegeben)
B einhängefertig (DIN-Maße), mit Falz, Schloß, Einbohrband-Oberteil, Längskanten passend beschichtet.

Tabelle A 10 oben
Materialpreise: Bodenbeläge

Tabelle A 11 rechts oben
Materialpreise: Türen und Zargen (bei DIN - Abmessungen)

11. Innenwände und Zimmertüren

11.2 Nichttragende Wand abbrechen:
Putz seitlich an Decke und Wand einschneiden, Wand (bis 12 cm Dicke) abbrechen, Bauschutt abtransportieren (ohne Beiputzen und Fußbodenergänzung) 48,- DM/m²

11.2 Tragende Wand abbrechen:
Putz seitlich an Decke und Wand einschneiden, Decke abstützen, Wand abbrechen (bis 1,50 m Breite), Träger oder Unterzug einbauen, Bauschutt abtransportieren (ohne Beiputzen und Fußbodenergänzung), bei einer Wanddicke s von

- 24 cm 310,- DM/m²
- 38 cm 375,- DM/m²
- 51 cm 500,- DM/m²

11.2 Massive Trennwand herstellen:
Bauplatten bzw. Mauerwerk aufsetzen, Oberfläche zum Streichen oder Tapezieren vorbereiten, Wand aus

- Vollgipsplatten 25/50 cm, 6 oder 8 cm dick, Fugen verspachteln (nur auf Betondecken geeignet) 95,- DM/m²
- Gasbetonplatten 25/50 cm, 10 cm dick (Fugen geklebt), Wandoberflächen beidseitig verspachteln 110,- DM/m²
- Bimsplatten, 10 cm dick, beidseitig verputzen (Wandanschluß mit Kellenschrägschnitt) 130,- DM/m²
- Ziegel- oder Kalksandsteinmauerwerk, 11,5 cm dick, beidseitig verputzen 140,- DM/m²

11.2 Holzständerwand herstellen:
Aufstellen des Holzständerwerks aus Nadelholz 6/10 cm, Steinwolleplatte 4 cm dick, beidseitige Verkleidung mit Gipskartonplatte (GKB) d = 12,5 mm, Fugen armieren und spachteln 95,- DM/m²

11.2 Schalldämmende Holzständerwand:
Aufstellen des zweigeteilten Holzständerwerks aus technisch vorgetrocknetem Nadelholz 6/6 cm, Steinwollematte 2 x 6 cm dick, beidseitige doppelte Verkleidung aus 3 Gipskartonplatten 12,5 mm und 1 Weichfaserplatte 145,- DM/m²

11.3 Zimmertüren erneuern:
vorhandenes Türblatt entfernen, neues Türblatt liefern und einbauen (einfache Ausführung), einschließlich neue Beschläge, Türe und Zarge mit Neuanstrich versehen 265,- DM/St.

Mehrpreis für Übergröße 95,- DM/St.

Vorhandene Türe mit Zarge ausbauen, neue Türe mit Zarge (Normmaß) einbauen, Beiputzen, einschl. Beschläge und Anstrich 740,- DM/St.

Minderpreis für Einbau in Öffnung einer neuen Wand 280,- DM/St.
Mehrpreis für
- Übergröße (8-10 cm seitlich und oben) 160,- DM/St.
- Verkleinern der Wandöffnung durch Beimauern 235,- DM/St.
- Herstellen (Ausbrechen) einer Wandöffnung, Beimauern der Leibungen, Ergänzung des Fußbodens und der Fußleisten
  bei 12 cm Wanddicke, 370,- DM/St.
  bei 25 cm Wanddicke, 585,- DM/St.

11.3 Türöffnung schließen:
Türe und Zarge ausbauen, Zumauern der vorhandenen Öffnung (ca. 2 m²), beidseitig Putz und Fußleisten ergänzen, bei einer Wanddicke von
- 12 cm 380,- DM/St.
- 25 cm 480,- DM/St.
- 38 cm 605,- DM/St.
- 51 cm 740,- DM/St.

11.4 Putzflächen ausbessern:
Vorhandene Tapeten entfernen, lose Putzflächen abklopfen, Untergrund reinigen, Kanten vorbereiten, kleine Putzflächen (bis 5 m²) ausbessern, ohne neuen Anstrich 50,- DM/St.

11.4 Putz erneuern:
Vorhandenen Putz abschlagen, Untergrund reinigen, neuen Naßputz aufbringen (ohne Anstrich) 40,- DM/m²

11.4 Trockenputz (auf vorhandenem Putz):
Dachlatten als Unterkonstruktion auf den vorhandenen Putz schrauben, Gipskarton-Bauplatten 12,5 mm anbringen, Stöße armieren und spachteln, Rauhfaser und Dispersionsfarbenanstrich aufbringen 69,- DM/m²

Mehrpreis für Einlegen von Mineralfaserplatten zwischen den Latten (zur Schalldämpfung) 10,- DM/m²

12. Fenster
(Die Preise gelten für ein einflügeliges Fenster von etwa 1,50 m² Größe.)

12.2 Kittfase erneuern:
Alte Kittfase entfernen, Untergrund reinigen und grundieren, neuen Ölkitt auftragen und glätten, Kittfase streichen (ohne Neuanstrich des Fensters) 10,- DM/m

12.3 Gummidichtung einbauen:
Nut in den Flügelrahmen einfräsen, Gummidichtung einsetzen 20,- DM/m

12.3 Anschlußfuge Fenster-Bauwerk abdichten:
Anschlußfuge innen oder außen freilegen (Putz ca. 15 mm breit aufschlagen oder aufschneiden), dauerelastische Dichtungsmasse einbringen, gestrichene Deckleisten außen oder innen anbringen 40,- DM/m

12.3 Vorfenster:
Vorfenster innen: Neues Einfachfenster aus Kiefernholz mit Rahmen und Drehflügel herstellen, Fensterbank-Überstand abschneiden, Rahmen auf der Wandfläche aufschrauben, Zwischen- und Deckanstrich aufbringen (ohne Fensterteilung) 480,- DM/m²

Vorfenster wie oben, jedoch mit Isolierverglasung 630,- DM/m²

Vorfenster außen: Neues Einfachfenster (ohne Sprossen) aus Kiefernholz mit Rahmen und 2 Drehflügeln herstellen, Rahmen auf die Fassadenflächen aufschrauben, oberes Rahmenholz mit Blech abdecken, Anschlußfugen abdichten, Zwischen- und Deckanstrich aufbringen 600,- DM/m²

12.3 Aufdopplung zum Verbundfenster:
Neuen Flügelrahmen mit Einfachverglasung herstellen und auf dem vorhandenen Flügelrahmen anbringen (Verbundfensterbeschlag), deckender Anstrich mit 3 Arbeitsgängen, Preis ohne Neuanstrich des vorhandenen Fensters 480,- DM/m²

12.3 Vorsatzscheibe innen:
Einfachscheibe mit schmalem Vorsatzrahmen auf dem vorhandenen Fensterflügel anbringen, mit Drehbeschlag und Einfachverriegelung,
- Kunststoffprofil 390,- DM/m²
- Aluminiumprofil 415,- DM/m²

12.3 Isolierverglasung einbauen:
Vorhandene Einfachverglasung ausbauen, Kittfalz säubern, Isolierglasscheibe mit Aluminiumrahmen (als Fertigelement) einbauen und mit Fugenmasse abdichten, mit Verglasung aus
- Zweischeiben-Isolierverglasung 350,- DM/m²
- Zweischeiben-Wärmeschutzverglasung 460,- DM/m²

12.3 Fensterflügel austauschen:
Alten Fensterflügel ausbauen, vorhandenen Blendrahmen reparieren, Holzleiste mit Wetterschutzschiene einbauen, neuen Fensterflügel mit Verglasung herstellen, einbauen und deckend streichen (in 3 Arbeitsgängen), Preis ohne Neuanstrich des vorhandenen Blendrahmens, mit Verglasung aus
- Zweischeiben-Isolierverglasung 500,- DM/m²
- Zweischeiben-Wärmeschutzverglasung 600,- DM/m²

12.3 Neues Fenster mit Wechselrahmen:
Alten Fensterflügel ausbauen, vorhandenen Blendrahmen abnehmen (d.h. Fäl-

ze abschneiden), neues Fenster mit Blendrahmen, Flügelrahmen und Verglasung herstellen und in den vorhandenen Blendrahmen einsetzen, Blechabdeckung am unteren Rahmenholz anbringen, Fugen abdichten, neues Fenster deckend streichen (in 3 Arbeitsgängen), mit Verglasung aus
- Zweischeiben-Isolierverglasung 540,- DM/m²
- Zweischeiben-Wärmeschutzverglasung 650,- DM/m²

12.4 Fenster erneuern:
Putz seitlich einschneiden, altes Fenster ausbauen, neues Kiefernholzfenster (ohne Sprossenteilung) einbauen und streichen, außen und innen beiputzen, Fensterbank aus Titanzinkblech, Innenfensterbank aus Holz,
- mit Zweischeiben-Isolierverglasung
  Größe 1 m² 900,- DM/St.
  Größe 2 m² 1.270,- DM/St.
- mit Zweischeiben-Wärmeschutzverglasung
  Größe 1 m² 1.000,- DM/St.
  Größe 2 m² 1.470,- DM/St.

12.5 Holzklappladen:
Zweiteiliger Lamellen- oder Bretterladen, fertig gestrichen und montiert, Öffnungsgröße 1 - 2 m² 300 - 260,- DM/m²

12.5 Rolladen:
Rolladen mit Vorsatz- oder Aufbaukasten, einschließlich Kunststoffrolladen, Rolladenkasten, Gurt, Zubehör, fertig gestrichen, Größe 1 - 2 m² 380 - 280,- DM/m²

MATERIAL Kristallspiegelglas (KSG)	k_v-Wert in W/(m²K) Funktionswert	 Rechenwert	Format[1]	Einheitspreis DM/m²
Einfachglas (5 mm)	5,8	5,8	klein	80,-
			normal	80,-
Zweischeiben-Isolierglas (IV)	3,2	3,2	klein	930,-
			normal	170 - 235,-
Zweischeiben-Wärmeschutzglas	1,3	1,7	klein	1.500
(gasgefüllt, beschichtet, farbneutral)			normal	280 - 330,-
Dreischeiben-Isolierglas	1,7	2,2	klein	1.200,-
			normal	300 - 320,-
Dreischeiben-Wärmeschutzglas	1,2	1,6	klein	1.400,-
(gasgefüllt, beschichtet, farbneutral)			normal	470 - 490,-
Aufpreise für (eine Scheibe)	- Einscheiben-Sicherheitsglas (ESG)			90,-
	- Verbundsicherheitsglas (VSG)			95,-
	- Drahtspiegelglas			330,-

[1] Format: Die hier angegebenen, "normalen" Scheibenformate beziehen sich auf die Abmessungen 50/100 bis 80/300 cm. "Kleine" Formate sind teurer; der hier angegebene Preis gilt für ein Format 30/30 cm.

Bauart	Öffnungsmaß cm	Preis DM	Einheitspreis DM/m²
ZWEITEILIGER KLAPPLADEN (handwerkliche Herstellung)			
Lamellenladen	100/120	130 - 170	110 - 140
	100/200	220 - 290	
Bretterladen	100/120	160	130
	100/200	260	130
Plattenladen	100/120	170	145
	100/200	290	145
ROLLADEN *			
Kunststoff	100/120	90	75
	100/200	110	55
Kiefer	100/120	210	175
	100/200	310	155
Eiche	100/120	420	350
	100/200	620	310

* Preise inclusiv Welle und Gurtroller

Aufpreise:
- bei Abnahme von weniger als 10 Stück: 15%
- Tauchgrundierung: 10 DM/m² (Öffnungsmaß)
- Rolladenkasten (incl. Deckel): 85,- DM/m Öffnungsbreite

Tabelle A 12 oben
Materialpreise: Verglasungen

Tabelle A 13 unten
Materialpreise: Fensterläden

12.5 Rolladen mit Wandeinbau:
Vorhandenen Fenstersturz ausbrechen (ohne evtl. erforderliches Abfangen), neüen, zweiteiligen Fenstersturz einbauen, Rolladenkasten und Rolladen einbauen, einschließlich Beiputzen, Gurt, Zubehör, fertiger Anstrich (Preis ohne Reinigen und Neuanstrich der Fassade bzw. Wandflächen)
- Größe 1 m² 830,- DM/m²
- Größe 2 m² 530,- DM/m²

12.6 Fenster- und Türöffnung herstellen:
Putz einschneiden, Ausbrechen des Mauerwerks (d = 38 cm, bis 1,50 m Breite), Schutt abtransportieren, ohne Abfangen, ohne Gerüst, ohne Beiputzen
380,- DM/m²

Mehrpreis bei einer Wanddicke d = 50 cm 120,- DM/m²

13. Badeinbau

13.1 Bad in einen ca. 8 m² großen Raum einbauen, komplett:
Wasser- und Abwasserleitungen verlegen, Estrich bzw. Unterboden einbauen, Bodenabdichtung verlegen, Wand- und Deckenputz erneuern, Wand- und Bodenfliesen verlegen, Anschlußfugen mit dauerelastischer Dichtungsmasse verfugen, Einrichtungsgegenstände montieren: Badewanne, Waschtisch, WC, Armaturen; verputzte Wand- und Deckenflächen streichen 9.200,- DM

13.1 WC einbauen:
Leichte Trennwand errichten (ca. 12 m²), Wasser- und Abwasserleitungen sowie Lüftungskanäle verlegen, Türe mit Fertigzarge, Fußboden mit wasserfester Spanplatte (V 100 E 1) belegen, Linoleumbelag verschweißt, Wandputz erneuern, Fliesen bis auf 1,5 m Höhe, darüber Beiputz und Anstrich; Spülklosett und Handwaschbecken montieren, dauerelastische Verfugung herstellen. 6.500,- DM

13.2 Fliesenbelag für Wand und Boden in Klebeverlegung ("Dünnbett"), Verlegen einschließlich Verfugen:
Einzelfliesen, weiß, 15 x 15 cm, je nach Preisklasse 80 - 105,- DM/m²

Mosaikfliesen auf Geweberücken, weiß, 5 x 5 cm, je nach Preisklasse
100 - 125,- DM/m²

Mehrpreis für Verlegung in Mörtel ("Dickbett", 25 - 35 mm) 15,- DM/m²

13.2 Vormauerung für Leitungen und Wannen:
Bims-, Ziegel- oder Gasbetonbauplatten, einschl. einmauern von Spülkästen, Abwasserleitungen usw.
- Dicke 7,5 cm 70,- DM/m²
- Dicke 14 cm 110,- DM/m²

13.3 Elastische Kittfugen:
Silikon- oder Acrylat-Dichtungsmasse, bis 15 mm Fugenbreite, einschl. Voranstrich und Abkleben 17,- DM/m

13.3 Wand- und Bodenfläche gegen Feuchtigkeit abdichten:
Bitumen-Schweißbahn verlegen, im Wandbereich mit Dübel- oder Klemmbefestigung (außerhalb der Spritzwasserzone), mit allen Eckanschlüssen, Aufkantungen und Anschluß an Bodenablauf
39,- DM/m²

13.5 Sanitärgegenstände austauschen:
Vorhandene Einrichtungsgegenstände (Badewanne, Waschtisch, WC) ausbauen und durch neue ersetzen, einschließl. Armaturen und elastische Kittfugen
2.700,- DM

13.5 Duschkabine:
Vorgefertigtes Kabinenelement mit Brausewanne und Seitenteilen aufstellen, einschl. Wasser- und Abwasserleitung (bis 2 m), Armaturen, Beiputz und Anstrichergänzung 3.100,- DM

14. Haustechnik

14.1 Anlage zur Abluftwärmerückgewinnung:
Wanddurchbrüche herstellen, Blechkanäle verlegen (zur Absaugung aus Küche, Bad, WC), Gitter montieren, Gerät aufstellen und anschließen, Lüftungsspalt in den Zimmertüren herstellen, für Gebäude mit 120 m² Wohnfläche, ohne Verkleiden der Kanäle 11.000,- DM

14.2 Warmwasser-Zentralheizung, ölgefeuert (erstmaliger Einbau):
Heizkessel mit Ölbrenner und Warmwasserversorgung, Öllagerraum herrichten und Batterietanks einbauen, Heizleitungen im Zwei-Rohr-System verlegen (incl. Wärmedämmung), Heizkörper montieren, fertig lackiert,
für 80-120 m² Wohnfläche 215,- DM/m²
für 250-300 m² Wohnfläche 190,- DM/m²

14.2 Warmwasser-Etagenheizung, gasgefeuert:
Gas-Kombi-Therme mit integrierter Warmwasser-Versorgung, Anschluß an vorhandenen Schornstein oder als Dekkengerät, Hausanschluß an die öffentliche Gasleitung, Heizleitungen im Einrohr-System (einschl. Wärmedämmung), Heizkörper montieren, fertig lackiert,
- für weniger als 60 m² Wohnfläche
210,- DM/m²
- für 60-120 m² Wohnfläche
180,- DM/m²

14.2 Leitungsinstallation:
Vor- oder Rücklaufeitungen aus Stahl, einschl. Wärmedämmung,
- sichtbar montiert, Befestigung mit Klemmprofil auf der vorhandenen Wand 90,- DM/m
- waagerechte Leitungsführung in Installationsfußleiste aus Holz
120,- DM/m
- waagerechte Leitungsführung in Installationsfußleiste aus Kunststoff
105,- DM/m
- Unterputzmontage, einschl. Herstellen der Wandschlitze und Beiputz
120,- DM/m

14.2 Heizkörper:
Montage einschließlich Haltekonsolen, Anschließen, Fertiglackierung; Leistung ca. 4.000 W,
- Stahl-Röhrenradiator 570,- DM/St.
- Stahl-Plattenheizkörper 440,- DM/St.

14.2 Kachelofen:
Gemauerter Warmluftofen, Heizeinsatz aus Stahl, Anschluß an vorhandenen Schornstein, Zuluftrohr, Leistung 5 - 8 kW, Oberfläche aus
- Kacheln (mittl. Preiskl.) 11.000,- DM/St.
- Sichtmauerwerk oder Putz 8.000,- DM/St.

14.2 Heizkamin:
Warmluft-Kamin mit Heizeinsatz aus Stahlrohr oder Schamotte, Anschluß an vorhandenen Schornstein, Zuluftrohr, Ummauerung aus Gasbeton oder Ziegel, Heizleistung 5 bis 8 kW, Oberfläche aus
- Sichtmauerwerk oder Putz 6.000,- DM/St.
- Kacheln (mittl. Preiskl.) 10.000,- DM/St.

Warmluftofen aus Stahl (freistehend), mit Schamotteausmauerung, Backfach und Vorlegeplatte, Anschluß an vorhandenen Schornstein, Heizleistung 5 bis 8 kW 3.500,- DM/St.

14.4 Kollektoranlage:
Flach- oder Röhrenkollektor zur sommerlichen Warmwasserbereitung, für 4-Personen-Haushalt, einschließl. Dachmontage, Leitungen, Umwälzpumpen, Steuerung, bivalenter Brauchwasserspeicher (500 l) 12.000,- DM/St.

14.5 Schornsteinsanierung:
Edelstahl-Innenrohr einbauen, einschl. Anschlüsse 390,- DM/m

14.5 Neuer Schornstein:
Fundament, mehrschaliger Fertigschornstein (aus Schamotte-Innenrohr, Wärmedämmschicht, Mantelstein aus Ziegelsplittbeton), mit Rauchrohranschlüssen, Putztüren, Kopfplatte, Anschluß an Dacheindeckung, Verputz, jedoch ohne Herstellung der Deckendurchbrüche,
- einzügig (d = 14 cm) 280,- DM/m
- einzügig (d = 18 cm) 350,- DM/m

dreizügig, mit zwei Rauchrohren und einem Abluftrohr (Querschnitt 150 cm²),
Rauchrohre mit d = 14 cm 390,- DM/m
Rauchrohre mit d = 20 cm 480,- DM/m

14.6 Zentrale Wasserverteilung:
Anschluß an Hauswasser-Versorgungsleitung, Wassermengenzähler, Feinfilter, Unterverteilung, Absperrventile 4.500,- DM/St.

14.6 Abwasserleitungen erneuern:
Alte Abwasserleitungen entfernen, neue in vorhandenen Schlitzen oder auf der Wand verlegen,
- Fallrohre (d = 100 mm) aus Gußeisen, einschl. Abzweige für Anschlußleitungen, Verkleidung mit Trockenputz und Beiputz 180,- DM/m
- Abwasser-Anschlußleitungen (d = 50 - 70 mm) aus Kunststoff, ohne Vormauerung 120,- DM/m

14.7 Elektroinstallationen erneuern (komplett):
Vorhandene Installationen entfernen, neuer Zählerplatz, Schlitze und Durchbrüche herstellen, Installationen verlegen, Stecker und Schalter montieren (ohne Beiputzen), je m² Wohnfläche 110,- DM/m²

14.7 Leitungen und Schalter:
Mantelleitungen verlegen (NYM 1,5 mm, 3- und 5-adrig),
- unter Putz, auf der rohen Wand 3,50 DM/m
- vor der Wand, Befestigung mit Nagelschellen (sichtbare Verlegung) 4,00 DM/m
- in vorhandenem Kunststoff-Kabelkanal 2,- DM/m
- Mehrpreis für abgeschirmtes Kabel (mit Metallgeflecht) 13,- DM/m

14.7 Sonstige Elektroinstallationen:
Kunststoff-Kabelkanal,
- Querschnitt 30 x 25 mm 9,- DM/m
- Querschnitt 60 x 110 mm 22,50 DM/m

Abzweig- und Schaltdosen 10,50 DM/St.

Steckdosen und Schalter (Aus-, Wechsel- und Tasterschalter, jeweils ohne Dose),
- Standard-Ausführung weiß 12,- DM/St.
- Kinderschutz-Steckdosen 17,- DM/St.

Relais für Tasterschaltung (im Verteilerkasten eingebaut) 28,- DM/St.

Netzfreischalter (im Verteilerkasten eingebaut) 380,- DM/St.

14.7 Zählerplatz:
Zählerschrank mit 3 Zählerfeldern, Verteilerfeld, Hauptschalter und Sicherungsautomaten 2.300,- DM/St.

Unterverteiler, 4-reihig, mit Sicherungsautomaten 280,- DM/St.

15. Oberflächenbehandlung

15.2 Anstrich auf Putzfassade:
Fassade einrüsten, Putzoberfläche reinigen, kleine Schadstellen ausbessern, 2-3 facher Anstrich,
- einfarbig 22,- DM/m²
- mehrfarbig 27,- DM/m²

15.2 Sichtmauerwerk reinigen:
Fassade einrüsten,
- Fassade abwaschen 18,- DM/m²
- Fassade durch Sandstrahlen reinigen 22,- DM/m²

15.2 Oberflächenbehandlung bei Sichtmauerwerk:
Fassade einrüsten und abwaschen,
- farblose Imprägnierung 28,- DM/m²
- 2-3 facher Anstrich 35,- DM/m²

15.3 Neuanstrich auf Innenwände und Decken:
waschfeste Naturharz-Dispersionsfarbe auf neuer Putzoberfläche 8,- DM/m²

Material	Preis DM/m²
FASSADEN- & AUSSENANSTRICHE 2 Schichten	
Kalkfarbe, weiß	4,20
Silikatfarbe (2 Komponenten) Farbton hell - dunkel	5,50 - 8,90
Silan- & Siloxanpräparat	7,00 - 14,00
Naturharzdispersion [1]	-
Kunststoff-Dispersionsfarbe, weiß	3,70
Dispersionslack	6,80
Naturharzlasur, farblos - bunt[2]	5,60 - 6,60
Naturharzlack, weiß - bunt [2]	9,00 - 10,00
Kunstharzlack, farblos - bunt	2,70 - 3,80
INNENANSTRICHE (Wände, Decken, usw.), 2 Schichten	
Kalkfarbe, weiß	2,50
Titanweiß-Kasein-Farbe, weiß	3,10
Zellulose-Leimfarbe	0,90
Naturharz-Dispersionsfarbe	2,70
Kunststoff-Dispersionsfarbe	0,80 - 2,80
Dispersionslack, farbig	4,30
Naturharzlack, weiß - bunt	8,00 - 9,00
Bienenwachs auf Naturharzimprägnierung	3,00
Kunstharzlack, bzw. -lasur	2,70 - 3,80
FUSSBODENANSTRICHE (2 Schichten)	
Naturharzimprägnierung und Wachsbalsam [2]	4,70
Naturharz-Lackierung[2], farblos	8,00
Kunstharz-Lackierung, bunt	6,00
Kunstharz-Versiegelung, farblos	4,50
Dispersionslack	3,00

Preise für konfektionierte Produkte, für die angegebene Zahl der Anstrichschichten (Arbeitsgänge), ohne Grundierung

[1] Bei Redaktionsschluß noch nicht erhältlich

[2] 3 Anstrichschichten (ohne Vorbehandlung)

	An- und Ausbau Material %	An- und Ausbau Lohn %	Modernisierung Material %	Modernisierung Lohn %
Maurer, Beton- u. Kanalisationsarbeiten	35 - 45	55 - 65	25 - 35	65 - 75
Dachdecker	35 - 45	55 - 65	30 - 40	60 - 70
Flaschner	35 - 45	55 - 65	30 - 40	60 - 70
Zimmerer	45 - 55	45 - 55	30 - 40	60 - 70
Putz- und Isolierarbeiten	20 - 25	75 - 80	15 - 20	80 - 85
Fliesen und Platten	30 - 40	60 - 70	25 - 35	65 - 75
Schreiner	50 - 60	40 - 50	35 - 45	55 - 65
Maler	15 - 25	75 - 85	20 - 30	70 - 80
Bodenbeläge	70 - 80	20 - 30	65 - 75	25 - 35
Estrich	70 - 80	20 - 30	65 - 75	25 - 35
Heizungsinstallation	50 - 60	40 - 50	45 - 55	45 - 55
Sanitärinstallation	45 - 55	45 - 55	40 - 45	55 - 60
Elektroinstallationen	30 - 35	65 - 70	25 - 30	70 - 75

Tabelle A 14 links
Materialpreise: Anstrichmittel

Tabelle A 15 oben
Prozentuale Verteilung der Material- und Lohnkosten bei den wichtigsten Gewerken

15.3 **Erneuerungsanstrich auf verputzten Innenwänden und Decken:**
Oberfläche reinigen (abwaschen), Anstrich mit waschfester Naturharz-Dispersionsfarbe 11,- DM/m²

15.3 **Erneuerungsanstrich für Zimmertüren (gestemmtes Türblatt) und Zarge,**
einschl. kleine Reparaturen 490,- DM/St.

15.3 **Abbeizen und Lasieren von Zimmertüren:**
Zweimaliges Abbeizen, lasierenden Anstrich aufbringen, einschl. Zarge und Leisten 555,- DM/St.

Mehrpreis für Reparaturarbeiten 210,- DM/St.

15.4 **Erneuerungsanstrich für Fensterrahmen:**
Säubern der Rahmen, kleine Schadstellen beispachteln, anschleifen, Anstrich innen und außen,
- Einfachfenster 55,- DM/m²
- Verbundfenster 85,- DM/m²

Mehrpreis bei Fensterteilung und Sprossen bis zu 30%.

15.5 **Dielenboden versiegeln:**
Vorhandene Dielen überprüfen und nachnageln,
- Oberfläche anschleifen, neuer Siegelanstrich auf vorhandenem Altanstrich 23,- DM/m²
- Altanstrich zweimal abbeizen, zweifach neu versiegeln DM/m² 49,-
- Altanstrich abschleifen, Grundierung aufbringen, maschinelles Heißwachsen 27,- DM/m²

15.5 **Fußleisten:**
ausbessern, anschleifen, neu streichen 6,- DM/m

15.5 **Treppe versiegeln:**
Vorhandene Anstriche zweimal abbeizen, neuen Siegelanstrich aufbringen, Preis je Stufe 40,- DM

Anhang 2

Herstelleranschriften

(unvollständige Auswahl)

Verglasungen

Wärmeschutzglas:

- VEGLA Vereinigte Glaswerke GmbH, Viktoriaallee 3-5, 5100 Aachen
- CONSAFIS-Informationsdienst, Postfach 1320, 7460 Balingen 1

Kunststoff-Doppelsteg:

- Röhm GmbH, Postfach 4242, 6100 Darmstadt 1

Kittlose Verglasungen:

- ILO Julius Lorenz GmbH &. Co., Postfach 1266, 7303 Neuhausen/F.
- Eberspächer, Postfach 289, 7300 Esslingen
- W. Schleicher WESCO Fenstersysteme, Bruckstr. 57, 7012 Fellbach

Spezialglas:

- Deutsche Spezialglas AG, Postfach 80, 3223 Dellingsen 2

Dämmstoffe

Blähkork, Kokosfaser:

- EZO-Isolierstoffe, 3433 Neu-Eichenberg
- emfa-Dämmstoffwerk, M. Faist GmbH & Co.KG, Postfach 60, 8908 Krumbach

Blähperlite:

- Perlite-Dämmstoff GmbH & Co., Postfach 1564, 4600 Dortmund

Blähton:

- Leca Deutschland Gmbh & Co. KG, Gartnerstr. 94 a, 2083 Halstenbek
- Lias-Franken, Pantzfeld, 8551 Hallerndorf

Holzwolle-Leichtbauplatten:

- Deutsche Heraklith AG, Postfach 1120, 8346 Simbach

Mineralfaser:

- Grünzweig + Hartmann und Glasfaser AG, Postfach, 6700 Ludwigshafen 1 ("Isover")
- Deutsche Rockwool Mineralwoll GmbH, Postfach 207, 4390 Gladbeck

Mauersteine

Ziegel:

- Bundesverband der Deutschen Ziegelindustrie, Schaumburg-Lippe-Str. 4, 5300 Bonn 1 (Informationsschriften)

Leichtziegel:

- Porotonwerke Ernst Jung & Sohn, Postfach 16, 6556 Wollstein/Rhh.
- Unipor, Postfach 380129, 8 München 38
- Thermopor Ziegelkontor Ulm GmbH, Olgastr. 94, 7900 Ulm

Gasbeton:

- Zentraler Marketing-Service der Ytong-Aktiengesellschaft, Hornstr. 8, 8000 München 40

Kalksandstein:

- Bundesverband Kalksandstein-Industrie e.V., Entenfangweg 15, 3000 Hannover 21

Bims:

- Dr. Carl Riffer, Baustoffwerke KG, Postfach, 5403 Mühlheim-Klärlich

Dacheindeckung

Tonziegel:

- Arbeitsgemeinschaft Ziegeldach, Schaumburg-Lippe-Str. 4, 5300 Bonn 1 (Informationsschriften)
- Erlus-Baustoffwerke AG, Postfach 40, 8301 Neufahrn/Ndb.
- Ernst Ott GmbH & Co. KG, Ziegelwerk Autenried, 8873 Ichenhausen
- Dachziegelwerk J. Meindl GmbH, Postfach 8250 Dorfen-Stadt 1

Betondachsteine:

- Braas & Co. GmbH, Friedrich-Ebert-Anlage 56, 6000 Frankfurt/M. 97

Faserzement:

- Eternit AG, Postfach 110620, 1000 Berlin 11
- Fulgurit GmbH & Co KG, Postfach 1208, 3050 Wunstorf 1

Holzschindel:

- Theo Ott GmbH, Höglerstraße, 8235 Piding
- Rapold GmbH, Thumseestr. 21, 8230 Bad Reichenhall 3

Anstrichmittel

Mineralfarben:

- Keimfarben GmbH, Georg-Odemer-Str. 4-6, 8902 Neusäß
- Beeck'sche Farbwerke Beeck GmbH & Co. KG, Postfach 810224, 7000 Stuttgart 81
- Sichel-Werke GmbH, 3000 Hannover
- Ulmer Weißkalk GmbH & Co.KG, Blautalstr. 16, 7906 Blaustein-Herrlingen

Naturfarben:

- Auro GmbH, Postfach 1220, 3300 Braunschweig
- Livos GmbH & Co.KG, Neustädter Str. 23-25, 3123 Bodenteich
- Biofa Naturprodukte GmbH, Dobelstr. 22, 7325 Boll
- Aglaia, Beeck'sche Farbwerke Beeck GmbH & Co.KG, Postfach 810224, 7000 Stuttgart 81
- Loba Bio-Produkte, Postfach 1260, 7257 Ditzingen

Wasserlacke:

- Avenarius GmbH & Co.KG, Postfach 8, 6535 Gau-Algesheim

Bauplatten

Gipskartonplatten:

- Rigips GmbH, Postfach 1229, 3452 Bodenwerder
- Knauf Westdeutsche Gipswerke, Postfach 10, 8715 Iphofen

Gipsfaserplatten:

- Fels-Werke Peine-Salzgitter GmbH, Postfach 1460, 3380 Goslar 1 ("Fermacell")

Zementspanplatten:
- Eternit AG, Postfach 110620, 1000 Berlin 11
- Fulgurit GmbH & Co.KG, Postfach 1208, 3050 Wunstorf 1
- Finnforest GmbH, Fischerstr. 77, 4000 Düsseldorf 30 (magnesitgebundene Spanplatten)

Bodenbeläge

Holz:
- Arbeitsgemeinschaft Holz e.V., Füllenbachstr. 6, 4000 Düsseldorf 30 (Broschüren "Informationsdienst Holz")
- Bembe'-Parkettfabrik Jucker GmbH & Co.KG, 6990 Bad Mergentheim
- Ostermann & Scheiwe GmbH & Co., Hafenweg 31, 4400 Münster (Parkett)

Linoleum:
- Deutsche Linoleum Werke DLW, Postfach 140, 7120 Bietigheim
- Forbo Werke GmbH, Steubenstr. 27, 4790 Paderborn

Kork:
- Arthur Arp KG, Averhoffstr. 4, 2000 Hamburg 76

Holz und Holzschutz

Informationen zur Holzverarbeitung:
- Arbeitsgemeinschaft Holz e.V., Füllenbachstr. 6, 4000 Düsseldorf 30

Holzschutz:
- Deutscher Holz- und Bautenschutzverband e.V., Greschbachstr. 34, 7500 Karlsruhe 1
- Desowag-Bayer Holzschutz GmbH, Roßstr. 76, 4000 Düsseldorf 30
- Heißluft BAST KG, Heißluft-Betriebsgesellschaft, Langbehn 15, 2000 Hamburg 50

Haustechnik

Holzkessel:
- Unical Heizkessel GmbH, Postfach 1908, 8046 Garching

Luftheizung:
- Brink, Postfach 1302, 2900 Oldenburg
- Schrag GmbH, Postfach 1366, 7333 Ebersbach/Fils
- Hasenfratz GmbH (SONULAN-Kanäle), Talstr. 7, 7620 Wolfach-Kirnbach

Komposttoiletten:
- Wolfgang Berger Biotechnik, Juliusstr. 16, 2000 Hamburg 50

VPE-Kunststoff-Leitungen
- Wirsbo, Ernst-Leitz-Str. 18, 6056 Heusenstamm

Wasserpflanzen-Klärbeet:
- Plastoplan re-natur, 2355 Ruhwinkel

Literaturverzeichnis

Ahnert, R.; Krause, K.H.
Typische Baukonstruktionen von 1860-1960
Wiesbaden und Berlin 1985, Bauverlag

Balkowski, F.D.
Sanierung historischer Bausubstanz
Köln-Braunsfeld 1982, Verlag R. Müller

Bredow, Wolfgang
Regenwasser-Sammelanlage, eine Bauanleitung
Grebenstein/Freiburg 1985, ökobuch Verlag

Das Haus
Bau- und Wohnzeitschrift
Burda Verlag

Katalyse Umweltgruppe et al.
Das ökologische Heimwerkerbuch
Reinbek 1985, Rowohlt Verlag

Das Gift, das aus dem Pinsel kommt
in: Natur, Umweltmagazin Heft 12/1986,

Arbeitskreis Bautechnik der Vereinigung der Landesdenkmalpfleger (Hrsg.)
Fenstersanierung
München 1984, Selbstverlag

Frick; Knöll; Neumann
Baukonstruktionslehre, Teil 1 und 2
Stuttgart 1983, Teubner Verlag

Bundesminister für Raumordnung, Bauwesen und Städtebau (Hrsg.)
Gesundes Bauen und Wohnen, Antworten auf aktuelle Fragen
Bonn 1986

Jakubowski, E.
Malerfachkunde
Stuttgart 1984, Teubner Verlag

König, H.
Wege zum gesunden Bauen
Freiburg 1985, ökobuch Verlag

Koppe
Abwicklung von Bauvorhaben
Köln-Braunsfeld 1983, Verlag R. Müller

Krusche, P.u.M.; Althaus, D; Gabriel I.
Ökologisches Bauen
Wiesbaden und Berlin 1982, Bauverlag

Martin, Wolfgang (Hrsg.)
Biologische Abwasserreinigung im Haus
Grebenstein 1984, ökobuch Verlag

Lorenz-Ladener, Claudia
Solargewächshäuser
Grebenstein 1981, ökobuch Verlag

Minke, G.; Witter, G.
Häuser mit Grünem Pelz
Frankfurt 1983, D. Fricke Verlag

Minke, Gernot (Hrsg.)
Bauen mit Lehm, Heft 1-6
Staufen 1987, ökobuch Verlag

Mittag, M.
Baukonstruktionslehre
Detmold 1971, Institut für Bauplanung und Bautechnik

Neufert, E.
Bauentwurfslehre
Braunschweig/Wiesbaden 1980, Vieweg Verlag

Ohlwein, K.
Dachbegrünung
Wiesbaden/Berlin 1984, Bauverlag

Potyka, H.; Zabrana, R.
Pflegefall Althaus, Reparaturzyklen von Wohnhäusern
Wien 1985, Picus Verlag

Rau, O.; Braune, U.
Der Altbau
Leinfelden-Echterdingen 1985, Verlag A. Koch

Institut für Landes- und Stadtentwicklungsforschung des Landes Nordrhein-Westfalen, Hrsg.
Althausmodernisierung - praxisbezogene Anleitung, Band 1 und 2
Schriftenreihe, Band 3.019/I Dortmund 1981

Schmitz, H.
Altbaumodernisierung - Konstruktions- und Kostenvergleiche
Köln-Braunsfeld 1984, Verlag R. Müller

Schriftenreihe des Bundesministers für Raumordnung, Bauwesen und Städtebau (Hrsg.)
Selbstbau-Fibel - Erfahrungen und Hinweise zum Umbau von Reihenhäusern
Bonn-Bad Godesberg 1985

Arbeitskreis Bautechnik der Vereinigung der Landesdenkmalpfleger (Hrsg.)
Trockenlegung
München 1985, Selbstverlag

Bund für Umwelt und Naturschutz Deutschland (Hrsg.)
Umweltfreundliches Bauen
BUND Informationsmappe, Stuttgart 1985, Umweltzentrum

Volger, K.
Haustechnik
Stuttgart 1980, Teubner Verlag

Weissenfeld, Peter
Holzschutz ohne Gift?
5. Auflage Freiburg 1985, ökobuch Verlag

Stichwortverzeichnis

Sach- und Fachbücher zur umweltfreundlichen Technik

Holger König

Wege zum gesunden Bauen

Aus dem Inhalt: richtige Baustoffwahl, geeignete Baukonstruktionen mit Eigenschaften und Anwendungsbereichen, Beispiele ausgeführter Häuser, Baunormen, Bauphysik, Preise und Bezugsquellen. Ein Handbuch für Bauherren, Selbstbauer, Architekten und Handwerker, das die theoretischen und praktischen Aspekte der Baubiologie anschaulich und nachvollziehbar miteinanader verbindet. 192 S. m.v. Abb., Neuauflage 1989 39,80 DM

G. Häfele, W. Oed, L. Sabel

Althauserneuerung

Ein Handbuch für alle Hausbesitzer und Bauherrn, das ausführlich den behutsamen, handwerklich sachgerechten Umgang mit alter Bausubstanz beschreibt und zeigt, worauf es bei einer umweltverträglichen und kostengünstigen Renovierung ankommt, welche Maßnahmen bei den einzelnen Bauteilen angebracht sind. Mit Anleitungen zur Selbsthilfe, ausführlicher Baustoffkunde und Kostenübersicht. 226 S. m. v. Abb., 1988 39,80 DM

Othmar Humm

Niedrigenergiehäuser - Theorie und Praxis

Grundlagen und Praxis des Baus von Häusern mit sehr niedrigem Energieverbrauch: planerische Konzepte, Baukonstruktionen und besondere Haustechniken; mit 14 Beispielen, die die Bandbreite der Lösungsmöglichkeiten dokumentieren und die Energiesparerfolge belegen. 226 S.m.v.Abb., 1990 48,- DM

Claudia Lorenz Ladener

Naturkeller

Grundlagen, Planung und Bau von naturgekühlten Lagerräumen im Haus oder Freiland, um für Obst und Gemüse geeignete Überwinterungsmöglichkeiten zu schaffen. 139 S. m.v.Abb., 1990 24,80 DM

Heinz Ladener

Solaranlagen

Grundlagen, Planung, Bau und Selbstbau solarer Wärmeerzeugungsanlagen. *Das* Handbuch der Sonnenkollektortechnik für Warmwasserbereitung, Schwimmbad- und Raumheizung! Neu 1992; 220 S. m. v. Abb. 44,- DM

Peter Weissenfeld

Holzschutz ohne Gift?

Holzschutz und Holzoberflächenbehandlung in der Praxis mit vielen Anleitungen und Rezepten für alle, die in Haus und Hof selbst zum Pinsel greifen. 7. überarbeitete Aufl. 1988, 141 S. mit Abb. DIN A5 br. 16,80 DM

Claus-Dieter Clausnitzer

Historischer Holzschutz

Eine wissenschaftliche Abhandlung über die Entwicklung der baulichen, chemischen und sonstigen, heute möglicherweise vergessenen Holzschutzmaßnahmen von den Anfängen vor ca. 7000 Jahren bis ins 20. Jahrhundert. 270 Seiten m. vielen Abb., 1990 39,80 DM

Hans-P. Ebert

Heizen mit Holz

Günstiger Holzeinkauf, Zurichten des Waldholzes, Lagerung und Trocknung, Anforderungen an Feuerstelle und Schornstein, die verschiedenen Ofentypen und ihre Einsatzbereiche. 121 S. m. vielen Abb., 1989/93 16,80 DM

Heinz Schulz

Wärme aus Sonne und Erde

Detaillierte Bauanleitung für ein energiesparsames Heizungssystem mit Solarabsorber, Erdwärmespeicher u. Dieselmotorwärmepumpe. Betriebserfahrungen u. Auslegungshinweise. 114 S.m.v. Abb., 1987/90 24,80 DM

Martin Werdich

Stirling - Maschinen

Grundlagen und Technik von Stirling-Maschinen mit einem Überblick über erprobte Motorkonzepte und ihre Vor- und Nachteile. Mit ausführlichem Hersteller- und Literaturverzeichnis sowie Bauplan für ein Funktionsmodell. 128 S. m.v.Abb., 1991 24,80 DM

Hans Mönninghoff, Hrsg.

Wege zur ökologischen Wasserversorgung

Wassersparende Armaturen, Toilettenspülsysteme, doppelte Wassernetze, Regenwassernutzung, Grauwasserreinigung: Grundlagen, Betriebserfahrungen, Anleitungen, politische Handlungsmöglichkeiten. 138 S., 1993 29,80 DM